Letzte Änderung: Januar/Februar 2016

Die Texte und Informationen wurden mit größtmöglicher Sorgfalt recherchiert und erarbeitet. Bei den eingesetzten Bildchen handelt es sich um Ansichten aus „Microsoft Dynamics ™ NAV2016“ und den frei verfügbaren ClipArts®, bzw. gekauften Bildern von „Clipdealer®“.

Informationen, die von „fremden“ Websites und/oder Unterlagen, verwendet wurden, werden entsprechend markiert und angegeben.

Für eventuell verbliebene Fehler und deren Folgen kann der Herausgeber weder eine juristische noch irgendeine andere Haftung übernehmen.

Sonja Klimke
MCT

Herne, Januar/Februar 2016

SPOTS-BSS UG (haftungsbeschränkt)

Impressum
Copyright: © 2016 Sonja Klimke
Druck und Verlag: epubli GmbH,
Berlin, www.epubli.de
ISBN: 978-3-7375-9007-5

Inhalt

ALLGEMEINE INFORMATIONEN

Dauer des Kurses:

Die Dauer dieses Kurses ist mit zwei Tagen geplant. Bei Bedarf kann diese Kursdauer aber angepasst werden.

Datumsangaben:

In den Bildschirmfotos werden die Datumsangaben im europäischen Format angezeigt. Verwendet wird bei dieser Unterlage ein gültiges Arbeitsdatum des „CRONUS“ Mandanten.

Daten zur Demonstration:

Als Grundlage wurde eine CRONUS-Datenbank der Version Microsoft Dynamics™ NAV 2016 verwendet.

Lizenzinformation:

Idealerweise verfügt die Kundenlizenz bereits über alle notwendigen „Granules“
bzw. ist die „ADVANCED User“-Lizenz im Einsatz
Bei Verwendung einer CRONUS-Datenbank kann selbstverständlich auch die mitgelieferte Cronus-Lizenz für diese Schulung verwendet werden.

Weitere Informationen:

Diese Unterlage beinhaltet folgende Informationen **NICHT**:

- Branchenspezifische Entwicklungen
- Projektspezifische Entwicklungen
- Projektspezifische Auswertungs“werkzeuge“ (z.B. JetReports)

Quellen/Informationen zu den hier verwendeten Texten:

Wurden Textpassagen aus anderen Dokumenten/Grundlagen übernommen, sind diese explizit durch eine entsprechende Quellenangabe gekennzeichnet.

Das Gleiche gilt für Informationen, die beispielsweise von „wikipedia.de“ stammen.

Des Weiteren sind einige Informationen direkt aus der Online Hilfe von Microsoft Dynamics™ NAV2016

Überblick zu diesem Kurs:

Bevor Sie mit diesem Kurs beginnen, sollten auf Ihrem Rechner „Microsoft Dynamics™ NAV2016“ installiert und die notwendige Lizenz hinterlegt sein.

In den nachfolgenden Kapiteln erhalten Sie einen Ein- und Überblick zu folgenden Bereichen:

- ☞ Allgemeines
- ☞ Verkauf – Ein- und Überblick zum Modul
- ☞ Stammdatenpflege – Debitor (Kunde) und „Artikel“
- ☞ Abläufe im Verkauf – vom Angebot bis zum Auftrag, Warenausgang (=Lieferung), Verkaufsrechnung
- ☞ Verkaufsgutschriften und Verkaufsreklamationen
- ☞ Direktlieferung („Streckengeschäft“)
- ☞ Zu-/Abschläge in Zusammenhang mit einem Verkaufsvorgang
- ☞ Einblick in das Thema „Absatzplanung“
- ☞ INCOTERMS2010® - Einblick zum Thema Lieferbedingung
- ☞ INTRASTAT
- ☞ Einblick zum Thema „Export“

Zielgruppe:

Dieser Kurs ist für alle interessierten Anwender aus dem Verkaufsinnen- und –außendienst, sowie für die Kollegen, die diesen Bereich administrieren müssen.

Voraussetzungen für diesen Kurs:

Umgang mit dem PC, Grundkurs zum Thema „Microsoft Dynamics™ NAV2016“

Kursziele:

Alle Teilnehmer erhaltenen einen praxisnahen Ein- und Überblick zu diesem Modul.

1. Allgemeines

Sehr geehrte Damen und Herren!

Herzlich Willkommen zum Workshop „Verkauf mit Microsoft Dynamics™ NAV2016!“

Ich freue mich sehr, Sie zu diesem besonderen Workshop zu begrüßen – sei es persönlich oder „nur“ durch diese Unterlage.

Dieses Handbuch soll Sie bei den ersten Schritten in NAV2016 unterstützen – und hier speziell rund um das Thema „Verkauf“.

Während des Workshops (bzw. innerhalb dieser Unterlage) werde ich Sie immer wieder auf die Praxis hinweisen. Schließlich sollen Sie ja Ihre Prozesse mithilfe von NAV abbilden... Leider kann ich hier nicht auf jeden einzelnen möglichen Prozess so eingehen, wie Sie es vielleicht gerade benötigen – aber mein Team und ich stehen Ihnen selbstverständlich gerne bei Fragen zur Verfügung.

„SPOTSi Schlau“ begleitet Sie durch diese Themen und verweist an der einen oder anderen Stelle auf besondere Details.

Wie Sie vielleicht schon gehört haben handelt es sich bei Microsoft Dynamics™ NAV2016 um ein sogenanntes „Warenwirtschaftssytem“ – auch „ERP“-System genannt. Anders als bei vielen ähnlichen Softwarepaketen ist aber das HERZ die Finanzbuchhaltung. Das bedeutet für Sie als Anwender: jeder „Buchungsvorgang“ hat direkt bzw. indirekt einen Einfluss auf die Finanzbuchhaltung.

„Was ist ein Buchungsvorgang?“

„Buchungsvorgang“ bzw. „Buchen“ in NAV2016 bedeutet, dass Sie eine bestimmte Prozesskette anstoßen – beispielsweise die Lieferung oder die Rechnung. Es gibt zu dem noch den Begriff „Registrieren“ in der Logistik – nur eine Registrierung ist NICHT mit einer Buchung gleich zu setzen.

Im Fall einer Buchung finden im Normalfall immer eine bestands- und wertmäßige Veränderungen (wie z.B. bei einem Ein- oder Verkaufs-vorgang) statt.

1.1 Zusammenhänge in NAV

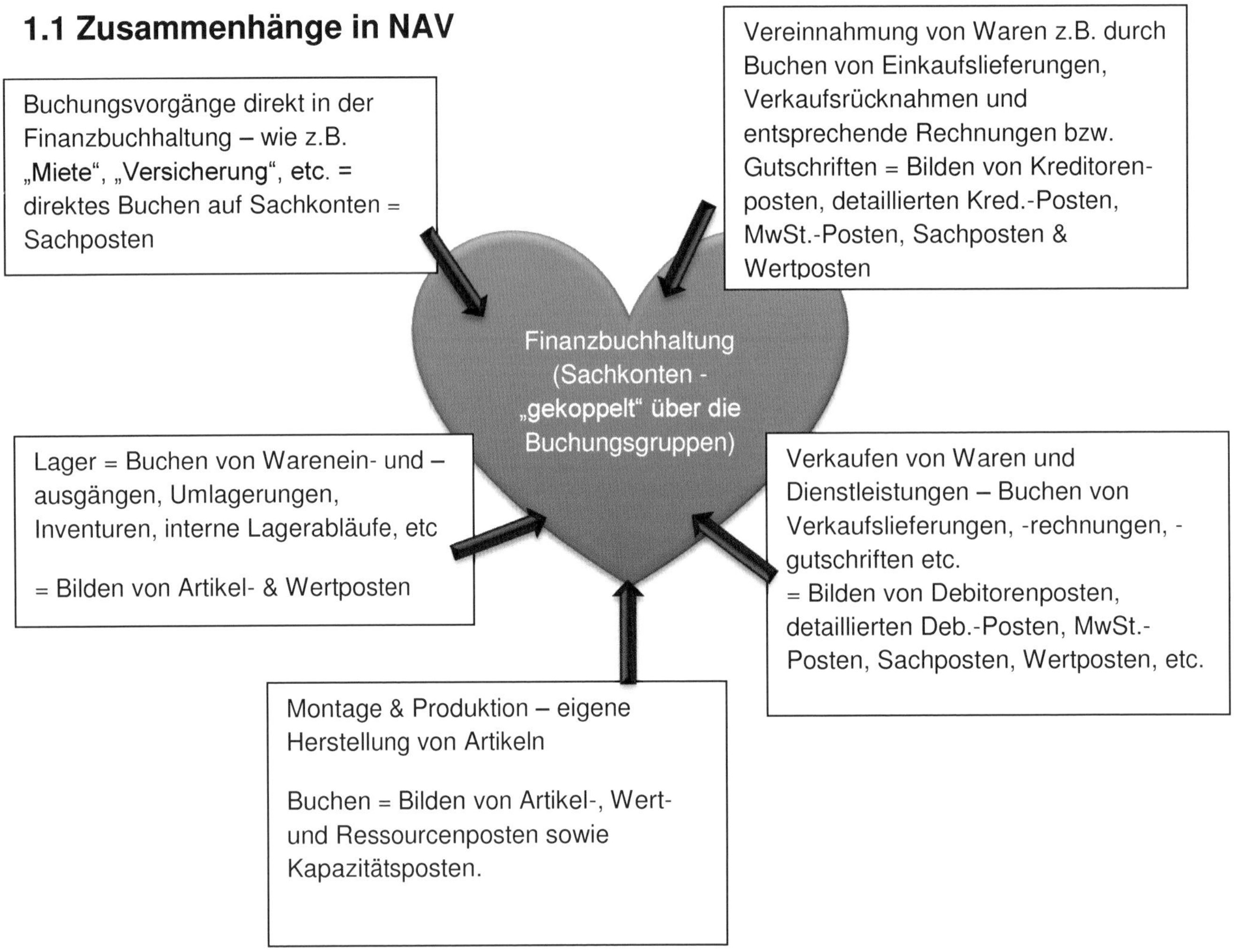

In einer NAV-Datenbank wird jeder buchungsrelevante Vorgang in sogenannten „Postentabellen" gespeichert. Anders gesagt: jeder einzelne Buchungsvorgang ergibt einen oder mehrere Posten. Und diese Posten wiederum dienen als Grundlage für Auswertungen, Analysen und Berichte, usw. …

Dadurch ist jeder Vorgang so transparent wie möglich gehalten und kann über die Posten nachvollzogen werden.

Wie Sie anhand dieses Beispiels sehen können, hängt in NAV „irgendwie" alles immer zusammen – darüber sollten Sie sich bitte im Klaren sein. Letztendlich hinterlässt also jede Buchung bzw. jeder Vorgang seine „Spuren" – was bei einer solchen Datenbank auch gewollt ist.

Denn nur dann können beispielsweise Auswertungen und Statistiken tatsächlich auch „greifen"…

2. Vertrieb vs. Verkauf

Ist der Begriff „Vertrieb" gleich zu setzen wie „Verkauf"?

Meiner Meinung nach „nein". Wenn wir von „Verkauf" sprechen – in Zusammenhang mit Microsoft Dynamics™ NAV – dann geht es hier um das eigentliche „Tun" und Abbilden von verkaufsrelevanten Prozessen.

Beispielsweise das Erstellen eines Angebotes oder eines Auftrages.

Wenn es um den „Vertrieb" geht, würden wir eher einen Oberbegriff darunter verstehen – das Thema „Verkauf" ist davon ein wichtiger Teil.

Gemäß „wikipedia.de" findet sich folgende Erklärung zum Thema „Vertrieb":

*„Der Begriff **Vertrieb** bezeichnet alle Entscheidungen und Systeme, die notwendig sind, um Produkte oder Dienstleistungen für Kunden oder Endverbraucher verfügbar zu machen. Es handelt sich um das Element „Marketing-Mix", das in älteren Lehrbüchern als „Distributions-politik" bezeichnet wurde.*

Nach heutigem Marketingverständnis spricht man von Vertriebspolitik, bei der die Umsetzung der Vertriebsstrategie und die effiziente Gestaltung des Vertriebsprozesses im Vordergrund stehen. Die verantwortlichen Personen im Vertrieb benötigen entsprechende Vertriebskompetenzen, die vor allem bei Investitionsgütermarketing bzw. bei der Vermarktung wissens- und technologieintensiver Produkte und Dienstleistungen von besonderer Bedeutung sind. ..."

*(**Quelle**: www.wikipedia.de – gesucht nach „Vertrieb")*

Wenn Sie sich den ganzen Artikel zu diesem Begriff durchlesen, erfahren Sie viel Wissens-wertes – unter anderem erhalten Sie einen Überblick über den Themen wie „Verkaufszyklus" und Informationen zu „Pre-Sales" und „Post-Sales".

Was bietet Ihnen NAV in diesem Zusammenhang?

Nun – neben dem Verkaufsmodul – das viele Prozesse unterstützt und Ihnen sehr viele Möglichkeiten bietet – gehört auch der Marketing- und Servicebereich innerhalb von NAV zu diesem Punkt.

Das Thema „Vertrieb" wird also in NAV durchaus abgebildet – aufgeteilt auf verschiedene Module.

Beschreibungen zu dem Modul „Marketing" und „Service" erhalten Sie in den entsprechenden Handbüchern:

- „Marketing mit Microsoft Dynamics™ NAV2016"
- „Service mit Microsoft Dynamics™ NAV2016"

3. Verkauf

„Ohne Verkauf geht gar nichts!“

(Aussage eines Außendienstmitarbeiters während einer Verkaufsschulung)

Nun ja – das stimmt ja auch (hat irgendjemand das Gegenteil behauptet?). Dennoch empfehle ich Ihnen, die verschiedenen Abteilungen immer in einem Zusammenhang zu betrachten. Und wenn man mal ganz ehrlich ist: ohne den anderen geht's halt einfach nicht... (und wäre ja auch langweilig! Stellen Sie sich mal vor, Sie müssten ohne die täglichen „Kabelleien“ auskommen, die es zwischen den Abteilungen gibt... das geht ja mal gar nicht!).

Hier ein kleines Schaubild, dass den Zusammenhang ein klein wenig mehr verdeutlichen soll:

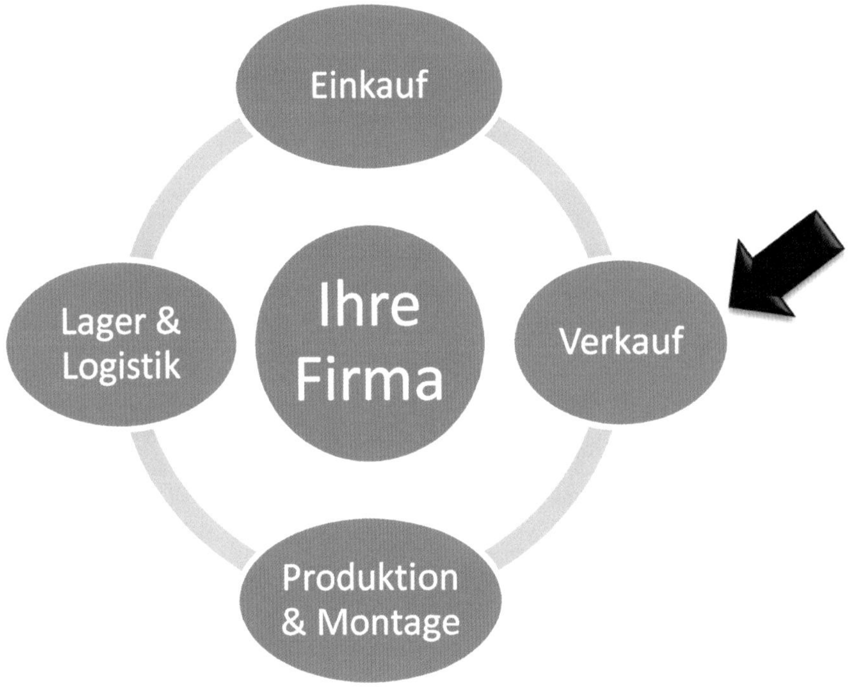

In den nachfolgenden Kapiteln geht es um folgende Themen:

- Einrichtung des Verkaufsmoduls
- Stammdatenpflege – Debitor (Kunde) und „Artikel“
- Verschiedene Abläufe im Verkauf
- Direktlieferungen („Streckengeschäft“)
- Zu-/Abschläge im Zusammenhang mit einem Verkaufsvorgang
- Einblick in das Thema „Absatzplanung“
- INCOTERMS®2010 – Einblick zum Thema „Lieferbedingungen“
- INTRASTAT
- Einblick zum Thema „Export“

3.1 Erläuterungen zu der Einrichtung des Verkaufsmoduls

Ebenso wie im Einkauf und in anderen Modulen, sind auch im Verkaufsbereich einige Einstellungen für die Basis unbedingt notwendig. In dem Einrichtungsbereich dieses Moduls werden Sie zudem einige Menüpunkte aus dem Marketingmodul finden, da der Bereich als „Verkauf & Marketing“ zusammengefasst wird.

Informationen zu dem Modul „CRM – Marketing & Vertrieb“ erhalten Sie in dem Power-Workshop „Marketing mit Microsoft Dynamics™ NAV2016“.

Um die Einrichtung für den „Verkauf“ zu finden, klicken Sie bitte im Menü „Verkauf & Marketing“ auf den Menüpunkt „Verwaltung“ – und hier auf „Debitoren & Verkauf Einr.“:

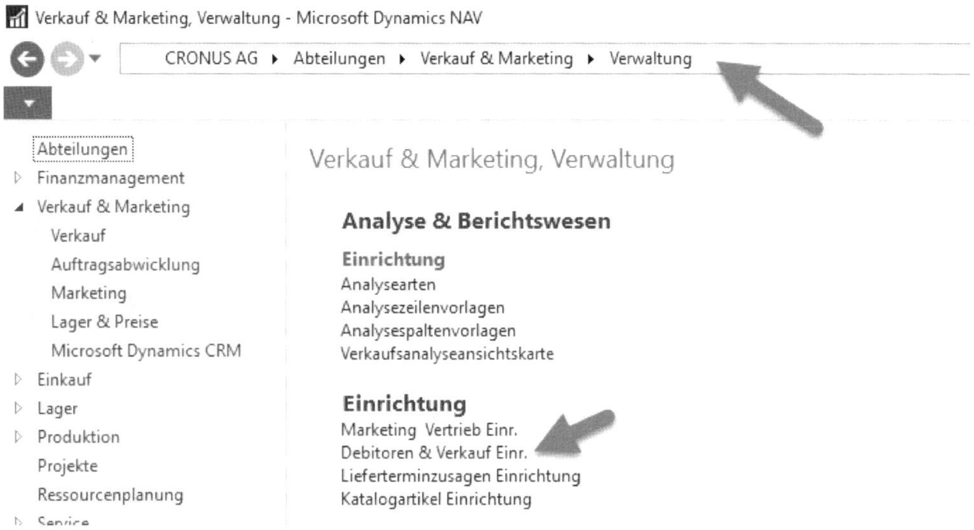

Nach dem Sie auf diesen Menüpunkt geklickt haben, öffnet sich das entsprechende „Fenster“:

Wie viele „Karten“-Ansichten in NAV, unterteilt sich ebenso die Verkaufseinrichtung in mehrere Register. Zum besseren Verständnis einige Erläuterungen zu den einzelnen Feldern.

Register „Allgemein“:

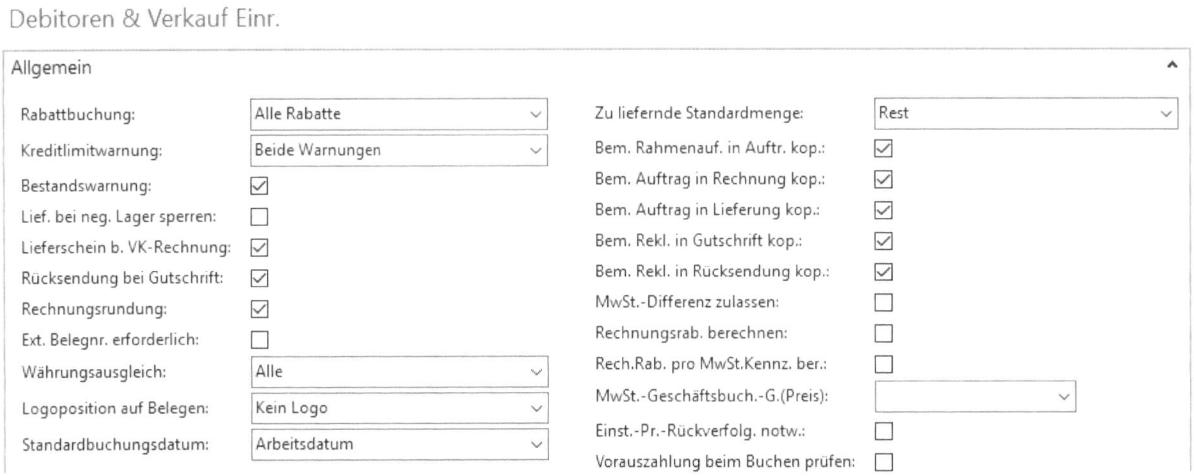

Feldname	***Erläuterungen***
Rabattbuchung	Optionsfeld – Ihnen stehen folgende Auswahlen zur Verfügung: • Keine Rabatte • Rechnungsrabatte • Zeilenrabatte • Alle Rabatte Dadurch steuern Sie, ob die ermittelten Rabattbeträge auf entsprechende Sachkonten gebucht werden oder direkt von dem Forderungskonto abgezogen werden soll.
Kreditlimitwarnung	Optionsfeld – es stehen vier Optionen zur Verfügung: • Beide Warnungen • Kreditlimit • Fälliger Saldo • Keine Warnungen Hierüber steuern Sie für den Verkauf, ob bei Erfassen eines neuen Beleges geprüft werden soll, ob bei dem Debitor ein fälliger Saldo und/oder ein Kreditlimit hinterlegt ist. Falls z.B. der erfasste Betrag innerhalb eines Verkaufsbeleges das Kreditlimit übersteigt, erscheint bei entsprechender Voreinstellung die Warnmeldung.
Bestandswarnung	Setzen Sie hier ein Häkchen, wenn das System bei Eintrag eines Artikels, bzw. der gewünschten Menge für einen Artikel, eine Verfügbarkeitsprüfung ausführen soll.

Feldname	***Erläuterungen***
Lief. bei neg. Lager sperren	Setzen Sie hier ein Häkchen, wenn Sie verhindern wollen das durch einen Verkaufsprozess der Lagerbestand ins Negative gebucht werden würde.
Lieferschein b. VK-Rechnung	Sollten Sie mit Direktrechnungen arbeiten, können Sie über ein Häkchen an dieser Stelle festlegen, dass beim Buchen der Rechnung automatisch ein gebuchter Verkaufsliefer-schein erzeugt werden soll. **(siehe „gut zu wissen"!!)*
Rücksendung bei Gutschrift	Hier gilt das Gleiche wie beim Feld zuvor: sofern Sie eine Verkaufsgutschrift erstellen und buchen, setzen Sie hier ein Häkchen damit das System einen gebuchten Rücksendungs-schein erstellen kann. **(siehe „gut zu wissen"!!)*
Rechnungsrundung	Soll der Rechnungsbetrag gerundet dargestellt werden (in Deutschland verwenden wir das „Kaufmännische runden"), setzen Sie hier bitte ein Häkchen. Die konkrete Einstellung „wie" gerundet wird und auf wie viel Stellen nach dem Komma wird in der Einrichtung der Finanzbuchhaltung festgelegt.
Ext. Belegnr. erforderlich	In den Verkaufsbelegen gibt es im Register „Allgemein" das Feld „externe Belegnr." – wenn Sie „erzwingen" wollen, dass die Bearbeiter hier einen Eintrag hinterlegen müssen, setzen Sie hier ein Häkchen.
Währungsausgleich	Wenn Sie in unterschiedlichen Währungen „handeln"- wählen Sie mit einem der Optionen aus, ob und in welcher Konstellation Sie einen Währungsausgleich zu lassen. Ihnen stehen drei verschiedene Wahlmöglichkeiten zur Verfügung: „kein" (nur die Mandantenwährung ist zulässig), EWU – nur bestimmte Währungen, die ein Häkchen in diesem Feld haben, können ausgeglichen werden oder „Alle" – jede Währung ist möglich
Logoposition auf Belegen	Möglichkeit, das hinterlegte Firmenlogo (wird in den „Firmendaten" gespeichert), auf Standard(!!)-NAV-Belegen zu platzieren. Folgendes Optionen haben Sie hier: „kein Logo", „links", „mitte", „rechts"
Standardbuchungsdatum	Optionsfeld: Sie können hier zwischen „kein Datum" oder „Arbeitsdatum" wählen. Vorteil bei „Arbeitsdatum": die Datumsfelder sind bei Erstellen eines neuen Beleges bereits vorbelegt.
Zu liefernde Standardmenge	Optionsfeld: Wählen Sie zwischen „leer" oder „Rest". Im Fall einer „Teillieferung" wird je nach Einstellung das Feld „Menge akt. Lieferung" entsprechend beeinflusst.

Feldname	***Erläuterungen***
„Bem. Rahmenauftrag in Auftr. Kop.“ **bis** „Bem. Rekl. in Rücksendung kop.“	Sofern Sie in NAV mit internen Bemerkungen arbeiten und Sie möchten, dass diese von einem Beleg in den nächsten „mitwandern“, setzen Sie hier die Häkchen.
MwSt.-Differenz zulassen	Sofern Sie in einem Verkaufsbeleg den ermittelten MwSt.-Betrag anpassen wollen (das ist nur vor dem Buchen der Rechnung möglich), setzen Sie hier ein Häkchen. ***HINWEIS****: im Verkauf wird das in der Praxis nicht gemacht – im Einkauf schon! Solche Einstellungen* ***MÜSSEN*** *mit den FiBu-Kollegen abgeklärt werden!*
Rechnungsrabatt berechnen	Wenn Sie mit Rechnungsrabatten arbeiten, sollten Sie hier ein Häkchen setzen, damit das System diesen Rechnungsrabatt automatisch bei Freigabe eines Verkaufsbeleges ermitteln kann. Ist das Häkchen nicht gesetzt müssen Sie sonst bei jedem Verkaufsvorgang die Funktion „Rechnungsrabatt berechnen“ manuell auslösen.
Rech.Rab. pro MwSt. Kennzeichen	Sie können die Berechnung eines möglichen Rechnungsrabattes auch abhängig von den vorhandenen MwSt.-Kennzeichen kalkulieren lassen. D.h.: wird ein Artikel z.B. mit 7% besteuert und ein zweiter Artikel mit 19%, errechnet das System die jeweiligen Rechnungsrabattbeträge zunächst getrennt. Zum Schluss zählt das System die ermittelten Rechnungsrabattbeträge zusammen und zieht diese Summe dann von dem Rechnungsbetrag ab.
MwSt.-Geschäftsbuch.G. (Preis)	Sie könnten(!) hier eine MwSt.-Geschäftsbuchungsgruppe hinterlegen, falls Sie: a) In den Debitorenkarten das Häkchen „VK inkl. MwSt.“ gesetzt hätten und b) „nur“ das Feld „VK-Preis“ aus der Artikelkarte genutzt wird. ***HINWEIS****: dieses Feld wird in der Praxis normalerweise „leer“ gelassen.*

Feldname	*Erläuterungen*
Einst.-Pr.-Rückverfolgung notwendig	Setzen Sie hier ein Häkchen, wenn Sie im Fall von Verkaufsreklamationen bzw. –gutschriften und den damit verbundenen Rücknahmen von Artikeln sicherstellen wollen, dass die dadurch getätigten Buchungen mit dem gleichen Einstandspreis wieder eingebucht werden mit dem sie ursprünglich ausgebucht wurden.
Vorauszahlung beim Buchen prüfen	Sollten Sie mit Vorauszahlungen arbeiten wollen, setzen Sie hier bitte ein Häkchen, damit sichergestellt ist, dass keine Lieferung erfolgen kann. Im Normalfall ist das mittlerweile im Standard bereits so vorgegeben, dass im Fall einer bestehenden Vorauszahlungsrechnung, die noch nicht durch eine Zahlung ausgeglichen wurde, ein Ändern des Status im Verkaufsauftrag nicht möglich wäre. Betrachten Sie das Häkchen hier als „doppelte Sicherheit".

Gut zu wissen 1:

Betreffs der beiden Häkchenfelder „Lieferschein bei VK-Rechnung" und „Rücksendung bei Gutschrift":

In Deutschland gilt in der Buchhaltung die eiserne Regel:

Keine Buchung ohne Beleg!

Daher rate ich Ihnen dringend dazu, diese beiden Häkchen zu setzen. Sind die Häkchen nicht gesetzt, erstellt das System nach Durchführen der Buchung einer Direktrechnung oder –gutschrift „nur" eine gebuchte Verkaufsrechnung bzw. gebuchte Verkaufsgutschrift.

Gut zu wissen 2:

EWU = **E**uropäische **W**ährungs**u**nion. Jede Währung kann als „EWU"-Währung in der „Währungstabelle" gekennzeichnet werden. Ursprünglich war das **vor Einführung** des EURO für die europäischen Währungen unbedingt notwendig. Mittlerweile könn(t)en Sie durch das Setzen eines Häkchens in dem Feld „EWU-Währung" (in der „Währungswechselkurstabelle") und durch die entsprechende Option in der Verkaufseinrichtung steuern, dass sich beim Ausgleich einer Rechnung nur bestimmte Währungen miteinander ausgleichen lassen.

Register „Dimensionen“:

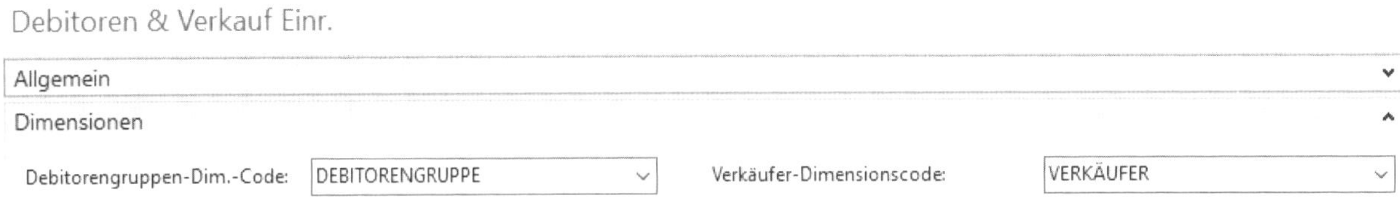

Hier können Sie sogenannte „Dimensionen“ hinterlegen, die später in diversen Analyseberichten als „Schlüssel“ fungieren um bestimmte Werte zu ermitteln. Eine Vorgabe hier in der Einrichtung bedeutet aber nicht, dass diese „Schlüssel“ automatisch einem Debitor als „Dimension“ zugeordnet werden – oder einem „Verkäufer“ („Verkäuferkarte“).

Wenn Sie also möchten, dass bestimmte Informationen bei Auswertungen zur Verfügung stehen sollen, achten Sie bitte darauf, dass die jeweiligen Dimensionen auch bei den Stammdatenkarten hinterlegt sind, bzw. vor Buchen eines verkaufsrelevanten Prozesses gefüllt wurden und dadurch bei jeder Buchung in die entsprechenden Posten mitgenommen werden können.

Register „Nummerierung“:

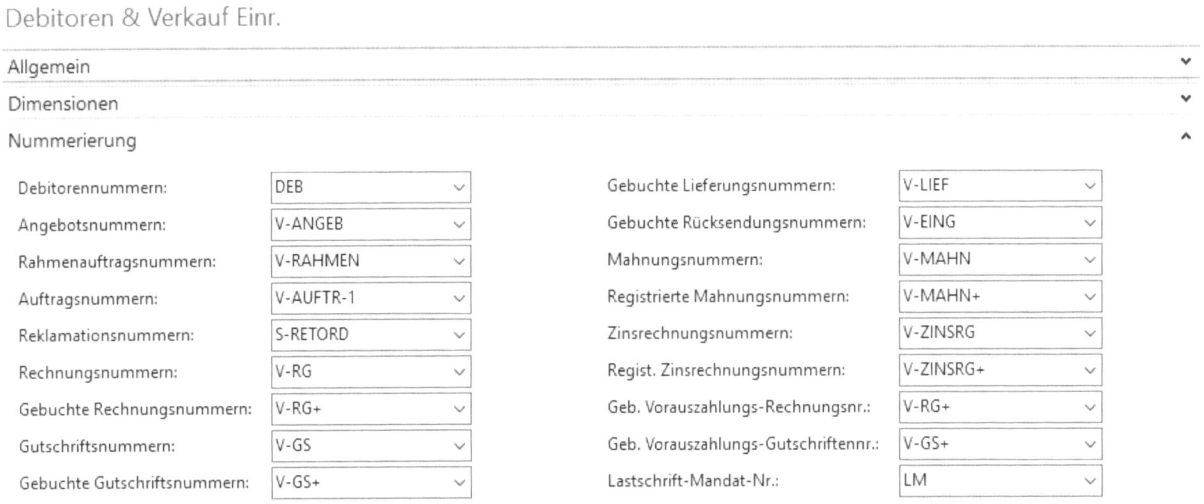

In diesem Bereich werden die verschiedenen Nummernserien zugeordnet. Das bedeutet: sobald Sie zum Beispiel einen neuen Verkaufsauftrag erstellen, „holt“ sich das System die dafür notwendige Belegnummer aus der Nummernserie „V-AUFTR-1“.

Im Zuge der sogenannten „Belegvereinfachung“ kamen mit der Version NAV2015 einige Änderungen in den Beleganischten. So wurde zum Beispiel das Feld „Nr.“ – das bisher immer im Register „Allgemein“ oberhalb des Feldes „Ver. an Deb. Nr.“ zu finden war – ausgeblendet, wenn es nur eine Nummernserie gibt. Sobald zu einer Nummernserie aber eine weitere Nummernserie existiert und beide über „Verbindungen“ miteinander „gekoppelt“ wurden, wird das Feld „Nr.“ angezeigt.

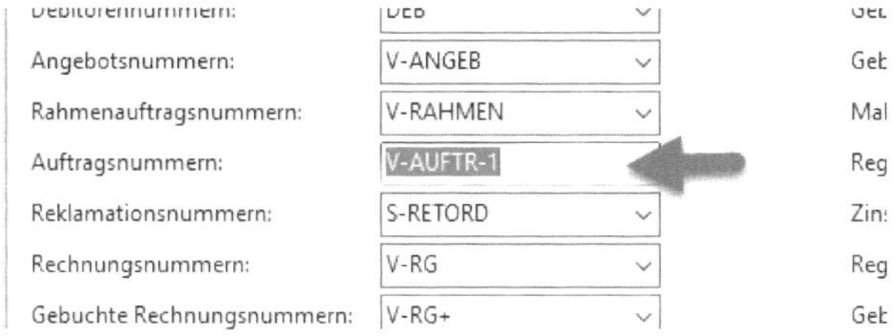

Für die „Auftragsnummern“ im CRONUS ist das zum Beispiel gemacht worden. Klicken Sie bitte einmal auf den kleinen „Drop-Down-Pfeil“ rechts neben dem Eintrag „V-AUFTR-1“. Es öffnet sich die „kleine“ Übersicht der vorhandenen Nummernserien:

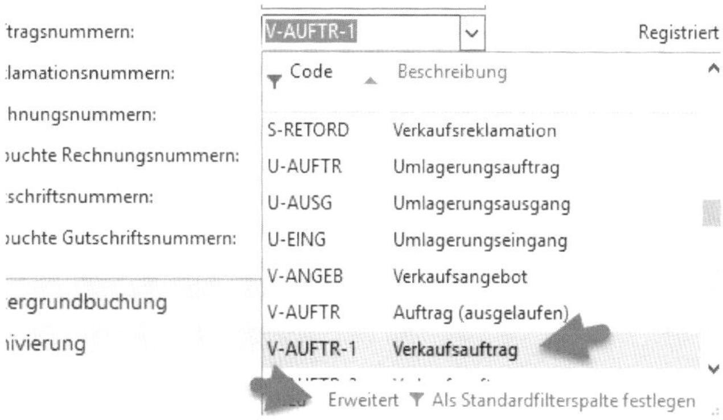

Klicken Sie dort auf „Erweitert“

Es öffnet sich die „große“ Übersicht aller vorhandenen Nummernserien.

Ihr Cursor sollte nach wie vor auf dem Code „V-AUFTR-1“ gesetzt sein.

Ansicht der Nummernserien-Übersicht:

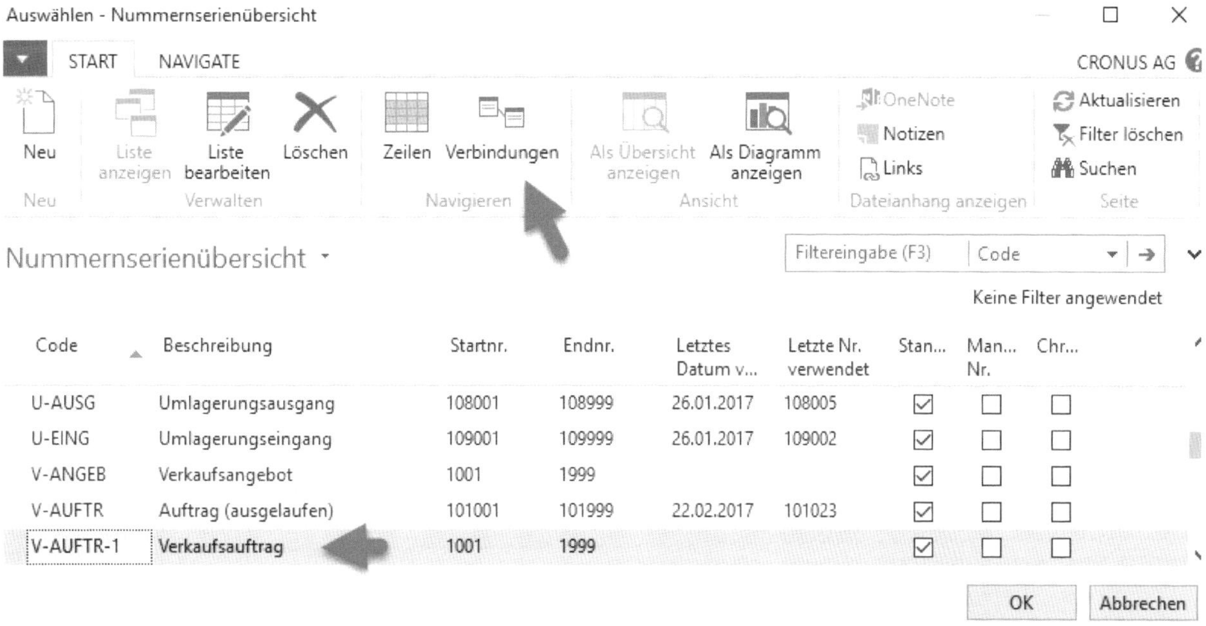

Klicken Sie auf das Symbol „Verbindungen“:

Wie Sie anhand dieses Beispiels sehen können hängen hier zwei Nummernserien zusammen: V-AUFTR-1 und V-AUFTR-2. Das Feld „Nr.“ ist somit in einem Verkaufsauftrag sichtbar.

Wofür könnten Sie so etwas gebrauchen?

Wenn Sie die Art der Verkaufsaufträge beispielsweise unterscheiden wollen. Ein Beispiel: wenn Sie „Direktlieferungen“ hätten (dazu kommen wir später noch) – könnten Sie beispielsweise eine Nummernserie anlegen die „DIR-AUF“ heißt und dort entsprechende Nummern hinterlegen. Der Vorteil: wenn Sie die Übersicht der Aufträge aufrufen, sind die Aufträge gemäß den vergebenen Nummern sortiert und Sie erkennen sofort zu welcher „Art“ der Auftrag gehört.

In der Praxis kenne ich unter anderem folgende Auftragsarten:

- Normal = Normaler Verkaufsauftrag
- Direkt/Strecke = Direktlieferung (auch als „Streckengeschäft“ bekannt)
- Express = Express-Auftrag
- Export = Exportaufträge in Drittländer
- EU = Verkaufsaufträge an Kunden aus einem EU-Land

Da es im Standard-NAV kein eigenes Feld „Auftragsart“ gibt, könnten Sie über die Nummerierung steuern, welche Art dieser Auftrag ist – und Sie hätten zudem in der Übersicht – wie bereits erwähnt – die verschiedenen Aufträge über die Nummerierung quasi ein wenig „strukturiert“.

Tipp aus der Praxis:

Nummernserien, die beispielsweise als Basis für die Neu-Erstellung von Stammdatenkarten wie Debitor, Kontakte, usw. genutzt werden – ebenso wie Nummernserien für Belege, sind idealerweise so angelegt, dass die Nummer automatisch vergeben wird (Häkchen im Feld „Standard“ bei der jeweiligen Nummernserie).

Außer bei „Artikeln“ – hier ist es in der Praxis häufig so, dass das Häkchen auf „Manuell“ gesetzt wird, da die verantwortlichen Key-User die Artikelnummern anhand ihrer eigenen Nomenklatur vergeben.

Register „Hintergrundbuchung“:

Dieses Register steht den NAV-Anwendern bereits seit NAV2013 zur Verfügung. Gedacht ist diese Einrichtung dafür, die z.B. Buchungsprozesse im Verkaufsbereich (im Einkaufsbereich gibt es dieses Register ebenso) auf einen späteren Zeitraum zu verschieben um so die Anwender während ihres Tagesgeschäfts so wenig wie möglich zu stören.

Eine Einrichtung hier kann sinnvoll werden, wenn zum Beispiel bestimmte „Buchungs-routinen“ – wie „Sammelrechnungen“, die Anwender während ihrer „normalen“ Tätigkeit in der Form behindert, dass die Perfomance langsamer wird oder es vermehrt zu „Abbrüchen“ kommt (meist mit der Meldung „ein anderer User hat...“ oder „Benutzer-ID.... sperrt Tabelle....“)

Um solche „Hindernisse“ zu vermeiden, sorgt die Nutzung der oben genannten Einrichtung dafür, dass das System die betreffenden Vorgänge quasi hintereinander in einer Warteschlange einreiht und diese dann nach und nach abgearbeitet werden.

Im „echten Leben“ habe ich noch bei keinem der von mir betreuten Kunden eine Einrichtung an dieser Stelle gesehen. Das mag auch daran liegen, dass viele die genannten Meldungen tatsächlich nur in Ausnahmefällen bekommen – und gerade größere Verarbeitungen bereits organisatorisch so gelegt wurden, dass andere Kollegen davon nicht oder nur minimal etwas mitbekamen.

Register „Archivierung“:

(so sähe die optimale Einrichtung aus)

Mithilfe dieser Einrichtung legen Sie fest, was mit den verschiedenen Belegen passieren soll, wenn diese „abgearbeitet“ wurden. Bei einem Angebot ist das beispielsweise das Erstellen eines Auftrages aus dem Angebot heraus.

Oder wenn Sie aus einem Auftrag heraus über „Buchen“ – „Fakturieren“.

Sind hier keine Vorgaben getroffen, löscht das System diese Belege komplett. Sind die Vorgaben aber gesetzt (so wie im oberen Bildschirmausschnitt zu sehen), dann werden die „fertigen“ Belege in ein Archiv verschoben.

Hinweis

Es sollte natürlich „Arch. **Aufträge** und Reklamationen“ heißen – und nicht „Arch. Bestellungen und Reklamationen“…

Meine Empfehlung: schalten Sie die Archivierung auf jeden Fall ein!

3.1.1 Weitere Einrichtungen im Verkaufsbereich – kurz erklärt

Nach dem Sie die grundsätzliche Einrichtung für „Debitoren & Verkauf“ kennen gelernt haben, hier ein paar Erläuterungen zu den verschiedenen Menüpunkten im „Einrichtungs-bereich“:

Einrichtungsparameter für „Analysen nach Dimensionen“

Die Punkte „Lieferterminzusagen Einrichtung“ und „Katalogartikel Einrichtungen“ werden gleich erläutert

Einrichtungsparameter, die zu dem Marketingmodul innerhalb NAV gehören.

Unter dem Menüpunkt „**Verkauf**“ ebenso wie „**Auftragsabwicklung**“ finden Sie weitere Einrichtungspunkte, die diesen Bereich, also den „Verkauf“, direkt oder indirekt beeinflussen.

Manche Einrichtungsparameter – wie beispielsweise „Zu-/Abschläge“, die ebenfalls für den Verkauf relevant sein können, befinden sich auch in anderen Menübereichen – wie zum Beispiel „Finanzmanagement“

Der Punkt „Verkaufschance“ samt dem Untermenü gehört in den Bereich des „Marketing“-Thema.

Alle Menüpunkte, die zu dem Marketingmodul gehören, werden ausführlich in der Unterlage „Marketing mit Microsoft Dynamics™ NAV2016“ behandelt.

Einige der hier gezeigten Menüpunkte werden im Laufe dieses Workshops vertieft – hier zunächst einige allgemeine Erläuterungen zu den verschiedenen (gerade erwähnten) Menüpunkten:

Menüpunkt	***Allgemeine Informationen***
Lieferterminzusagen Einrichtung	Sie haben die Möglichkeit, bei nicht verfügbaren Artikeln, durch das System eine Lieferterminzusage kalkulieren zu lassen. Falls notwendig, können Sie über diese Funktion beispielsweise eine Bestellvorschlagszeile generieren um die notwendige Beschaffung „anzustoßen“.
Katalogartikel Einrichtung	In dieser Einrichtung geben Sie vor, wie sich das System verhalten soll, wenn aus einem sogenannten „Katalog-artikel“ ein „echter“ Artikel wird. Dieser Punkt wird in der Unterlage „Lager & Logistik mit Microsoft Dynamics™ NAV2016“ behandelt.
Verkäufer	Hier legen Sie alle Mitarbeiter als Verkäufer an, die rund um den Verkauf zu tun haben – dazu zählen ebenso Ihre Außendienstmitarbeiter wie der Innendienst und die Sachbearbeiter. Hinweis: es handelt sich hier um die „Einkäufer/ Verkäufer“-Tabelle – das bedeutet: auch die zuständigen Anwender für den Einkauf werden in dieser Tabelle angelegt. Den gleichen Aufruf – dort unter der Kennung „Einkäufer“ - gibt es auch im Einkaufsmenü.

Menüpunkt	***Allgemeine Informationen***
Debitorenvorlagen	Mithilfe der Debitorenvorlagen können Sie beispielsweise Angebote an Kontakte (Interessenten) schicken, die noch keine Debitoren sind. Vereinfacht gesagt, sind Debitorenvorlagenkarten eine Art „Dummy-Debitoren". Das System nutzt diese besonderen Vorlagenkarten unter anderem auch als Grundlage um neue Debitoren aus Kontakten erstellen zu können.
Artikel Zu-/Abschläge	In bestimmten Ein- und Verkaufsprozessen kommt es vor, dass Extrakosten an den Debitor berechnet werden müssen (z.B. Fracht, Versicherung, etc.) – oder von einem Lieferanten an uns berechnet wird. Diese Extrakosten sollen sich auch wertmäßig auf den Artikel (= Einstandspreis) auswirken. Mit diesem Modul haben Sie die Variante, solche Extrakosten zu definieren und diese in einem EK- oder VK-Beleg zu zuordnen.
Zahlungsbedingungen	Geben Sie hier Ihre Zahlungsbedingungen vor – z.B. „1M (8T)/2%" = „Zahlbar innerhalb eines Monats, wenn innerhalb 8 Tagen, dann 2% Skonto"
Zahlungsformen	An dieser Stelle richten Sie ein „wie" Ihr Debitor (bzw. Sie Ihren Kreditoren bezahlen) Sie bezahlt. Gängige Zahlungsformen: „bar" (z.B. im Fall von Kassengeschäft/POS) „ÜB" (= Überweisung) „KK" (= Kreditkarte) usw.
Debitorenpreisgruppen Debitorenrabattgruppen	Sie können Debitoren in Gruppen zusammenfassen – und darüber entweder bestimmte Preise und/oder Rabatte an diese Kunden vergeben. Der Vorteil: Sie pflegen die Preise (und/oder Rabatte) nur bei den jeweiligen Gruppen und müssen nicht bei jedem einzelnen Stammdatensatz die betreffenden Einträge durchführen oder Änderungen vornehmen. Alle Debitoren, die einer Gruppe zugeordnet wurden, profitieren davon – und es spart Ihnen eine Menge Zeit!

Menüpunkt	***Allgemeine Informationen***
Standardverkaufscodes	Bestellen Ihre Debitoren regelmäßig die gleichen Artikel, könnten Sie über die Standardverkaufscodes auch „Päckchen" schnüren., die dann in einem Verkaufsbeleg abgerufen werden können. Vorteil: die Anwender müssen nicht jeden Artikel einzeln jedes Mal erfassen – und im Gegensatz zu der Funktion „Beleg kopieren" – können hier auch keine Fehler betreffs der aktuellen Preise entstehen, da das System bei Verwendung des Standardverkaufscodes auf jeden Fall immer die Preisfindung durchläuft.
Artikelrabattgruppen	Ebenso wie die Debitoren können Sie auch Artikel in einer Gruppe zusammenfassen. Mithilfe der Gruppierung wird dann die Zuordnung betreffs Mengen- bzw. Zeilenrabatten einfacher gehalten.
Lieferbedingungen	Hinterlegen Sie an dieser Stelle die Lieferbedingungen, die Sie mit Ihrem Kunden vereinbart haben. Empfehlenswert und in der Praxis immer gern genutzt, sind die sogenannten „INCOTERMS®2010" – dazu später mehr.
Zusteller	Hinterlegen Sie hier die Zusteller (z. B. UPS, DHL, FEDEX, etc.) mit denen Sie zusammen arbeiten. Hinter jedem Zusteller können Sie wiederum „Zustellertransportartencodes" definieren (24Std.-Lieferung, Normal, usw.) In diesem Bereich können zudem Datumsformeln (wie beispielsweise „1T") hinterlegt werden, die das System wiederum bei den diversen Datumsfeldern in den Belegzeilen mit berücksichtigt.

Menüpunkt	*Allgemeine Informationen*
Reklamationsgründe	Auch diese Einrichtungs"tabelle" ist mit dem Einkauf ebenso verbunden. Hier können Sie verschiedene Reklamationsgründe definieren, die im Fall einer Verkaufsreklamation als „Grund" angegeben werden kann (in der Belegzeile). Zudem können Sie bei jedem Reklamationsgrundcode einen Lagerort fest mitgeben – den das System dann automatisch in die Belegzeile übernimmt sobald dieser Grundcode gewählt wurde. Des Weiteren können Sie über ein Häkchenfeld „Ohne Lagerbewertung" steuern, dass die Artikel, die über ein Verkaufsreklamation bzw. Verkaufsgutschrift zurück genommen werden, ohne Wert in Ihr System eingebucht werden.
Berichtsauswahl – Vertrieb	Hier hinterlegen Sie, bzw. Ihr Administrator, welche Berichte im Fall von „Druckaufträgen" ausgegeben werden sollen – z.B. für das Verkaufsangebot.

Was sind „Katalogartikel"?

Als „Katalogartikel" werden Artikel bezeichnet, die zwar in Ihr System eingelesen werden, aber bisher noch nie verwendet wurden. Vergleichbar ist diese „Liste" mit einem „Online-in-NAV-vorhandenen Artikelkatalog". Erst wenn ein solcher Artikel in eine Belegzeile (ob Einkauf oder Verkauf ist egal) geholt wird, erstellt das System in diesem Moment einen „echten" Artikel.

Der Vorteil der „Katalogartikel": diese Einträge können immer wieder gelöscht und neu erstellt werden. Da es sich hier nicht um einen „echten" Stammdatensatz handelt, der mit irgendwelchen Posten verknüpft ist, ist das eine tolle Variante um Artikel, die Sie selbst nur äußerst selten verkaufen, trotz dem im Zugriff zu haben – ohne lange suchen zu müssen.

Wichtig ist: sobald der „echte Artikel" erstellt wurde, sollte die Stammdatenkarte auf jeden Fall nochmals geprüft werden.

3.2 Die Einrichtung der Verkäufer

Sowohl Einkäufer wie Verkäufer werden in der gleichen Tabelle hinterlegt. Rufen Sie „Verkäufer“ im entsprechenden Untermenü auf, wird die Page „Verkäufer/Einkäufer“ benannt. Sind Sie im Einkaufsmodul „unterwegs“ und rufen dort per Mausklick die Ansicht „Einkäufer“ auf, heißt die gleiche Page „Einkäufer/Verkäufer“.

Legen Sie bitte alle Anwender, die im Einkauf bzw. Verkauf arbeiten, in dieser Erfassungsmaske entsprechend an. Nur dann können die einzelnen Verkäufer beispielsweise auch einer Debitorenkarte bzw. Kontaktkarte als zuständiger Verkäufer zugeordnet werden.

Um einen neuen Verkäufer anzulegen, klicken Sie im Menü „Verkauf & Marketing“ zunächst auf „Verwaltung“. „Scrollen“ Sie ein wenig nach unten – unterhalb des Punktes **Verkauf** finden Sie „Einrichtung“ – „Verkäufer“:

Sie gelangen zunächst in die Übersicht – im „CRONUS“ sind bereits einige „Verkäufer/Einkäufer“ angelegt:

Um einen neuen Verkäufer anzulegen, klicken Sie entweder auf das Symbol „NEU“ im Menüband oder drücken STRG + N.

Eine leere „Karte“ wird geöffnet:

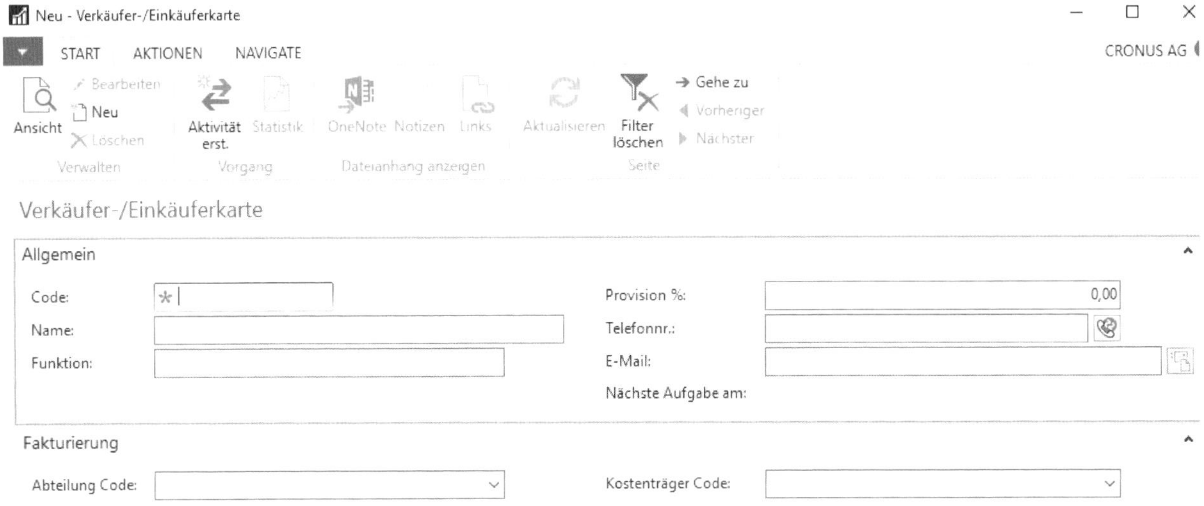

Da das „Codefeld“ frei wählbar ist (d.h. Sie können hier eintragen was Sie wollen; es handelt sich um ein sogenanntes „alphanumerisches Feld“ = Buchstaben und Zahlen sind möglich), gilt vorab organisatorisch zu klären, wie der Code tatsächlich auszusehen hat.

Gängige Praxis ist es hier, die Initialen des jeweiligen Mitarbeiters zu nehmen (z.B. HM für **H**ans **M**uster).

Das Feld „Provision“ ist standardmäßig schon seit vielen Versionen vorhanden, wird aber bei den Endanwendern, die ich seit Jahren betreue, nicht verwendet. Viele haben ein eigenes Provisionsmodul, mithilfe dessen die entsprechenden Provisionen ermittelt werden.

Und: da die „Verkäuferkarte“ meist von vielen berechtigten Personen eingesehen werden kann, möchte auch niemand das da der vereinbarte Provisionssatz steht.

3.2.1 Übung: Neu-Anlage eines Verkäufers „Petra Putzig“

***Szenario**: eine neue Mitarbeiterin für den Verkauf hat bei der CRONUS AG angefangen. Ihr Name lautet „Petra Putzig“ – und ihre Funktion ist die der Verkaufssachbearbeiterin.*

Legen Sie bitte eine neue Verkäuferkarte mit einem passenden Code (Initialen), Namen und der Funktion ein.

Als Mailadresse verwenden Sie: petra.putzig@cronus.de.

So sollte es aussehen:

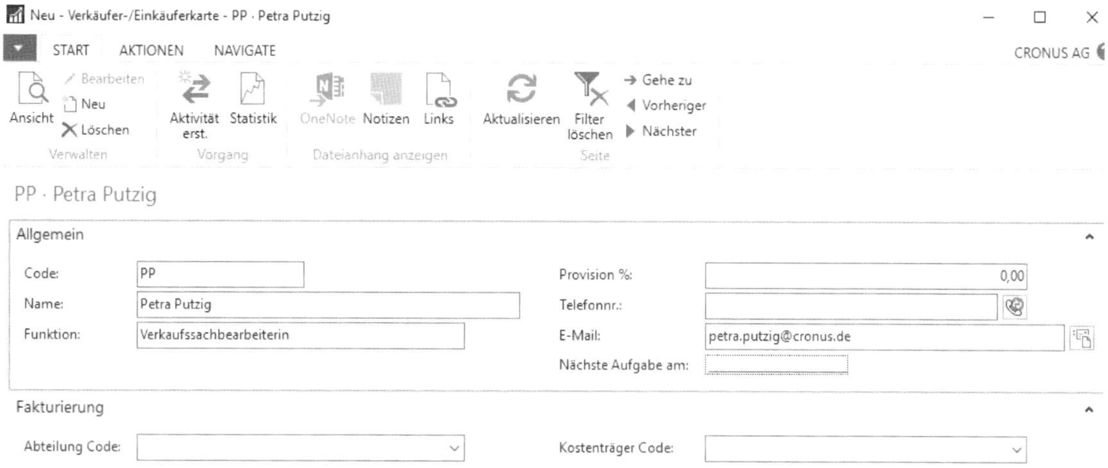

Die gezeigten Felder im Register „Fakturierung“ – „Abteilung Code“ und „Kostenträger Code“ – geben Ihnen die Möglichkeit bereits bei dem Verkäufer entsprechende Dimensionen mitzugeben.
„Abteilung Code“ sollte übrigens „Kostenstellen Code“ heißen....

Wie Ihnen sowohl bei der Verkäuferübersicht wie bei der Verkäuferkarte auffällt, gibt es hier im Menüband a) mehrere Reiter und b) einige interessante Symbole.

Diese Funktionen, die dort zum Großteil vorhanden sind, beziehen sich auf spezifische Bereiche im Marketingmodul von NAV und werden in der Unterlage „Marketing mit Microsoft Dynamics™ NAV2016“ ausführlich erklärt.

3.3 Der Debitor (= der „Kunde“)

Als „Debitor“ bezeichnet man im „Finanzbuchhaltungs-Deutsch“ Ihre Kunden. Unter „wikipedia“ findet sich zu diesem Begriff folgendes:

„Debitor ist im deutschen Rechnungswesen der Begriff für den Schuldner von Forderungen aus Lieferungen und Leistungen. Dabei handelte es sich um Lieferantenkredite oder sonstige Warenkredite aus der Geschäftsverbindung mit Kreditoren, Komplementärbegriff ist somit der Kreditor.“

(**Quelle**: www.wikipedia.de – gesucht nach „Debitor“)

Um sich als Beispiel eine Debitorenansicht aufzurufen, klicken Sie im Verkaufsmenü bitte auf den Menüpunkt „Verkauf“ – und wählen dort dann „Debitoren“ aus. Ebenso wie im Einkaufsmenü gelangen Sie zunächst in die Übersicht der Debitoren.

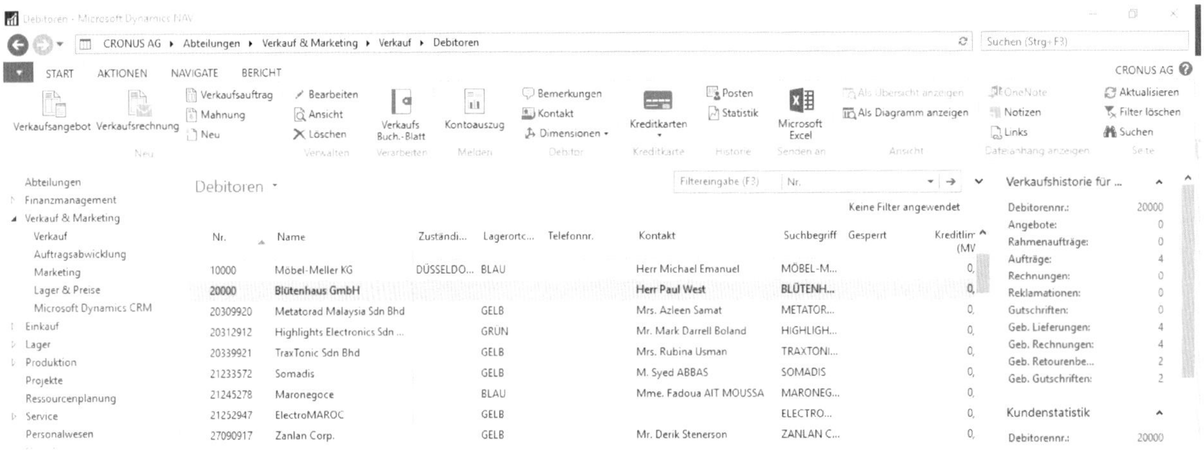

Wie bei allen Übersichtsmasken, haben Sie im Menüband bereits zahlreiche Funktionalitäten in Form von Symbolen zur Verfügung. Sie müssten bei bestimmten Vorgängen also gar nicht in die Stammdatenkarte selbst „springen“, sondern könnten manchen Einrichtungen bzw. Aufrufe direkt über die Übersicht steuern.

Wählen Sie den Debitoren „Blütenhaus GmbH“ (Nr. 20000) und öffnen Sie die Stammdatenkarte durch einen Doppelklick (oder Sie klicken auf das Symbol „Bearbeiten“ oder „Ansicht“, alternativ Drücken Sie z.B. die Tastenkombination „STRG + Umschalt + E“).

Ansicht der Debitorenkarte „Blütenhaus GmbH“

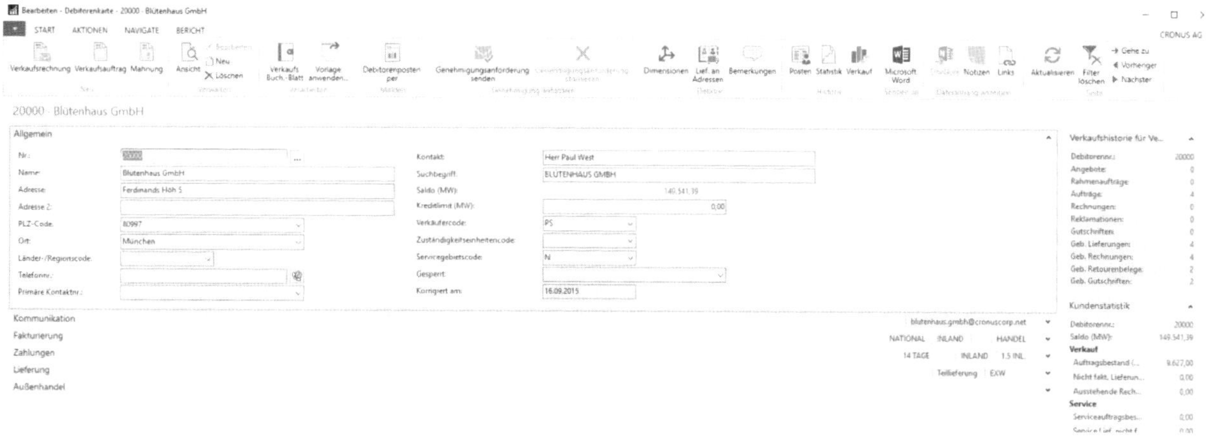

Wie Sie anhand dieses Bildschirmausschnittes sehen können, besteht auch diese Ansicht aus mehreren Bereichen: Menüband samt „Reiter“ und „Symbolen“, Register (im NAV-Deutsch auch gern „FastTabs“ genannt) sowie Info- & Factboxes.

Im Gegensatz zum Kreditor finden Sie im Menüband jetzt andere Symbole und Verbindungen – so können Sie zum Beispiel durch Klick auf „Verkaufsauftrag“ direkt den entsprechenden Verkaufsbeleg öffnen. Sollte es noch keinen Auftrag geben, erhalten Sie zunächst eine leere „Maske“ – wenn Sie einmal mit ENTER bestätigen, erstellt das System den neuen Datensatz und füllt diesen mit den Vorgaben aus der Debitorenkarte, aus der Sie das Ganze aufgerufen haben.

Um Sie ein wenig mit den verschiedenen Feldern vertraut zu machen, gehen wir die einzelnen Register und Felder durch.

Register „Allgemein“:

Feldname	***Erläuterungen***
Nr.	Je nach Einstellung der Nummernserie wird bei Neu-Erstellung eines Stammdatensatzes automatisch eine neue Nummer vergeben – oder Sie tragen eine Nummer manuell ein
Name	Hinterlegen Sie hier den Namen Ihres Debitors. Im Hintergrund existiert noch das Feld „Name 2“ – falls Sie also ein weiteres Feld für den Firmenname benötigen, bitten Sie Ihren NAV-Partner darum, dieses Feld einzublenden.
Adresse Adresse 2	Tragen Sie hier die Straße, bzw. das Postfach sowie Adresszusätze ein
PLZ-Code	Tragen Sie hier die Postleitzahl ein – INFO: die PLZ-Tabelle ist eine eigene Tabelle, deren Inhalte auch komplett eingelesen werden könnten – sofern eine entsprechende Datei zur Verfügung steht. ***Vorteil***: sobald eine PLZ eingetragen wird, wird das System den passenden Ort dazu finden und auch eintragen.
Ort	Hinterlegen Sie hier den Ort
Länder-/Regionscode	Vergeben Sie hier über die Auswahl (drücken Sie dazu „F4“ oder klicken Sie auf den kleinen „Drop-Down-Pfeil“ rechts im Feld) den entsprechenden Länder-/Regionscode. Mittlerweile ist es bei den neuen Lösungen von NAV auch notwendig für „deutsche“ Debitoren den Ländercode DE zu vergeben. Die Ländercodes sollten immer gleich den INTRASTAT-Vorgaben sein.
Telefonnr.	Vergeben Sie hier die Telefonnummer. Sollten Sie die Funktion der CTI-Anbindung nutzen wollen (durch Klicken auf das entsprechende Symbol daneben), sollten Sie vorab auf jeden Fall ein einheitliches Format organisatorisch festlegen.
Primäre Kontaktnr	Existiert zu diesem Debitoren eine Kontaktkarte und zu dieser Kontaktkarte (Art = Unternehmen), existieren Verbindungen zu Personenkontaktkarten, können Sie über einen Klick auf den „Drop-Down-Pfeil“ (oder drücken von F4) entweder einen passenden Ansprechpartner auswählen oder...

Feldname	***Erläuterungen***
Kontakt	...Sie tragen hier den Namen des Haupt-Ansprechpartners ein. Sofern eine Verbindung zwischen Kontakt und Debitor besteht, würde das System bei einem neuen Namen in diesem Feld automatisch im Hintergrund eine Kontaktkarte der Art „Person" anlegen.
Suchbegriff	Alphanumerisches Feld (max. 20 Zeichen) – wird automatisch mit den ersten 20 Zeichen aus dem Feld „Name" vorbelegt, kann aber geändert werden.
Saldo (MW)	Kalkuliertes Feld – zeigt den Saldo der Debitorenposten dieses Kunden an, die noch „offen" sind. (= noch nicht durch eine Zahlung oder Gutschrift ausgeglichen)
Kreditlimit (MW)	Hier können Sie einen Betrag hinterlegen. Die hier angegebene Höhe ist der Kreditrahmen, den Sie Ihrem Debitor einräumen. Sofern die entsprechende „Warnung" in der Einrichtung aktiviert wurde, zeigt das System bei Erfassen eines Verkaufsbeleges eine entsprechende Warnung an, sobald das Kreditlimit überschritten wird.
Verkäufercode	Wählen Sie hier den Verkäufer aus, der den Debitor hauptsächlich betreut
Zuständigkeitseinheiten-code	Möglichkeit mithilfe eines besonderen Filters, Debitoren nur dann anzeigen zu lassen, wenn der jeweilige Benutzer der gleichen Zuständigkeitseinheit zugeordnet wurde.
Servicegebietscode	Dieses Codefeld ist nur dann relevant, wenn Sie das Modul „CRM-Service" einsetzen würden. Mit diesem zusätzlichen Gebietscode können Sie im Servicebereich wiederum Ihre Servicetechniker (= Ressourcen) zuordnen und damit eine bessere Planung der Techniker gewährleisten.
Gesperrt	Optionsfeld – Ihnen stehen viel Wahlmöglichkeiten zur Verfügung: • Leer = Debitorenkarte ist „offen" und kann für alle Prozesse genutzt werden • Liefern = Gesperrt für alle Lieferungen • Fakturieren = Gesperrt für alle (Direkt-)rechnungen • Alle = komplett gesperrt
Korrigiert am	Datumsfeld – wird automatisch aktualisiert, sobald eine Änderung an der Stammdatenkarte vorgenommen wurde.

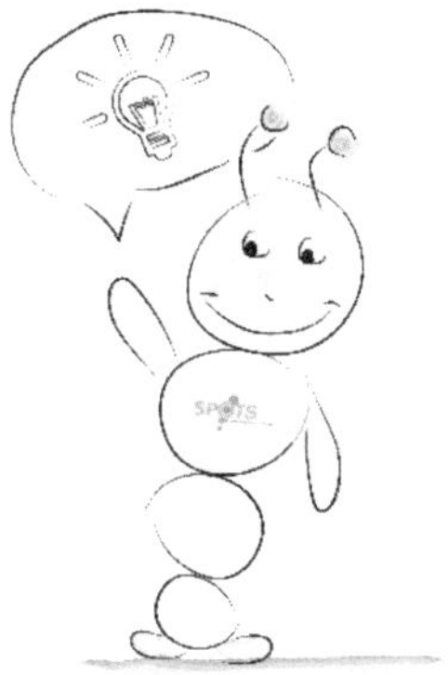

Gut zu wissen:

Vergessen Sie bitte nicht: wenn weitere Felder in den Stammdatenkarten eingeblendet werden müssen – wie beispielsweise „Name2“ – sollten Sie unbedingt alle druckbaren Belege – die an die Kunden gehen – prüfen, bzw. prüfen lassen. Es nutzt ja nichts, wenn Sie diese Felder nutzen und auch für den Adressbereich benötigen – und dann kommen diese Informationen bei Druck nicht mit.

Das Gleiche gilt für die Kreditoren und andere Stammdaten wie z.B. der Artikel.

Register „Kommunikation“:

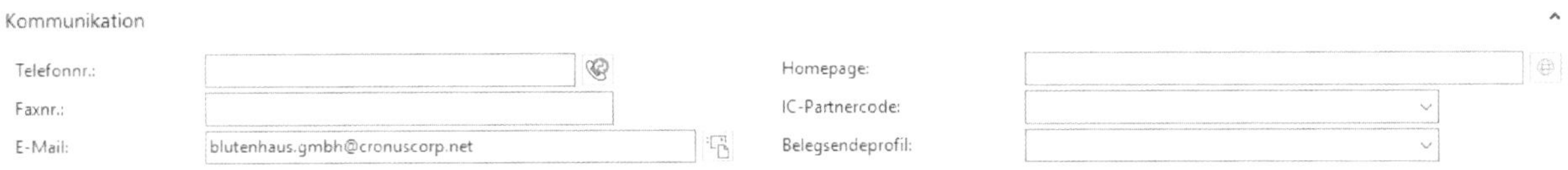

Feldname	***Erläuterungen***
Telefonnummer 	(gleiches Feld wie im Register „Allgemein“) – tragen Sie hier die Firmentelefonnummer Ihres Kunden ein. Das hier gezeigte Symbol bietet Ihnen die Möglichkeit, direkt aus NAV **heraus** zu telefonieren. Abhängig davon ob Sie bereits „Voice-over-IP“ nutzen einer Telefonanlage – sprechen Sie Ihren Partner darauf an, falls Sie diese Funktionalität nutzen wollen.
Faxnr.	Hinterlegen Sie hier die Faxnummer – sofern (noch) vorhanden
E-Mail 	Tragen Sie hier die allgemeine Firmen-Mailadresse Ihres Kunden ein. Das Symbol ermöglicht Ihnen, direkt aus der Debitorenkarte heraus eine Mail über Microsoft® Outlook® zu erstellen. Bei Klick auf das Symbol wird Outlook® gestartet und die Mailadresse sofort in das Feld „AN“ eingetragen.

Feldname	*Erläuterungen*
Homepage 	Feld für die URL/Webadresse Ihres Kunden Durch Klick auf das Symbol öffnet sich Ihre standardmäßig eingestellter Webbrowser und trägt die Webadresse in das entsprechende Feld ein.
IC-Partnercode	Sofern Sie mit der „Intercompany"-Funktionalität arbeiten, tragen Sie hier den entsprechenden Code ein, bzw. wählen diesen hier aus.
Belegsendeprofil	***NEU seit NAV2016:*** Betrifft die Buchungsfunktionalität aus der Verkaufs-rechnung bzw. –gutschrift. Es gibt jetzt ein neues Symbol – „*Buchen und Senden*" – im Reiter START der Verkaufsrechnung/-gutschrift. Mithilfe des Belegsendeprofils, können Sie festlegen wie das System vorgehen soll, wenn Sie eine Verkaufs-rechnung oder – gutschrift über diese Funktion buchen. Dazu gebe ich Ihnen später einen kleinen Überblick.

Register „Fakturierung":

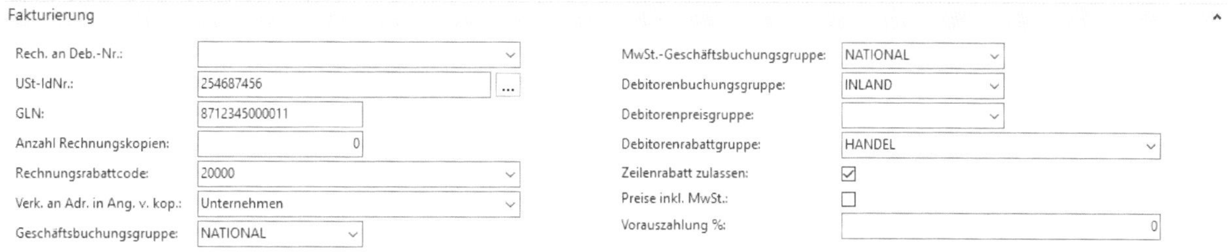

Feldname	*Erläuterungen*
Rech. an Deb.-Nr.	Möglichkeit einen anderen Debitor als Rechnungsempfänger zu zuordnen. Sobald hier ein Eintrag existiert, wird das System im Register „Fakturierung" bei allen VK-Belegen diesen Rechnungsempfänger eintragen. **Achtung**: Auswertungen, die auf den Umsatz mit einzelnen Debitoren abzielen, würden dann auch nur bei dem Rechnungsdebitor Werte finden!
USt-IdNr.	Hinterlegen Sie hier die korrekte USt.-IdNr. Ihres Kunden

Feldname	*Erläuterungen*
GLN	***Neu seit NAV2016***: „Global Location Number" – dadurch kann global die volle Unternehmens- oder Betriebsbezeichnung sowie die Anschrift identifiziert werden*
Anzahl Rechnungs-kopien	Tragen Sie hier ein, wie viele Rechnungskopien Sie grundsätzlich benötigen – z.B. für ausländische Debitoren
Rechnungsrabattcode	Wird standardmäßig bei Neu-Anlage eines Debitors mit der eigenen Debitorennummer vorbelegt. Haben Sie einen Debitoren definiert, der als Grundlage für weitere Kundenkarten in Bezug auf Rechnungsrabatte gelten soll, so können Sie hier die entsprechende Debitorennummer über die Debitorenübersicht auswählen (Klick auf den „Drop-Down-Pfeil" in diesem Feld).
Verk. an Adr. in Ang. V. kop.	Anbindung zum CRM-Marketing & Vertrieb Modul in NAV. Sofern der Debitor einen „direkten" Draht zu der Kontaktverwaltung hat, können Sie hierüber bestimmen, ob die Adresse der Kontaktperson (die im Register „Allgemein" hinterlegt wurde) oder die Adresse der Kontaktunternehmenskarte auf Angeboten(!) ausgegeben werden soll.
Geschäftsbuchungs-gruppe MwSt.-Geschäfts-buchungsgruppe Debitorenbuchungs-gruppe	Hinterlegen Sie in diesen Feldern die drei Buchungsgruppen, mit denen die Verknüpfung zur Finanzbuchhaltung und damit zu den entsprechenden Konten gewährleistet werden. Sind diese Felder nicht gefüllt, kann kein Verkaufsbeleg erstellt geschweige denn freigegeben oder gar gebucht werden.
Debitorenpreisgruppe Debitorenrabattgruppe	Wie bereits bei der allgemeinen Einrichtung des Verkaufs erwähnt, können Sie Ihre Kunden gruppieren. Und mithilfe der Gruppen dann alternative Verkaufspreise und/oder alternative Zeilen- bzw. Mengenrabatte definieren und vergeben. Sobald Ihr Debitor einer oder beiden Gruppen angehört, berücksichtigt die Preisfindung diese Vorgaben.

Feldname	*Erläuterungen*
Zeilenrabatt zulassen	Standardmäßig ist das Häkchen hier gesetzt. Wenn der betreffende Debitor keinerlei Zeilen- (und auch Mengenrabatte) erhalten soll, nehmen Sie das Häkchen hier heraus.
Preise inkl. MwSt.	Setzen Sie hier ein Häkchen, wenn in den Verkaufsbelegen des Kunden immer Bruttopreise hinterlegt werden. Das System kalkuliert die anfallende MwSt. entsprechend „raus" und weist diese Beträge dann aus.
Vorauszahlung %	Muss der Debitor z.B. vor Erhalt der Waren grundsätzlich eine Vorauszahlung leisten, dann hinterlegen Sie an dieser Stelle den prozentualen Wert. Sofern in der allgemeinen Einrichtung das Häkchen „Vorauszahlung beim Buchen prüfen" gesetzt ist, kann keine Lieferung an den Debitoren erfolgen, solange die Rechnung nicht durch eine Zahlung ausgeglichen wurde.

Was ist GLN?*

„GLN" ist eine Abkürzung und bedeutet „**G**lobal **L**ocation **N**umber" bzw. „Globale Lokationsnummer" – diese Nummer identifiziert global die volle Unternehmens- oder Betriebsbezeichnung sowie die Anschrift. Sie wird von den GS1-Organisationen gegen Lizenzgebühr vergeben. Für Deutschland ist dies die GS1 Germany, für Österreich die GS1 Austria und für die Schweiz GS1 Switzerland.
Bis 2009 wurde die GLN als „**I**nternational **L**ocation **N**umber" bzw. „International Lokationsnummer" (ILN) bezeichnet.

Die GLN besteht aus 13 Ziffern. Die ersten drei Stellen enthalten das Länderpräfix der GS1-Mitgliedsgesellschaft, zum Beispiel Deutschland 400 – 440. Dann folgen 4 bis 6 Stellen, die zusammen mit der Ländernummer die 7- bis 9-stellige GS1-Basisnummer des Unternehmens bilden. In den folgenden 3 bis 5 Stellen bis zur Stelle 12 folgt ein individueller Nummern-teil innerhalb des Unternehmens. Auf der Stelle 13 steht die Prüfziffer.

Die GLN kennzeichnet Standorte. Sie gibt zum Beispiel an, wohin eine Palette geschickt werden soll. Sie dient ***nicht*** der Kennzeichnung von Paletten oder anderen Versandeinheiten. Hierfür sollte die Nummer der Versandeinheit verwendet werden.

Die GLN ist ***nicht*** auf den Artikeln eines Unternehmens selbst zu finden. Allerdings beginnt die 13-stellige EAN* (**E**uropean **A**rticle **N**umber) eines Artikels mit der GS1-Basisnummer des Unternehmens."

(Quelle. www.wikipedia.de – gesucht nach „GLN")

*Heute wahrscheinlich eher GTIN statt EAN

Register „Zahlungen“:

Feldname	***Erläuterungen***
Ausgleichsmethode	Optionsfeld - Sie haben die Wahl zwischen „Offener Posten“ und „Saldomethode“. *Offener Posten* bedeutet, dass Sie manuell einen Ausgleich setzen müssen (bei einer Zahlung). *Saldomethode* hingegen bedeutet, dass das System automatisch einen Ausgleich auf den ältesten, noch offenen Debitorenposten setzt. Die Methode „Offener Posten“ gilt an für sich als „Standard“-Einstellung.
Partnerart	Betrifft „Lastschrift“: Sie können hier eine Auswahl treffen, ob es sich um ein Unternehmen oder eine Person handelt, von denen per Lastschrift eingezogen wird.
Zlg.-Bedingungscode	Wählen Sie hier bitte aus, welche Zahlungsbedingung Sie mit Ihrem Kunden vereinbart haben. Diese Bedingung wird im Normalfall auch auf jedem Verkaufsbeleg mit ausgegeben UND die Berechnung der Fälligkeit der Rechnung erfolgt in Abhängigkeit mit der hier gemachten Voreinstellung bei dem jeweiligen Code.
Zahlungsformcode	Hier können Sie eintragen, WIE Ihr Debitor bezahlt. Beispielsweise „Bank“, „Bar“ usw.
Mahnmethodencode	Wählen Sie hier den passenden Mahnmethodencode aus, der dann benötigt wird wenn Ihr Kunde nicht rechtzeitig bezahlt.
Zinskonditionscode	Sofern Sie zusätzlich Verzugszinsen auf ausstehende Zahlungen berechnen wollen, können Sie durch die Zuweisung eines passenden Zinskonditionscodes das Ganze mit der Mahnung „koppeln“.
Cashflow-Zlg.-Bedingungscode	(Früher Liq.-Zlg.-Bedingungscode) Sollten Sie mit dem „Cashflow“ (Liquidität)-Bereich in NAV arbeiten, haben Sie an dieser Stelle einen abweichenden Zahlungsbedingungscode zu hinterlegen.

Feldname	Erläuterungen
Kontoauszüge drucken	Durch Setzen eines Häkchens, können Sie bestimmen ob dieser Debitor bei Aufruf des Berichts „Kontoauszug“ mit berücksichtigt werden soll oder nicht *(diesen Bericht finden Sie unter „Finanzmanagement“ – „Debitor“ – „Belege“ – Kontoauszug).*
Letzte Kontoauszugs-nr.	Wird nach jedem physikalischen Druck (nicht bei Anzeige über Vorschau!) automatisch hochgezählt.
Zahlungstoleranz sperren	Setzen Sie hier ein Häkchen, wenn Sie die Zahlungstoleranz für diesen Kunden ausschalten wollen.
Bevorzugtes Bankkonto	Hier können Sie das standardmäßig verwendete Bankkonto Ihres Kunden hinterlegen, das für Lastschriftverfahren und bei Rückerstattungen verwendet werden soll.

ACHTUNG:

Zahlungsformcode: Sie können bei der Einrichtung des Zahlungsformcodes auch standardmäßig sofort ein Gegenkonto hinterlegen. Zum Beispiel beim Code „BAR“ oder „LAST“(schrift). Bitte beachten Sie, dass in diesem Fall beim Fakturieren eines Auftrags beispielsweise **SOFORT eine Gegenbuchung in Form einer Zahlung durchgeführt wird**. Das heißt: in diesem Fall gäbe es keinerlei offene Debitorenposten!

Register „Lieferung“:

Feldname	Erläuterungen
Lagerortcode	Tragen Sie hier den Lagerortcode ein (bzw. wählen Sie diesen aus), von dem aus Ihr Kunde beliefert werden soll. Diese Vorgabe wird dann bei Neu-Erstellung eines Verkaufsbeleges sofort mit übernommen. Sie können den Lagerortcode in dem Verkaufsbeleg selbstverständlich ändern falls notwendig.

<table>
<tr><th>Feldname</th><th>Erläuterungen</th></tr>
<tr><td>Sammelrechnung</td><td>Ein Häkchen hier gibt an, ob grundsätzlich mehrere Aufträge zu einer Sammelrechnung zusammengefasst werden können. Dieses Häkchen dient als „Filterkriterium“ für den Report „Sammelrechnung“ – hier werden nur die Debitoren berücksichtigt, bei denen dieses Feld markiert wurde.

(Report ist zu finden unter: „Finanzmanagement“ – „Debitoren“ – „Aufgaben“ – „Sammelrechnung“)</td></tr>
<tr><td>Reservieren</td><td>Optionsfeld: Sie haben drei Wahlmöglichkeiten:<ul><li>Nie</li><li>Immer</li><li>Optional (= Standardvorgabe)</li></ul>Damit legen Sie fest, ob Ware für diesen Kunden grundsätzlich, nie oder durch eine entsprechende Auswahl reserviert werden muss bzw. kann.</td></tr>
<tr><td>Versandanweisung</td><td>Optionsfeld: hier legen Sie fest, ob via<ul><li>Teillieferung ODER</li><li>Komplettlieferung</li></ul>geliefert werden soll.

In der Praxis wird häufig bei Debitoren aus Drittländern die Option „Komplettlieferung“ voreingestellt – allein schon wegen der anfallenden Frachtkosten.</td></tr>
<tr><td>Lieferbedingungscode</td><td>Wählen Sie hier den Lieferbedingungscode aus, der für diesen Kunden gelten soll (Beachten Sie dazu auch das Kapital „INCOTERMS® 2010“)</td></tr>
</table>

Feldname	*Erläuterungen*
Zustellercode	In NAV haben Sie die Möglichkeit, die von Ihnen verwendeten Zusteller anzulegen (z.B. TOF, DPD, DHL, UPS, usw.) Treffen Sie hier die Vorgabe, welcher Zusteller bevorzugt Ihren Kunden beliefern soll.
Zustellertransport-artencode	In Abhängigkeit von dem Zusteller können Sie zudem die verschiedenen Transportarten definieren – z.B. „Standard“, „Express“, „Über Nacht“ usw.
Transportzeit	Eng miteinander verbunden ist dann auch die „*Transportzeit*“ – ist hinter dem *Zustellertransportartencode* eine *Transportzeit* hinterlegt, wird dieser Feldinhalt automatisch eingetragen, sobald der Transportartencode ausgewählt wurde. ***HINWEIS**: eine Datumsformel an dieser Stelle hat auch Einfluss auf die Datumsermittlung in den Verkaufszeilen!*
Basiskalendercode*	Sofern Sie mit „Basiskalender“ arbeiten, wählen Sie hier den entsprechenden Code aus
Spezifischer Kalender	Sofern Sie einen speziellen Kalender verwenden (abweichend vom eigentlichen Basiskalender), setzt das System hier automatisch den Wert auf „JA“.

Gut zu wissen:

*Basiskalender = mit einem solchen „Kalender“ haben Sie die Möglichkeit, Feiertage und Wochenenden entsprechend zu markieren, die in vielen Firmen als „arbeitsfrei“ gelten. Auch Betriebsferien in Ihrem eigenen Betrieb können Sie auf diese Weise kennzeichnen. Das Gleiche gilt für Ihre Kunden und Lieferanten – in diesen Fällen, bräuchten Sie jeweils einen eigenen Kalender pro Kunde bzw. pro Lieferant.

Vorteil: die Datumsberechnung verschiedener Datumsfelder (wie beispielsweise „erwartetes Warenausgangsdatum“) nimmt auf die hier vorhandenen Einträge „Rücksicht“ und berechnet entsprechende Datumseinträge

Register „Außenhandel“:

Feldname	*Erläuterungen*
Währungscode	Sofern Sie mit Ihrem Debitoren in einer Fremdwährung abrechnen, wählen Sie hier die passende Währung aus. Beachten Sie, dass in diesem Fall die „Währungswechsel-kurstabelle“ in NAV gepflegt sein muss.
Sprachcode	Bei „deutschsprachigen“ Kunden bräuchten Sie an für sich keinen extra Eintrag mit „DEU“. Sollte Sie diesen Sprachcode dennoch verwenden, beachten Sie bitte, dass Sie bei jedem neuen Textbaustein den Sprachcode mit berücksichtigen.

Damit haben Sie alle „offensichtlichen Felder“ in den verschiedenen Registern kennen gelernt. Beachten Sie bitte, dass Sie über das Menüband (und den dort vorhandenen Reitern), jede Menge Symbole samt weiteren Einrichtungsvarianten und Funktionen zur Verfügung haben.

Ein paar Beispiele….

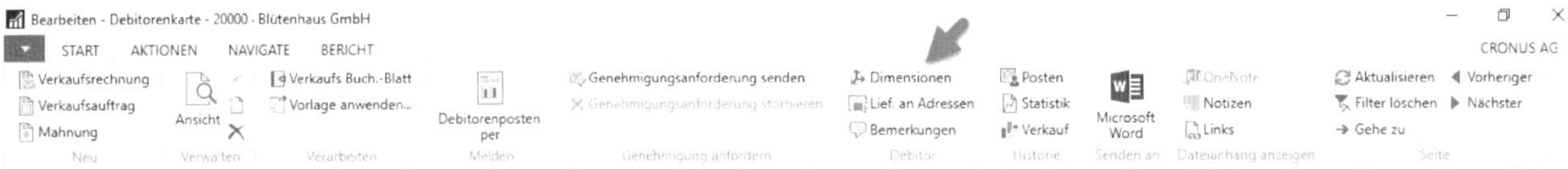

Im Reiter „**START**“ finden Sie unter dem Block „Debitor“ beispielsweise weitere Einrichtungen:

Dimensionen

Hierüber können Sie jeder Kundenkarte einen entsprechenden „Code“ wie beispielsweise „Kostenstelle“, zuordnen.

Lief an Adressen

Möglichkeit, alternative Lieferadressen zu diesem Kunden anzulegen.

Bemerkungen

Option, interne Bemerkungen zu einem Kunden zu erfassen

Reiter „**NAVIGATE**"

Hier wiederholen sich einige Symbole – aber zusätzlich dazu finden Sie hier weitere Optionen, mithilfe derer Sie zum Beispiel alternative Verkaufspreise, die Sie mit Ihrem Kunden vereinbart haben, hinterlegen können:

Bankkonten

Zuordnungsmöglichkeit eines oder mehreren Bankkonten Ihres Kunden. Notwendig, wenn Sie mit Lastschrift arbeiten wollen bzw. müssen.

Lastschrift-Mandate

Hier hinterlegen Sie die betreffenden Mandate

Referenzen

Hier könn(t)en Sie die bei Ihrem Debitor verwendeten Artikelnummern hinterlegen, die er/sie für Ihre Artikel verwendet. Wenn die Referenznummer bei den Verkaufsbelegen mit ausgegeben werden soll, kann es sein das dieser Punkt noch angepasst werden muss.

Rechnungsrabatte

Hier hinterlegen Sie sowohl mögliche „Rechnungsrabatte" wie auch einen „Mindermengenzuschlag" (= Servicegebühr) wenn notwendig.

***ACHTUNG**: bei Verwendung einer Servicegebühr ist das Hinterlegen eines Servicegebührenkontos in der Debitorenbuchungsgruppe unbedingt notwendig.*

Preise & Zeilenrabatte

Tragen Sie hier die alternativen Verkaufspreise und Zeilenrabatte (die auch „Mengenrabatte" sein können) ein, die für diesen Kunden gelten sollen.

Vorauszahlungsprozentsätze

Alternativ zu einer grundsätzlichen Vorgabe, haben Sie über dieses Symbol die Möglichkeit, gezielt Vorauszahlungsprozentsätze abhängig von dem jeweiligen Artikel zu hinterlegen.

Std.-Debitorenverkaufscodes

Hierüber können Sie „Pakete“ zu diesem Debitoren hinterlegen, um so bei sich wiederholenden Aufträgen, die immer die gleichen Inhalte aufweisen, nicht immer jede einzelne Zeile manuell neu zu erfassen.

Der Vorteil: die Preisfindung wird immer neu durchlaufen – was bei „Beleg kopieren“ nur dann der Fall wäre, wenn Sie darauf achten, dass das Häkchen „Zeilen neu berechnen“ gesetzt ist.

3.3.1 Neu-Anlage von zwei Debitoren - Übung

Für unsere nächsten Testszenarien legen Sie bitte zwei neue Kundenkarten an:

Kunde 1:	Max Musterle GmbH & Co. KG
Adresse:	Schwabenplätzle 1, 70999 Stuttgart
Tel:	0711 – 488 777
Fax:	0711 – 599 999
E-Mail:	info@max-musterle.de
Web:	www.max-musterle.de
Fakturierung	Achten Sie darauf, dass Sie die inländischen Buchungsgruppen verwenden („National“, „Inland“)
Zahlung:	wählen Sie aus den Cronus-Vorgaben, die für Sie passenden Codes aus
Lieferung:	Lagerort „Blau“ – auch hier können Sie Feldinhalte der weiteren Felder aus den im Cronus vorhandenen Vorgaben auswählen
Außenhandel:	Währung bleibt „leer“ – Sprachcode ebenso

Kunde 2:	CompHelp AG
Adresse:	Berner Platz 3, 1100 Wien (AT) – USt.-ID: ATU12394876
Tel:	+43 - 1 – 55 66 55
Fax:	+43 - 1 – 66 77 66
E-Mail:	info@comphelp.at
Web:	www.comphelp.at
Ansprechpartner:	Kurt Wiener
Fakturierung:	Buchungsgruppen “EU”
Lieferung:	wie bei Kunde 1
Außenhandel:	Währungscode bleibt „leer“, Sprachcode ENU

3.3.1.1 Brauchen Sie Hilfe? Neu-Anlage von Debitoren

Klicken Sie im Verkaufsmenü auf „Verkauf" – und danach auf „Debitoren". (Als beispielhafte Lösung hier die Neu-Anlage für „Max Musterle GmbH & Co. KG"). Nach dem die Debitorenübersicht geöffnet wurde, klicken Sie im Menüband entweder auf das Symbol oder drücken STRG + N. Sie erhalten eine leere „Maske" – bestätigen Sie bitte einmal mit ENTER, damit das System eine neue Nummer für diesen Stammdatensatz vergeben kann. Füllen Sie nun die Felder wie in der Übung vorgegeben.

Ansicht der neuen Debitorenkarte „Max Musterle GmbH & Co. KG":

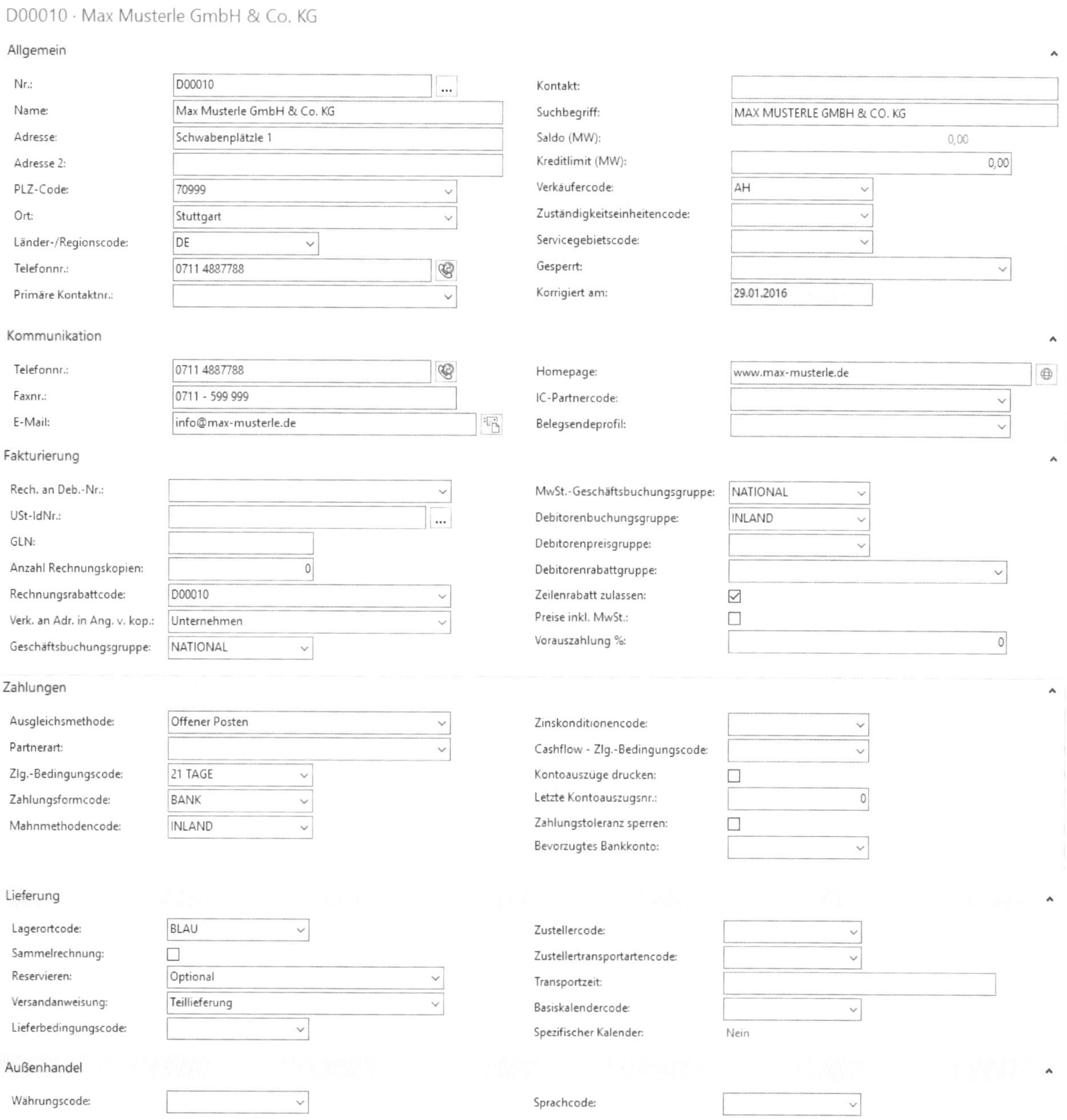
D00010 · Max Musterle GmbH & Co. KG

Allgemein

Nr.: D00010
Name: Max Musterle GmbH & Co. KG
Adresse: Schwabenplätzle 1
Adresse 2:
PLZ-Code: 70999
Ort: Stuttgart
Länder-/Regionscode: DE
Telefonnr.: 0711 4887788
Primäre Kontaktnr.:
Kontakt:
Suchbegriff: MAX MUSTERLE GMBH & CO. KG
Saldo (MW): 0,00
Kreditlimit (MW): 0,00
Verkäufercode: AH
Zuständigkeitseinheitencode:
Servicegebietscode:
Gesperrt:
Korrigiert am: 29.01.2016

Kommunikation

Telefonnr.: 0711 4887788
Faxnr.: 0711 - 599 999
E-Mail: info@max-musterle.de
Homepage: www.max-musterle.de
IC-Partnercode:
Belegsendeprofil:

Fakturierung

Rech. an Deb.-Nr.:
USt-IdNr.:
GLN:
Anzahl Rechnungskopien: 0
Rechnungsrabattcode: D00010
Verk. an Adr. in Ang. v. kop.: Unternehmen
Geschäftsbuchungsgruppe: NATIONAL
MwSt.-Geschäftsbuchungsgruppe: NATIONAL
Debitorenbuchungsgruppe: INLAND
Debitorenpreisgruppe:
Debitorenrabattgruppe:
Zeilenrabatt zulassen: ☑
Preise inkl. MwSt.: ☐
Vorauszahlung %: 0

Zahlungen

Ausgleichsmethode: Offener Posten
Partnerart:
Zlg.-Bedingungscode: 21 TAGE
Zahlungsformcode: BANK
Mahnmethodencode: INLAND
Zinskonditionencode:
Cashflow - Zlg.-Bedingungscode:
Kontoauszüge drucken: ☐
Letzte Kontoauszugsnr.: 0
Zahlungstoleranz sperren: ☐
Bevorzugtes Bankkonto:

Lieferung

Lagerortcode: BLAU
Sammelrechnung: ☐
Reservieren: Optional
Versandanweisung: Teillieferung
Lieferbedingungscode:
Zustellercode:
Zustellertransportartencode:
Transportzeit:
Basiskalendercode:
Spezifischer Kalender: Nein

Außenhandel

Währungscode:
Sprachcode:

Nach dem wir nun für die nächsten Themen zwei neue Kundenkarten haben, starten wir durch ☺

3.3.2 Artikel & alternative Verkaufspreise/alternative Zeilenrabatte

Wie ein Artikel neu angelegt wird, bzw. Erläuterungen zu den diversen Feldern innerhalb einer Artikelkarte finden Sie in der Unterlage „Beschaffung mit Microsoft Dynamics™ NAV2016".

Für unsere nachfolgenden Beispiele verwenden wir verschiedene Artikel, die bereits im CRONUS angelegt wurden. Möglicherweise werden wir an einigen Stellen Felder nachpflegen – darauf weise ich Sie dann aber im Einzelnen hin.

Sehen wir uns einmal den Artikel 80201 gemeinsam an (und pflegen hier gleich ein paar Felder ;-)). Wechseln Sie im Verkaufsmenü auf das Untermenü „Lager & Preise" – und klicken Sie dort auf „Artikel".

Suchen Sie nach der Artikelnummer „80201" und öffnen Sie diese Stammdatenkarte durch einen „Doppelklick" (oder drücken alternativ STRG + UMSCHALT + E oder klicken auf das Symbol „Bearbeiten" im Menüband).

Im Register „Fakturierung" finden Sie das Feld „VK-Preis":

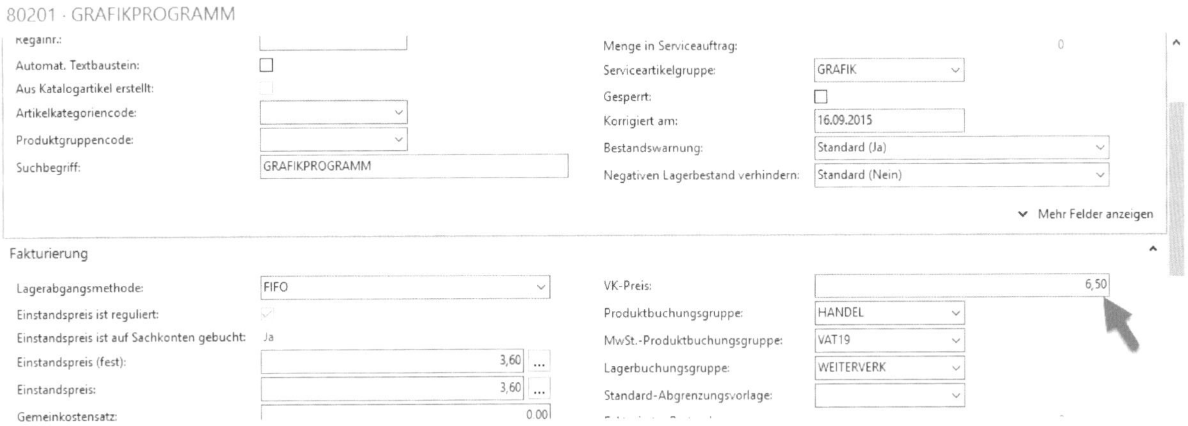

Dieses Feld bezieht sich **immer und ausschließlich**:

a) auf die ***Basiseinheit*** des Artikels
b) auf die ***Mandantenwährung (netto)***

In diesem Register finden Sie ebenfalls das Feld „Verkaufseinheitencode". Natürlich können Sie hier vorgeben, in welcher Einheit Sie diesen Artikel grundsätzlich verkaufen, ABER: das ändert nichts an den Vorgaben für den Inhalt im Feld „VK-Preis"!

Das heißt: wenn Sie mit verschiedenen Verkaufseinheiten arbeiten wollen, **müssen** Sie die Preise für verschiedene Einheiten als ***alternative Verkaufspreise*** anlegen.

Ebenfalls wichtig ist in diesem Zusammenhang auch die „Umrechnung" der Verkaufseinheit in die Basiseinheit. Ein Beispiel dazu:

Nehmen wir an, Sie möchten den Preis für das Grafikprogramm (also Artikel 80201) zunächst einmal auf „10“ erhöhen.

⇨ ***Ändern Sie den Feldinhalt des Feldes „VK-Preis“ auf „10“***

Das nächste: Sie möchten gern, dass dieser Artikel zukünftig in einer Schachtel á 5 Stück verkauft wird.

Um weitere Artikeleinheiten diesem Artikel zu zuordnen, klicken Sie im Menüband – Reiter „START“ auf das Symbol „Einheiten“:

Es öffnet sich eine kleine „Maske“:

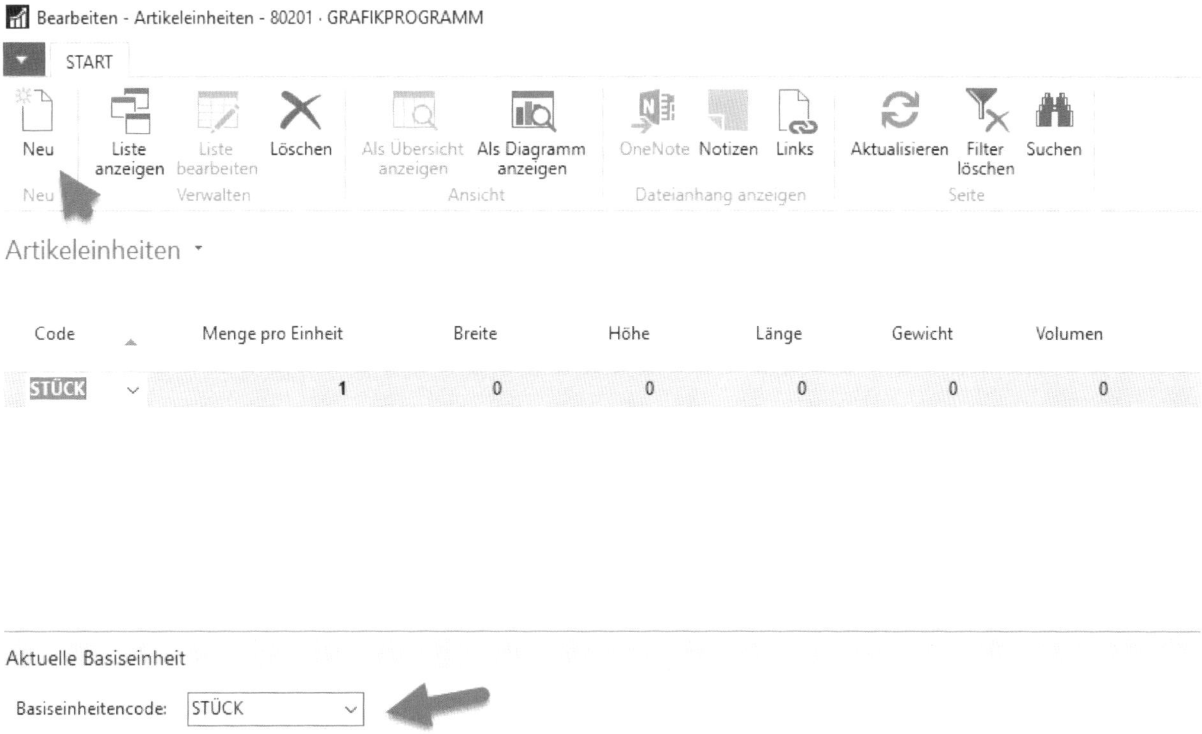

Wie Sie anhand meines Bildschirmausschnittes sehen können, habe ich mir hier weitere Felder eingeblendet. Müssen Sie also Maße bzw. das Gewicht (immer in KG rechnen!) abhängig von der Einheit hinterlegen, blenden Sie sich hier die Felder über „Spalten auswählen“ ein und hinterlegen Sie die Werte.

Die „aktuelle Basiseinheit“ ist bei diesem Artikel „Stück“. Um eine weitere Einheit zu zufügen, klicken Sie auf das Symbol für „NEU“ oder klicken Sie einfach in die nächste leere Zeile:

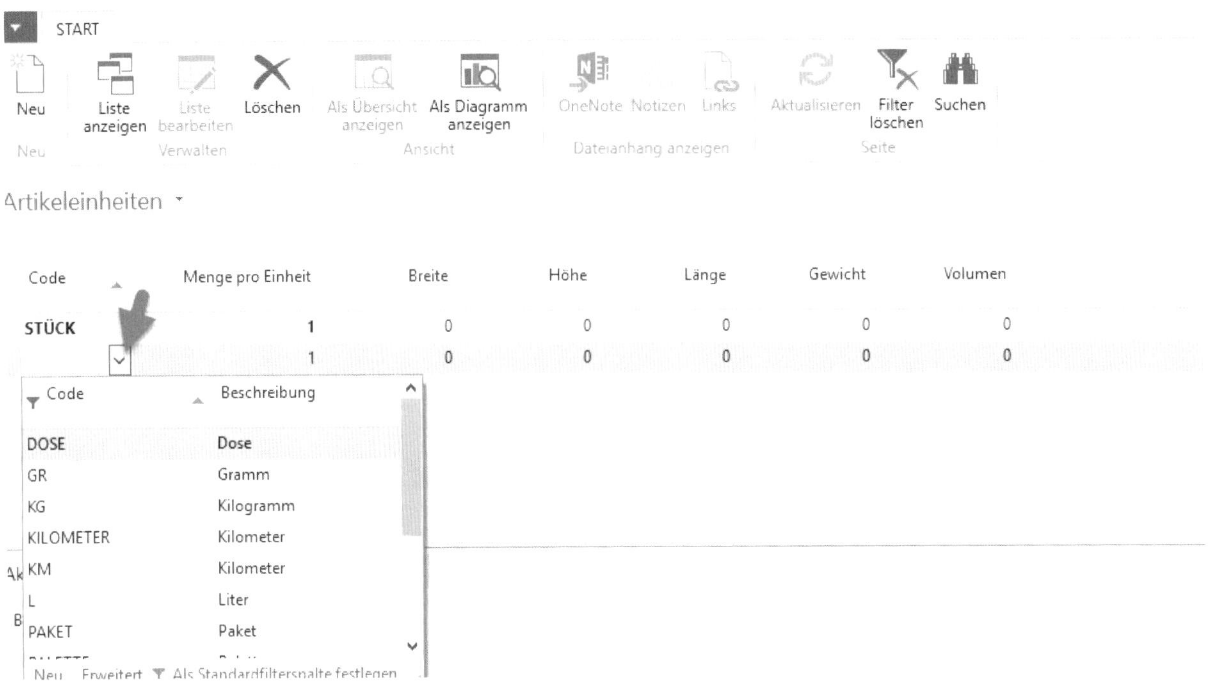

Im Feld „Code“ steht Ihnen ein kleiner „Drop-Down-Pfeil“ zur Verfügung – klicken Sie auf den Pfeil oder drücken Sie alternativ „F4“ um in die Mini-Auswahl der Einheiten zu gelangen. Suchen Sie hier nach der Einheit „Schachtel“ und übernehmen Sie diesen Wert in die Zeile.

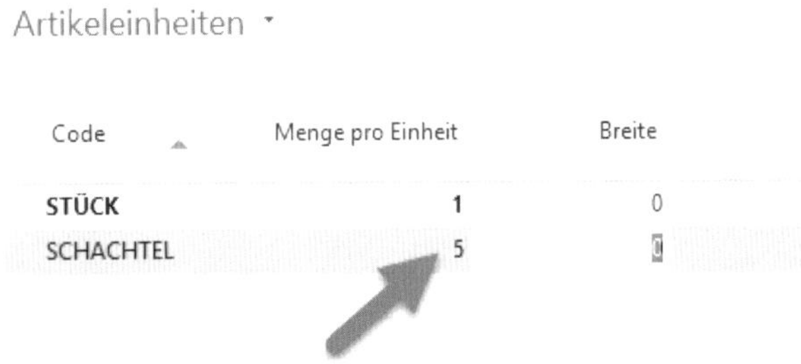

Im Feld „Menge pro Einheit“ hinterlegen Sie jetzt den Wert „5“ – damit „weiß“ das System, dass bei diesem Artikel die Verkaufseinheit „Schachtel“ 5 Basiseinheiten entspricht.

Sobald Sie die Zeile zugefügt und den Wert im Feld „Menge pro Einheit“ korrekt hinterlegt haben, klicken Sie auf „OK“ um in die Artikelkarte zurück zu kehren. Ändern Sie im Feld „Verkaufseinheitencode“ den Wert auf „Schachtel“.

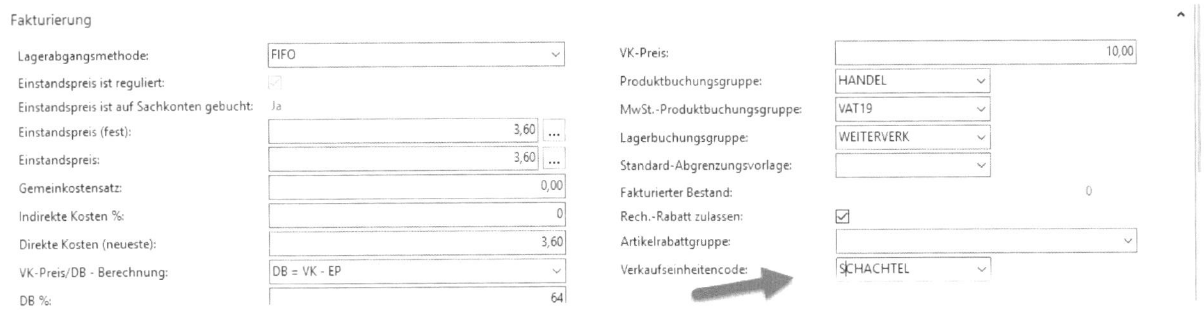

Der angegebene Verkaufspreis in diesem Register entspricht „***10“ pro Basiseinheit***. Im Fall einer Schachtel, wäre das dann „50“.

Gut zu wissen:

Das Feld „Basiseinheit“ ist eines der elementarsten Felder in einer Artikelkarte. Dieses Feld sorgt – in Zusammenhang mit der Lagerabgangsmethode und der dadurch bedingten Kalkulation eines Einstandspreises (= Wert) – dafür, dass das System überhaupt die Berechnung eines Artikelwertes durchführen kann.

Der Basiseinheitencode kann und darf nach der ersten Buchung mit dem betreffenden Artikel ***NICHT*** mehr geändert werden – das gilt auch für die Lagerabgangsmethode! Ansonsten würde man hier den Wertefluss „zerstören“, Auswertungen wären nicht mehr stimmig usw...

Muss der Basiseinheitencode geändert werden, muss in diesem Fall ein neuer Artikel angelegt und entsprechend gepflegt werden. Bestände müssen von dem alten Artikel ab- und auf den neuen Artikel zugebucht werden.

Durch die Voreinstellung eines Verkaufseinheitencodes in der Artikelkarte wird bei Erfassen einer neuen Verkaufsbelegzeile für diesen Artikel, diese Einheit immer als erstes vorgeschlagen – außer dass System findet eine andere Konstellation.

Ein Beispiel: schließen Sie die Artikelkarte und wechseln Sie nun bitte in den Menübereich „Auftragsabwicklung“. Erstellen Sie ein neues Angebot für den Kunden „Max Musterle“ – in der Zeile wählen Sie im Feld „Art“ = Artikel und im Feld „Nr.“ die Artikelnummer 80201 aus.

Ansicht des neu erstellten Angebotes:

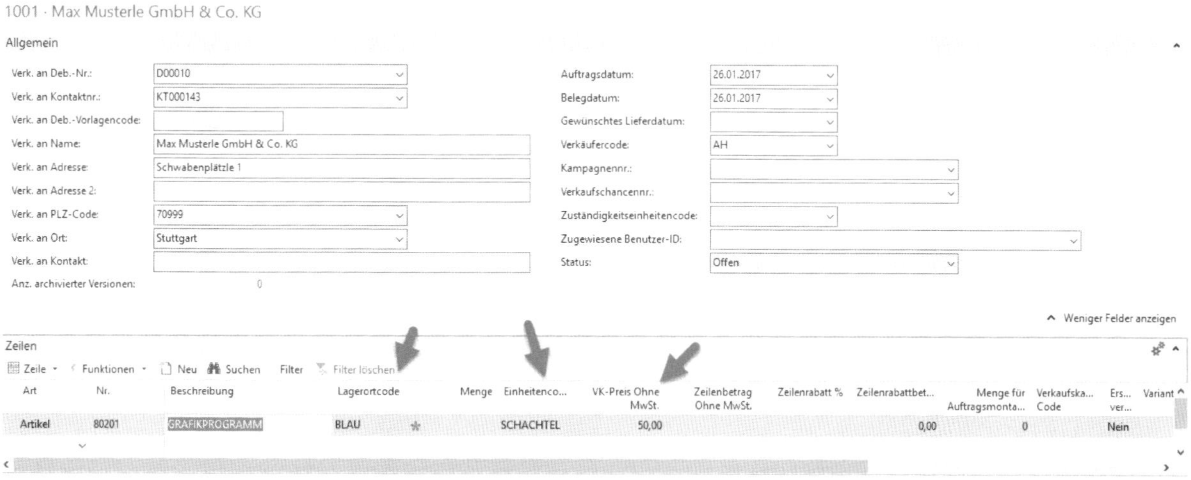

1001 · Max Musterle GmbH & Co. KG

Allgemein

Verk. an Deb.-Nr.:	D00010	Auftragsdatum:	26.01.2017
Verk. an Kontaktnr.:	KT000143	Belegdatum:	26.01.2017
Verk. an Deb.-Vorlagencode:		Gewünschtes Lieferdatum:	
Verk. an Name:	Max Musterle GmbH & Co. KG	Verkäufercode:	AH
Verk. an Adresse:	Schwabenplätzle 1	Kampagnennr.:	
Verk. an Adresse 2:		Verkaufschancennr.:	
Verk. an PLZ-Code:	70999	Zuständigkeitseinheitencode:	
Verk. an Ort:	Stuttgart	Zugewiesene Benutzer-ID:	
Verk. an Kontakt:		Status:	Offen
Anz. archivierter Versionen:	0		

Weniger Felder anzeigen

Zeilen

Zeile · Funktionen · Neu · Suchen · Filter · Filter löschen

Art	Nr.	Beschreibung	Lagerortcode	Menge	Einheitenco...	VK-Preis Ohne MwSt.	Zeilenbetrag Ohne MwSt.	Zeilenrabatt %	Zeilenrabattbet...	Menge für Auftragsmonta...	Verkaufska... Code	Ers... ver...	Variant
Artikel	80201	GRAFIKPROGRAMM	BLAU		SCHACHTEL	50,00			0,00	0		Nein	

Wie Sie hier sehen können, hat das System die Vorgabe des Lagerortes aus der Debitorenkarte übernommen. In den Feldern „Einheitencode“ und „VK-Preis ohne MwSt.“ holt sich das System die Informationen aus der Stammdatenkarte des Artikels.

Schließen Sie das Angebot bitte wieder – darauf kommen wir später nochmals zurück.

Den VK-Preis aus der Artikelkarte zieht das System immer dann in die Verkaufsbelegzeilen, wenn keine andere Konstellation – also in diesem ein „alternative VK-Preis“ – gefunden wird. Insofern könnte dieses Feld auch als „empf. VK-Preis“ verstanden werden.

Um alternative Verkaufspreise zu hinterlegen, haben Sie zwei mögliche Wege:

a) Über die Artikelkarte – Menüband Reiter NAVIGATE – „Block“ Verkauf – „Preise“ ODER
b) Über die Debitorenkarte – Menüband Reiter NAVIGATE – „Block“ Verkauf – „Preise“

(Den Aufruf für die alternativen Preise finden Sie auch über die Artikel- bzw. Debitorenübersicht).

Wenn Sie Weg „a“ nutzen, ist der Vorteil der, dass Sie zum Beispiel mehrere Debitoren mit deren vereinbarten Preise für diesen Artikel hinterlegen können.

Bei Weg „b“ ist der Vorteil, dass Sie bei diesem Debitor alle Artikel mitsamt der vereinbarten Preise eintragen.

Im Endeffekt entscheiden Sie, welcher Weg der einfachere ist. Die Erfassungsmaske für die alternativen Preise ist dieselbe – egal ob über den Artikel oder den Debitor aufgerufen wird. Nur die gesetzten Filter im Hintergrund sind abhängig von dem „Aufruf“-Weg entsprechend hinterlegt.

Für unser Beispiel bleiben wir bei Weg „a“ – öffnen Sie bitte das Menü „Lager & Preise“ und „Artikel“. Suchen Sie wieder nach der Nummer 80201 und öffnen Sie die Stammdatenkarte.

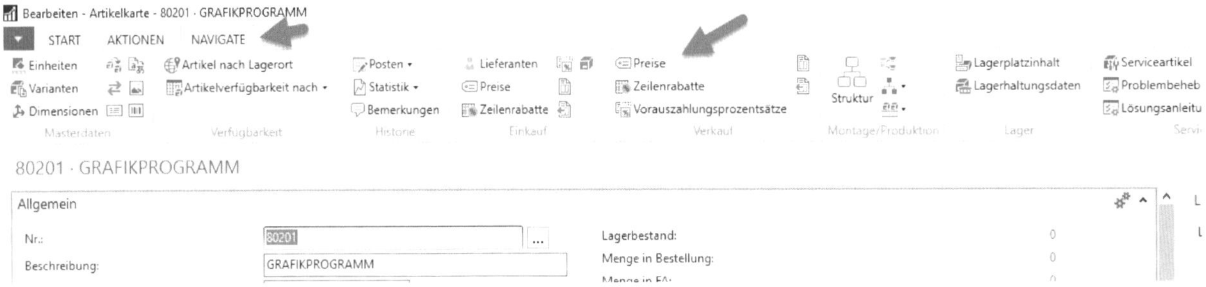

Klicken Sie zunächst auf den Reiter „NAVIGATE“ und dort auf das Symbol „Preise“.

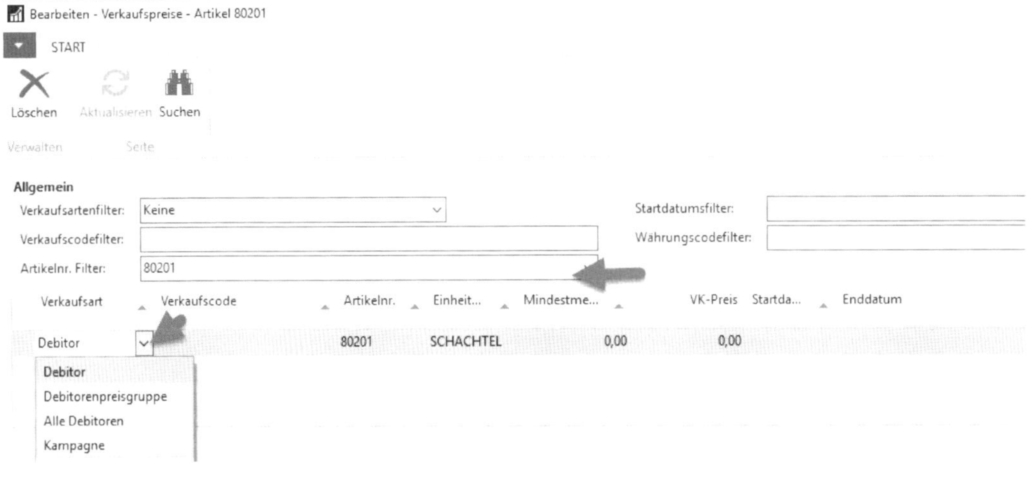

In der jetzt geöffneten Ansicht sehen Sie, dass im Feld „Artikelnr. Filter“ – der Filter auf „unseren“ Übungsartikel voreingestellt ist.

Im Zeilenbereich können Sie wählen, ob es hier um eine Zuordnung für einen bestimmten Debitor geht oder eine andere Alternative. Für unsere Übung bleiben wir bei der Option „Debitor“.

Im Feld „Verkaufscode“ wählen Sie bitte zunächst „Max Musterle GmbH & Co. KG“. Im nächsten Schritt können Sie die Einheit gegebenenfalls noch ändern, eine Mindestmenge hinterlegen und den entsprechenden Verkaufspreis, der für diese Konstellation – Artikel – Einheit – Mindestmenge gelten soll.

Des Weiteren könn(t)en Sie hier sogar ein Start- und Enddatum definieren, zu dem dieser alternative Verkaufspreis gültig sein soll.

„Staffelpreise“ sind hier ebenso möglich!

***Übrigens**: die Verkaufsart „Kampagne“ ist nur dann möglich, wenn Sie das CRM-Marketing-Modul in NAV nutzen und dort entsprechende Kampagnen & Segmente definiert haben. (z.B. der berühmte „Sommerschlussverkauf“ – über eine solche Kampagne werden zeitlich begrenzte Aktionen normalerweise aktiviert). Mehr dazu finden Sie im Handbuch „Marketing mit Microsoft Dynamics™ NAV2016“.*

Für „Max Musterle“ hinterlegen wir folgende Einträge – inklusive Staffelung:

Artikel 80201 „Grafikprogramm“

Mindestmenge 1	Einheit: Schachtel	48,50
Mindestmenge 1	Einheit: Stück	9,50
Mindestmenge 20	Einheit Stück	185,00

So sollte es aussehen:

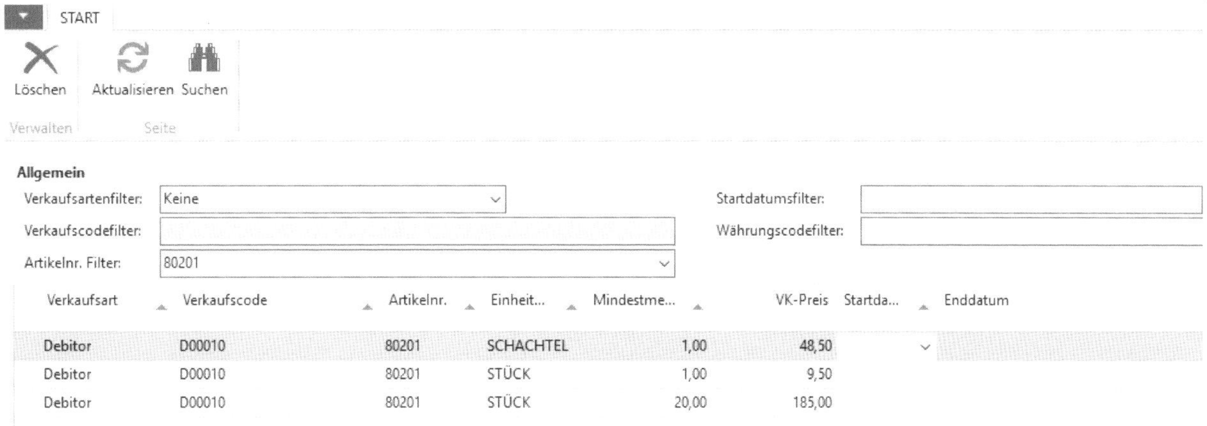

Verlassen Sie diese Maske durch Klick auf „OK“ unten rechts.

Alternative Zeilenrabatte für „CompHelp AG“ – inklusive Staffelung

Das Vorgehen bei Anlage eines alternativen Zeilen- bzw. Mengenrabattes ist fast identisch mit dem der alternativen Verkaufspreise. Anbei ein Beispiel mit dem Debitor „CompHelp AG“.

Klicken Sie im Menüband des Artikels 80201 auf den Reiter NAVIGATE und dieses Mal auf das Symbol „Zeilenrabatte“:

Auch in diesem Fall öffnet sich zunächst eine Ansicht bzw. Erfassungsmaske:

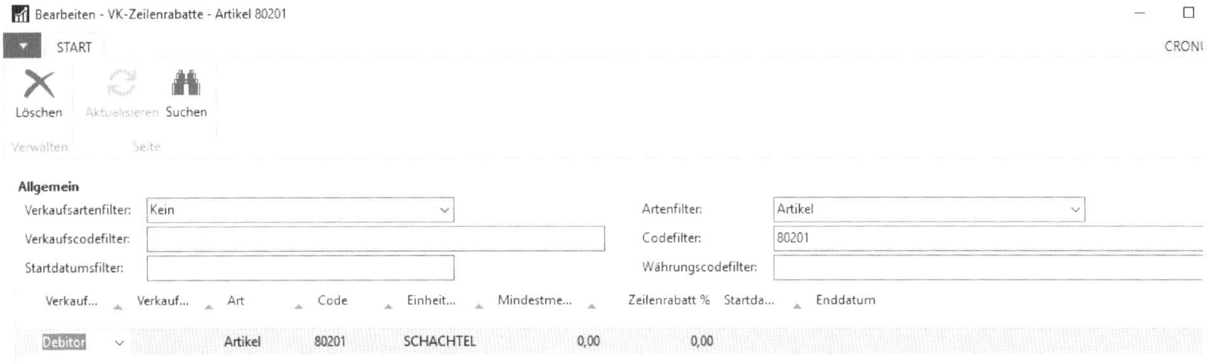

Hinterlegen Sie hier den Debitor „CompHelp AG“ und tragen Sie folgendes ein:

Mindestmenge	10 Stück	Rabatt: 2,5%
	20 Stück	Rabatt: 3,5%

So sollte es aussehen:

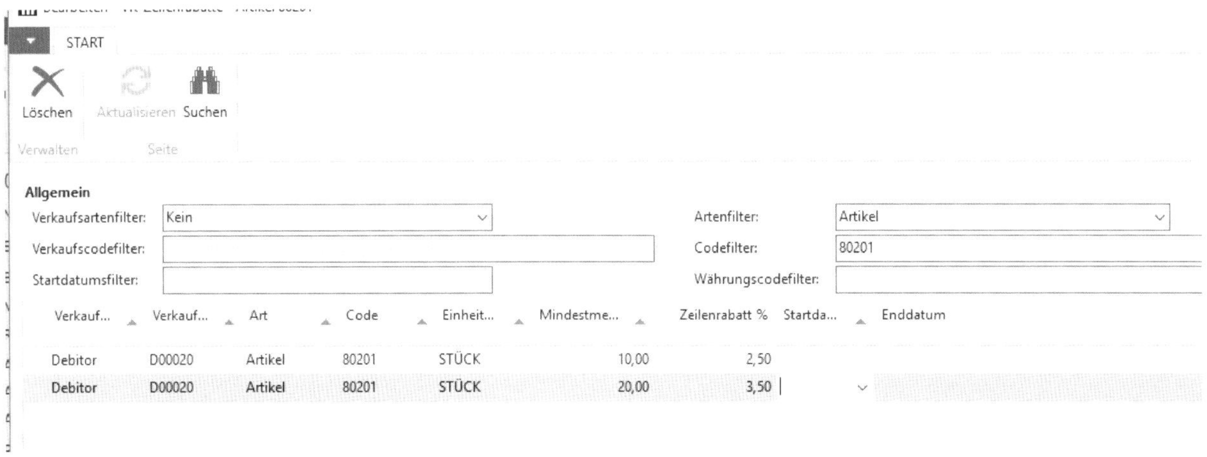

3.3.2.1 Die An- bzw. Verwendung der Debitorenpreis- und Debitorenrabattgruppen

In NAV haben Sie die Möglichkeit Debitoren in Gruppen zusammen zu fassen und diesen Gruppen wiederum alternative Verkaufspreise bzw. alternative Zeilen- und Mengenrabatte zu zuweisen.

Der Vorteil: bei Preisänderungen brauchen Sie beispielsweise nur die Feldinhalte in der „Gruppe" zu ändern und nicht bei jedem einzelnen Debitor, der davon eventuell betroffen wäre.

Auch dazu sehen wir uns ein Beispiel an. Dazu verwenden wir dieses Mal den Artikel **80202**.

Debitorenpreisgruppe:

Zunächst legen wir eine eigene Debitorenpreisgruppe an. Wechseln Sie dazu im Verkaufsmenü auf „Verwaltung". „Scrollen" Sie ein Stück nach unten – unterhalb des Punktes „Auftragsabwicklung" finden Sie den Aufruf für „Debitorenpreisgruppen" (wie auch „Debitorenrabattgruppen").

Öffnen Sie den Menüpunkt „Debitorenpreisgruppen":

Im Feld „Code" hinterlegen Sie den Namen der Gruppe – beispielsweise „Großhandel", „Partner" usw.

In unserem Fall nennen wir die Gruppe „***Handel***". Hinterlegen Sie im Feld „Beschreibung" eine kurze Benennung.

Wie Sie sehen können, könnten Sie über diese Gruppe steuern, ob zusätzlich Rabatte gewährt werden würden – trotz der alternativen Preise. Nehmen Sie das Häkchen heraus, wenn Sie verhindern wollen, dass das System gegebenenfalls zusätzlich noch einen Rabatt ermittelt, obwohl die alternativen Verkaufspreise niedriger wären, als der empfohlene VK-Preis.

Des Weiteren können Sie hierüber einstellen, ob die hier hinterlegten Preise immer „brutto" gerechnet, bzw. angezeigt werden sollen. (Achtung: das könnte zu Rundungsdifferenzen bei dem MwSt.-Betrag kommen). Und – als letzte Spalte: MwSt.-Geschäftsbuchungsgr. (Preis). Sie könnten mithilfe der Gruppe – für die hier hinterlegten Preise – eine abweichende MwSt.-Geschäftsbuchungsgr. definieren*.

**Das habe ich in der Praxis allerdings noch bei keinem meiner Kunden gesehen.*

Sobald Sie die Zeile angelegt haben, wechseln Sie im Menüband bitte auf den Reiter NAVIGATE:

Dort finden Sie den Aufruf der „VK-Preise". Klicken Sie auf dieses Symbol:

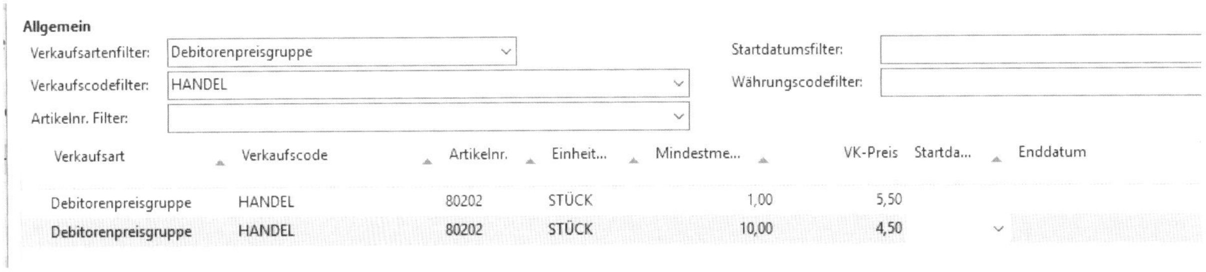

Hinterlegen Sie folgende Einträge:

Artikel: 80202

Mindestmenge 1	Stück	5,50
Mindestmenge 10	Stück	4,50

Sobald Sie die Preise hinterlegt haben, schließen Sie diese Karte.

Um eine Debitorenpreisgruppe einem Debitor zu zuweisen, wechseln Sie bitte zurück in die Auftragsabwicklung. Klicken Sie auf „Debitoren" und suchen Sie sich zunächst „Max Musterle" heraus. Öffnen Sie die Debitorenkarte durch einen Doppelklick:

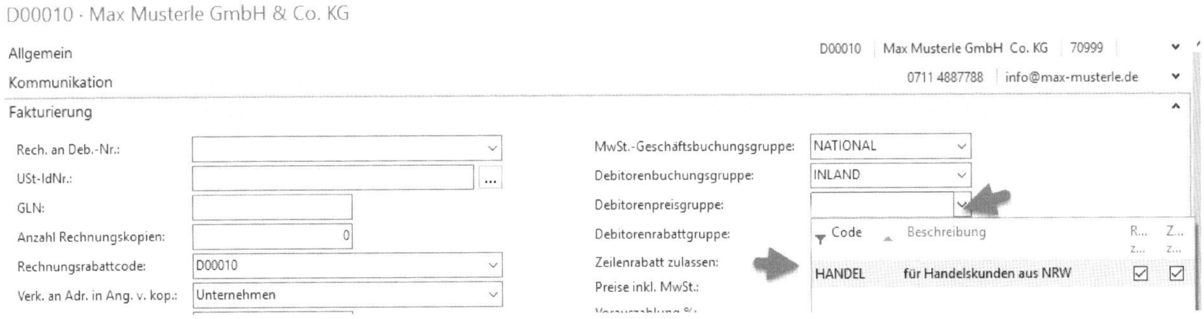

Im Register „Fakturierung" finden Sie das Feld „Debitorenpreisgruppe". Klicken Sie auf den kleinen „Drop-Down-Pfeil" und wählen Sie bitte Ihre Gruppe aus.

Debitorenrabattgruppe:

Als nächstes erstellen wir einen neue Debitorenrabattgruppe und weisen diese – nach dem die alternativen Zeilen- und Mengenrabatte hinterlegt wurden – dem Debitor „CompHelp AG" zu.

Wechseln Sie nochmals in die „Verwaltung" des Verkaufsmenüs – an der Stelle, an der Sie gerade eben die Debitorenpreisgruppe gefunden hatten (unterhalb des Punktes „Auftrags-abwicklung") finden Sie auch den Aufruf der „Debitorenrabattgruppen":

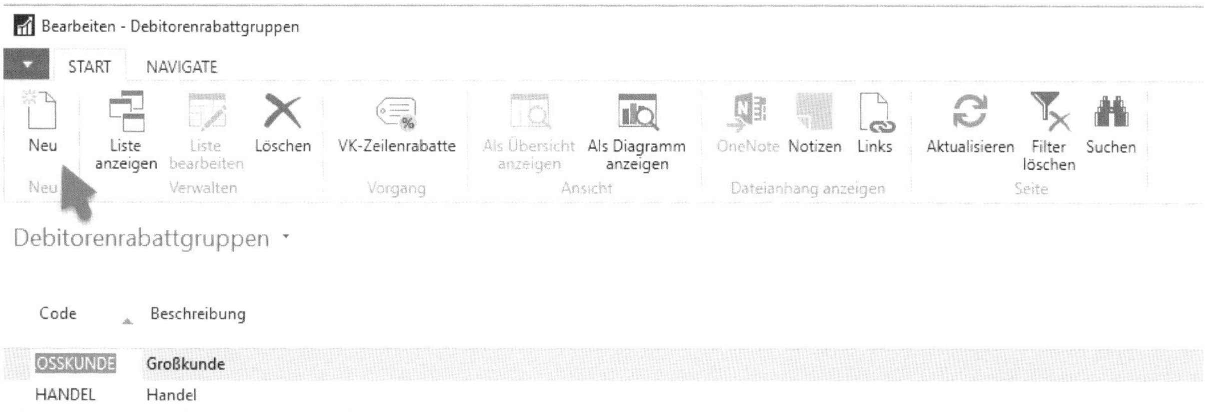

Wie Sie anhand des oberen Bildschirmausschnittes sehen können, gibt es im „CRONUS" bereits zwei Debitorenrabattgruppen „Handel" und „Großkunde".

Unsere neue Debitorenrabattgruppe heißt „HAN-EU" – in der Beschreibung hinterlegen Sie bitte „Handel EU".

Um eine neue Gruppe anzulegen klicken Sie entweder in die nächsten leere Zeile oder aber auf das Symbol „NEU".

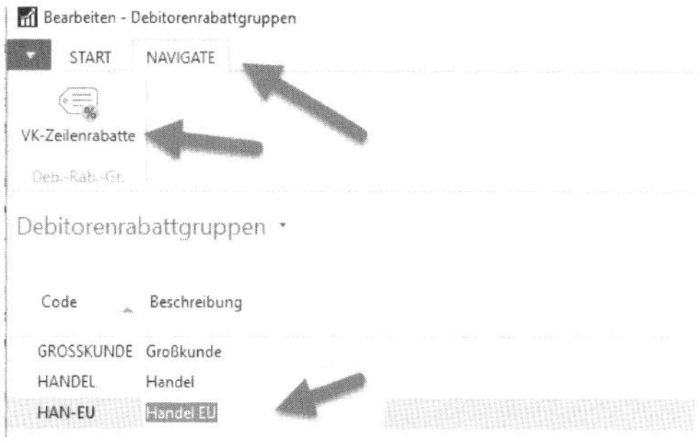

Sobald Sie die neue Gruppe angelegt haben, klicken Sie im Menüband bitte auf den Reiter „NAVIGATE" und klicken dort auf das Symbol „VK-Zeilenrabatte":

Wie bereits bei den „Debitorenpreisgruppen" öffnet sich auch in diesem Fall eine entsprechende Er-fassungsmaske.

Zusätzlich zu der Wahlmöglichkeit im Feld „Verkaufsart" (Debitor, Debitorenrabattgruppe, Alle Debitoren oder Kampagne) stehen Ihnen zusätzlich im Feld „Art" die Optionen „Artikel" oder „Artikelrabattgruppe" zur Verfügung.

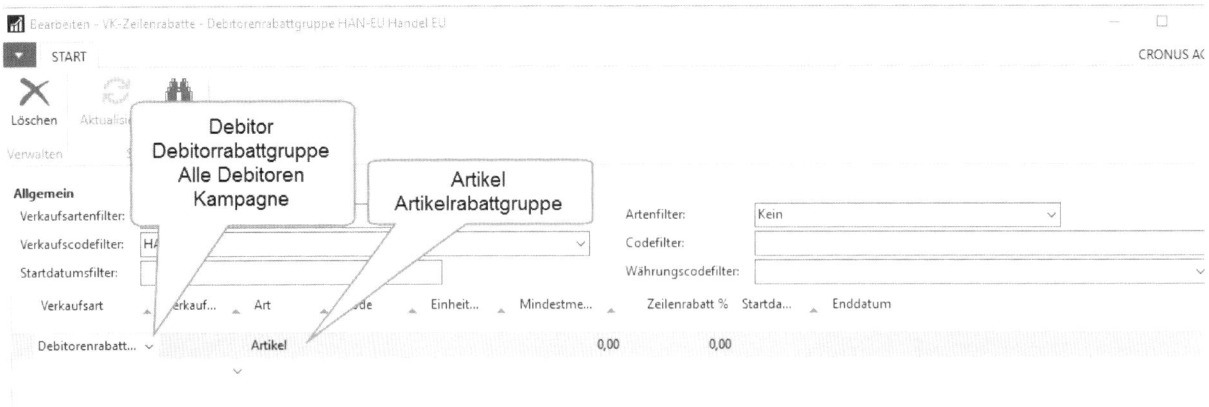

Da in unserem Fall der Aufruf aus einer Debitorenrabattgruppe erfolgt ist, ist im Feld „Verkaufsart" dieser Wert voreingestellt.

Ebenso wie Debitoren gruppiert werden können, können Sie genauso Artikel in Gruppen zusammenfassen. Diese weitere Gruppierungsmöglichkeit erleichtert ebenfalls die Pflege der Zeilen-/Mengenrabatte ungemein.

Nehmen wir an, Sie möchten der Debitorenrabattgruppe „HAN-EU" einen grundsätzlichen Zeilenrabatt von 2,5% auf den Artikel 80202 (Grafikprogramm) einräumen. Nimmt dieser Kunde eine Menge von 20 Stück ab, erhöht sich dieser Rabatt auf 3% - und ist damit ein Mengenrabatt und auch ein „Staffelrabatt". Als Einheit verwenden Sie „Stück".

Hinterlegen Sie diese Konstellation in der neuen Debitorenrabattgruppe.

<u>So sollte es aussehen:</u>

Nach dem Sie die Einträge hinterlegt haben, schließen Sie diese Ansicht und kehren zurück in das Menü „Auftragsverwaltung". Klicken Sie dort auf „Debitoren" und sobald sich die Übersicht öffnet, suchen Sie bitte nach dem Kunden „CompHelp AG". Klicken Sie auf „Bearbeiten" bzw. öffnen Sie diesen Stammdatensatz durch einen „Doppelklick".

Im Register „Fakturierung" finden Sie das Feld „Debitorenrabattgruppe". Hinterlegen Sie dort die neu angelegte Gruppe.

Ansicht der Debitorenkarte „CompHelp AG":

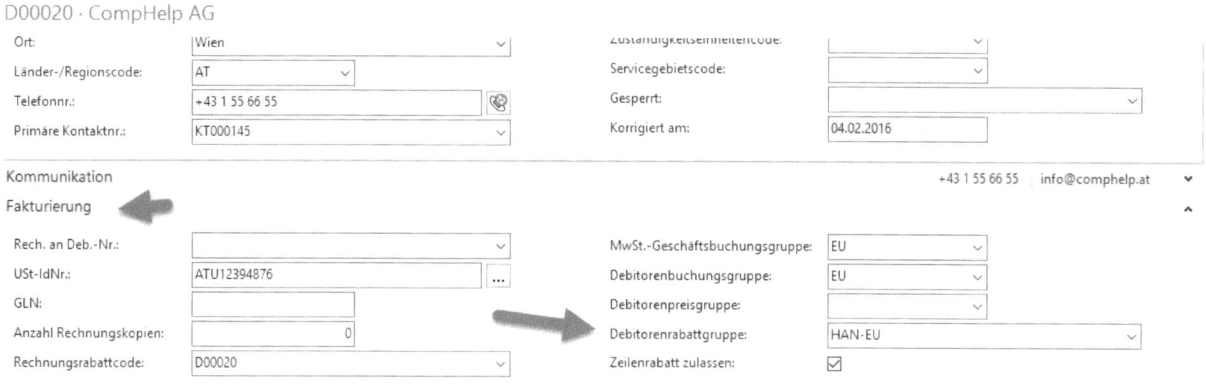

Um einmal die „Auswirkung" der hinterlegten Rabatte zu sehen, schließen Sie bitte die Debitorenkarte und öffnen Sie unter dem Menü „Auftragsabwicklung" den Punkt „Angebote". Erstellen Sie ein neues Verkaufsangebot für den Kunden „CompHelp AG".

Erfassen Sie in den Verkaufsauftragszeilen folgendes:

- Zeile 1: Artikel 80201 – Menge 1 – Einheit „Schachtel"
- Zeile 2: Artikel 80201 – Menge 10 – Einheit „Stück"
- Zeile 3: Artikel 80202 – Menge 1 – Einheit „Stück".

So sollte es aussehen:

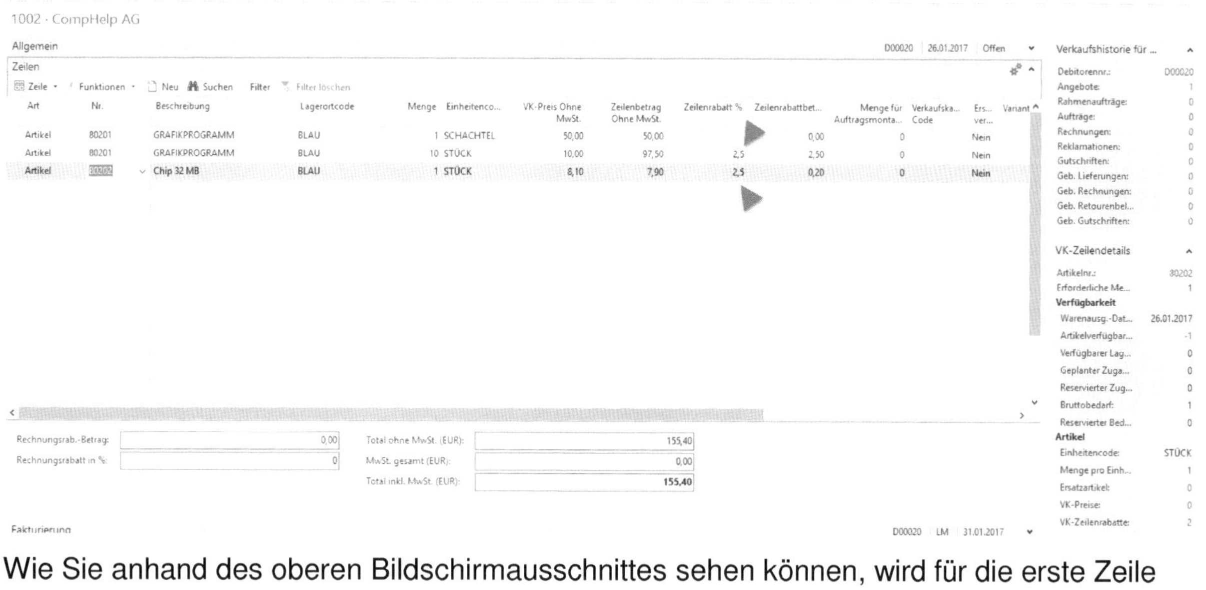

Wie Sie anhand des oberen Bildschirmausschnittes sehen können, wird für die erste Zeile und dem dort eingetragenen Artikel „80201" keinerlei Zeilenrabatt vergeben – in der zweiten Zeile hingegen schon.

In der dritten Zeile wurde jetzt ebenfalls ein Zeilenrabatt mit eingetragen.

Um nachvollziehen zu können, woher ein Zeilenrabatt (bzw. Mengenrabatt) kommt, platzieren Sie Ihren Cursor auf die entsprechende Zeile – auf der rechten Seite – in der sogenannten „Factbox" sehen Sie unter „VK-Zeilendetails" den Punkt „VK-Zeilenrabatte":

In diesem Fall erkennt das System, dass es für den Artikel „80201“ in Kombination mit dem Debitor einen Eintrag gibt. Um sich die entsprechende Ansicht dazu zu öffnen, klicken Sie entweder auf die „blaue Zahl“ (= ein Hyperlink) ODER Sie klicken im Register „Zeilen“ auf den Punkt „Funktionen“ und wählen dort „Zeilenrabatt abrufen“.

Es öffnet sich sofort folgende Ansicht:

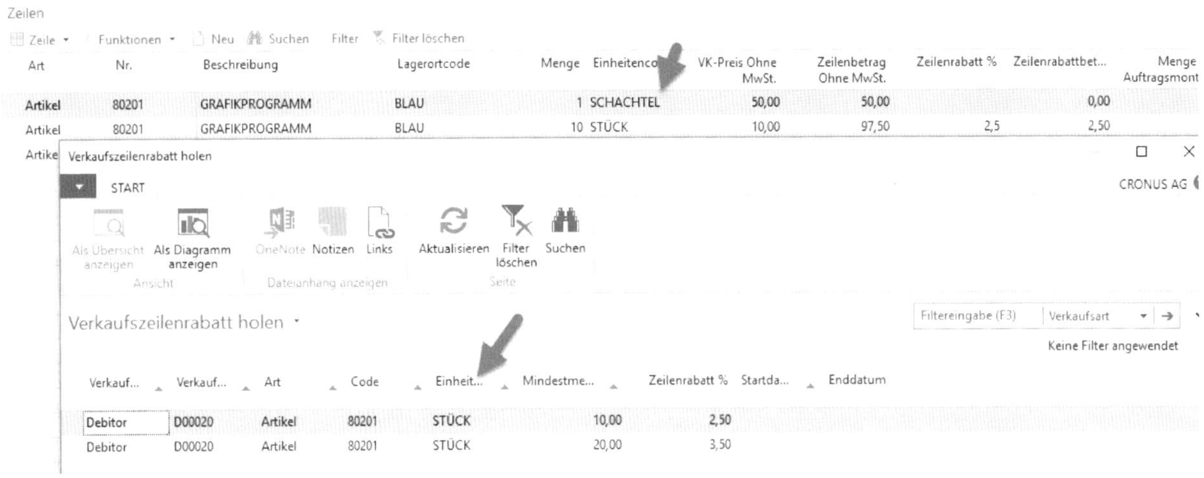

Das System hat für die Konstellation „Artikel“ – „Schachtel“ keinen Eintrag gefunden, daher kann „er“ in diesem Fall keinen Zeilenrabatt ermitteln.

In der zweiten Zeile hingegen, „sieht“ das System die Konstellation – in diesem Fall „Artikel“ – „Menge“ – „Einheit“.

Über diesen Weg haben Sie immer die Möglichkeit Ihrem Debitor Alternativen anzubieten. Mithilfe der Ansicht können Sie zudem erkennen, dass dieser besondere Rabatt durch einen Eintrag „Debitor“ – „Artikel“ zustande kommt.

3.3.3 Preisfindung im Verkauf – ein Überblick

Wie Sie bei dem vorherigen Kapitel gesehen haben, stehen Ihnen unterschiedliche Wege betreffs Verkaufspreisen und Zeilen-/Mengenrabatten zur Verfügung.

Im Großen und Ganzen ist es in NAV so, dass hier das Prinzip der „Best-Price-Solution" gilt. Das bedeutet: das System wird immer versuchen, den bestmöglichen Preis für den Debitor zu finden und in die Verkaufszeile einzutragen.

Hier ein kurzer Überblick welche Konstellationen existieren könnten:

Kein besonderer Eintrag bei dem Debitor -> das System verwendet den Preis aus der Artikelkarte – Register „Fakturierung" – Feld „VK-Preis"

Alternativer Verkaufspreis:

- ***Debitor – Artikel*** – Einheit – hinterlegter Preis //Berücksichtigung von Staffelpreisen

- ***Debitorenpreisgruppe*** (die dem Debitor zugeordnet ist) – ***Artikel*** – Einheit //Berücksichtigung von Staffelpreisen

- ***Kampagnen*** – mit einem entsprechenden Segment, in dem der Kontakt, der mit dem Debitor verbunden sein muss, existiert. Sobald die VK-Preise „aktiviert" wurden, berücksichtigt das System die hier hinterlegten alternativen Preise sobald ein neuer Verkaufsbeleg erstellt wird. Kampagnen werden oftmals für zeitlich begrenzte Sonderangebote genutzt.
  (Mehr dazu finden Sie in der Unterlage „Marketing mit Microsoft Dynamics™ NAV2016").

- ***Rahmenauftrag*** – sofern Sie mit Ihrem Debitor einen Rahmenauftrag vereinbart haben und hier besondere Verkaufspreise hinterlegen, wird das System immer diesen Eintrag bevorzugen und keine Preisfindung mehr durchführen. Voraussetzung dafür: der Auftrag wurde aus dem Rahmenauftrag erzeugt, bzw. in den Zeilen wird (vor der ersten Buchung!) die Zuweisung zu dem korrekten Rahmenauftrag hinterlegt.
  - Das Thema „Rahmenauftrag" kommt in einem späteren Kapitel

Eine kleine Übung dazu:

Für diesen nachfolgenden Ablauf nehmen wir den Debitor „Max Musterle" und den Artikel 80205.

Wechseln Sie zunächst in den Menüpunkt „Lager & Preise" – „Artikel". Öffnen Sie die Artikelübersicht und suchen Sie nach dem Artikel „80205", öffnen Sie die Stammdatenkarte.

Im Register „Fakturierung“ ist im CRONUS ein Verkaufspreis von „6,20“ eingetragen:

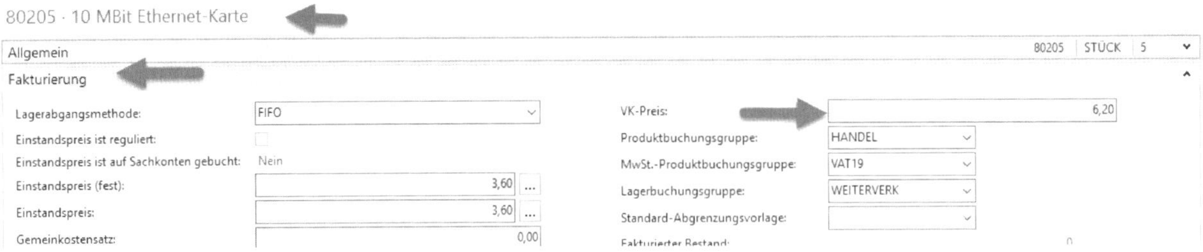

Wechseln Sie in der Artikelkarte im Menüband auf den Reiter NAVIGATE. Im Block „Verkauf“ finden Sie den Aufruf für „Preise“.

Klicken Sie auf das entsprechende Symbol.

In der jetzt geöffneten Maske, hinterlegen Sie bitte folgende Preiskonstellationen:

1te Zeile:

Verkaufsart „Debitor“ – Verkaufscode „Max Musterle…“ (in „meinem“ CRONUS ist das die Nummer D00010) – Artikelnr. und Einheit bleiben wie sie sind – im Feld VK-Preis hinterlegen Sie den Wert **4,99**

2te Zeile:

Verkaufsart „Debitorenpreisgruppe“ – Verkaufscode „HANDEL“ – Artikelnr. bleibt – Einheit – „Stück“ – VK-Preis **4,25**

3te Zeile:

Verkaufsart „Alle Debitoren“ – Verkaufscode bleibt „leer“ – Artikelnr. bleibt – Einheit „Stück“ – VK-Preis: **4,65**

So sollte es dann aussehen:

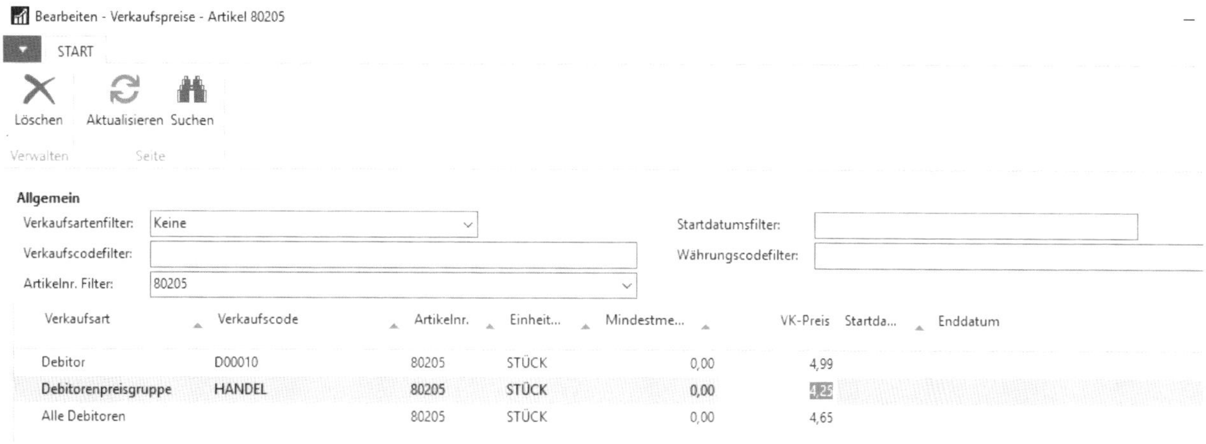

Nach dem Sie die Einträge vorgenommen haben, schließen Sie diese Ansicht bitte.

Wechseln Sie zurück in das Menü „Auftragsabwicklung" – „Debitoren" – suchen Sie den Debitor „Max Musterle GmbH & Co. KG". Öffnen Sie die Debitorenkarte und prüfen Sie im Register „Fakturierung" ob dort die Debitorenpreisgruppe „Handel" noch hinterlegt ist.

Sobald Sie das überprüft haben, erstellen Sie ein neues Verkaufsangebot für den Kunden „Max Musterle GmbH & Co. KG".

Tragen Sie in der Verkaufszeile den Artikel „80205" und im Feld Menge „1" ein.

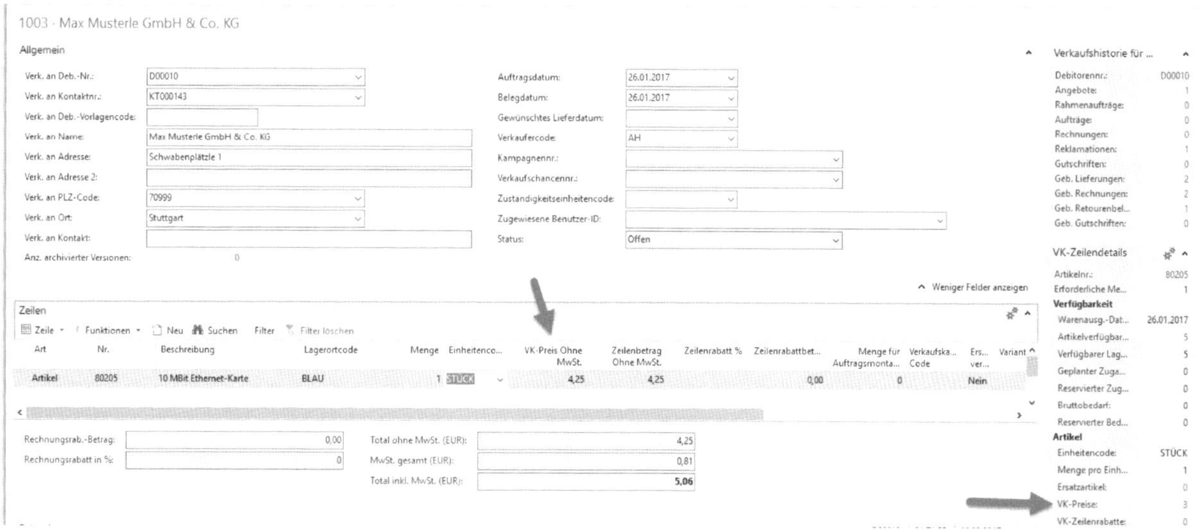

Wie Sie sehen, holt das System den günstigsten Preis – in diesem Fall die 4,25 aus der Konstellation „Debitorenpreisgruppe"/"Artikel".

Rechts – in der Factbox „VK-Zeilendetails" – sehen Sie im Feld „VK-Preise", dass es hier 3 alternative Verkaufspreise gibt.

Durch Klick auf den „Hyperlink" (oder durch Aufruf der Funktion „Preis holen" über „Funktionen" im Register „Zeilen"), können Sie sich die Übersicht der alternativen Verkaufspreise nochmals ansehen.

Eine kleine „Spielerei“…

Schließen Sie das Verkaufsangebot und öffnen Sie ein weiteres Mal die Debitorenkarte „Max Musterle GmbH & Co. KG“. Nehmen Sie den Eintrag „Handel“ aus dem Feld „Debitorenpreisgruppe“ heraus. Schließen Sie die Stammdatenkarte und erstellen Sie ein neues (!) Verkaufsangebot für diesen Debitor und Artikel.

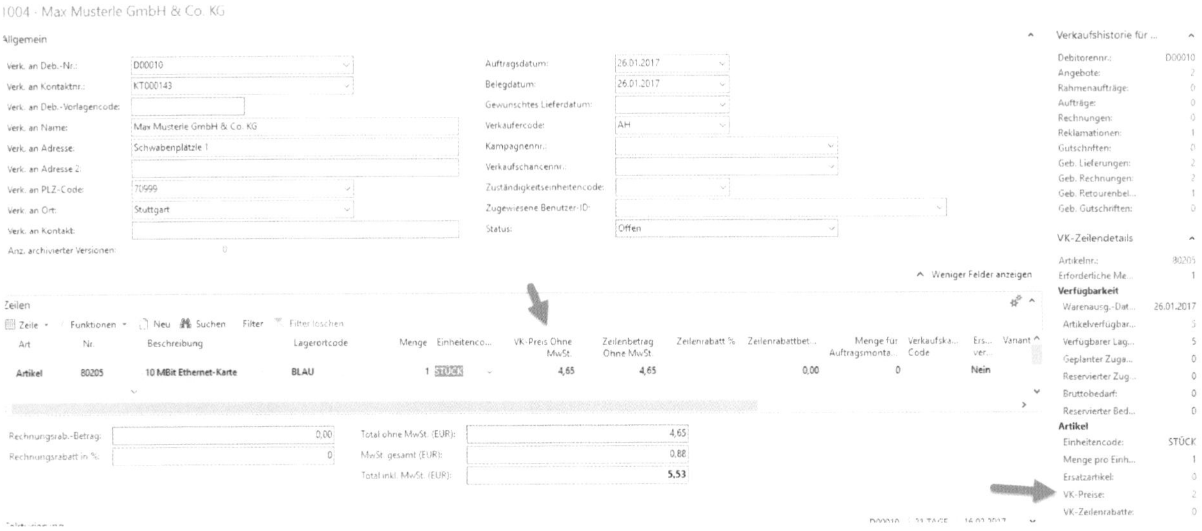

Wie Sie über diesen Beispielablauf sehen können, hat das System jetzt den Preis aus der Konstellation „Alle Debitoren“ – „Artikel“ geholt.

Gut zu wissen:

Warum mussten Sie ein „neues“ Angebot erstellen und konnten das „alte“ nicht nutzen?

Der Grund ist der: immer, wenn Sie nachträglich eine Änderung an einem Stammdatensatz wie beispielsweise einer Kundenkarte vornehmen, wirkt sich das **nicht** auf die bereits vorhandenen Verkaufsbelege (in diesem Fall) aus.

Es gäbe zwar einen möglichen Weg, aber den verrate ich Ihnen in dem Workshop „Verkauf“. ☺

Bei den alternativen Zeilen-/Mengenrabatten verhält es sich genauso. Je nachdem welche Konstellationen eingetragen wurden, holt das System möglichst die passendste Variante für den Verkaufsbeleg „heraus“.

3.3.4 Der Verkaufspreis hat sich geändert – was nun?

Von Zeit zu Zeit müssen die Verkaufspreise gegebenenfalls angepasst werden. Abhängig davon, wo und wie Sie Ihre Verkaufspreise im System hinterlegt haben, muss die Preispflege in den entsprechenden Bereichen erfolgen. (Das gilt genauso für die Zeilen-/Mengen- und Rechnungsrabatte).

Wenn Sie die Gruppierungen nutzen, wie beispielsweise die Debitorenpreisgruppe, ist die Preispflege etwas einfacher – weil hier „nur" die Preise in den Gruppen entsprechend gepflegt werden müssten.

Sind die alternativen Verkaufspreise bei jedem einzelnen Debitor hinterlegt, muss die Preisaktualisierung dort erfolgen.

Grundsätzlich können Sie jede Änderung der Preise - um einmal bei diesem Thema zu bleiben – manuell erledigen.

Um Ihnen die Arbeit zu erleichtern, stehen Ihnen in NAV sogenannte „Stapelläufe" zur Verfügung.

- ☞ „Artikelpreise justieren" – hier haben Sie die Möglichkeit die hinterlegten Preise und Kosten eines Stammdatensatzes „Artikel" bzw. „Lagerhaltungsdatenkarte" eines Artikels entsprechend zu ändern.
- ☞ „VK-Preisvorschlag" ist für die alternativen Verkaufspreise gedacht.

Um sich einmal einen Überblick über das „Verhalten" bzw. die Auswirkung dieser „Stapelläufe" anzusehen, werden wir beide Varianten mit dem Artikel 80205 einmal ausprobieren.

3.3.4.1 Artikelpreise justieren

Wie wir vorhin schon festgestellt haben, hat der Artikel 80205 einen VK-Preis von 6,20 in der Artikelkarte stehen.

Nehmen wir an, wir möchten diesen Preis um 5% erhöhen. Das wäre dann ein VK-Preis von 6,51.

Um diesen Erhöhung durch zu führen, klicken Sie im Menü „Verkauf & Marketing" auf „Aufgaben" – und dort auf „Artikelpreise justieren":

Es öffnet sich zunächst ein Dialogfenster:

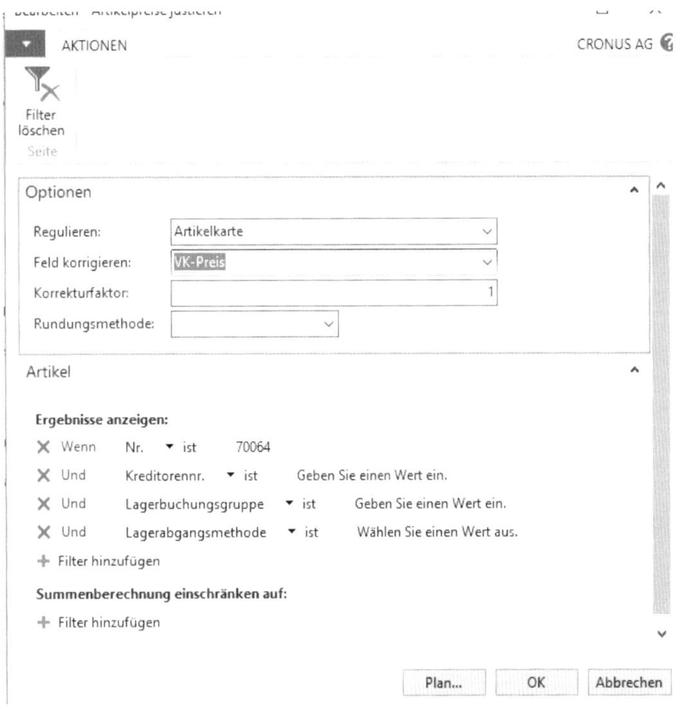

Im Feld „Regulieren“ können Sie zwischen „Artikelkarte“ oder „Lagerhaltungsdatenkarte“ wählen.

Im Feld „Feld korrigieren“ stehen Ihnen mehrere Optionen zur Verfügung – so beispielsweise ebenfalls das Feld „Direkte Kosten (neueste)“

Im Feld „Korrekturfaktor“ hinterlegen Sie den Wert, um den Sie erhöhen wollen.

Im Feld „Rundungsmethode“ wählen Sie aus, wie das System nach der Kalkulation runden soll.

Im Register „Artikel“ können Sie nach bestimmten Artikeln filtern.

Für unseren Beispielablauf stellen wir jetzt folgendes ein:

Regulieren	Artikelkarte
Feld korrigieren	VK-Preis
Korrekturfaktor	1,05 (entspricht 5% Erhöhung – wenn Sie den Preis heruntersetzen wollten um 5% wäre es 0,95)
Rundungsmethode	wählen wir die Option „GROẞHD“

Filtern Sie bitte auf den Artikel ***„80205“***.

Um den Stapellauf jetzt auszuführen klicken Sie nun auf „OK“. Öffnen Sie danach die Artikelkarte und prüfen Sie das Feld „VK-Preis“ im Register „Fakturierung“:

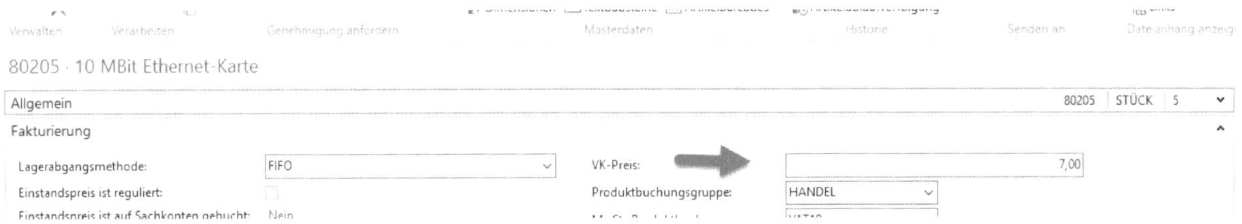

Das System hatte korrekt um 5% erhöht – was in diesem Fall einen VK-Preis von 6,51 ergeben hätte. Dadurch, dass bei der ausgewählten Rundungsmethode „1“ hinterlegt wurde = auf ganze Zahlen runden – wurde der neue VK-Preis auf „7,00“ kalkuliert.

Sehen wir uns die Rundungsmethoden einmal an. Die Einrichtung dazu finden Sie zum Beispiel im Menü „Finanzmanagement“ – „Verwaltung“ – scrollen Sie ein Stück nach unten bis Sie den Punkt „Lager“ sehen – unterhalb des Untermenüs „Einrichtung“ finden Sie den Aufruf für die Rundungsmethoden:

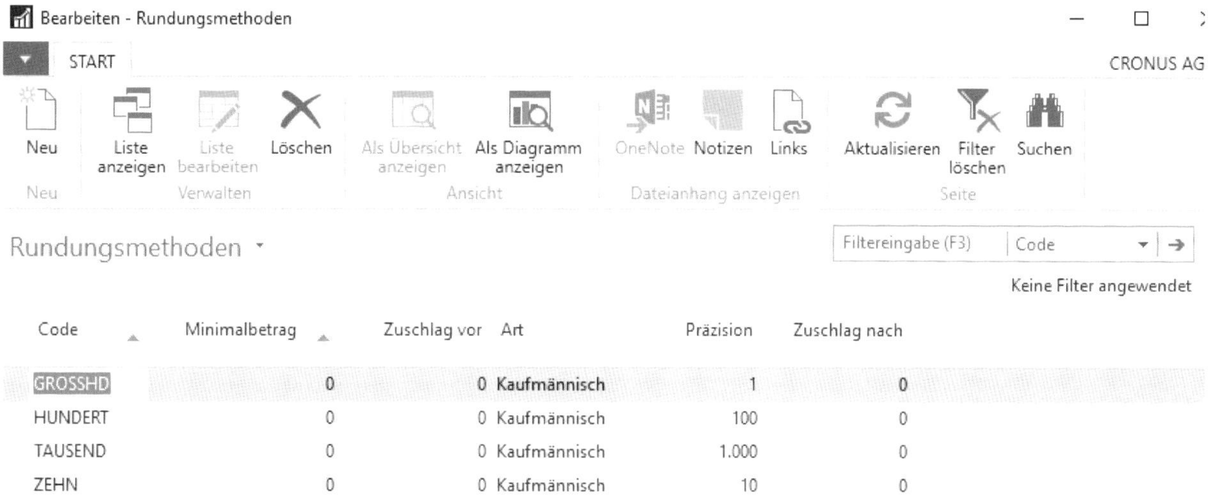

Legen Sie bitte eine weitere Zeile an:

Code: Eins

Im Feld „Präzision“ hinterlegen Sie bitte „**0,01**“ => damit legen Sie fest, dass das System zwei Nachkommastellen berücksichtigt. Die anderen Felder wie z.B. „Minimalbetrag“ bleiben wie Sie sind.

Schließen Sie die Maske „Rundungsmethode“ wieder und wechseln Sie nochmals in das Menü „Verkauf & Marketing“ – „Lager & Preise“ – öffnen Sie die Artikelübersicht und suchen Sie nach Artikel „80205“. Öffnen Sie die Artikelkarte und ändern Sie den VK-Preis manuell auf 6,20 zurück.

Schließen Sie die Artikelkarte – auch im Menü „Lager & Preise“ finden Sie den Aufruf für „Artikelpreise justieren“.

Rufen Sie diesen Stapellauf nochmals auf – belassen Sie die Felder so wie Sie sie vorher eingestellt hatten – bis auf „Rundungsmethode“. Wählen Sie dort den neu hinterlegten Datensatz „Eins“ aus und klicken Sie dann auf „OK“.

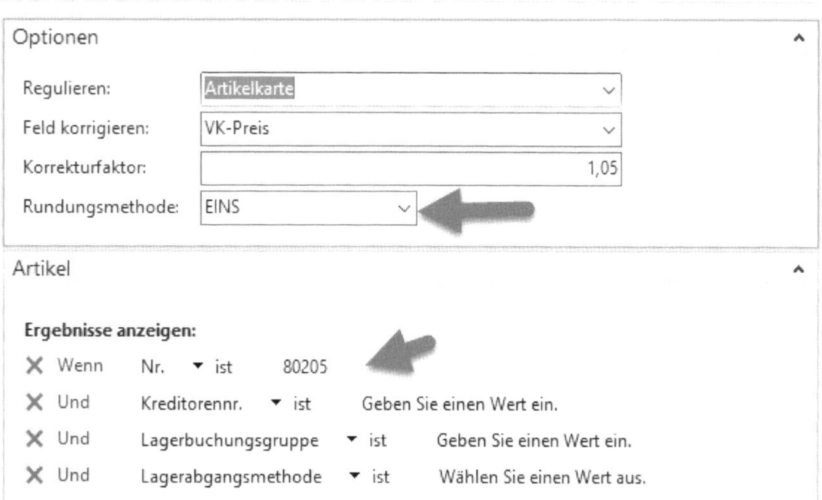

Sobald der Stapellauf durchgeführt ist, öffnen Sie bitte erneut den Artikel „80205“ – im Feld „VK-Preis“ sollte jetzt 6,51 stehen:

Welche Rundungsmethode Sie anwenden möchten, liegt in Ihrer Entscheidung. Wenn dieser Lauf genutzt wird, existiert in der Praxis aber bei fast allen Kunden die Rundungsmethode „Eins“ (der Codename ist in der Praxis unterschiedlich) – entscheidend ist hier die Präzision!

Sie sehen anhand dieses Beispiels das Sie über „Artikelpreise justieren“ eine recht einfache Variante zur Verfügung haben, um „Stammpreise“ in den Artikel- bzw. Lagerhaltungsdatenkarten zu ändern.

Hinweis aus der Praxis:

Verwenden Sie solche Stapelläufe immer mit „Bedacht“. Idealerweise setzen Sie immer einen Filter auf einen bzw. bestimmte Artikel oder z.B. auf eine Lagerbuchungsgruppe. Würden Sie diesen Lauf über alle Artikel durchführen lassen, kann es sein das die „Perfomance“ des gesamten Systems in die „Knie“ geht und zudem dann auch Artikel geändert werden, die ggf. gar nicht davon betroffen sein sollen.

3.3.4.2 Ändern von alternativen Verkaufspreisen – „VK-Preisvorschlag“

Um alternative Verkaufspreise zu ändern, nutzen wir jetzt den „VK-Preisvorschlag“. Ebenfalls ein „Stapellauf“, der Sie bei der Änderung der hinterlegten Verkaufspreise unterstützen soll und wird.

Sollten Sie die Artikelkarte 80205 noch offen haben, schließen Sie diese bitte. Im Menü „Lager & Preise“ finden Sie ebenfalls den Aufruf für den „VK-Preisvorschlag“. Öffnen Sie dieses „Fenster“ durch einen Klick. Sie erhalten folgende Maske:

Um einen alternativen Verkaufspreis vorschlagen zu lassen stehen Ihnen zwei Aufrufe zur Verfügung:

Artikelpreis vorschlagen: in diesem Fall bezieht sich das System auf den hinterlegten **VK-Preis in der Artikelkarte** und kalkuliert einen neuen alternativen VK-Preis darauf. (bzw. Lagerhaltungsdatenkarte)

VK-Preis vorschlagen: bei diesem Aufruf ist die Basis der hinterlegte **alternative VK-Preis**, den das System in der jeweiligen Konstellation findet.

Zwei Beispiele dazu – wieder mit Artikel „80205“ und dem Debitor „Max Musterle GmbH & Co. KG“.

Klicken Sie zunächst auf das Symbol „**Artikelpreis vorschlagen**“:

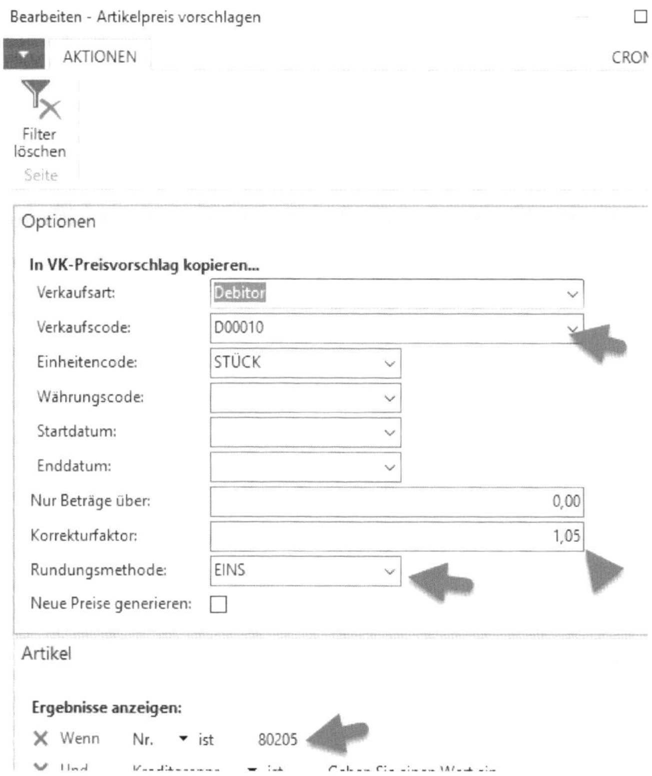

Im Feld „Verkaufsart“ lassen Sie die Einstellung auf „Debitor“

Im „Verkaufscode“ hinterlegen Sie die Debitorennummer von „Max Musterle GmbH & Co. KG“

Im Feld „Einheitencode“ nehmen wir „Stück“

Start- und Enddatum können wir erst einmal leer lassen.

Ebenso das Feld „Nur Beträge über“

Im Feld „Korrekturfaktor“ nehmen wir 1,05 (= Erhöhung um 5%)

„Rundungsmethode“ nehmen Sie bitte wieder „EINS“.

Setzen Sie den Filter im Register „Artikel“ auf die Nummer „80205“ – und starten Sie den Lauf durch Klick auf „OK“.

Nach dem „Stapellauf“ sieht es so aus:

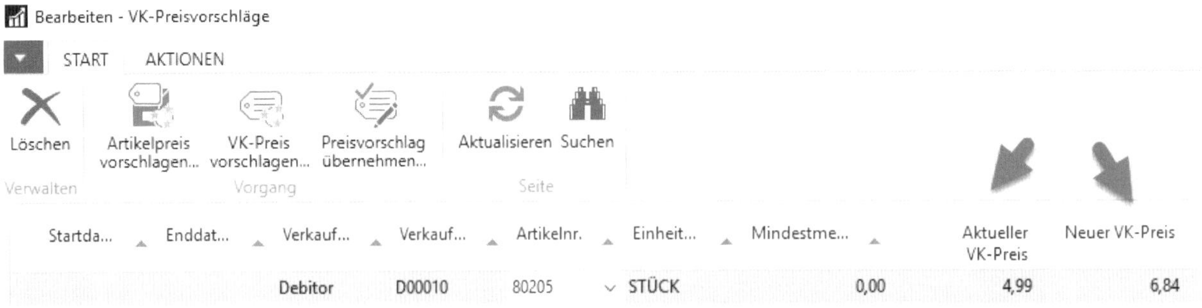

Das System findet die Konstellation „Debitor – Artikel“ – und den dort hinterlegten Preis, der auf „4,99“ steht.

Da wir die Funktion „Artikelpreis vorschlagen“ gewählt haben, kalkuliert das System jetzt aber die 5%ige Erhöhung auf den Verkaufspreis in der Artikelkarte. In meinem Fall war das jetzt 6,51 (von unserem Beispiel aus dem vorherigen Kapitel).

Das heißt: (6,51/100) * 5 = 0,3255 0,3255 + 6,51 = 6,8355 => 6,84

Sehen wir uns nun die Variante 2 an – **VK-Preis vorschlagen**. Löschen Sie bitte die gerade erstellte Zeile (Cursor auf die Zeile platzieren und entweder STRG + ENTF drücken oder auf das Symbol „Löschen“ klicken.)

Sobald die Maske „VK-Preisvorschläge“ wieder leer ist, klicken Sie bitte auf das Symbol „VK-Preis vorschlagen“. Es öffnet sich erneut ein Dialogfenster:

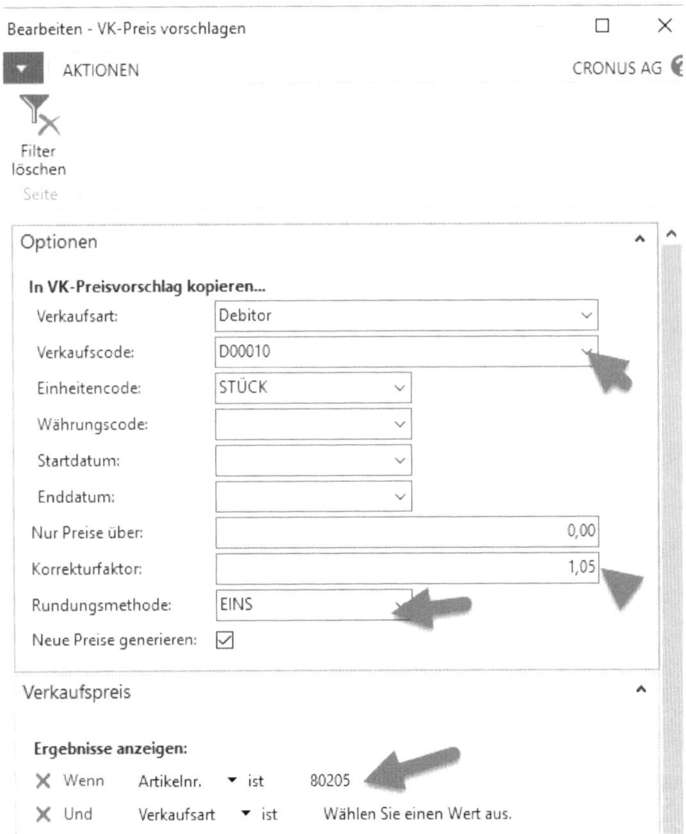

Auch hier setzen Sie bitte die Felder „Verkaufsart“ auf „Debitor“ und „Verkaufscode“ auf „Max Musterle GmbH & Co. KG“

„Einheitencode“ = „Stück“

„Korrekturfaktor“ = 1,05 (5%ige Erhöhung)

„Rundungsmethode“ = EINS

Setzen Sie den Filter auf Artikel 80205 und klicken Sie auf OK um den Stapellauf durch zu führen.

Das Ergebnis:

Aufgrund des Filters in den Feldern „Verkaufsart“ und „Verkaufscode“ findet das System immer den Eintrag für diesen Artikel samt dem dort hinterlegten Verkaufspreis.

Doch die Kalkulation findet immer auf den „**besten Preis**“ statt. Da wir für diesen Artikel noch eine weitere Preiskonstellation für „Alle Debitoren“ hinterlegt hatten - mit dem Wert **4,65** - kalkuliert das System die Preiserhöhung auf diesen speziellen alternativen VK-Preis.

Die Formel dafür lautet dann also:

(4,65/100) * 5 = 0,2325 0,2325 + 4,65 = 4,8825 => **4,88**

Sowohl bei der ersten Variante – „Artikelpreis vorschlagen“ – wie auch bei der zweiten Varianten „VK-Preis vorschlagen“ – erstellt das System zunächst ***nur (!) einen Vorschlag***. Erst wenn Sie auf das Symbol „Preisvorschlag übernehmen“ klicken, ändert das System den Preis an der bzw. den entsprechenden Stellen.

In beiden Dialogfenstern ist Ihnen vielleicht auch das Häkchenfeld „*Neue Preise generieren*“ aufgefallen.

Wenn Sie eine neue Konstellation zusätzlich hinterlegen wollen – beispielsweise einen speziellen alternativen VK-Preis der in einem bestimmten Zeitraum gelten soll bzw. muss – und Sie setzen das Häkchen in dem Feld „Neue Preise generieren“, erstellt das System nach Übernahme der Preisvorschläge eine neue Zeile mit der jeweiligen Konstellation.

Ist das Häkchen nicht gesetzt, wird der bestehende VK-Preis nach Durchführen der Funktion „Preisvorschlag übernehmen“ geändert.

Ein Beispiel und ein Tipp:

Löschen Sie bitte die gerade erstellte Zeile nochmals. Führen Sie danach erneut die Funktion „VK-Preis vorschlagen“ aus – dieses Mal setzen Sie aber bitte im Dialogfenster noch weitere Parameter:

Startdatum 01.01.2017 ***Enddatum***: 15.02.2017
Neue Preise generieren: JA (= Häkchen setzen)

Alle anderen Parameter bleiben gleich.

Ergebnis:

Klicken Sie nun auf das Symbol „Preisvorschlag übernehmen".

Es erscheint ein weiteres Dialogfenster, in dem Sie noch Filter setzen könnten:

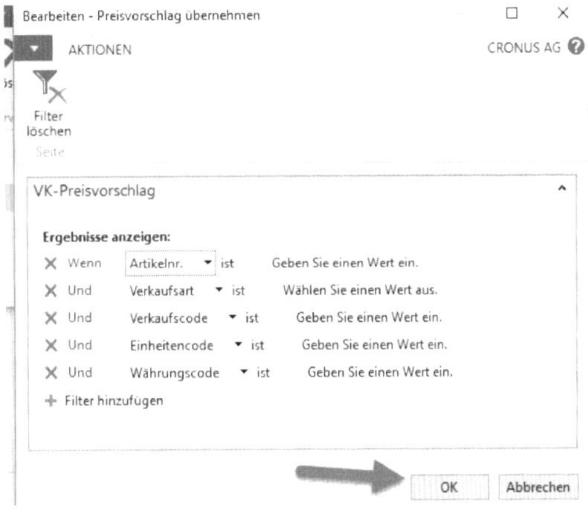

In unserem Fall – da wir ja nur ein Artikel verwenden – klicken Sie auf „OK":

Ein „Abfragefenster" erscheint:

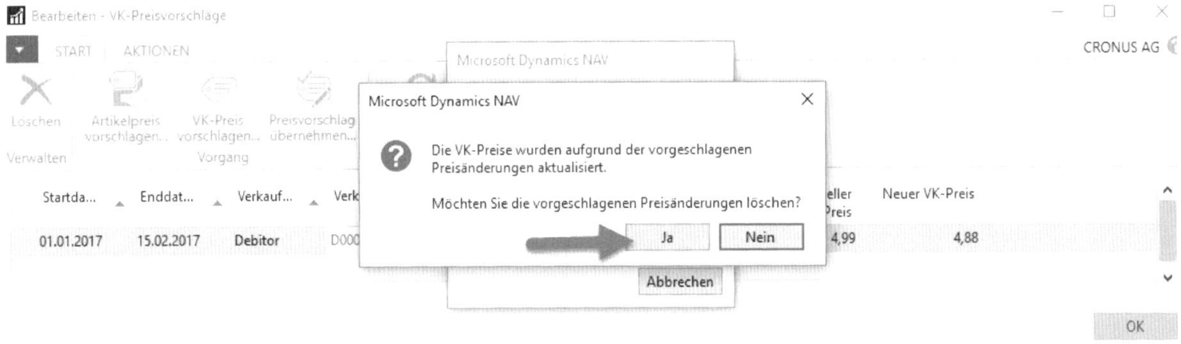

Bestätigen Sie diese Abfrage durch Klick auf „JA".

Nach Durchführung der Funktionalität ist der VK-Preisvorschlag jetzt „leer". Schließen Sie dieses „Fenster" und klicken Sie im Menü „Lager & Preise" auf „Artikel".

Sobald die Artikelübersicht geöffnet wurde, platzieren Sie Ihren Cursor auf die entsprechende Artikelzeile und klicken im Menüband auf den Reiter NAVIGATE:

Klicken Sie auf im Block „Verkauf“ auf „Preise“:

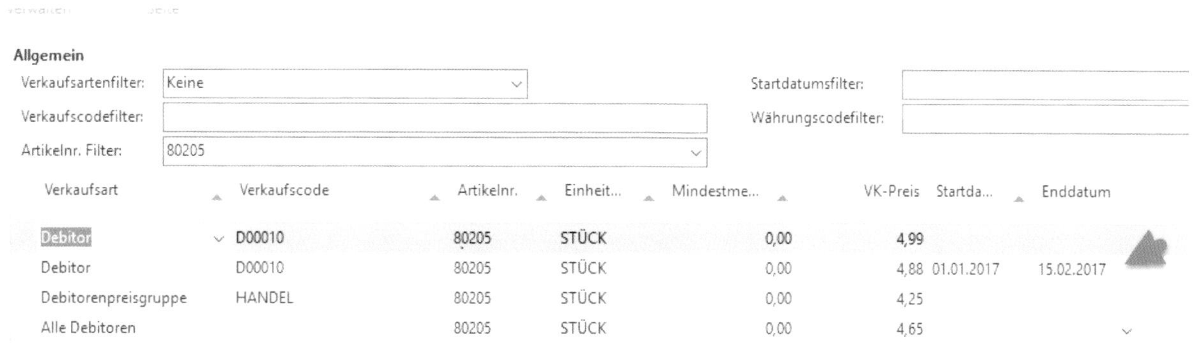

Sie sehen anhand des obigen Bildschirmausschnittes, dass eine neue Zeile angelegt wurde – für die Konstellation „Debitor“ und „Artikel“, samt „Einheit“.

Die erste Zeile bleibt unberührt.

Wäre das Häkchen „Neue Preise generieren“ *nicht* gesetzt gewesen, hätte sich nach Durchführen der Funktion „Preisvorschlag übernehmen“ der VK-Preis der ersten Zeile auf „4,88“ geändert.

Tipp aus der Praxis:

Wenn Sie später einmal nachvollziehen wollen, wie sich die Preisgestaltung entwickelt hat, würde ich Ihnen empfehlen bei solchen „Stapelläufen“ immer mit dem Häkchen „Neue Preise generieren“ zu arbeiten. So bleiben die ursprünglichen Einträge erhalten.

3.4 Ablauf vom Angebot bis zur Verkaufsrechnung – inklusive Warenausgabe

3.4.1 Erstellen eines Verkaufsangebotes

Allgemeines:

Für unsere diversen Übungen haben Sie nun schon einige Male ein Verkaufsangebot erstellt. Grundsätzlich gibt es einige Möglichkeiten ein neues Verkaufsangebot zu erstellen:

- ☞ Aus einer Kontaktkarte heraus
  - Sofern der Kontakt noch keine direkte Verbindung zu einer Debitorenkarte hat, funktioniert dies mithilfe der Debitorenvorlagenkarte – eine Art „Dummy"-Debitor. (mehr dazu in der Unterlage „Marketing mit Microsoft Dynamics™ NAV2016")

- ☞ Aus der Debitorenkarte selbst bzw. über die Debitorenübersicht – im Menüband/Reiter „START" – „Verkaufsangebot"

- ☞ Über das Menü „Auftragsabwicklung" – „Angebote" – STRG + N (oder alternativ auf das Symbol „Neu" klicken).

- ☞ Im Fall des Profils „Verkaufsauftragsverarbeitung" – im „Kachelbereich" durch Klick auf den Hyperlink „Neues Verkaufsangebot".

Für die nachfolgenden Szenarien verwenden wir den Weg über die „Auftragsabwicklung" selbst.

Nehmen wir na, Sie sind der verantwortliche Sachbearbeiter im Innendienst. Ihr Kollege Max bittet Sie, zwei Angebote zu erstellen:

1. Einmal für die „Max Musterle GmbH & Co. KG" mit folgenden Artikeln: „Grafikprogramm" (Nr. 80201) – Menge 2 Schachteln, sowie „Webcam" – Menge 5 Stück.

2. Sowie für die „CompHelp AG" – Herr Wiener möchte gern 20 Webcam kaufen

In beiden Fällen soll Lagerort „Blau" in den Zeilen verwendet werden.

Öffnen Sie bitte im Verkaufsmenü den Punkt „Auftragsabwicklung" und klicken Sie dort auf „Angebote".

Sobald Sie die Angebotsübersicht geöffnet haben, erstellen Sie das erste der neuen Angebote entweder durch Klick auf das Symbol „NEU" oder durch Drücken der Tastenkombination *STRG + N.*

Ansicht des ersten neu erstellten Verkaufsangebotes:

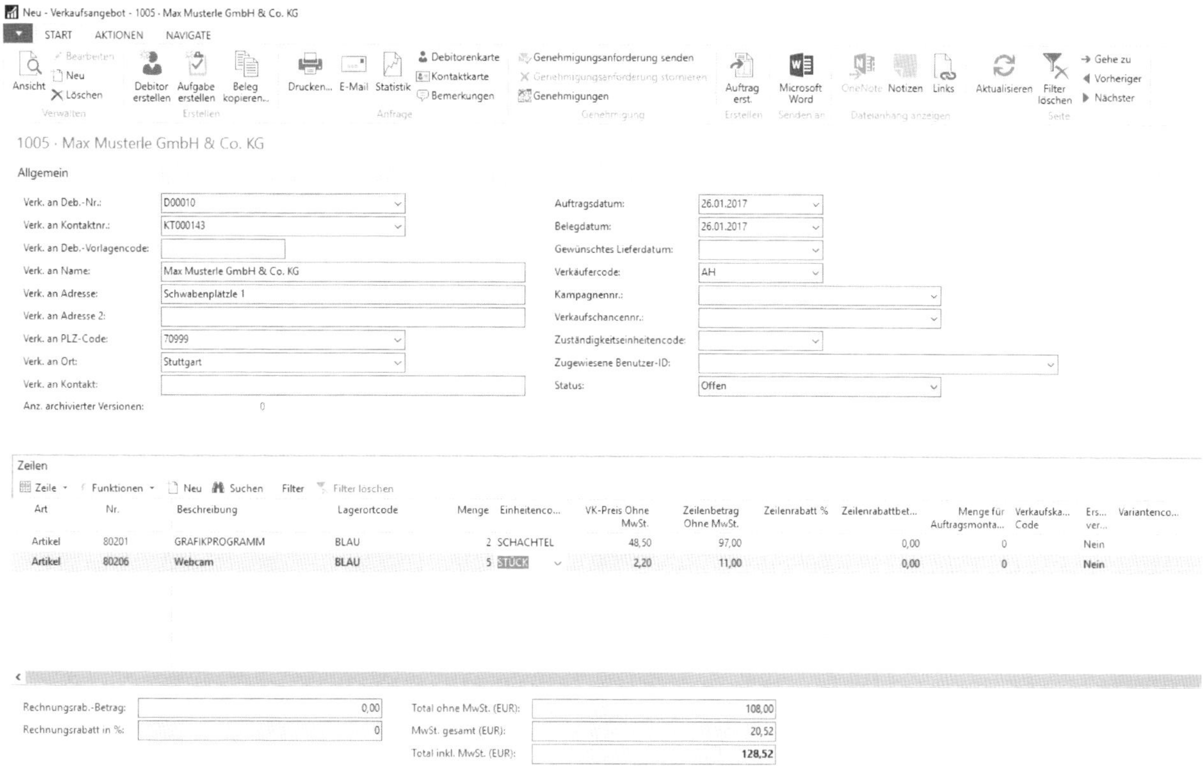

Um Ihren Kunden darauf aufmerksam zu machen, dass er gegebenenfalls auch eine andere Preiskonstellation für den Artikel 80201 nutzen könnte, platzieren Sie Ihren Cursor auf die erste Zeile und klicken Sie entweder auf den Menüpunkt „Funktionen“ im Register „Zeilen“ und dort auf „Preis abrufen“.

Oder aber Sie nutzen den Hyperlink in der Factbox VK-Zeilendetails – „VK-Preise“.

Sobald Sie die alternative Preisübersicht aufgerufen haben, sehen Sie diese Ansicht:

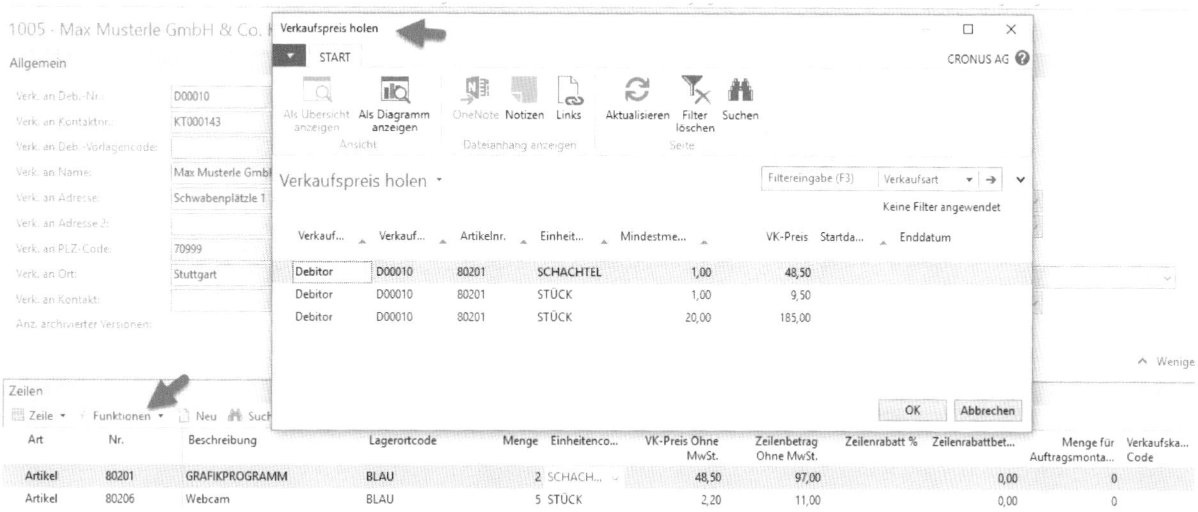

Um Ihrem Kunden diese Alternative mitzuteilen, könnten Sie jetzt einen Text entsprechend erfassen.

Platzieren Sie dazu Ihren Cursor auf die zweite Zeile und klicken Sie entweder auf das Symbol „NEU“ im Register „Zeilen“ oder drücken Sie auch hier die Tastenkombination STRG + N.

Achten Sie nun bitte darauf, dass das Feld „ART“ = leer ist – nehmen Sie die Vorbelegung, die dort vermutlich eingetragen ist, heraus.

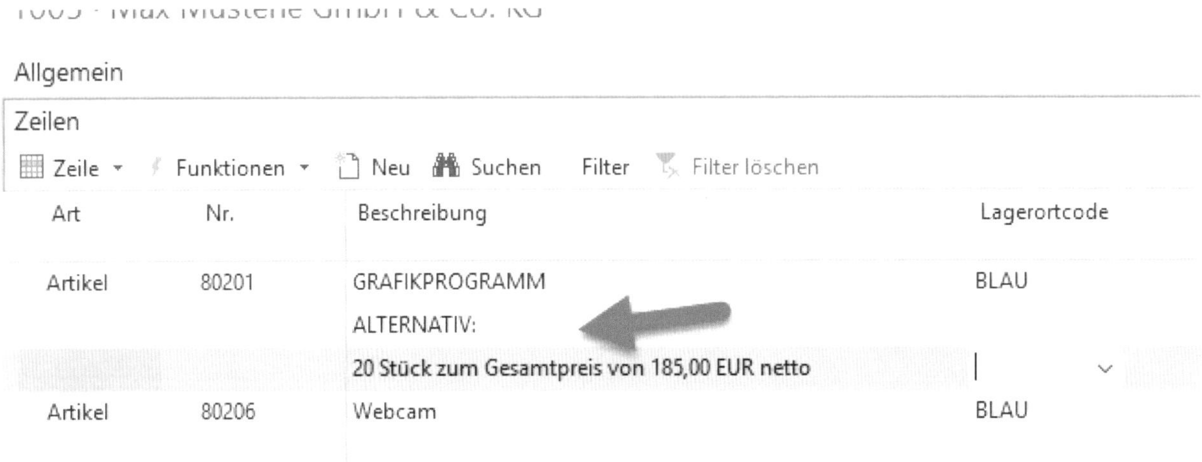

Im Feld „Beschreibung“ können Sie jetzt Ihren Text hinterlegen. Für jede weitere Zeile drücken Sie erneut „STRG + N“.

(Das wäre übrigens der „manuelle“ Weg um einen Text in den Zeilen eines Verkaufsbeleges zu erfassen. Das Thema „Textbausteine“ behandeln wir gleich).

Im Standard NAV ist es derzeit leider noch nicht möglich mit alternativen Optionen zu arbeiten – das heißt: Sie haben in den Belegzeilen keine Möglichkeit durch eine Einstellung zu steuern, dass es sich um eine alternative Variante des Artikels handelt. Einige Partner haben daher diesen Bereich angepasst und dort eine zusätzliche Funktion eingebaut die es Ihnen ermöglicht, mithilfe eines Kriteriums wie „Alternativ“ oder „auf Wunsch“(etc.) eine weitere Artikelzeile zu zufügen – die dann bei Druck des Beleges aber kursiv dargestellt und mit dem gewählten Kennzeichen versehen wird.

Und – was viel wichtiger ist – dessen ermittelter Preis nicht in den Gesamtpreis mit kalkuliert wird.

Fragen Sie Ihren Projektleiter des Microsoft Dynamics™ NAV-Partners danach!

Sobald Sie alles erfasst haben, was für „Max Musterle GmbH & Co. KG“ wichtig wäre, können Sie den Beleg „Freigeben“ – entweder wechseln Sie dazu im Menüband auf den Reiter „AKTIONEN“ und klicken dort auf das Symbol oder Sie drücken alternativ die Tastenkombination STRG + F9.

Um das zweite Angebot zu erstellen, können Sie jetzt entweder das zurzeit noch offene Angebot von „Max Musterle“ durch Klick auf das „Rote X“ schließen – und dann wieder über STRG + N ein neues Angebot erstellen – oder aber Sie klicken unten rechts auf den kleinen „Drop-Down-Pfeil“ im Kästchen „OK“:

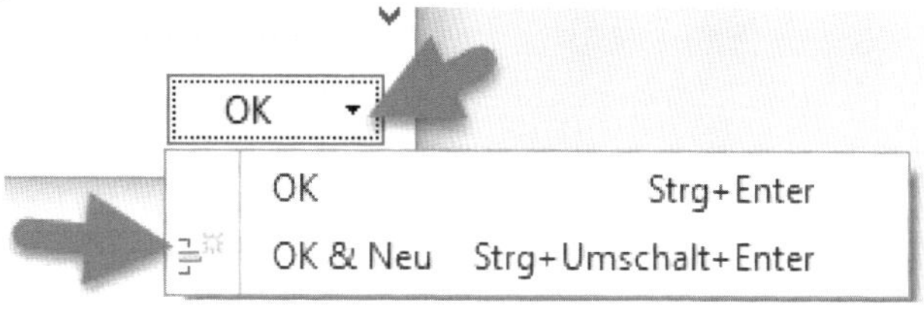

Sobald Sie einen neuen Verkaufsbeleg geöffnet haben, erstellen Sie das zweite Angebot für „CompHelp AG“:

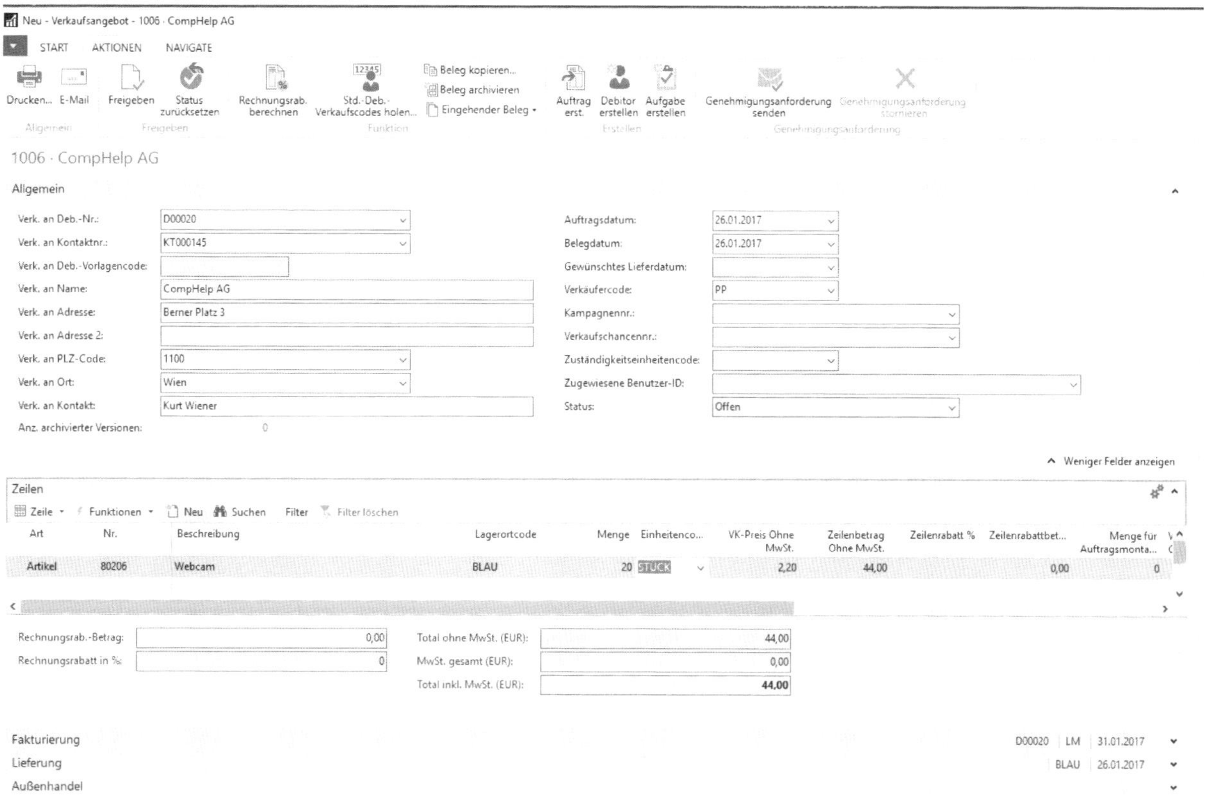

Geben Sie auch das zweite Angebot „frei“.

Sobald Sie die Angebote fertig gestellt haben, wäre der nächste Schritt die Angebote entsprechend an den jeweiligen Kunden zu versenden. Um dies zu erledigen gibt es wieder mehrere Möglichkeiten.

- Sie drucken das Angebot aus (also „der ganz normale Weg“) – und bereits hier haben Sie verschiedenste zusätzliche Optionen „wie“ Sie drucken ODER

- Sie versenden das Angebot per Mail (in diesem Fall öffnet sich ein Mailassistent – das Angebot wird als „PDF“ an die Mail gehängt).

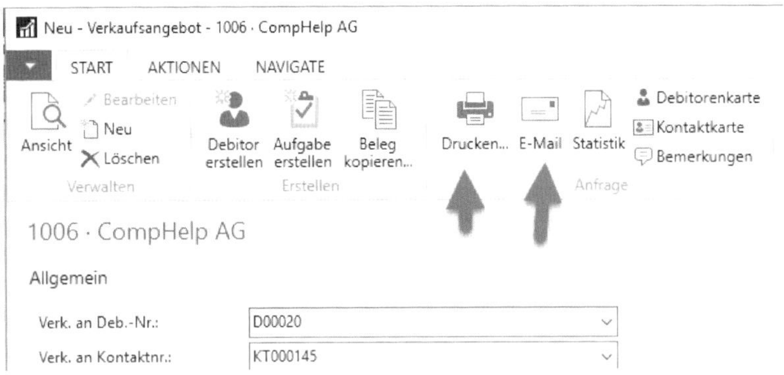

Wir nutzen als erstes einmal die Option „Drucken".

Sobald Sie auf das Symbol „Drucken" geklickt haben, öffnet sich ein „Drucker-Dialogfenster":

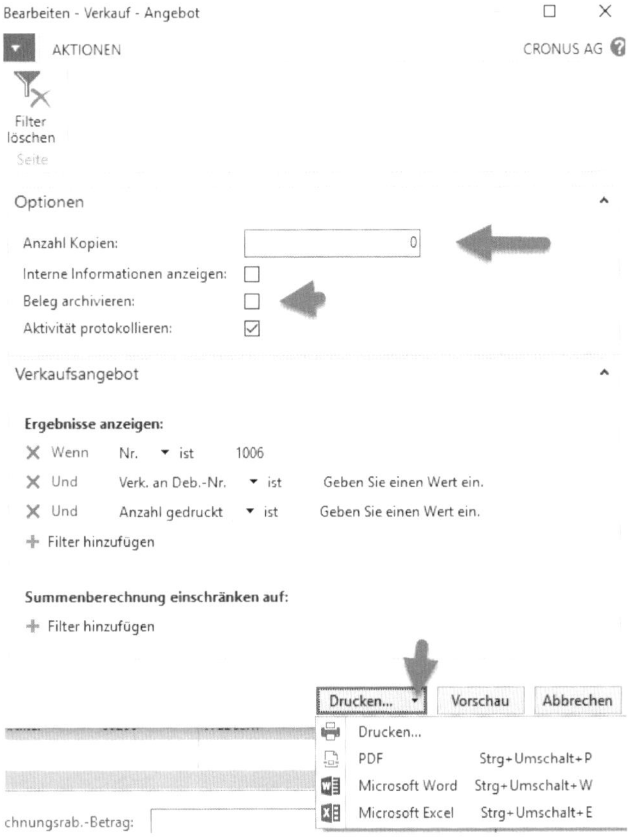

Dieses „Dialogfenster" ist übrigens in den meisten Belegen identisch!

„*Anzahl Kopien*": geben Sie hier die Anzahl vor, die Sie als Kopie benötigen.

„*Interne Information anzeigen*": Sofern Sie interne Informationen anzeigen lassen wollen, setzen Sie hier ein Häkchen – das sollte aber ehrlich gesagt nur dann der Fall sein, wenn der betreffende Beleg **nicht** (!) zu einem Kunden geht.

„*Beleg archivieren*": setzen Sie hier ein Häkchen, wenn das System den momentanen „Stand" des Beleges sichern soll.

„*Aktivität protokollieren*": nur relevant, wenn Sie das Marketing-Modul von NAV nutzen und über diesem Weg dieses Verkaufsangebot an dem jeweiligen Kontakt mit protokollieren möchten.

Im Register „Verkaufsangebot" ist der Filter bereits auf den Beleg mit der Nummer „1006" gesetzt, da wir diesen Aufruf direkt aus dem Angebot gestartet haben.

In der Schaltfläche „***Drucken***" sehen Sie rechts einen kleinen „Drop-Down-Pfeil" – wenn Sie dort klicken, öffnet sich das Kontextmenü in dem Sie nun auswählen können „wie" gedruckt werden soll.

„*Drucken*" = ist das „eigentliche" Drucken – sprich der betreffende Bericht wird an Ihren Standarddrucker gesendet.

„*PDF*" = das System öffnet den „Windows Explorer" und „fordert" Sie damit auf, den Speicherort des zu erstellenden PDF-Beleges zu wählen und entsprechend zu bestätigen.

Microsoft WORD® oder *Microsoft EXCEL®* = Sie können jeden Beleg, in dem diese Optionen unter "Drucken" zu finden sind, in das jeweilige Programm überführen. Das heißt: in dem Moment, in dem Sie eine der beiden angebotenen Varianten durch Mausklick auswählen, öffnet das System den betreffenden Beleg in „WORD®" oder „EXCEL®".

Beispiel – Übergabe nach „Microsoft EXCEL®":

Sobald Sie diese Funktion ausgewählt haben, erscheint zunächst diese Abfragemeldung:

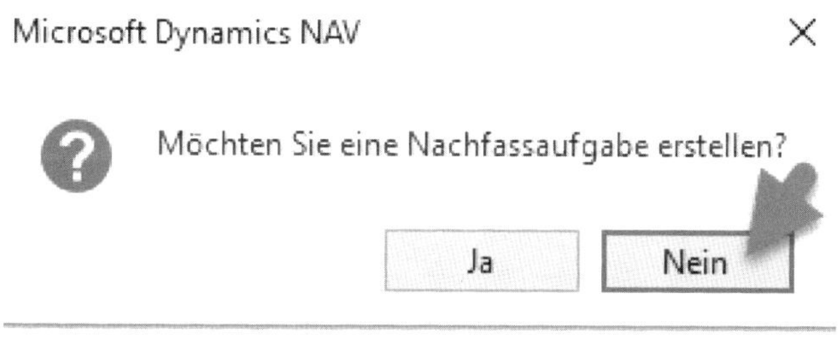

Bestätigen Sie dies mit „NEIN" – zum Verständnis: wenn Sie mit dem Marketing-Modul von NAV arbeiten, bietet Ihnen das System hiermit die Möglichkeit die interne Aufgabenverwaltung zu nutzen und sich eine Art „Wiedervorlage" anzulegen.

Und „nein" – diese Meldung können Sie nicht selbst ausschalten. Wenn Sie diese Information nicht benötigen, wenden Sie sich am besten an den für Sie zuständigen Entwickler Ihres Microsoft Dynamics™ NAV-Partners.

Im nächsten Schritt erhalten Sie diese Nachricht:

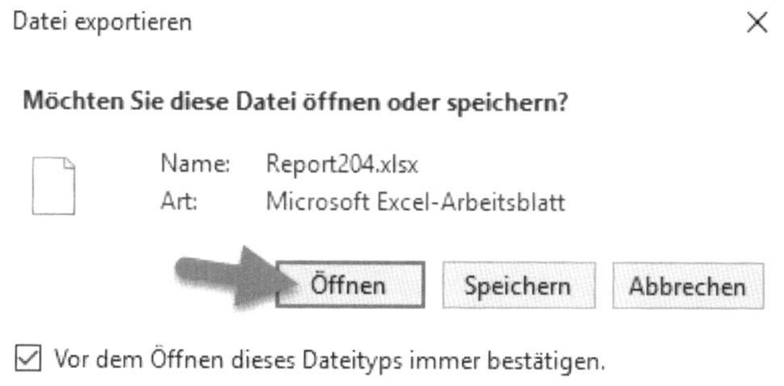

Die Datei ist bereits exportiert worden – klicken Sie auf „Öffnen" um sich das Ganze sofort anzusehen oder auf „Speichern" – in dem Fall öffnet sich der „Windows Explorer".

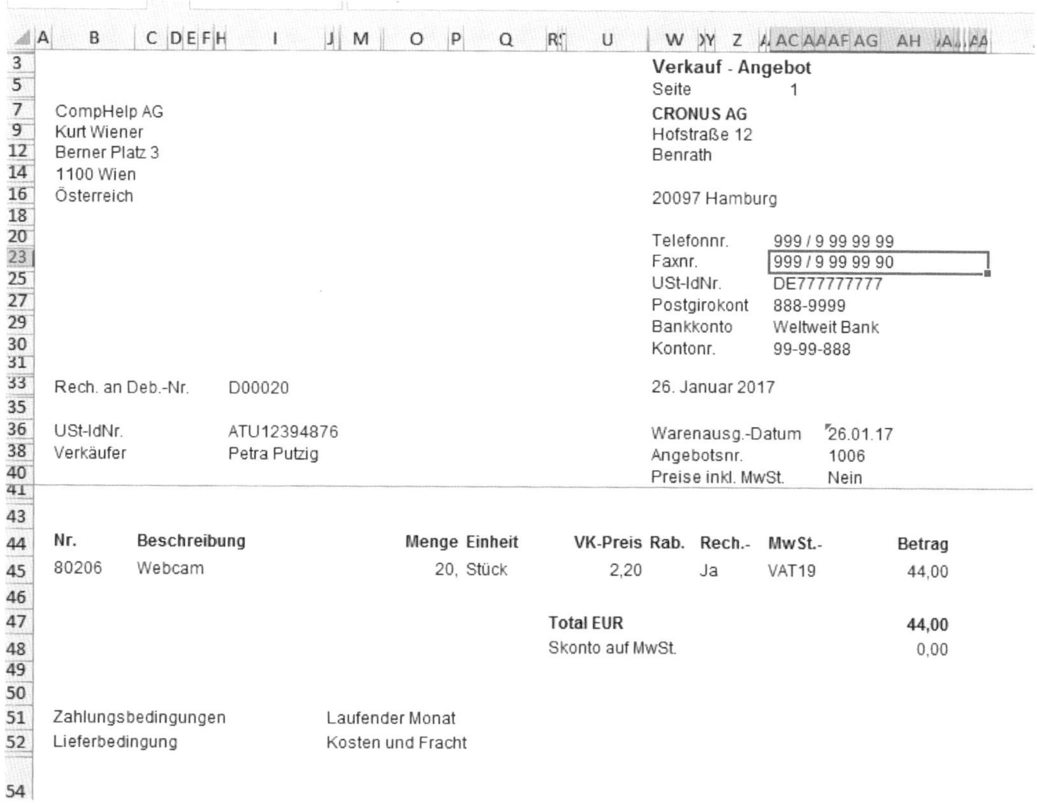

Verkauf - Angebot
Seite 1

CompHelp AG
Kurt Wiener
Berner Platz 3
1100 Wien
Österreich

CRONUS AG
Hofstraße 12
Benrath

20097 Hamburg

Telefonnr.	999 / 9 99 99 99
Faxnr.	999 / 9 99 99 90
USt-IdNr.	DE777777777
Postgirokont	888-9999
Bankkonto	Weltweit Bank
Kontonr.	99-99-888

Rech. an Deb.-Nr.	D00020
USt-IdNr.	ATU12394876
Verkäufer	Petra Putzig

26. Januar 2017

Warenausg.-Datum	26.01.17
Angebotsnr.	1006
Preise inkl. MwSt.	Nein

Nr.	Beschreibung	Menge	Einheit	VK-Preis	Rab.	Rech.-	MwSt.-	Betrag
80206	Webcam	20,	Stück	2,20		Ja	VAT19	44,00
				Total EUR				44,00
				Skonto auf MwSt.				0,00

Zahlungsbedingungen	Laufender Monat
Lieferbedingung	Kosten und Fracht

Als „Gegenbeispiel“ die Ansicht des „Drucks“ als PDF:

Verkauf - Angebot
Seite 1

CompHelp AG
Kurt Wiener
Berner Platz 3
1100 Wien
Österreich

CRONUS AG
Hofstraße 12
Benrath

20097 Hamburg

Telefonnr.	999 / 9 99 99 99
Faxnr.	999 / 9 99 99 90
USt-IdNr.	DE777777777
Postgirokonto	888-9999
Bankkonto	Weltweit Bank
Kontonr.	99-99-888

26. Januar 2017

Rech. an Deb.-Nr.	D00020
USt-IdNr.	ATU12394876
Verkäufer	Petra Putzig

Warenausg.-Datum	26.01.17
Angebotsnr.	1006
Preise inkl. MwSt.	Nein

Nr.	**Beschreibung**	**Menge**	**Einheit**	**VK-Preis**	**Rab. %**	**Rech.-Rabatt zulassen**	**MwSt.-Kennzeichen**	**Betrag**
80206	Webcam	20	Stück	2,20		Ja	VAT19	44,00

Total EUR	**44,00**
Skonto auf MwSt.	0,00

Zahlungsbedingungen	Laufender Monat
Lieferbedingung	Kosten und Fracht

Information zu den Standardbelegen in NAV:

Die „CRONUS“-Belege sind selten „schön“ ... das wissen wir. Erfahrungsgemäß ist es so, dass jeder Microsoft Dynamics™ NAV-Partner entweder bereits fertig konfigurierte Belege zur Verfügung stellt (zum Beispiel auch durch die branchenspezifische Lösung, die Sie gekauft haben) oder Sie lassen die Belege gemäß Ihrer „Corporate Identity“ anpassen.

Zudem könnten Sie in NAV ebenso die Möglichkeit der „Benutzer-definierten Berichtslayouts“ nutzen.

Sehen wir uns nun auch einmal die Variante des E-Mail-Versands an. Klicken Sie dazu in Ihrem Angebot auf das Symbol *„E-Mail“*:

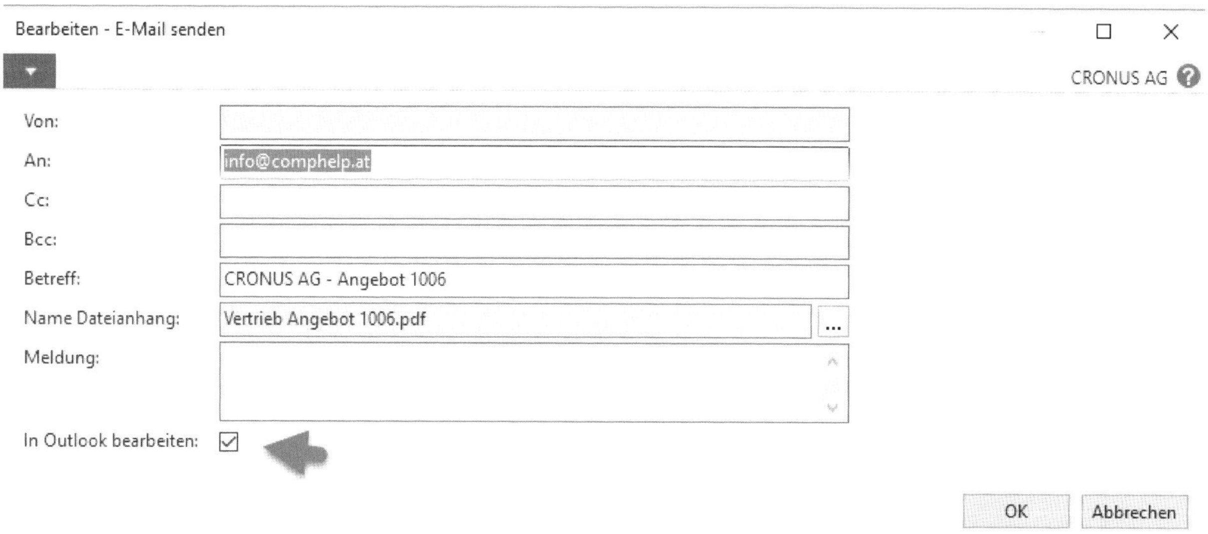

Es öffnet sich das hier gezeigte „Fenster“. Sie haben an dieser Stelle bereits die Option, Ihrem Ansprechpartner auf Kundenseite noch eine kurze Information mit zu geben, den Betreff zu ändern oder zusätzliche Personen im Mailempfänger zu hinterlegen.

Das Häkchen „in Outlook® bearbeiten“ würde ich immer gesetzt lassen – in diesem Fall öffnet das System die Mail direkt in Outlook® bevor sie verschickt wird. Das gibt Ihnen die Gelegenheit gegebenenfalls weitere Dateien zu zufügen oder einen größeren Text zu hinterlegen.

Durch Klick auf „OK“ wird das Mail verschickt (bzw. Outlook® geöffnet).

Soweit erst einmal zu den „Versende-Möglichkeiten“ eines Verkaufsbeleges.

3.4.1.1 Mehrsprachigkeit in Belegen

An dieser Stelle ein Hinweis auf die Vielfalt die Ihnen NAV auch in Bezug auf Sprachen bietet. Wurde bei dem entsprechenden Stammdatensatz wie Debitor oder Kreditor ein Sprachcode wie „ENU“ (beispielsweise) hinterlegt, berücksichtigt NAV das im Normalfall auch bei den Belegen.

Hier eine Beispielansicht eines Verkaufsangebotes für „Candoxy“ aus Canada:

Sales - Quote
Page 1
CRONUS AG
Hofstraße 12
Benrath

20097 Hamburg

Candoxy Canada Inc.
Mr. Rob Young
18 Cumberland Street
Thunder Bay, ON P7B 5E2
Kanada

Phone No.	999 / 9 99 99 99
Fax No.	999 / 9 99 99 90
VAT Reg. No.	DE777777777
Giro No.	888-9999
Bank	Weltweit Bank
Account No.	99-99-888

26. Januar 2017

Bill-to Customer No. 01905893

Salesperson Joachim Richter

Shipment Date	26.01.17
Quote No.	1007
Prices Including VAT	Nein

No.	Description	Quantity	Unit of Measure	Unit Price	Disc. %	Allow Invoice Disc.	VAT Identifier	Amount
80206	Webcam	5	Stück	3,292		Ja	VAT19	16,46

Total CAD	**16,46**
Payment Discount on VAT	0,00

Payment Terms	1 Monat/2% Rabatt innerh. 8 Tagen
Shipment Method	Ab Warenhaus

Hinweis:

Diverse Standardbegrifflichkeiten in den Belegen werden automatisch auf „Englisch“ ausgegeben sobald der Sprachcode bei dem Debitor (oder Kreditor) auf „Englisch“ voreingestellt wurde.

ABER: NAV ist ***KEIN*** Übersetzungsprogramm! Das heißt: im Fall von diversen Beschreibungen (z.B. Artikelbeschreibung) oder Übersetzungen von Feldbezeichnungen, müssen Sie die Übersetzungen selbst hinterlegen oder Ihren Microsoft®-Partner bitten, Sie hierbei zu unterstützen.

Sollten Sie weitere Sprachen benötigen wie beispielsweise Französisch, etc. wenden Sie sich bitte in jedem Fall an den für Sie zuständigen Projektleiter Ihres Microsoft®-Partners. Übrigens: auch Schriftzeichen wie Japanisch, Chinesisch usw. sind möglich!

3.4.2. Angebot aus einer Archivierung wieder herstellen

Stellen wir uns vor, Herr Braun – der Einkaufsleiter von „Max Musterle GmbH & Co. KG“ meldet sich bei Ihnen. Das Angebot gefällt ihm soweit gut, auf die „Alternative“ die ich per Text mit in das Angebot aufgenommen hatte, verzichtet er.

Dafür möchte er allerdings noch einen weiteren Artikel bestellen: die Nummer 80202 (Chip 32MB) – Menge 100 Stück.

Wenn Sie den momentanen „Stand“ eines Angebotes quasi „einfrieren“ möchten, können Sie dies durch Klick auf das Symbol „Beleg archivieren“ tun.

Öffnen Sie dazu das Angebot von „Max Musterle GmbH & Co. KG“.

Wechseln Sie auf den Reiter „Aktionen“ und klicken Sie dort auf das Symbol „Beleg archivieren“.

Sie erhalten eine Abfragemeldung, ob Sie den Beleg archivieren wollen – bestätigen Sie diese mit Klick auf „Ja“. Eine Hinweismeldung zeigt Ihnen danach an, dass der Beleg „archiviert“ wurde.

Ändern Sie den Beleg bitte, wie von „Herrn Braun“ gewünscht. Damit Sie den Beleg wieder ändern können, setzen Sie zunächst den Status zurück (Klick auf das Symbol „Status zurücksetzen“ im Reiter „AKTIONEN“).

Nach dem Sie die Änderung durchgeführt haben, setzen Sie den Beleg erneut auf „Freigegeben“ und stellen Sie sich bitte vor, dass dieses Angebot nun wieder per Mail oder in gedruckter Form an den Einkaufsleiter Ihres Debitors geschickt wird.

Nach kurzer Zeit meldet sich Herr Braun erneut und möchte einen weiteren Artikel im Angebot aufgenommen haben: Nummer 80205 „10MBit Ethernet-Karte“ – ebenfalls 100 Stück.

Bevor Sie die Änderung vornehmen, nutzen Sie erneut die Funktion „Beleg archivieren“. Sobald Sie die Archivierung der zweiten Fassung vorgenommen haben, ändern Sie das Angebot wieder und geben es wieder „Frei“.

Schließen Sie das Angebot nun.

(Stellen Sie sich vor, Sie befinden sich jetzt in einer „Zeitmaschine“ und es ist 5 Tage später…).

Nach dem „Herr Braun“ diese neue Variante des Angebotes erhalten hat, meldet er sich bei Ihnen und möchte nun doch gern die zweite Fassung des Beleges bestellen. Setzen Sie das Angebot zunächst wieder auf „offen“.

Und hier kommt jetzt eine Funktionalität zum „Vorschein“, die Ihnen schnell und einfach ermöglicht, eine vorher archivierte Version wieder herzustellen.

Klicken Sie auf „Verkauf & Marketing“ – so dass Sie sich jetzt wieder im „Hauptmenü“ dieses Moduls befinden.

Unter „…oder nach Kategorie“ finden Sie den Aufruf für das Archiv: „Archivieren“.

Öffnen Sie dieses Untermenü durch einen Mausklick.

Wählen Sie den Punkt „Verkaufsangebotsarchive“.

Es öffnet sich wieder eine Übersicht.

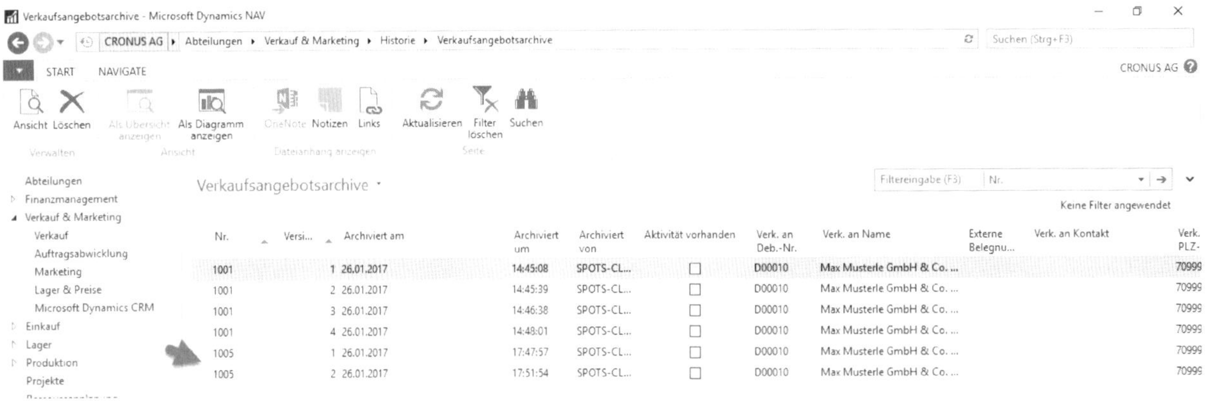

Wie Sie anhand des Bildschirmausschnittes erkennen können, gibt es hier bereits einige archivierte Versionen. Da zurzeit „Version 3“ von meinem Angebot „1005“ aktiv ist, ist die Version „2“ die vorherige Fassung.

Öffnen Sie von Ihrem Angebot die zweite Variante durch einen „Doppelklick“:

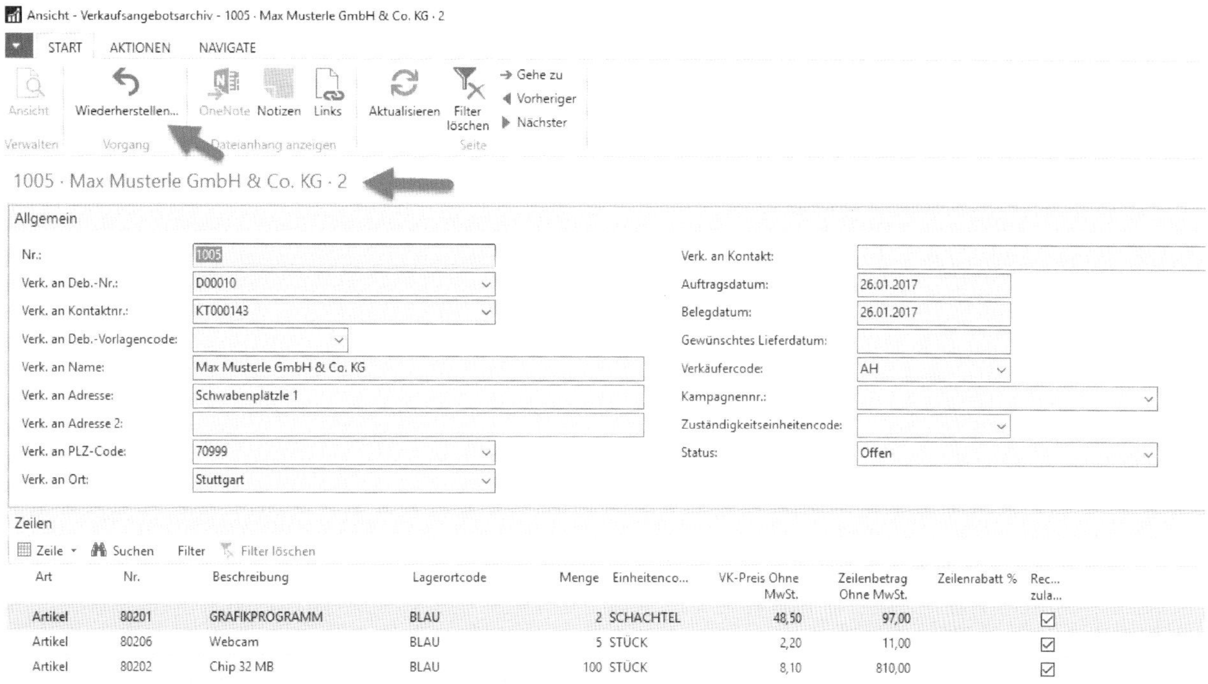

Im Menüband Reiter „START“ haben Sie das Symbol „Wiederherstellen“ zur Verfügung. Klicken Sie auf dieses Symbol – und das Angebot „Version 2“ wird jetzt wieder hergestellt.

Bestätigen Sie diese Abfrage durch Klick auf „JA“.

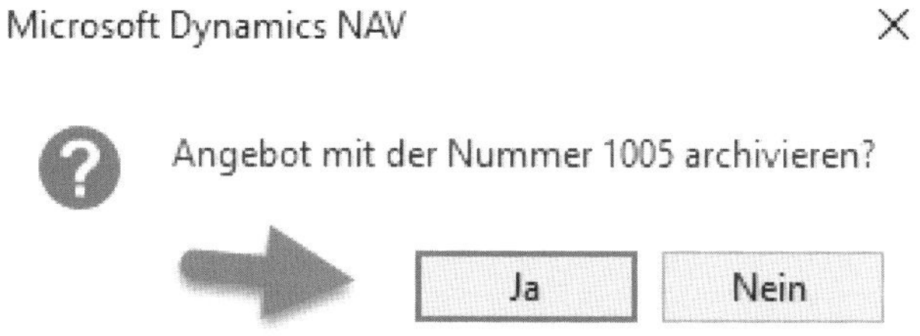

Eine weitere Abfrage erscheint – es gibt ja derzeit noch ein „aktives“ Angebot… bestätigen Sie mit Klick auf „JA“.

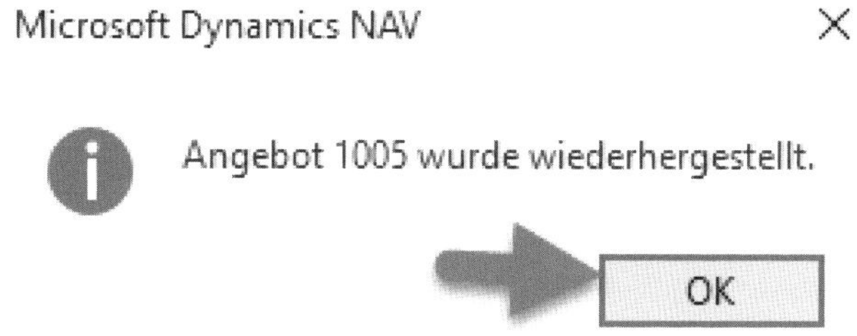

Es erscheint zunächst eine Info-Meldung „Beleg archiviert“ – bestätigen Sie diese durch Klick auf „OK“ – die zweite Information zeigt Ihnen an, dass nun die Version 2 (in unserem Beispiel) wieder hergestellt wurde.

Kurzer Überblick im Verkaufsangebotsarchiv:

Nr.	Versi...	Archiviert am	Archiviert um	Archiviert von	Aktivität vorhanden	Verk. an Deb.-Nr.	Verk. an Name	Externe Belegnu...	Verk. an Kontakt	Ver PL
1001	1	26.01.2017	14:45:08	SPOTS-CL...	☐	D00010	Max Musterle GmbH & Co. ...			709
1001	2	26.01.2017	14:45:39	SPOTS-CL...	☐	D00010	Max Musterle GmbH & Co. ...			709
1001	3	26.01.2017	14:46:38	SPOTS-CL...	☐	D00010	Max Musterle GmbH & Co. ...			709
1001	4	26.01.2017	14:48:01	SPOTS-CL...	☐	D00010	Max Musterle GmbH & Co. ...			709
1005	1	26.01.2017	17:47:57	SPOTS-CL...	☐	D00010	Max Musterle GmbH & Co. ...			709
1005	2	26.01.2017	17:51:54	SPOTS-CL...	☐	D00010	Max Musterle GmbH & Co. ...			709
1005	3	26.01.2017	18:04:29	SPOTS-CL...	☐	D00010	Max Musterle GmbH & Co. ...			709

Es gibt jetzt eine „Version 3“ von diesem Angebot….

Schließen Sie das Archiv und kehren Sie zurück in die Verkaufsangebote. Öffnen Sie Ihr Angebot für „Max Musterle GmbH & Co. KG“.

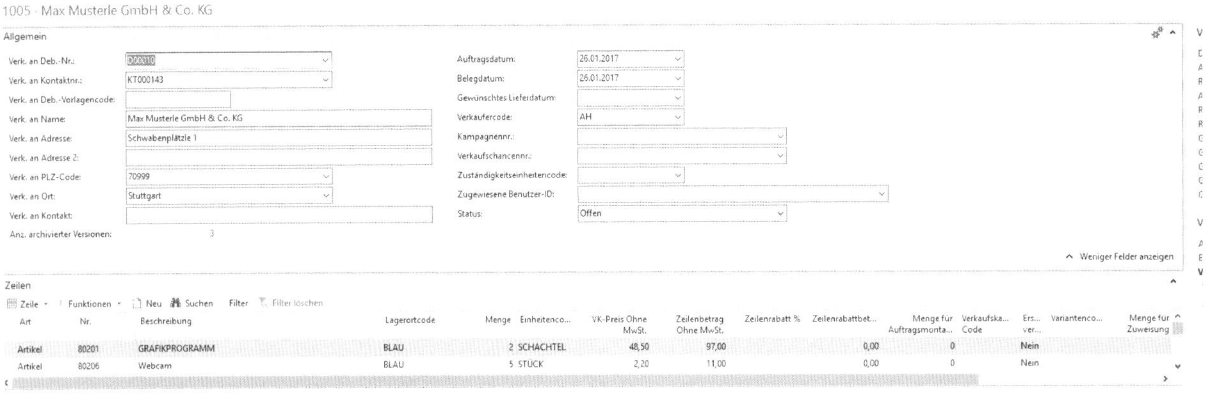

Wie Sie anhand dieses Beispiels sehen können, ist das Angebot wieder gemäß dem Wunsch des Kunden „hergestellt“.

Gut zu wissen:

Ein Verkaufsangebot kann über die Funktion „Wiederherstellung“ nur solange wieder hergestellt werden, solange es eine „aktive“ Fassung gibt.

Ist ein Verkaufsangebot komplett archiviert, können Sie mithilfe der Funktion „Beleg kopieren“ Belege wieder neu auf Basis eines archivierten Beleges erstellen. Das setzt unter anderem allerdings voraus, dass in der „Debitoren & Verkauf Einr.“ im Register „Archivierung“ die Kennzeichen entsprechend eingestellt wurden.

3.4.3 Erstellen von Verkaufsaufträgen

Gehen wir davon aus, dass beide Kunden ihre Angebote soweit akzeptiert haben.

Allgemeines:

Auch die Auftragserstellung kann auf unterschiedliche Weise erfolgen:

- ☞ Wandeln eines Verkaufsangebotes zu einem Auftrag durch Klick auf das Symbol „Auftrag erst." im Menüband des Angebotes
- ☞ Menü „Auftragsabwicklung" – „Aufträge" – „NEU" – und alle Zeilen manuell erfassen
- ☞ Menü „Auftragsabwicklung" – „Aufträge" – „NEU" – und nutzen der Funktion „Beleg kopieren", wenn Sie einen neuen Auftrag auf Basis eines anderen Verkaufsbeleges erstellen wollen
- ☞ Aus der „Debitorenkarte" bzw. „Debitorenübersicht" heraus – Menüband/Reiter START – Symbol „Verkaufsauftrag" und dann „NEU"
- ☞ Im Fall des Profils „Verkaufsauftragsverarbeitung" – durch Klick auf den Hyperlink „Neuer Verkaufsauftrag" z.B.

Für unsere Fälle verwenden wir die Option „Auftrag erstellen" aus dem jeweiligen Angebot.

Sollten sich Ihre Ansprechpartner dazu entschließen, noch einen oder mehrere andere Artikel dazu zu bestellen, können Sie entweder das Angebot vorher noch ändern oder Sie tragen die weiteren Position dann in dem Verkaufsauftrag ein.

Um die Aufträge für „Max Musterle GmbH & Co. KG" sowie die „CompHelp AG" zu erstellen, klicken Sie bitte zunächst im Menü „Verkauf & Marketing" auf „Auftragsabwicklung" und dort auf „***Angebote***":

Öffnen Sie zunächst das Angebot von „Max Musterle" – prüfen Sie die Zeilen. Wenn soweit alles „Ok" ist klicken Sie bitte auf das Symbol „Auftrag erst.":

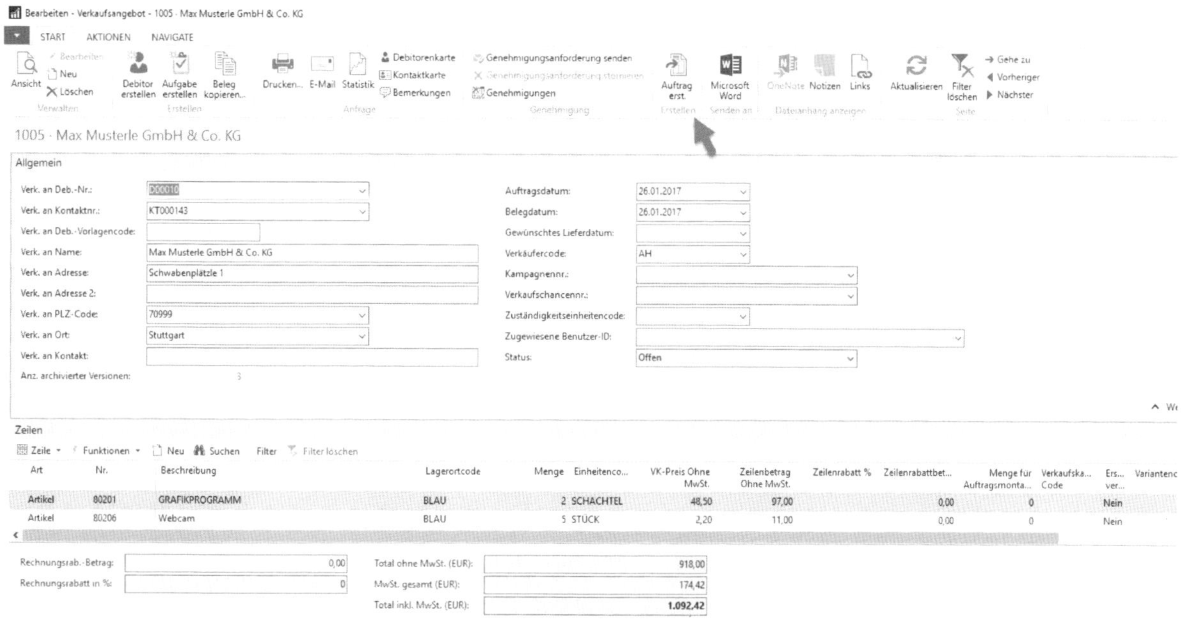

Sie erhalten zunächst eine Abfragemeldung:

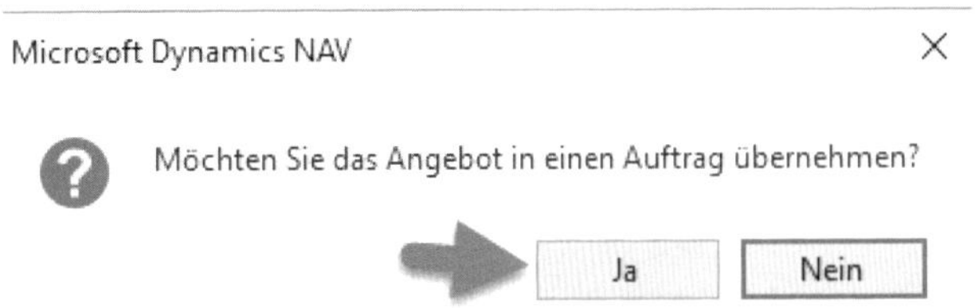

Bestätigen Sie diese durch Klick auf „JA“.

Sollte von den gewünschten Artikeln nicht genügend Lagerbestand vorhanden und in der Verkaufseinrichtung das Häkchen im Feld „Bestandswarnung“ gesetzt worden sein, erhalten Sie möglicherweise „Verfügbarkeitswarnungen“. Bestätigen Sie diese mit „JA“.

Danach erhalten Sie folgende Meldung:

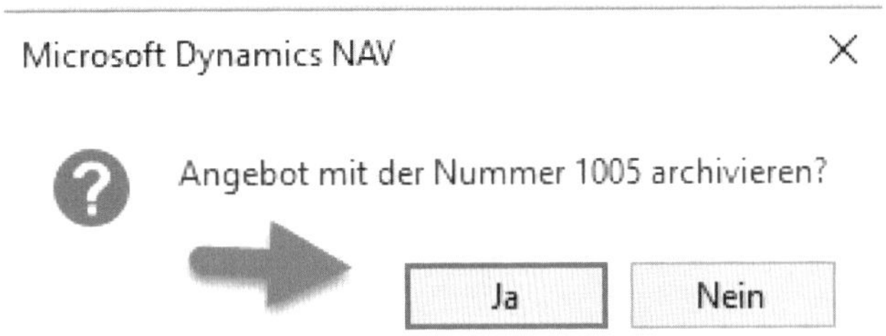

Da ich in der „Debitoren & Verkauf Einr.“ im Bereich der Archivierung für Angebote die Option auf „auf Nachfrage“ eingestellt hatte, erhalten sich zunächst diese Abfrage. Auch das bestätige ich durch Klick auf „JA“.

Das System bestätigt die Archivierung.

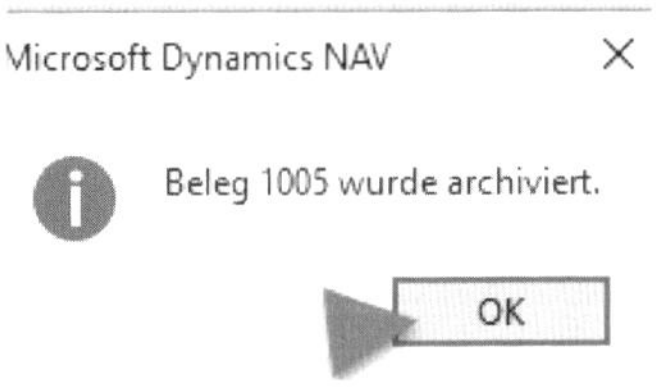

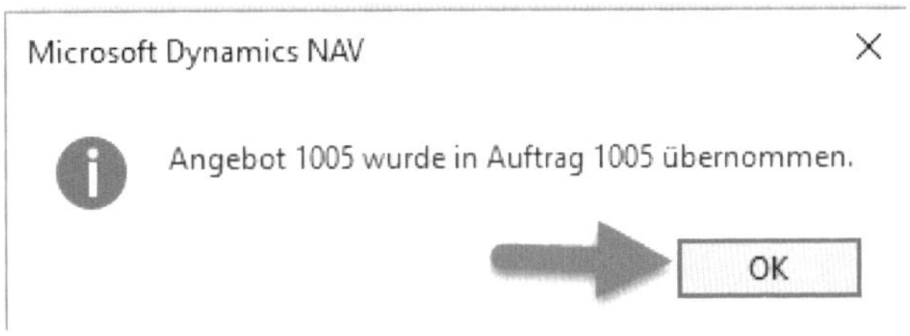

Diese Meldung informiert Sie über die Auftragsnummer und das die „Umwandlung“ von einem Angebot in einen Auftrag erledigt ist.
Das Verkaufsangebot wird danach sofort „archiviert“ (bzw. gelöscht)

Bestätigen Sie durch Klick auf „OK“.

Öffnen Sie nun das zweite Angebot - in diesem Fall von der „CompHelp AG“ – und erstellen Sie auch daraus einen Verkaufsauftrag.

3.4.3.1 Der Auftrag

Nachdem Sie die Aufträge erstellt haben, können Sie die „Angebotsübersicht“ wieder schließen. Klicken Sie im Menü „Auftragsabwicklung“ jetzt auf den Punkt „Aufträge“ – Sie gelangen wieder in eine Übersicht.

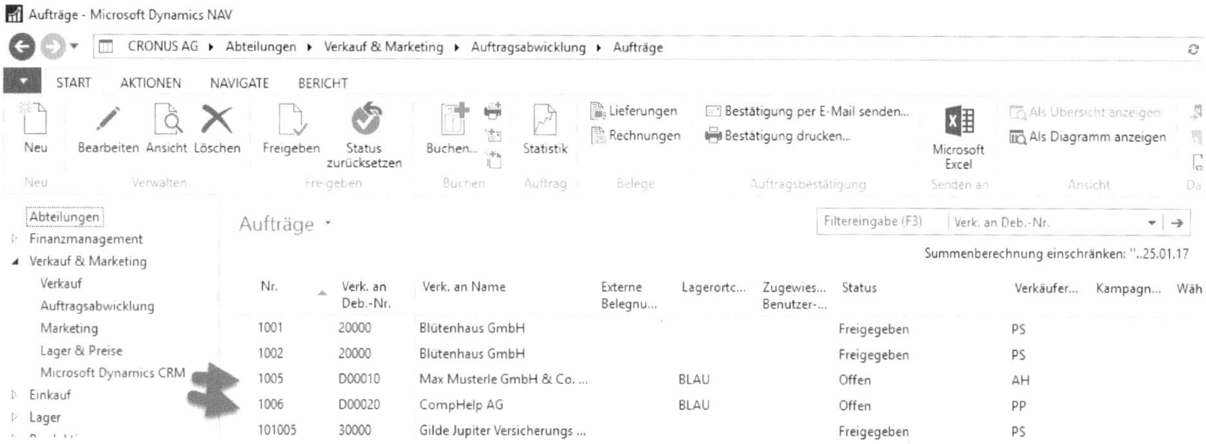

Suchen Sie zunächst nach dem Auftrag für „Max Musterle“ und öffnen Sie diesen durch einen „Doppelklick“ (oder aber durch Klick auf das Symbol „Bearbeiten“):

Ansicht des Verkaufsauftrages für „Max Musterle GmbH & Co. KG“:

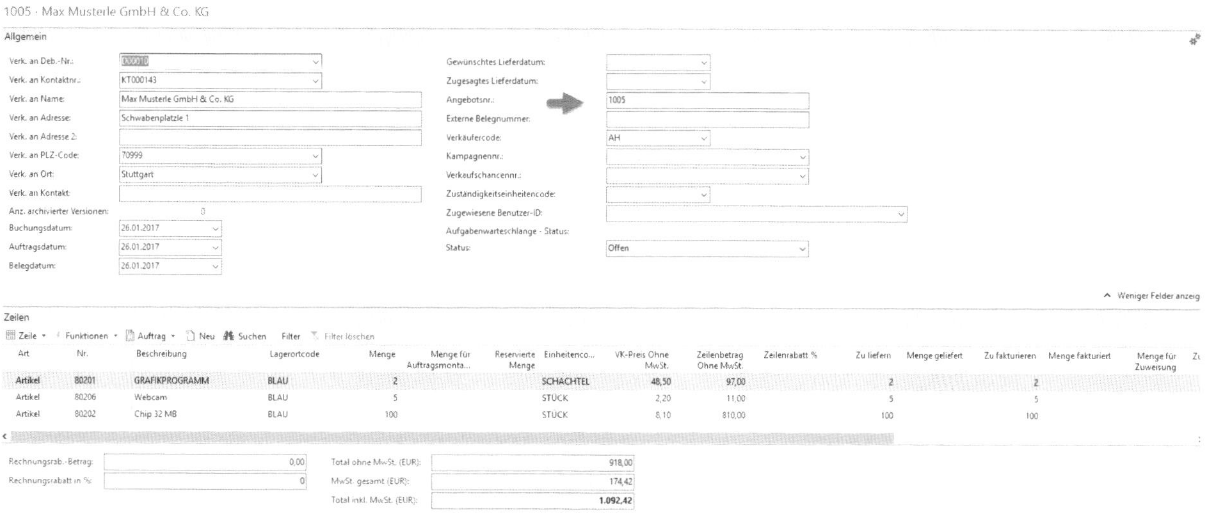

Über das Feld „Angebotsnr.“ können Sie jederzeit erkennen, ob ein Verkaufsauftrag aufgrund eines Angebotes erstellt wurde.

Unterhalb der Zeilen sehen Sie die „***Belegkontrolle***“ – das ist Ihnen sicher bereits im Angebot aufgefallen. Für die NAV-Anwender, die die alten Versionen noch kennen: hierüber wurden Teile der „Statistik“ nach „vorne“ gezogen.

Die *Belegkontrolle* dient dazu, Ihnen einen schnellen Überblick über den Gesamtbetrag des Auftrags zu geben – sofern eine Fremdwährung hinterlegt wurde, wird der Betrag in jeweiligen Währung angezeigt.

Über die „Statistik“ sehen Sie zudem unter anderem die MwSt.-Ermittlung. Klicken Sie im Menüband des Auftrages auf das Symbol „Statistik“

So sieht die „Statistik“ aus:

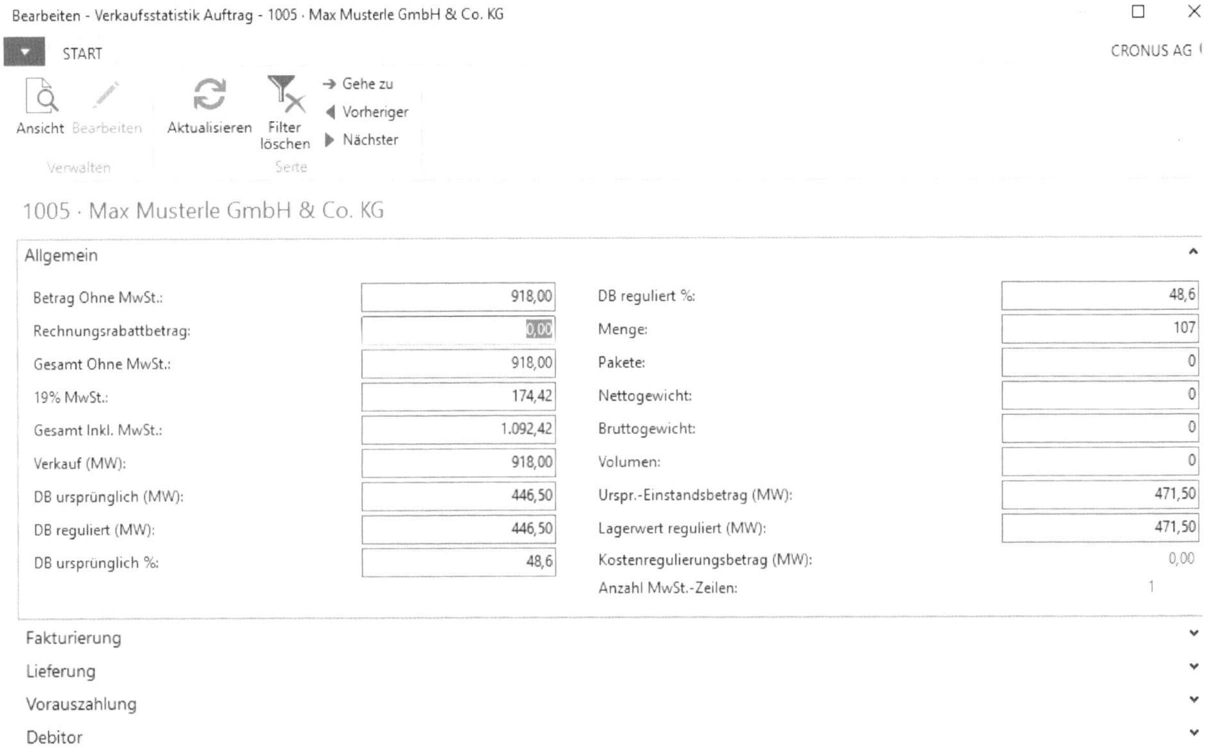

Schließen Sie die Statistik wieder durch Klick auf „OK“ unten rechts.

Der nächste Schritt wäre nun, diesen Auftrag bzw. die Auftragsbestätigung zunächst an Ihren Kunden zu schicken. Ebenso wie im Angebot können Sie wählen, ob Sie diesen Beleg „Drucken“ oder als „E-Mail“ direkt an Ihren Ansprechpartner verschicken.

Um zu „kennzeichnen“, dass die Bearbeitung dieses Auftrages fürs Erste abgeschlossen ist, setzen Sie den Status auf „Freigegeben“. Klicken Sie dazu im Menüband auf das Symbol „Freigeben“ oder drücken Sie alternativ die Tastenkombination STRG + F9.

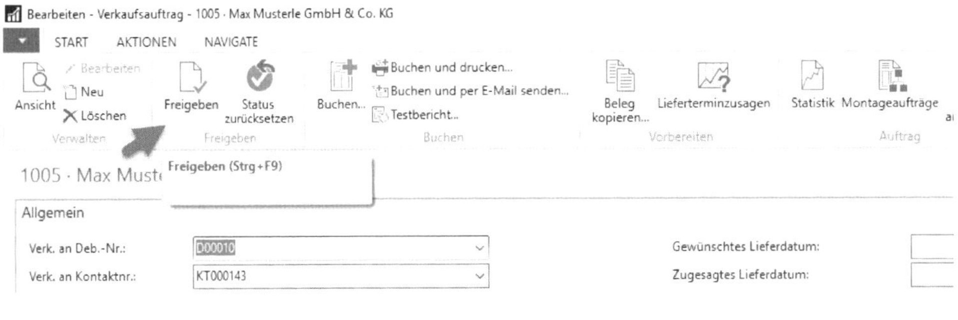

3.4.3.1.1 Die Sache mit dem „Status“

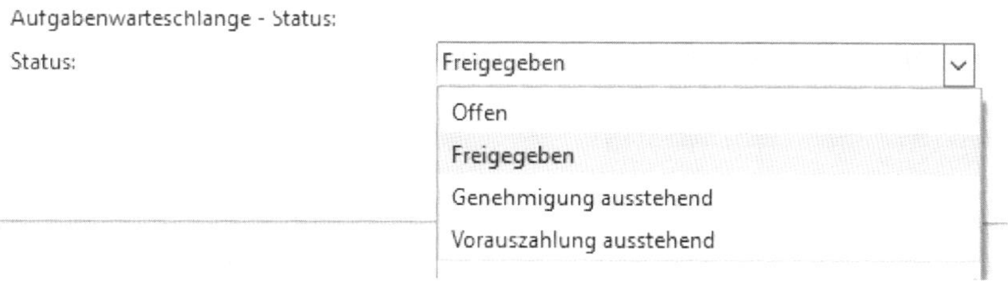

Es stehen insgesamt vier Status zur Verfügung, wie Sie anhand des oberen Bildschirmausschnittes sehen können.

Jeder Status hat für sich „Auswirkungen“ und zieht unter anderem weitere Prozesse nach sich – wie beispielsweise im Fall von „Genehmigung ausstehend“.

Da es vielen Endanwendern erfahrungsgemäß manchmal schwerfällt, sich „wann passiert was“, hier eine kleine Hilfestellung:

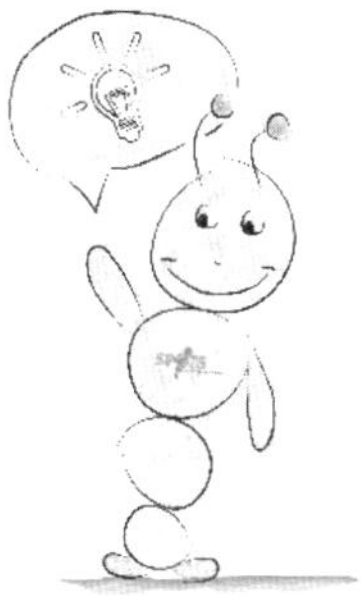

„***Offen***“:

Grundsätzlich ist im Standard-NAV jeder neue Beleg zunächst im Status „offen“. Das heißt, dieser Beleg ist noch in Bearbeitung und kann geändert werden.

Wurde ein Beleg bereits einmal „freigegeben“ und stellen Sie später fest, dass noch eine Änderung notwendig wäre, müssen Sie den Status zunächst auf „Offen“ zurücksetzen.

„***Freigeben***“:

Vereinfacht gesagt, ist die Bearbeitung des Beleges damit abgeschlossen – und dieser Auftrag (zum Beispiel) ist bereits an den Kunden geschickt worden.

Des Weiteren hat dieser Status die „Auswirkung“, dass im Fall eines logistikpflichtigen Lagerortes (z.B. „Warenausgang“), die Lagermitarbeiter **nur freigegebene** Belege abrufen können. Das bedeutet: kann ein Lagermitarbeiter den Auftrag nicht in den Warenausgangsbeleg holen, ist einer der möglichen Gründe der, dass der Status nicht „freigegeben“ wurde.

„Genehmigung ausstehend“:

Sofern Sie die Beleggenehmigung für Verkaufsaufträge „eingeschaltet“ haben, muss der Verkaufsbeleg zunächst zur Genehmigung an den Teamleiter geschickt werden – solange die Genehmigung nicht erfolgt ist, kann der Auftrag nicht auf „Freigegeben“ gesetzt werden.

„Vorauszahlung ausstehend“:

Dazu gleich mehr – dieser Status wird durch das System gesetzt, sobald eine Vorauszahlungsrechnung gebucht wurde. Solang diese Rechnung nicht bezahlt ist, kann keine Freigabe des Auftrages erfolgen!

Muss ein „freigegebener Beleg“ nochmals geöffnet werden, stellen Sie bitte sicher, dass das Lager rechtzeitig informiert wird!

Zurück zu unserem Auftrag von „Max Musterle GmbH & Co. KG“: in meinem Beispielfall ist es so, dass hier nicht genügend Bestand für die gewünschten Artikel zur Verfügung steht.

Im „echten Leben“ wäre es beispielsweise so, dass der verantwortliche Mitarbeiter im Einkauf entweder regelmäßig einen sogenannten Bestell- und/oder Planungsvorschlag ausführt. Diese Vorschläge prüfen die Artikelbestände entsprechend und berücksichtigen dabei – abhängig von diversen Kennzeichen – unter anderem das „Wiederbeschaffungs-verfahren“ (z.B. „Auftragsmenge“, „Feste Bestellmenge“, usw.), den vorhandenen Lagerbestand sowie die „Bedarfe“ (= gewünschte Mengen in Auftragszeilen sind ebenfalls „Bedarf“).

Oder aber der Einkäufer bestellt „manuell“ (auch das gibt es nach wie vor).

Eine weitere Alternative finden Sie aber ebenso direkt über den Verkaufsauftrag. Unabhängig davon ob es sich bei den gewünschten Artikeln um Einkaufs-, Montage- oder Fertigungsartikel handelt – in allen Fällen können Sie aus dem Verkaufsauftrag heraus einen entsprechenden „*Beschaffungsauftrag*“ anstoßen.

In meinem Fall handelt es sich bei den Artikeln um „Einkaufsartikel“. Über die sogenannte „Lieferterminzusage“, kann ich direkt über den Auftrag eine bzw. mehrere Bestellvorschlags-zeilen erstellen lassen, falls notwendig.

Daher ein Einblick in die Themen „Lieferterminzusagen“ und „Bestellung“

3.4.3.1.2 Lieferterminzusage & Bestellung

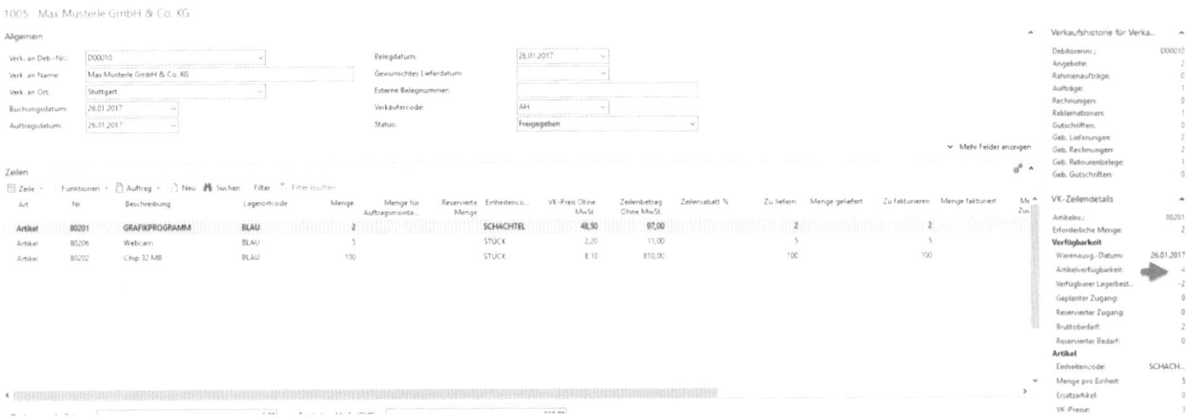

Ob von dem eingetragenen Artikel genügend Bestand vorhanden ist, sehen Sie „auf einen Blick“ in der Factbox „VK-Zeilendetails“. Hier zeigt das System in Kurzfassung an, welche Mengen noch verfügbar wären und was Sie als „Bedarf“ ausgelöst haben.

Um diese Anzeige zu ermöglichen filtert das System hier unter anderem auf die „Artikelnr.“, „Variante“, „Lagerort“ und „Menge“.

Diese Anzeige ist immer pro Zeile gedacht, dass bedeutet: möchten Sie wissen ob für den Artikel in der zweiten Zeile genügend Bestand vorrätig wäre, platzieren Sie Ihren Cursor per Mausklick in die entsprechende Zeile.

In meinem Fall ist es so, dass für alle vorhandenen Zeilen nicht ausreichend Bestand verfügbar ist.

Um Ihnen das Thema „Lieferterminzusage“ zu präsentieren, werden wir für die erste Zeile diese Funktion nutzen – für die anderen Artikel wechseln wir in den Bestellvorschlag direkt und lassen das System den gesamten Bedarf kalkulieren. Setzen Sie den Auftragsstatus zunächst wieder auf „offen“.

Platzieren Sie Ihren Cursor auf die erste Zeile. Klicken Sie im Register „Zeilen“ auf „Zeile“ – und dort auf „Lieferterminzusagen“:

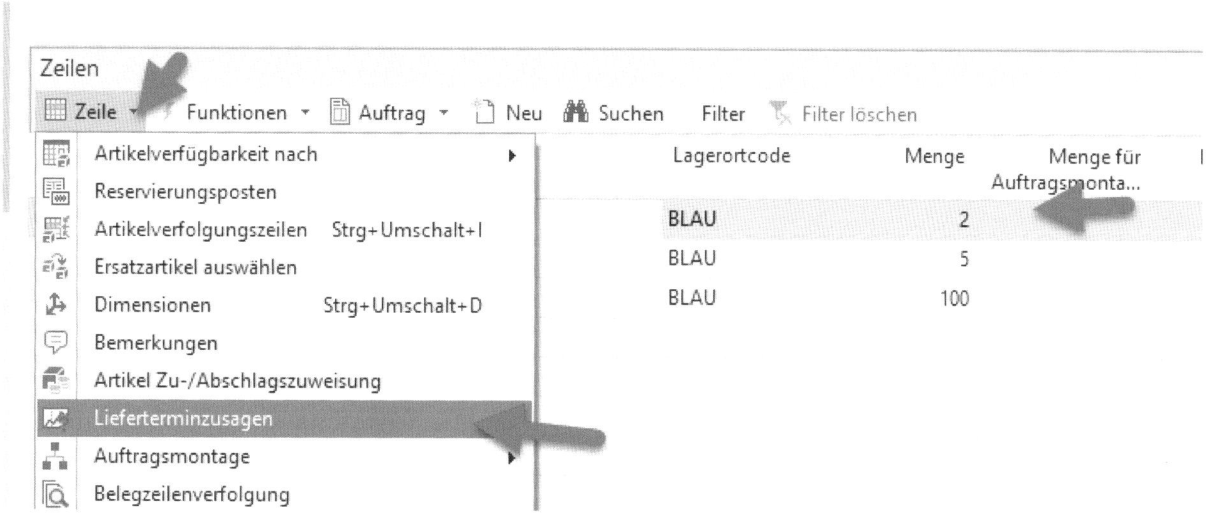

Es öffnet sich eine neue „Maske“:

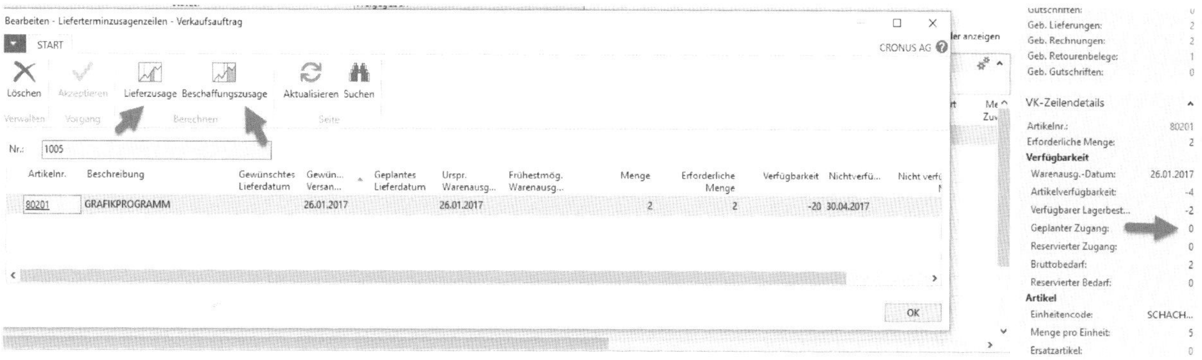

Ihnen stehen zwei mögliche Funktionen zur Verfügung „Lieferzusage“ und „Beschaffungszusage“.

Ein Blick in die VK-Zeilendetails verrät uns hier, dass im Feld „Geplanter Zugang“ zurzeit „0“ steht.

Das bedeutet: gäbe es schon eine Bestellung für diesen Artikel, wäre das anhand des Feldes „Geplanter Zugang“ sichtbar – und in einem solchen Fall könnten Sie und ich die Funktion „***Lieferzusage***“ nutzen.

In dem Fall würde das System uns anhand der vorhandenen Datumsfelder in der Bestellung anzeigen, bis wann ich bzw. Sie, die Ware ausliefern könnten.

ABER: da eben keine Bestellung oder ein sonstiger Beschaffungsauftrag ansteht, fällt die „Lieferzusage“ weg.

In diesem Fall nutzen wir die „***Beschaffungszusage***“. Eine Funktion, die in diesem Fall einen Eintrag in eine Bestellvorschlagszeile vornimmt und automatisch eine *Artikel-reservierung* nach sich zieht. Das heißt in diesem Fall: sobald die Bestellvorschlagszeile über diese Funktion erzeugt wurde, setzt das System **automatisch** die Reservierung zwischen beiden Belegzeilen. Und diese Reservierung „**wandert**“ von Beleg zu Beleg mit – bis in die Artikelposten. Erst wenn dann die Verkaufslieferung tatsächlich gebucht wird, löst sich die Artikelreservierung wieder auf.

Sobald die Kalkulation durchgeführt wurde, zeigt Ihnen das System an, wann der „Frühest-mögliche Warenausgangstermin“ wäre.

Um diese Planung zu bestätigen klicken Sie bitte auf das Symbol „Akzeptieren“. Das System erstellt jetzt im Hintergrund den Eintrag in den Bestellvorschlag – und setzt (wie bereits er-wähnt) die Reservierung.

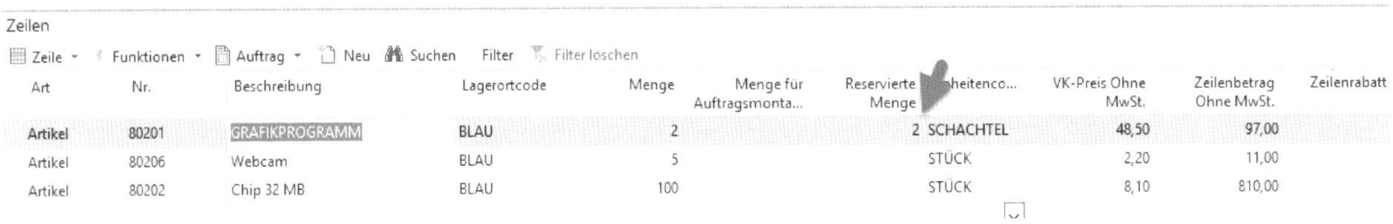

Das es für diese Zeile jetzt eine Artikelreservierung gibt, sehen Sie sowohl in der Zeile selbst (Feld „Reservierte Menge“) wie in den VK-Zeilendetails.

Durch Klick auf die angezeigte Menge in diesem Feld, gelangen Sie direkt in die „Reser-vierungsposten“ – eine Tabelle, die genau dokumentiert, welche Reservierung gesetzt wurde.

Ansicht der Reservierungsposten:

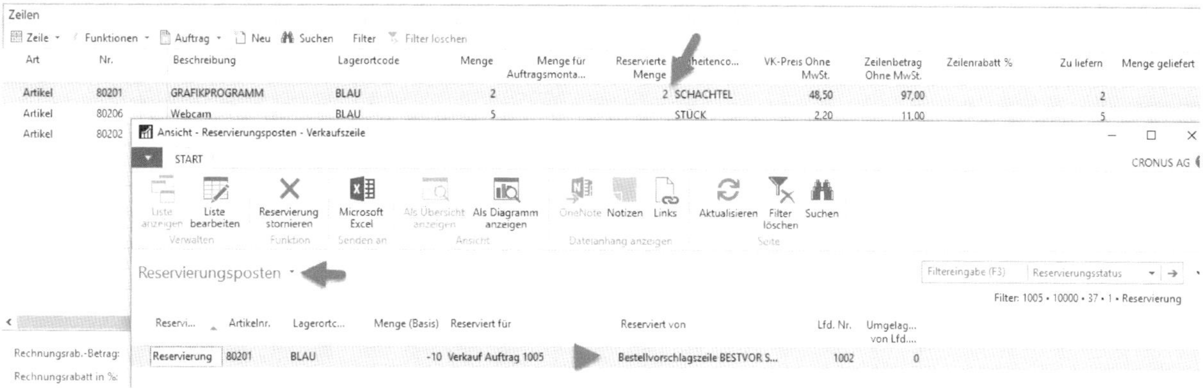

Sofern diese Funktion – Lieferterminzusage – genutzt wird und Ihr verantwortlicher Mitarbeiter im Einkauf darüber Bescheid weiß, wird er oder sie die Bestellung für diese Fälle über den Bestellvorschlag entsprechend „auslösen“.

Schließen Sie bitte diesen Verkaufsauftrag zunächst und wechseln Sie in den „Einkauf“ (wir tauschen einmal kurz die „Rollen“ vom Verkauf zum Einkauf ☺).

Klicken Sie im Einkaufsmenü auf „Planung“ und dort – unterhalbe von „Aufgaben“ - auf den Punkt „Bestellvorschläge“. Dort sollten Sie jetzt Ihren Eintrag wiederfinden.

Die anderen Artikel – in meinem Fall Artikel 80202 und 80206 erfasse ich hier ausnahmsweise manuell dazu.

Sollten Sie ebenfalls die anderen im Bestellvorschlag erfassen wollen, achten Sie bitte auf jeden Fall darauf, dass im Feld „Ereignismeldung“ = NEU steht um Feld „Ereignismeldung akzeptieren“ das Häkchen gesetzt wurde.

Scrollen Sie ein Stück nach rechts – achten Sie auf die Felder „Kreditorennr.“ und „Beschaffungsmethode“.

Da wir „einkaufen“ wollen, muss die Beschaffungsmethode „Einkauf“ sein. Im Feld „Kreditorennr.“ muss unbedingt eine Nummer hinterlegt sein – nehmen Sie bitte „50000“.

Hinweis:

In der Praxis wird im Normalfall weder im Bestell- noch im Planungsvorschlag eine Zeile manuell eingetragen (außer in Ausnahmefällen). Das bedeutet: das System kalkuliert die notwendigen Bestellmengen selbst – vorausgesetzt die Artikel sind „sauber“ gepflegt und das System findet die notwendigen Parameter um die Kalkulation durchführen zu können!

Um die Bestellung zu erstellen, klicken Sie bitte auf das Symbol „Ereignismeldung durchführen“.

Es kommt ein kleines Dialogfenster „hoch“ – klicken Sie hier auf „OK“. Sobald die Bestellungen erstellt wurden, ist der Bestellvorschlag „leer“. Schließen Sie dieses „Fenster“ durch Klick auf „OK“ (oder drücken der ESC-Taste).

Zurück im Menü „Planung“ klicken Sie als nächstes auf den Punkt „Bestellungen“ – in der Bestellübersicht suchen Sie bitte nun nach der Bestellung für Kreditor „50000“. Im „CRONUS“ gibt es im Normalfall ein paar Bestellungen für diesen Lieferanten.

Öffnen Sie die letzte Bestellung für diesen Lieferanten (die Bestellnummer müsste eventuell mit 1060… anfangen).

Ansicht „meiner“ Bestellzeilen:

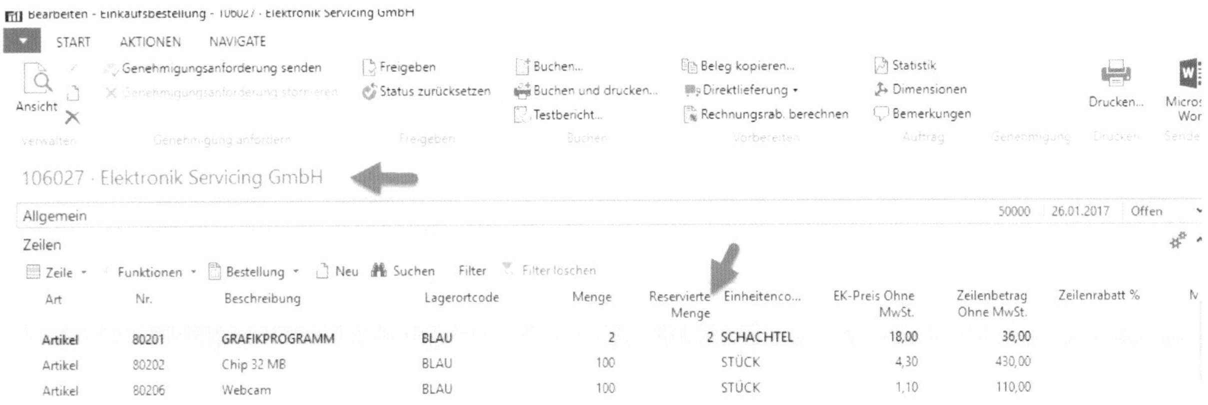

Gut zu erkennen: die „Reservierung“ ist mit“gekommen“.

Um den Bestand zu zubuchen, klicken Sie bitte auf das Symbol „Buchen“ – im Dialogfenster, dass Sie jetzt sehen werden, wählen Sie bitte die Option „Liefern“ und klicken Sie auf „OK“.

Sobald Sie die Einkaufslieferung gebucht haben, schließen Sie die Bestellung und kehren in die „Auftragsabwicklung“ zurück.

Bestand sollte jetzt für beide Aufträge genügend zur Verfügung stehen...

Zurück in der Auftragsabwicklung...

Öffnen Sie nun den Auftrag für die „CompHelp AG“. Ihr Ansprechpartner dort – Herr Wiener – hat Sie gerade darüber informiert, dass er die Menge des bestellten Artikels gern reduzieren möchten. Statt der ursprünglichen „20“ Stück möchte er nur noch 15.

Ändern Sie die Menge in der Auftragszeile entsprechend ab.

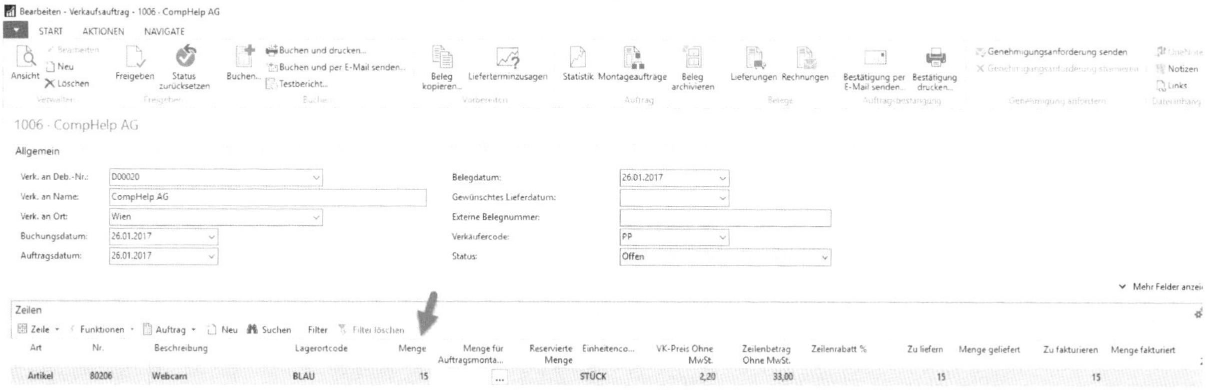

Ihr Vertriebsleiter hat verfügt, dass bei neuen ausländischen Kunden bei dem ersten Auftrag eine Vorauszahlung erforderlich ist. Und zwar in Höhe von 50% des Auftragswertes. Öffnen Sie daher in dem Auftrag das Register „Vorauszahlung“ und hinterlegen Sie hier „**50**“ im Feld *„Vorauszahlung %“*.

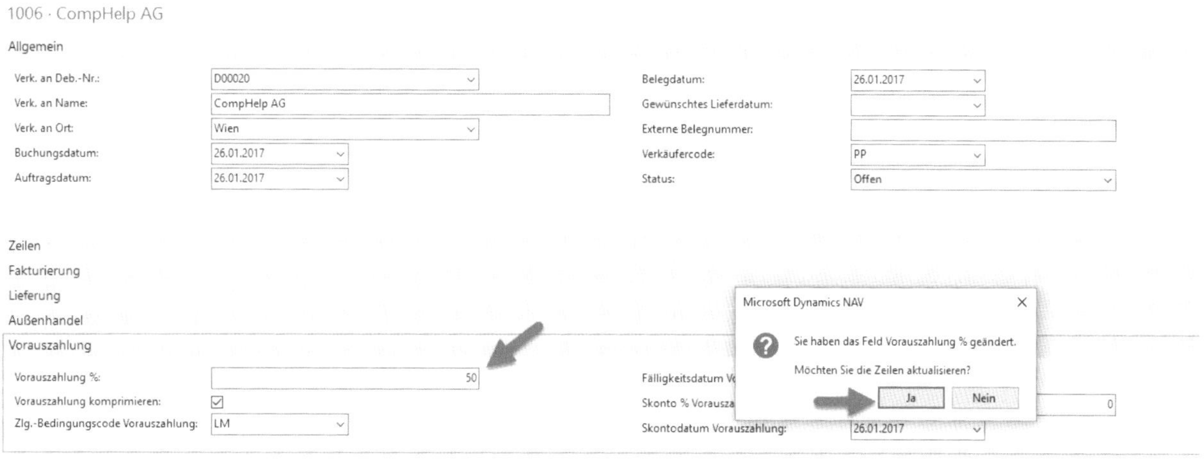

Sobald Sie den Wert eingetragen haben und das Feld „verlassen“, erhalten Sie die oben gezeigte „Abfragemeldung“ – bestätigen Sie diese Meldung durch Klick auf „JA“.

> **Hinweis**:
>
> Sie können übrigens auch pro Zeile eine Vorauszahlung in „%“ einfügen – blenden Sie sich dazu die entsprechende Spalte „Vorauszahlung %“ im Zeilenbereich ein.

Wenn Sie jetzt versuchen diesen Beleg „frei zu geben“, erhalten Sie folgende Abbruchmeldung:

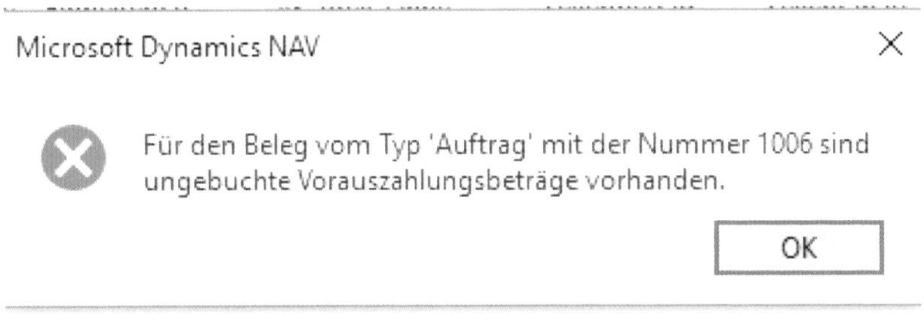

Da Sie bei diesem speziellen Auftrag mit einer Vorauszahlung arbeiten, können Sie erst dann eine „Freigabe“ erteilen, wenn die Vorauszahlungsrechnung gebucht UND bezahlt ist.

Bestätigen Sie die oben gezeigte Meldung durch Klick auf „OK“.

> **Gut zu wissen**:
>
> Wenn Sie mit der Vorauszahlung arbeiten wollen, achten Sie bitte in der „Debitor & Verkauf Einr.“ darauf, dass Sie das Häkchen im Feld „Vorauszahlung beim Buchen“ gesetzt haben – denn nur dann wird das Buchen der Lieferung **verhindert** solange die Vorauszahlungsrechnung noch **nicht bezahlt** wurde!

Schließen Sie diesen Auftrag zunächst – wir kommen bei den nächsten Kapiteln gleich wieder auf diesen Fall zurück.

3.4.4 Die Verkaufslieferung und –rechnung

Da wir für den inländischen Debitor „Max Musterle GmbH & Co. KG“ keine Vorauszahlung benötigen, können wir in diesem Fall die Lieferung und Fakturierung jetzt durchführen.

Wechseln Sie in die „Auftragsabwicklung“ und suchen Sie zunächst den Auftrag von „Max Musterle GmbH & Co. KG“.

Sobald Sie diesen Auftrag gefunden haben, öffnen Sie diesen durch einen „Doppelklick“.

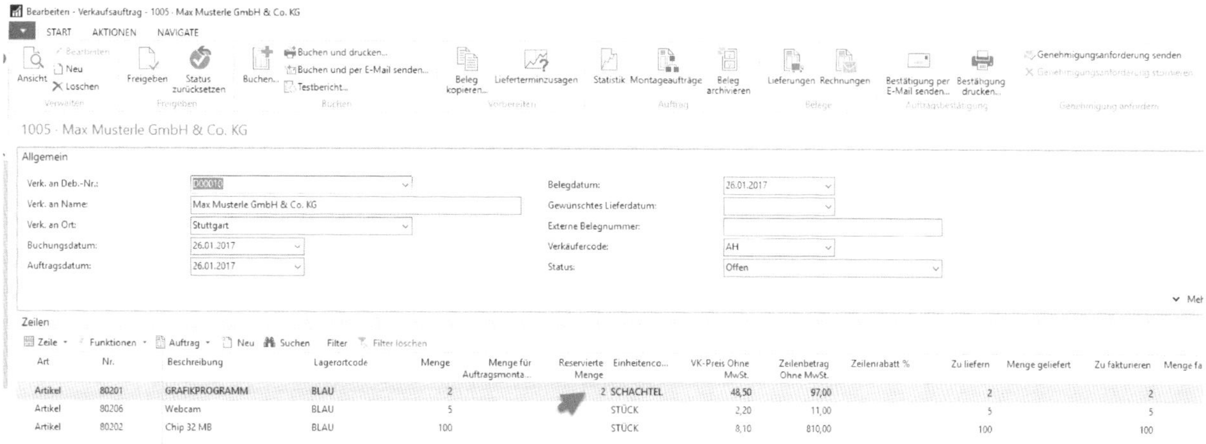

Wie Sie sehen können, ist die Artikelreservierung nach wie vor gesetzt. In diesem Fall ist die Reservierung jetzt in die „Artikelposten“ mit „gewandert“ – wenn Sie auf den Hyperlink klicken (einfach in das Feld „Reservierte Menge“ klicken) – verlinkt Sie das System nochmals in die Ansicht der Reservierungsposten:

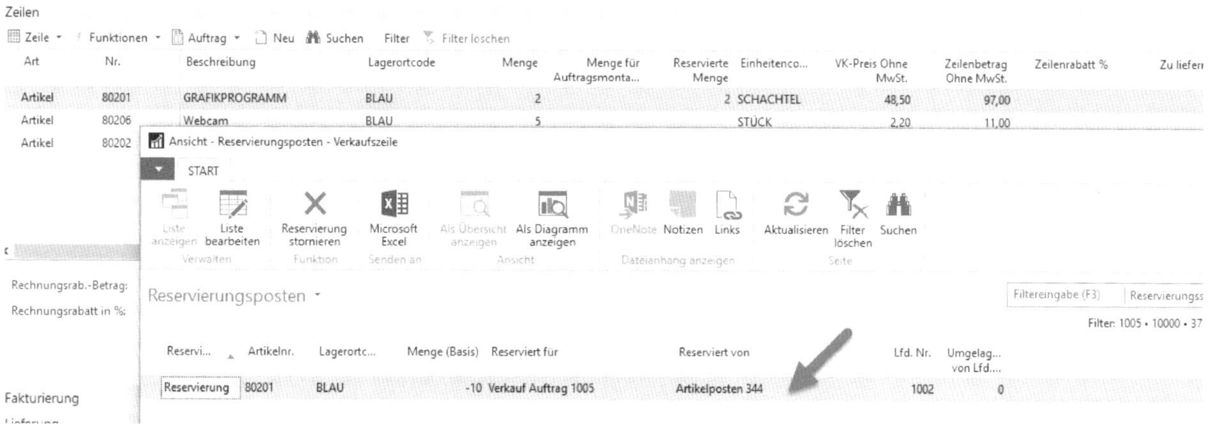

Der Aufruf dieser Ansicht ist alternativ ebenso unter dem Menüpunkt „Zeile“ im Register „Zeilen“ zu finden.

Schließen Sie die Reservierungsposten bitte wieder.

Da der Lagerort „BLAU“ keinerlei Einstellungen im Bereich der Logistik hat (z.B. ein Häkchen im Feld „Warenausgang“), kann die Lieferung direkt aus dem Auftrag heraus gebucht werden.

Klicken Sie im Menüband auf das Symbol „Buchen“ (in der Praxis wäre das eher „Buchen & Drucken“ oder „Buchen und per E-Mail senden“) und achten Sie darauf, dass die Auswahl auf „Liefern“ gesetzt wurde.

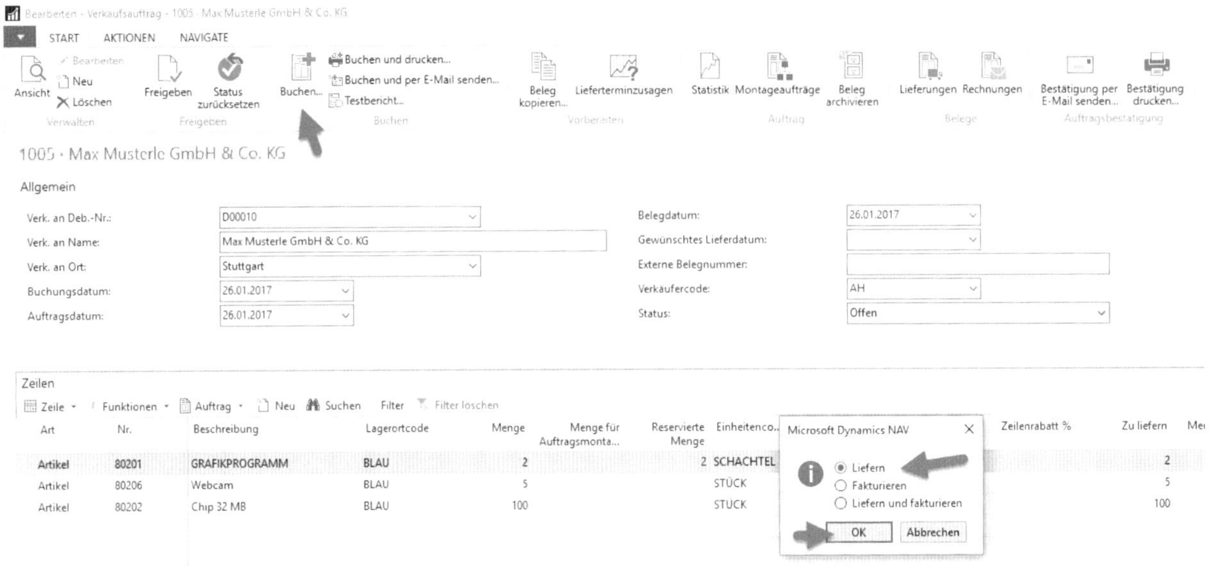

Klicken Sie auf „OK“ – und die Buchungsroutine durchläuft jetzt mehrere „Abläufe“:

- Die Ware wird bestands- und wertmäßig vom Lager „Blau“ abgebucht (=Bestandsminderung im Lager)
  - *Artikel- und Wertposten (erwarteter Einstandsbetrag) werden „geschrieben“*
- Die Artikelreservierung wird „aufgehoben“
- Die Auftragszeilen werden aktualisiert – „Zu liefern“ wird auf „0“* gesetzt – „bereits gelieferte Menge“ wird gefüllt
- Das Feld „Restauftragsmenge“ in den Zeilen wird aktualisiert (ist nicht eingeblendet)
- Es wird ein gebuchter Verkaufslieferschein erstellt (und gedruckt, sofern die Option „Buchen und Drucken“ verwendet wurde)
  - *Alternativ kann eben auch die Variante „Buchen und per E-Mail senden“ gewählt werden – in diesem Fall erscheint dann das Dialogfenster betreffs des E-Mails. Hier könnten Sie noch Ändern an der E-Mail-Adresse vornehmen und einen kurzen Text in der „Meldung“ hinterlegen. In diesem Fall wird der gebuchte Verkaufslieferschein als „PDF“-Datei an die Mail angehängt.*

**In diesem Fall haben wir in jeder Zeile die komplette Menge geliefert – im Fall von Teillieferungen würde das System (abhängig von der Vorgabe in der „Debitor & Verkauf Einr.“ – Feld „Restmenge“) das Feld „zu liefern“ entsprechend mit der Restmenge kalkulieren.*

Ansicht des gebuchten Verkaufsauftrages:

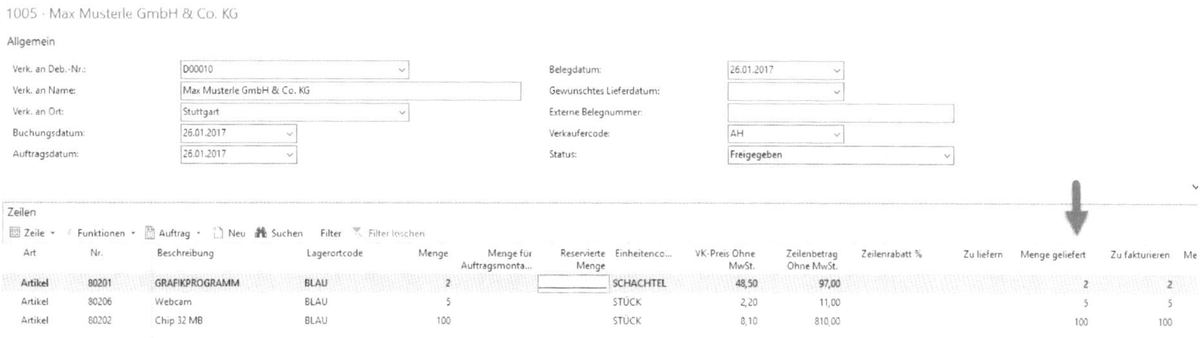

Wenn Sie den gerade erzeugten gebuchten Verkaufslieferschein aufrufen wollen, stehen Ihnen mehrere Wege zur Verfügung:

- Über die „Belegzeilenverfolgung“ – platzieren Sie Ihren Cursor auf die betreffende Zeile – klicken Sie im Register „Zeilen“ auf „Zeile“ – „Belegzeilenverfolgung“
  - *Empfehlenswert immer dann, wenn Sie Aufträge aufgrund von Teillieferungen mehrfach „liefern“ und zu bestimmten Zeilen die Lieferscheine suchen.*

- Im Menüband des Auftrages – Reiter START – Klick auf das Symbol „Lieferungen“

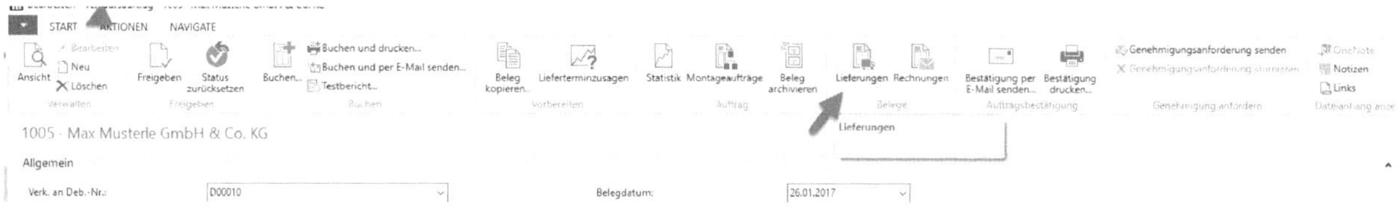

- Oder Sie öffnen den Punkt „Archivieren“ im „Verkaufsmenü“ – „Gebuchte Verkaufslieferungen“ und suchen sich den gebuchten Verkaufslieferschein über die Übersicht.

Damit wir uns den gebuchten Lieferschein einmal ansehen können, klicken Sie bitte im Reiter START auf das Symbol „Lieferungen“. Sie gelangen zunächst in eine gefilterte Übersicht der gebuchten Verkaufslieferscheine:

Klicken Sie auf das Symbol „Ansicht“ um sich den gebuchten Beleg anzeigen zu lassen.

In einem gebuchten Verkaufslieferschein sind alle Felder auf „nicht editierbar“ gesetzt (= nicht beschreibbar) – AUSSER im Register „Lieferung“ die Felder „Zustellercode“, „Zustellertransportartencode“ und „Paketverfolgungsnummer“.

Ansicht des gebuchten Verkaufslieferscheins:

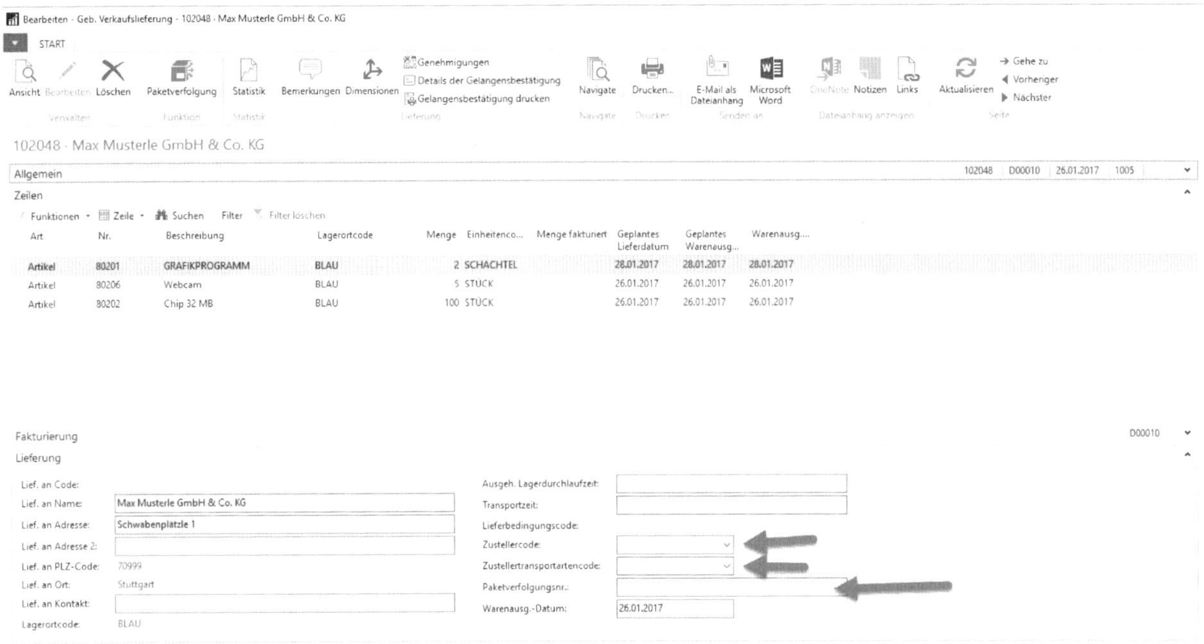

Sobald Sie die Felder gefüllt und eine Paketverfolgungsnummer hinterlegt haben und unter der Voraussetzung, dass hinter dem Zustellercode eine funktionierende Webadresse betreffs der Sendungsverfolgung existiert, können Sie durch Klick auf das Symbol „Paketverfolgung" sofort sehen, wo sich die Ware zurzeit aufhält:

Die Revisionssicherheit bleibt gewahrt, da nur die drei gerade genannten Felder auch nach dem Buchen noch geändert werden können.

Wie bereits angedeutet: es gibt unterschiedliche Arten der Verkaufslieferung. Abhängig von den Einstellungen im Lagerort und den organisatorischen Abläufen in Ihrem Lager, stellt Ihnen NAV mehrere Varianten zur Verfügung. So gibt es beispielsweise „Lagerbelege" (vergleichbar mit den früher bekannten „Packzettel" bzw. „Pickzettel"), Warenein- und –ausgänge sowie die „Dynamik" (auch „chaotische Lagerhaltung" genannt).

Diese unterschiedlichen Möglichkeiten werden in dem Workshop „Lager & Logistik mit Microsoft Dynamics™ NAV2016" erklärt.

Um diesen Auftrag an „Max Musterle" abzuschließen, schließen Sie bitte zunächst die Ansicht des gebuchten Lieferscheins und kehren Sie zurück zu dem Auftrag.

Um die Verkaufsrechnung zu buchen, klicken Sie bitte erneut auf das Symbol „Buchen" (im „echten Leben" wäre es wieder „Buchen & Drucken", bzw. „Buchen und per E-Mail senden") – wählen Sie dieses Mal die Option „Fakturieren".

Bei diesem erneuten Buchungsvorgang – dem „Fakturieren" – passiert im Hintergrund folgendes:

- ☞ Die betreffende(n) Verkaufszeile(n) werden auf „Fakturiert" gesetzt => das bedeutet: das Feld „Zu fakturieren" wird geleert und die berechnete Menge wird in das Feld „Menge fakturiert" umgesetzt
    - o *Die Artikel- und Wertposten werden geschrieben – Feld „Fakturierte Menge" und „tats. Einstandsbetrag" werden gesetzt*

- ☞ Der Auftrag wird nach Abschluss der Buchungsroutine in das „Archiv" geschoben bzw. „gelöscht" (abhängig von der Vorgabe in der „Debitoren & Verkauf Einr." Register „Archivierung").

- ☞ Eine gebuchte Verkaufsrechnung wird erstellt – im Fall von Buchen & Drucken wird dieser Beleg entsprechend gedruckt. Im Fall von „Buchen & per E-Mail senden" öffnet das System zunächst wieder das Assistenten-Fenster, in der Sie die Mailadresse noch einmal prüfen bzw. ändern und eine Textmeldung hinterlegen können, die Rechnung selbst wird als „PDF"-Datei hinterlegt.

- ☞ Es wird ein offener Debitorenposten erstellt (sofern in dem gewählten Zahlungsformcode kein Gegenkonto eingetragen wurde)

- ☞ Die ermittelte Umsatzsteuer (MwSt.) wird gebucht

- ☞ Die Sachkonten werden im Hintergrund gebucht (z.B. das Forderungskonto)

3.4.4.1 Die Buchungsvorschau

Neu mit NAV2016 ist unter anderem die ***Buchungsvorschau***. Das ideale „Werkzeug" für alle, die ***vor einer Buchung*** prüfen wollen ob die korrekten Sachkonten hinterlegt wurden. Gerade am Anfang – das heißt: wenn Sie mit NAV neu starten (sei es nach einer Umstellung von einer alten auf eine neue NAV-Version oder bei einem kompletten Neu-Start), sind viele in Bezug auf die Buchungsgruppen und den dort hinterlegten Sachkonten noch unsicher.

Vergessen wir bitte nicht: NAV ist ein FiBu-integriertes ERP-System. Jede Buchung hat zur Folge, dass die so ermittelten Werte direkt bzw. indirekt in die Buchhaltung geschrieben werden.

Wenn Sie vor einer Buchung prüfen möchten, welche Konten das System jetzt beschreiben würde, können Sie in dem jeweiligen Beleg im Menüband auf den Reiter „AKTIONEN" wechseln.

Dort finden Sie im Block „Buchung" das Symbol „Buchungsvorschau":

Sobald die Buchungsvorschau durchgeführt wurde, erhalten Sie ein besonderes „NAVIGATE"-Fenster:

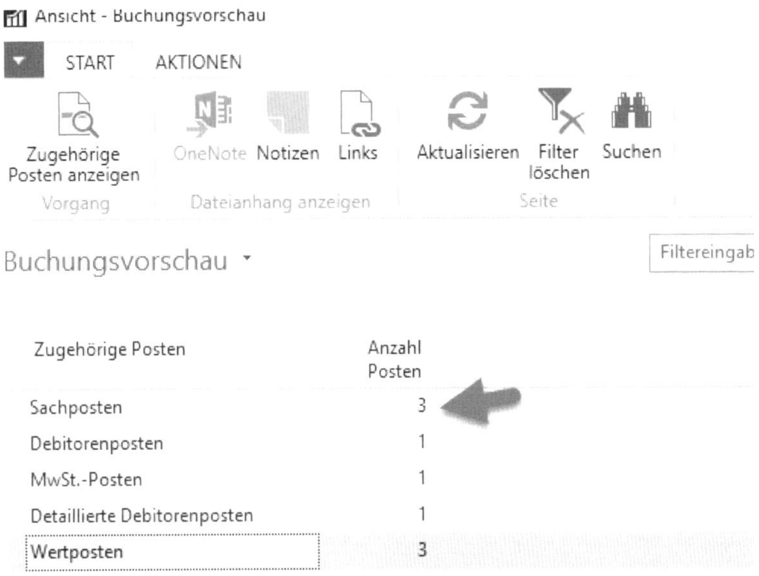

Wenn Sie jetzt zum Beispiel im Bereich der „Sachposten" auf die dort gezeigte Zahl klicken (ist wieder ein Hyperlink), erhalten Sie einen Überblick über die Sachposten, die das System erzeugen ***würde***, wenn diese Buchung „echt" wäre.

Beispiel Ansicht der Sachpostenvorschau:

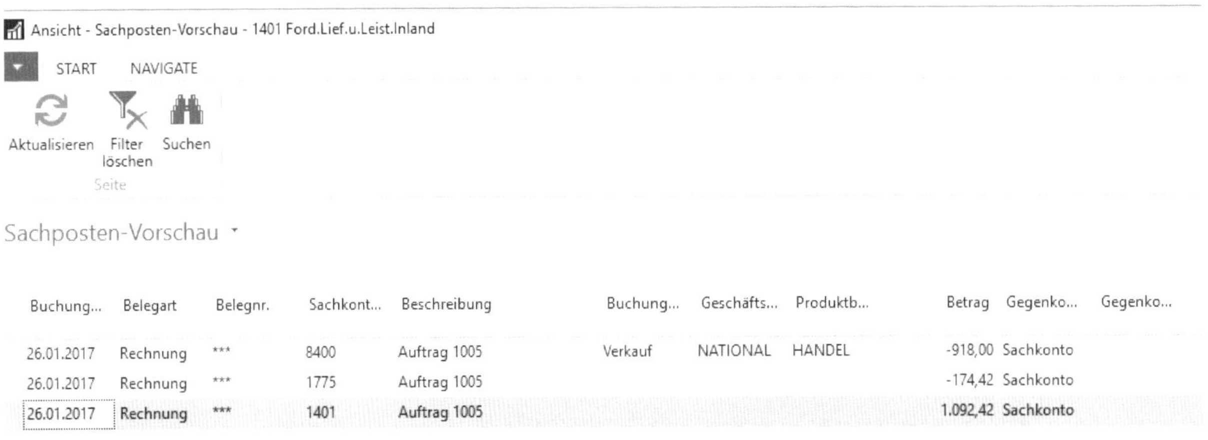

Buchung...	Belegart	Belegnr.	Sachkont...	Beschreibung	Buchung...	Geschäfts...	Produktb...	Betrag	Gegenko...	Gegenko...
26.01.2017	Rechnung	***	8400	Auftrag 1005	Verkauf	NATIONAL	HANDEL	-918,00	Sachkonto	
26.01.2017	Rechnung	***	1775	Auftrag 1005				-174,42	Sachkonto	
26.01.2017	Rechnung	***	1401	Auftrag 1005				1.092,42	Sachkonto	

Die Belegnr. wird in einem solchen Fall als „Sternchen" dargestellt, da das System in diesem Fall keinen „echten" Beleg erstellt.

Auf die Art und Weise können Sie also vorher „eingreifen", wenn Sie jetzt feststellen würden das die Konten falsch wären.

In einem solchen Fall würden Sie – nach Schließen der Buchungsvorschau – gegebenenfalls die hinterlegten Sachkonten in den Buchungsgruppen prüfen. Was zur Folge haben könnte, dass Sie die Vorgaben in den Stammdaten z.B. des Debitors oder der Artikelkarte ändern müssten.

Das könnte wiederum zur Folge haben, dass Sie den Beleg zunächst löschen und neu erstellen müssten, DENN: wenn Sie nachträglich eine Änderung an einem Stammdatensatz vornehmen, schlägt sich das ***NICHT*** in die bereits bestehenden Belege nieder!

Die „Buchungsvorschau" gibt es ebenso im Einkaufsbereich.

3.4.5 Die Verkaufslieferung und –rechnung unter Berücksichtigung einer Vorauszahlung

Der Auftrag von „CompHelp AG" beinhaltet die Vorauszahlung von 50%. Bevor diese Vorauszahlungsrechnung nicht gebucht wurde (heißt die Vorauszahlungsrechnung nicht erstellt) und auch die Zahlung des Kunden noch nicht eingegangen ist, kann die Ware nicht ausgeliefert werden (vorausgesetzt, das Häkchen in der „Debitoren & Verkauf Einr." *Vorauszahlung beim Buchen prüfen* ist gesetzt!)

Kleine „Vorwarnung": für diesen Ablauf „springen" wir jetzt zwischen verschiedenen Menüs und Bereichen hin und her – und ich entschuldige mich bereits jetzt für eine mögliche Verwirrung Ihrerseits. Im „echten" Leben ist dieser Ablauf sicher auf mehrere Kollegen aufgeteilt – so ist hier normalerweise neben dem Sachbearbeiter der Auftragsabwicklung sicher auch der Kollege/die Kollegin aus der Finanzbuchhaltung involviert.

Öffnen Sie zunächst den Auftrag der „CompHelp AG". Klicken Sie im Menüband – Reiter AKTIONEN auf das Symbol für „Vorauszahlung":

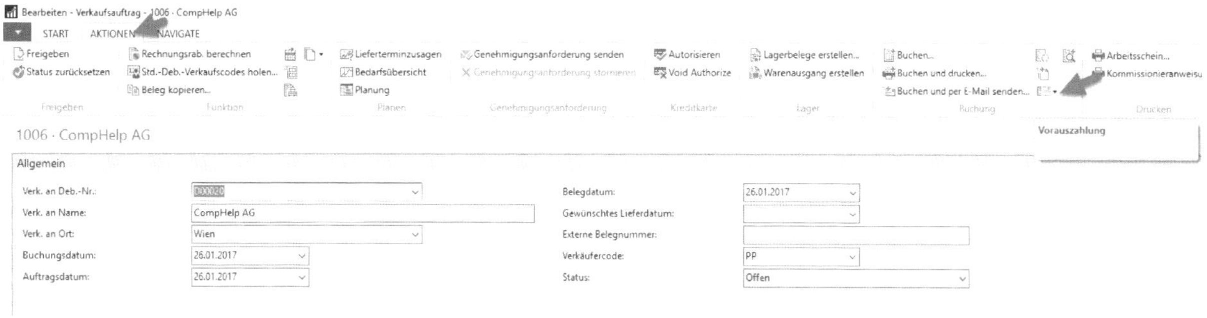

Wählen Sie die Option „**Vorauszahlungsrechnung buchen**":

Es erscheint folgende Abfrage:

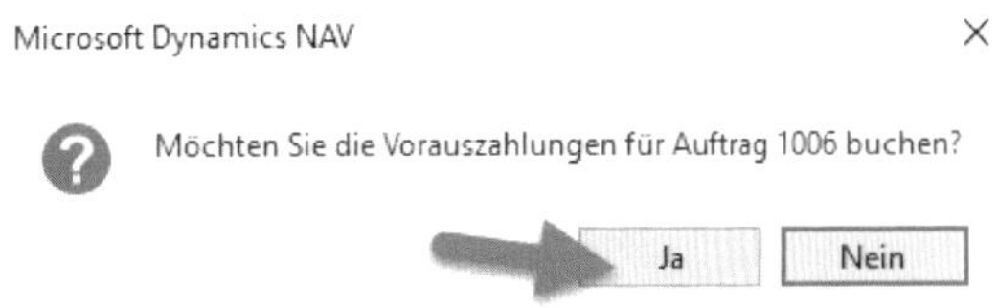

Bestätigen Sie diese durch Klick auf „JA“.

Fehlendes Sachkonto – was nun?

Sollten Sie bei dem Versuch diese Vorauszahlungsrechnung zu buchen, folgende Meldung erhalten:

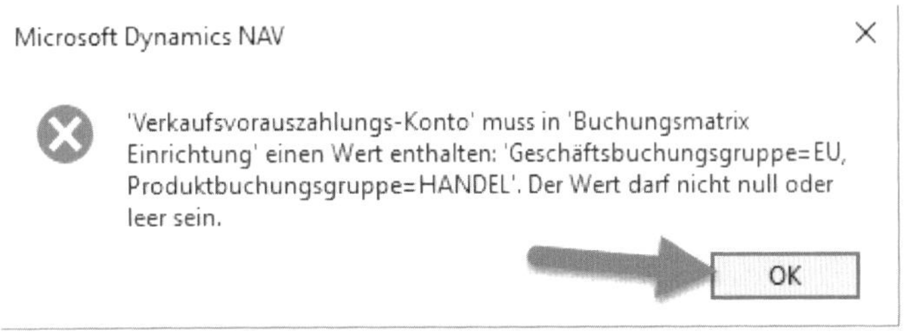

Bestätigen Sie diese Meldung durch Klick auf „OK“.

Schließen Sie den Auftrag und klicken Sie links im Navigationsbereich auf „Finanzmanagement“.

Klicken Sie auf „Finanzbuchhaltung“ und dort auf „Kontenplan“. Um diesen Vorgang fertig zu stellen, benötigen wir zunächst ein neues „Sachkonto“ – klicken Sie auf „NEU“ und hinterlegen Sie im Feld „Nr.“ *1712.*

So sollte das neue Sachkonto aussehen:

Sobald Sie das Sachkonto erstellt haben, schließen Sie diese Karte durch Klick auf „OK“.

Um die Übersichtlichkeit im Kontenplan zu gewährleisten, klicken Sie nun auf das Symbol „Einrückung des Kontenplans“ und bestätigen Sie die Abfrage durch Klick auf „JA“.

Wählen Sie „Verwaltung“ und scrollen Sie solange nach unten bis Sie den Punkt „Buchungsgruppen“ sehen. Die Ursache für die oben gezeigte Meldung ist ein fehlendes Sachkonto, dass das System für die Vorauszahlung nutzen muss. Dieses Sachkonto müssen wir im CRONUS nachpflegen.

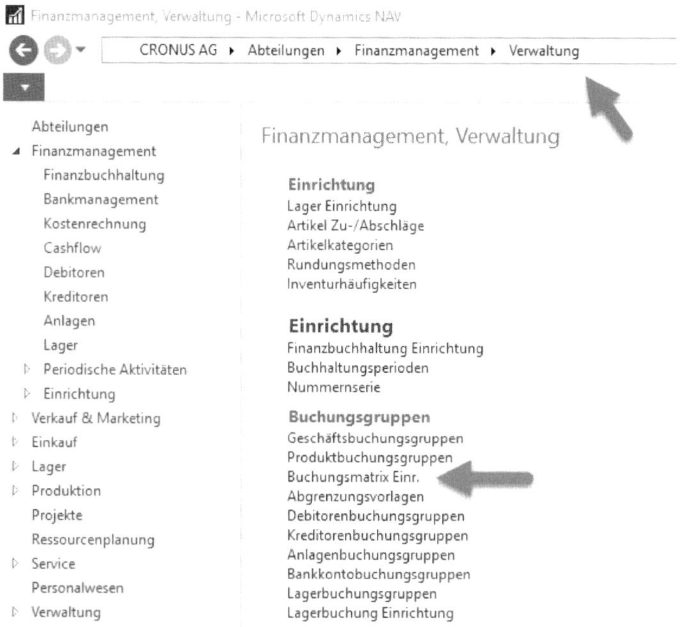

Klicken Sie auf „Buchungsmatrix Einr.“ – suchen Sie dort die Kombination *Geschäftsbuchungsgruppe* = EU und *Produktbuchungsgruppe* = Handel.

Blenden Sie sich ggf. die Spalte „Verkaufs-Vorauszahlungskonto“ ein.

Platzieren Sie Ihren Cursor auf diese Zeile.

Ansicht der Buchungsmatrix Einrichtung:

Buchungsmatrix Einrichtung

Geschäftsbuc...	Produktbu...	Warenver...	Verkaufsvorauszahlungs...	Verk.-Gut...	Verk.-Zeil...	Verk.-Rec...	Verk.-Sko... Sollkonto	Verk.-Sko... Habenko...	Verk.-Zah... Sollkonto	Verk.-Zah... Habenko...	Warenein...	Eink.-
	HANDEL											
	OHNE MWST											
	PRODUKTION	8400		8400	8791	8791					3400	3400
	ROHMAT											
	SERVICES											
	SONST											
EU	HANDEL	8315		8315	8791	8791	8733	8733	8733	8733	3425	3425
EU	OHNE MWST	8315		8315	8791	8791	8733	8733	8733	8733	3425	3425
EU	PRODUKTION	8315		8315	8791	8791					3425	3425
EU	ROHMAT	8315		8315	8791	8791	8733	8733	8733	8733	3425	3425
EU	SERVICES	8315		8315	8791	8791	8733	8733	8733	8733	3425	3425
EU	SONST	8315		8315	8791	8791	8733	8733	8733	8733	3425	3425
EXPORT	HANDEL	8120		8120	8791	8791	8733	8733	8733	8733	3559	3559
EXPORT	OHNE MWST	8120		8120	8791	8791	8733	8733	8733	8733	3559	3559
EXPORT	PRODUKTION	8120		8120	8791	8791					3559	3559
EXPORT	ROHMAT	8120		8120	8791	8791	8733	8733	8733	8733	3559	3559
EXPORT	SERVICES	8120		8120	8791	8791	8733	8733	8733	8733	3559	3559
EXPORT	SONST	8120		8120	8791	8791	8733	8733	8733	8733	3559	3559

Wie Sie hier sehen können, gibt es derzeit keinerlei Einträge für ein „Verkaufs-Vorauszahlungskonto“ in dieser Buchungsmatrix. Bitte fügen Sie das Konto „1712“ (ausnahmsweise) zu jeder Zeile mit der Geschäftsbuchungsgruppe „EU“ zu.

Klicken Sie dazu in die betreffende Zeile und danach auf „Bearbeiten“ im Menüband.

So sollte es nachher aussehen....

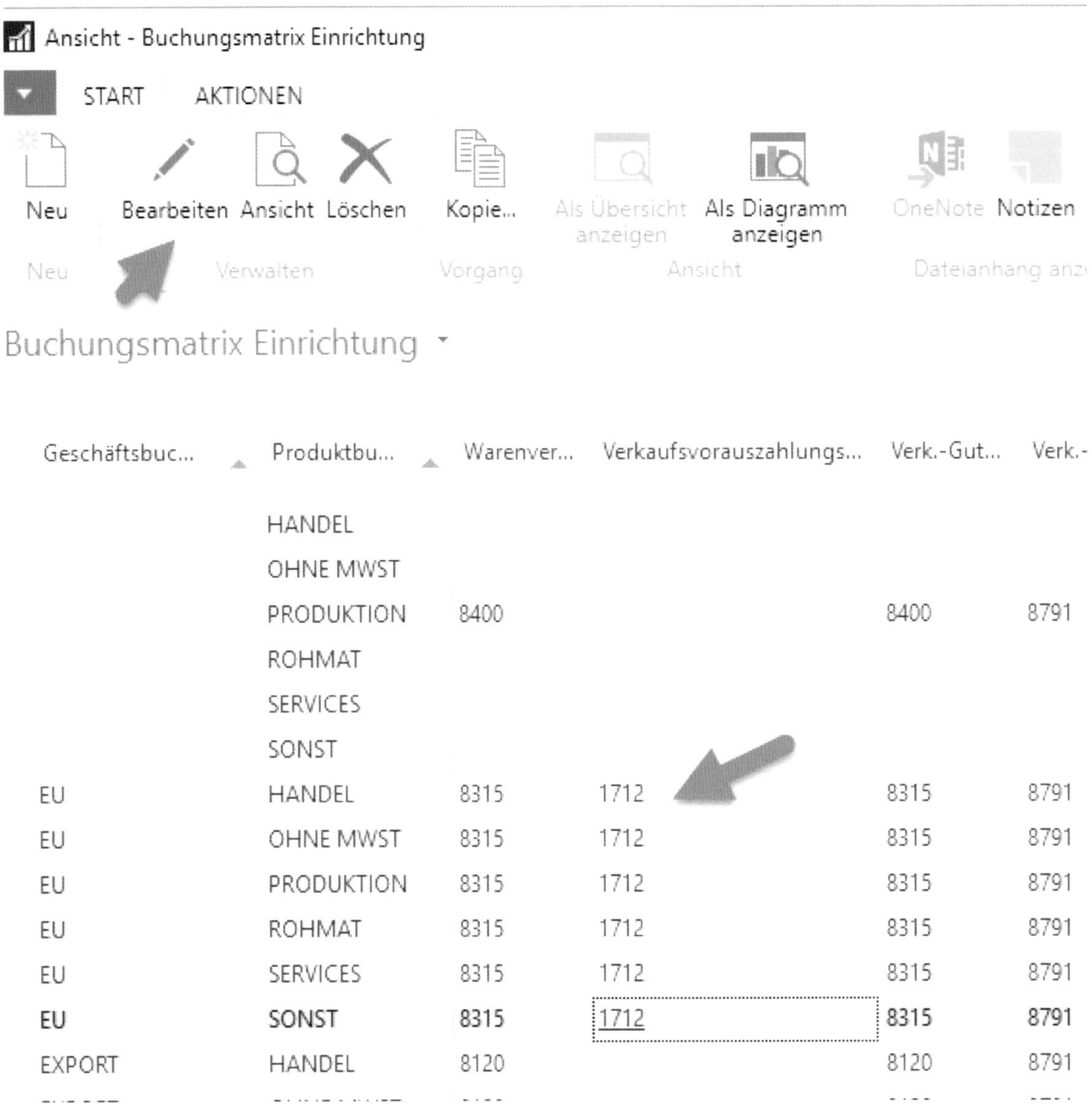

Geschäftsbuc...	Produktbu...	Warenver...	Verkaufsvorauszahlungs...	Verk.-Gut...	Verk.-
	HANDEL				
	OHNE MWST				
	PRODUKTION	8400		8400	8791
	ROHMAT				
	SERVICES				
	SONST				
EU	HANDEL	8315	1712	8315	8791
EU	OHNE MWST	8315	1712	8315	8791
EU	PRODUKTION	8315	1712	8315	8791
EU	ROHMAT	8315	1712	8315	8791
EU	SERVICES	8315	1712	8315	8791
EU	**SONST**	**8315**	1712	**8315**	**8791**
EXPORT	HANDEL	8120		8120	8791

HINWEIS:

Im „echten Leben" richtet das die Finanzbuchhaltung ein! Das hier von uns verwendete Sachkonto wird in der Praxis mit anderen Konstellationen möglicherweise eingerichtet. Sehen Sie dies bitte nur als das an, was es in diesem Fall ist: ein **Testfall**.

Sobald Sie das Sachkonto zugefügt haben, schließen Sie die „Buchungsmatrix Einr.“. Da wir es mit einem EU-Kunden zu tun haben, prüfen wir vorab auch die MwSt.-Buchungsmatrix Einr.

Klicken Sie unterhalb der „Buchungsgruppen“ also auf den betreffenden Menüpunkt und öffnen Sie diesen durch einen „Klick“:

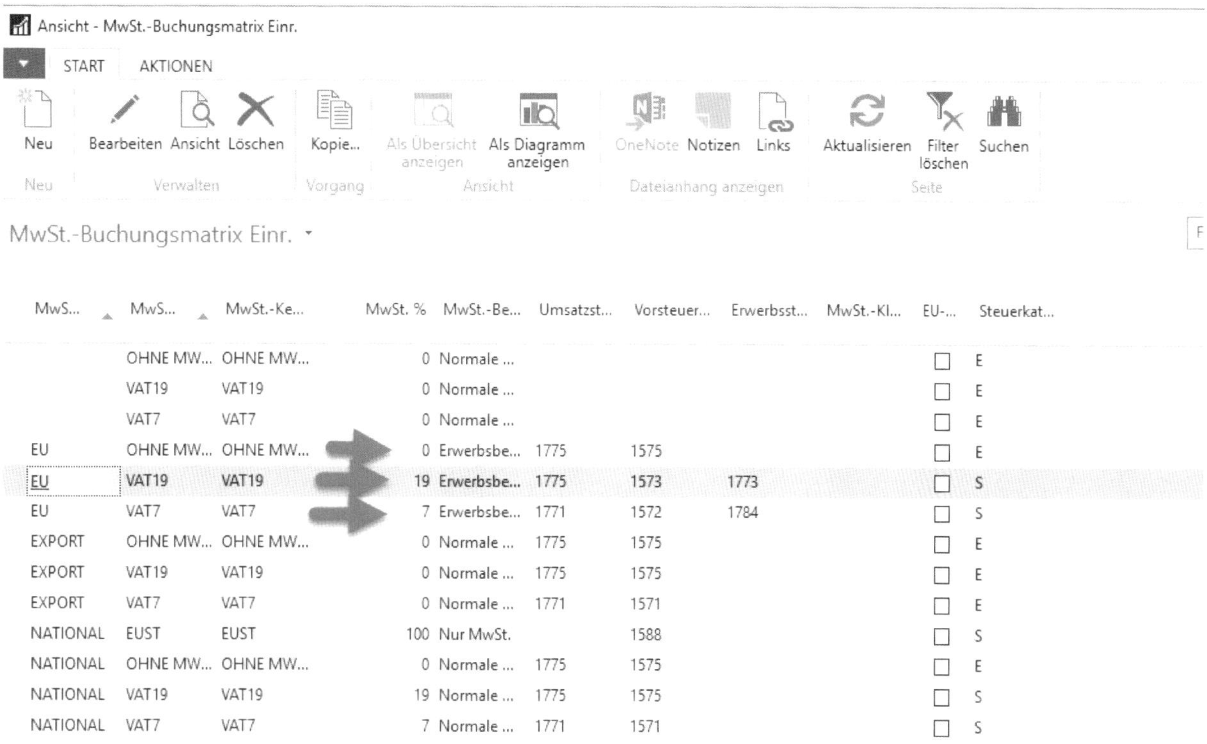

MwS...	MwS...	MwSt.-Ke...	MwSt. %	MwSt.-Be...	Umsatzst...	Vorsteuer...	Erwerbsst...	MwSt.-Kl...	EU-...	Steuerkat...
	OHNE MW...	OHNE MW...	0	Normale ...					☐	E
	VAT19	VAT19	0	Normale ...					☐	E
	VAT7	VAT7	0	Normale ...					☐	E
EU	OHNE MW...	OHNE MW...	0	Erwerbsbe...	1775	1575			☐	E
EU	VAT19	VAT19	19	Erwerbsbe...	1775	1573	1773		☐	S
EU	VAT7	VAT7	7	Erwerbsbe...	1771	1572	1784		☐	S
EXPORT	OHNE MW...	OHNE MW...	0	Normale ...	1775	1575			☐	E
EXPORT	VAT19	VAT19	0	Normale ...	1775	1575			☐	E
EXPORT	VAT7	VAT7	0	Normale ...	1771	1571			☐	E
NATIONAL	EUST	EUST	100	Nur MwSt.		1588			☐	S
NATIONAL	OHNE MW...	OHNE MW...	0	Normale ...	1775	1575			☐	E
NATIONAL	VAT19	VAT19	19	Normale ...	1775	1575			☐	S
NATIONAL	VAT7	VAT7	7	Normale ...	1771	1571			☐	S

Prüfen Sie bitte, ob bei jeder „EU“-Zeile die „MwSt.-Berechnungsart“ = *Erwerbsbesteuerung* steht. Falls **nicht**, platzieren Sie Ihren Cursor auf die betreffende Zeile und klicken Sie im Menüband (Reiter START) auf das Symbol „Bearbeiten“. Ändern Sie den Wert im Feld „MwSt.-Berechnungsart“ auf *Erwerbsbesteuerung.*

Sobald Sie diese Informationen angelegt bzw. zugefügt haben, können Sie den Finanzmanagementbereich wieder verlassen.

Wechseln Sie zurück in die Auftragsabwicklung. Es ist möglich, dass das System bei dem erneuten Versuch die Vorauszahlungsrechnung zu buchen, immer noch eine Meldung anzeigt. In diesem Fall nehmen Sie die „Vorauszahlung %“ einmal aus dem Feld heraus und bestätigen die Meldung betreffs der Zeilen.

Dann fügen Sie die „50%“ nochmals ein – bestätigen erneut die Meldung und buchen dann die Vorauszahlungsrechnung.

(Klingt ein wenig „hin und her“ – aber in diesem Fall aktualisiert sich manchmal nur dann die „Zuweisung“ im Hintergrund.)

Sobald Sie die Vorauszahlungsrechnung erfolgreich verbuchen konnten, hat sich der Status in Ihrem Verkaufsauftrag automatisch geändert:

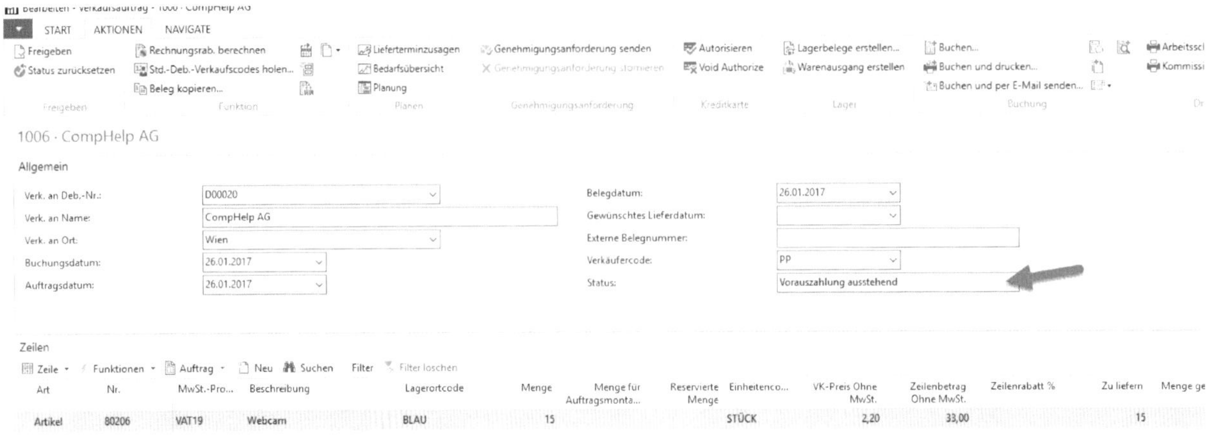

(Normalerweise würden Sie in der Praxis die Options „Vorauszahlungsrechnung buchen & drucken" wählen. Die Option „buchen und per E-Mail versenden" gibt es an dieser Stelle nicht).

In den Debitorenposten der „CompHelp AG" existiert jetzt ein offener Debitorenposten:

(Aufgrund von diversen Tests ist in meinem CRONUS bereits ein weiterer Posten dazu gekommen).

Wie sieht die Vorauszahlungsrechnung aus?

Um sich die gebuchte Vorauszahlungsrechnung anzeigen zu lassen, wechseln Sie im Auftrag über das Menüband – Reiter NAVIGATE auf „Vorauszahlungsrechnungen":

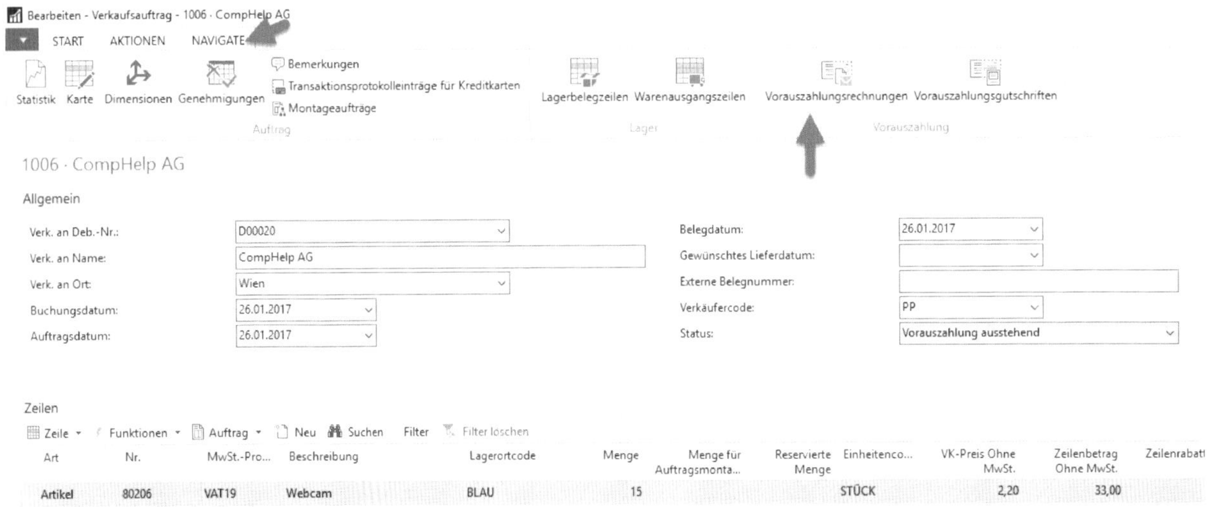

Es öffnet sich zunächst eine Übersicht der „Geb. Verkaufsrechnungen“:

Ob Sie auf „Bearbeiten“ oder „Ansicht“ klicken, ist bei gebuchten Belegen irrelevant. Da gebuchte Belege in NAV revisionssicher sind (können nachträglich nicht mehr beschrieben werden – Ausnahme waren die Felder im gebuchten Verkaufslieferschein), wird das System den gebuchten Beleg auf jeden Fall im „nicht editierbaren“ Modus aufrufen.

Ansicht der gebuchten Vorauszahlungsrechnung:

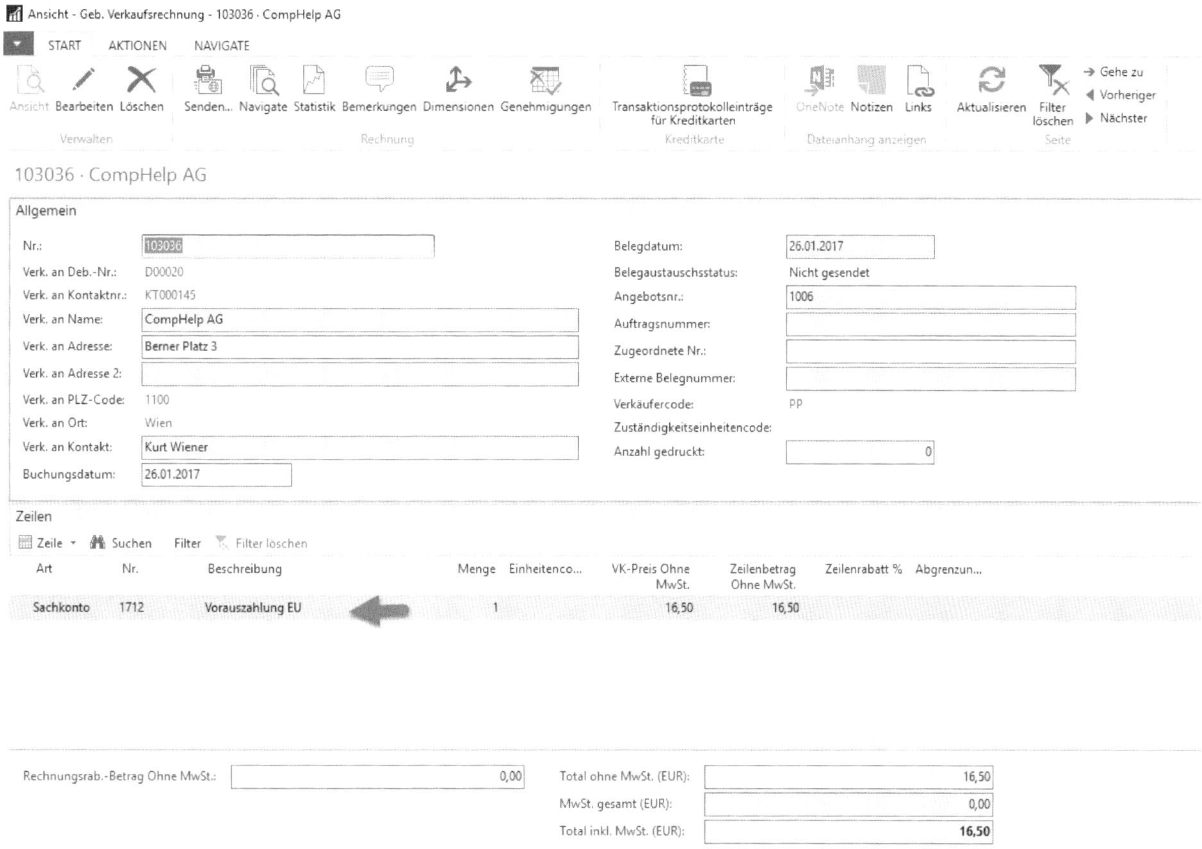

Wie Sie hier sehen können, verwendet das System an dieser Stelle das von uns definierte Sachkonto. Leider ist die „Beschreibung“ in diesem Fall ziemlich „unglücklich“. Da Sie als Anwender bei dieser Art der Buchung keinerlei Einfluss auf die Zeile bzw. die Beschreibung haben, kann ich Ihnen hier nur raten die Beschreibung für das betroffene Sachkonto so zu hinterlegen, dass es in diesem Fall „sprechender“ ist.

Ein weiteres „Feature“ ist es auch, dass hier nicht erkennbar ist, für was die „Vorauszahlung“ eigentlich ist – denn in diesem Fall wird die Auftragsnummer nur im „Hintergrund“ mitgenommen (hier das Feld „*Vorauszahlungsauftragsnummer*“). Bitten Sie Ihren Partner, dieses Feld mit zu übertragen bzw. einzublenden (auch bei dem Bericht, der für den „Druck“ verwendet wird!).

Warum sieht man hier keine Artikel bzw. die Auftragspositionen?

Der Grund ist hier der: würde das System die Auftragspositionen mit übernehmen und buchen, wäre die Ware bzw. die Positionen bereits auf „geliefert“ und „fakturiert“ – was ja faktisch nicht stimmt. Der Weg über das Sachkonto ist in diesem Zusammenhang also der beste Weg die Vorauszahlung abzubilden ohne eine bestands- und/oder wertmäßige Änderung vorzunehmen.

„Schöner“ – und da wäre ich auch sehr für – wäre es aber, wenn die Auftragspositionen als „Text“ mit in die Zeilen der Vorauszahlungsrechnung übernommen werden würden. So weiß Ihr Debitor auch, für was die Vorauszahlung tatsächlich ist.

Zurück zu unserer Vorauszahlung und dem weiteren Vorgehen…

Gehen wir davon aus, dass unser Kunde prompt überweist. Um diese offene Rechnung nun auszugleichen, wechseln Sie bitte erneut in das Finanzmanagement-Menü und dort in das „Bankmanagement“.

Es gäbe zwei Wege die offene Rechnung auszugleichen: die Ansicht „Zahlungsregistrierung“ oder aber das „Zlg.-Eing.-Buch-Blätter“.

Wir nutzen die „Zlg.-Eing.-Buch-Blätter“:

Wählen Sie als erstes den Debitoren aus, um den es geht. In unserem Fall „CompHelp AG“.

Sobald Sie den Debitor ausgewählt und dadurch in der Zeile eingefügt haben, klicken Sie auf das Symbol „Posten ausgleichen“ im Menüband.

Es öffnet sich eine neue „Maske“ – das „Debitorenpostenausgleichsfenster“:

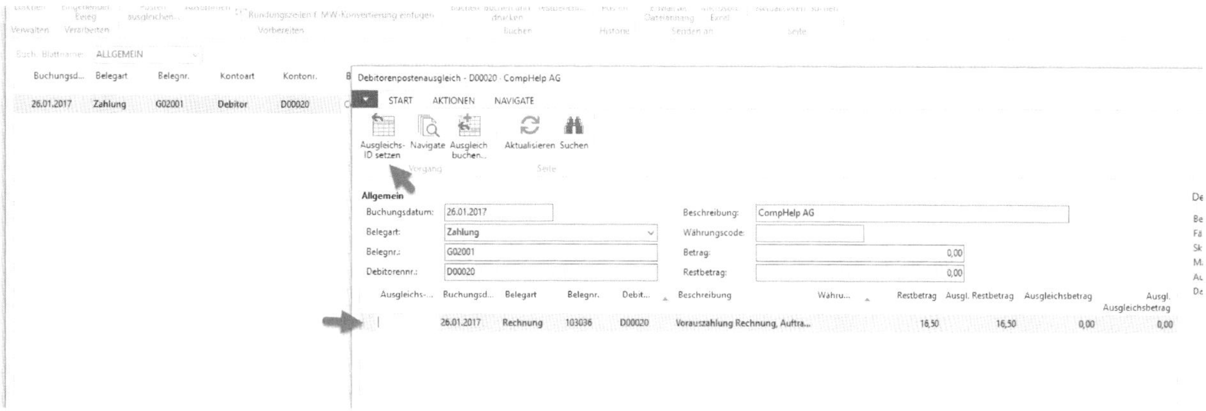

Klicken Sie auf das Symbol „Ausgleichs-ID setzen“ – damit stellen Sie sicher, dass das System den offenen Posten sofort ausgleicht – und: Sie müssen danach nichts mehr manuell an der Zahlungs-Eingangszeile ändern, da das System alle Felder entsprechend vorbelegt.

Schließen Sie das Fenster „Debitorenpostenausgleich“ durch Klick auf „OK“.

Zurück im Buch-Blatt hinterlegen Sie nun noch das Gegenkonto – in diesem Fall ein „Bankkonto“ – „WWB Betrieb“. Der Saldo muss auf jeden Fall auf „0“ aufgehen.

Um den Vorgang zu buchen, klicken Sie auf das Symbol „Buchen“. Sobald der Vorgang erfolgreich durchgeführt werden konnte, ist das Zahlungs-Eingangs-Buch-Blatt wieder „leer“.

Nach dem Sie den Zahlungseingang erfolgreich gebucht haben, können Sie wieder in das Verkaufsmenü zurück wechseln.

Öffnen Sie erneut den Auftrag der „CompHelp AG“:

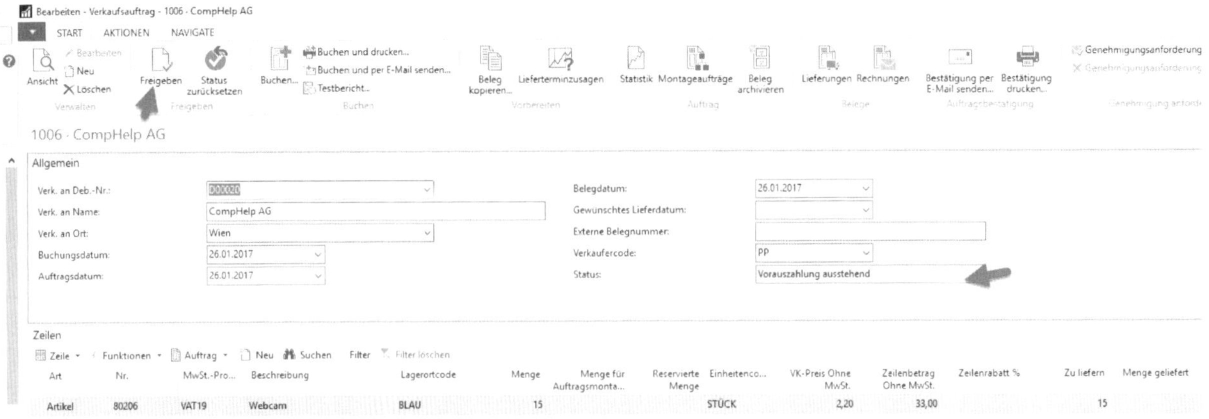

Der Status wurde im Auftrag nicht automatisch auf „Freigegeben“ gesetzt – in diesem Fall müssen Sie dies bitte durch Klick auf das entsprechende Symbol im Menüband des Auftrages tun. Erst dann kann der Auftrag weiter bearbeitet werden (also „Buchen der Lieferung“ usw.).

Der weitere Ablauf für diesen Auftrag ist jetzt wie gehabt: Sie buchen beispielsweise jetzt die Lieferung und später die Rechnung.

Alternativ könnten Sie auch „Liefern und Fakturieren“* nutzen.

Sehen wir uns die gebuchte „Endrechnung“ einmal an. Wechseln Sie dazu in das Hauptmenü des Verkaufs und klicken Sie dort auf den Punkt „Archivieren“:

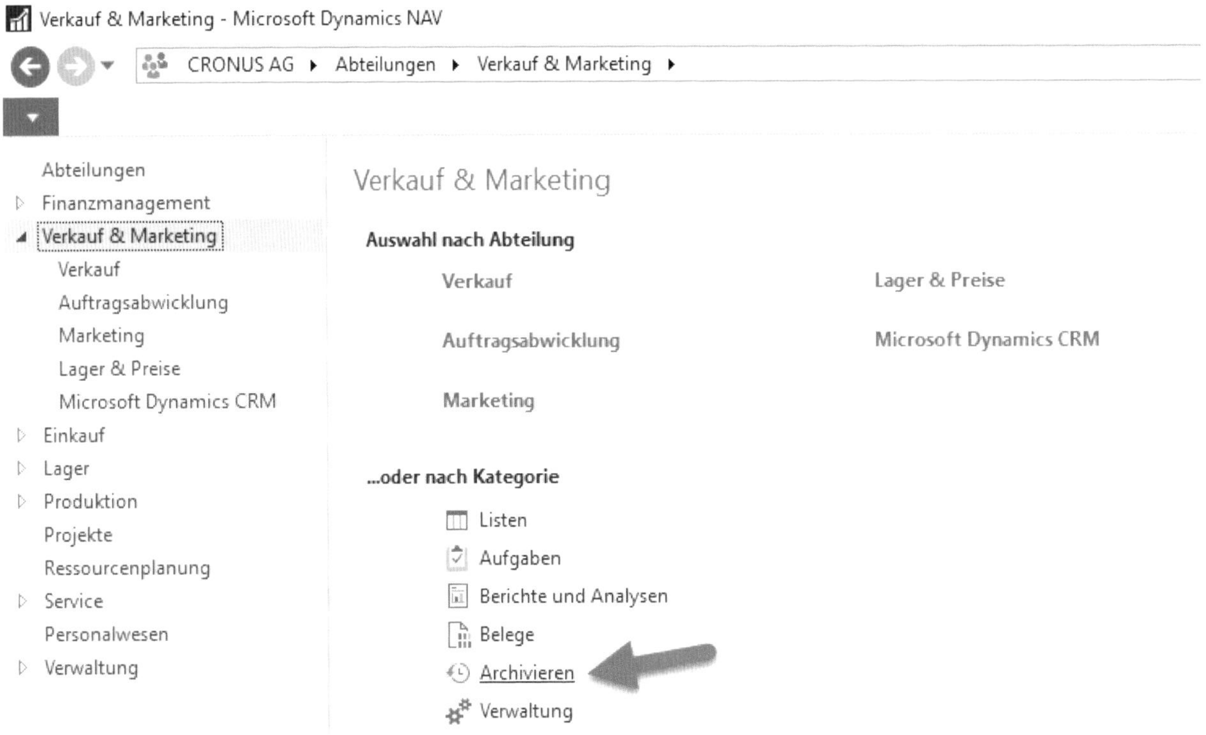

Sobald Sie sich wieder in dem „Untermenü“ befinden, wählen Sie bitte den Menüpunkt „Geb. Verkaufsrechnungen“ aus.

Es erscheint eine Übersicht über alle bereits gebuchten Verkaufsrechnungen – scrollen Sie bis zum Schluss – dort müsste sich Ihre Rechnung jetzt befinden. Öffnen Sie diese durch einen Doppelklick:

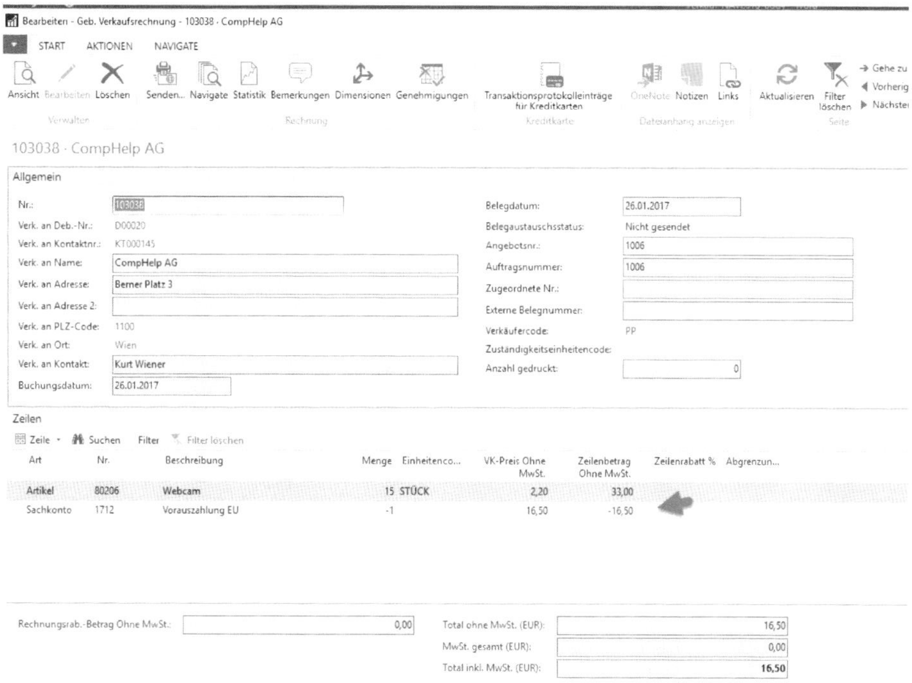

Die gebuchte Vorauszahlung wird korrekt abgezogen.

Lassen Sie sich die gebuchte Verkaufsrechnung einmal in der „Druckvorschau“ anzeigen:

Verkauf - Rechnung

CompHelp AG
Kurt Wiener
Berner Platz 3
1100 Wien
Österreich

Seite 1 von 1

CRONUS AG
Hofstraße 12
Benrath

20097 Hamburg

Rech. an Deb.-Nr.	D00020
Belegdatum	26. Januar 2017
USt-IdNr.	ATU12394876
Rechnungsnr.	103038
Auftragsnummer	1006
Buchungsdatum	26. Januar 2017
Fälligkeitsdatum	31. Januar 2017
Preise inkl. MwSt.	Nein
Zahlungsbedingungen	Laufender Monat
Lieferbedingung	Kosten und Fracht

Telefonnr.	999 / 9 99 99 99
Homepage	
E-Mail	
USt-IdNr.	DE777777777
Steuernummer	11/222/33333
Postgirokontonr.	888-9999
Bankkonto	Weltweit Bank
Kontonr.	99-99-888
Verkäufer	Petra Putzig

Nr.	Beschreibung	Gebuchtes Versanddatum	Menge	Einheit	VK-Preis	Rabatt %	MwSt.-Kennzeichen	Betrag
80206	Webcam	26.01.17	15	Stück	2,20		VAT19	33,00
	Vorauszahlung EU	26.01.17	-1		16,50		VAT19	-16,50
							Total EUR	**16,50**

MwSt.-Betrag - Spezifikation

MwSt.-Kennzeichen	MwSt. %	Zeilenbetrag	Rechnungsrab.-Bem.grundlage	Rechnungsrab.-Betrag	MwSt.-Bemessungsgrundlage	MwSt.-Betrag
VAT19	0	-16,50	0,00	0,00	-16,50	0,00
VAT19	0	33,00	33,00	0,00	33,00	0,00
Gesamt		**16,50**	**33,00**	**0,00**	**16,50**	**0,00**

3.4.6 Verkaufsrechnung

Es gibt unterschiedliche Varianten von „Rechnungen“ – hier ein paar Beispiele:

- Teilrechnung
- Komplettrechnung
- Sammelrechnung
- Direktrechnung

Eine „***Teilrechnung***“ wird in der Praxis normalerweise dann gestellt, wenn ein Auftrag entweder bereits zum Teil geliefert wurde (und die Restlieferungen erst in wenigen Tagen oder Wochen nachfolgt) oder der Kunde bei einem Artikel, bzw. bei einem Teil der Lieferung etwas reklamiert hat und eine weitere Klärung erst erfolgen muss.

In diesem Fall wird in dem Feld „zu fakturieren“ die Menge eingetragen, die jetzt auch abgerechnet werden soll. Beachten Sie hierbei bitte, dass Sie nicht mehr abrechnen können als geliefert wurde.

Unter „***Komplettrechnung***“ verstehen wir, dass der Auftrag erst dann abgerechnet werden kann, wenn die komplette Lieferung erfolgt ist. Leider gibt es im Standard-NAV keine „Anweisung“ bzw. „Vorgabe“, wie bei der Lieferung (Register „Lieferung“ in der Stammdatenkarte des Kunden – Feld „Versandanweisung“), mit der Sie das voreinstellen könnten.

Daher wäre in einem solchen Fall eine organisatorische Anweisung sinnvoll.

Eine „***Sammelrechnung***“ wird in der Praxis häufig für die Kunden verwendet, die regelmäßig innerhalb eines bestimmten Zeitraums (z.B. innerhalb eines Monats) verschiedene Waren und/oder Dienstleistungen abnehmen. Am Ende des jeweiligen Monats werden die gelieferten (noch nicht fakturierten) Mengen – auch wenn es „nur“ Teilmengen wären – über eine Funktion in eine Rechnung abgerufen. Alternativ gibt es einen Sammelrechnungs“lauf“, der automatisch Sammelrechnungen erstellt – sofern in der Debitorenkarte das Häkchen im Feld „Sammelrechnung“ gesetzt wurde.

Die auf diese Weise abgerechneten Aufträge müssen nachträglich mit einem eigenen „Stapellauf“ später in das Archiv verschoben, bzw. gelöscht werden. (Der Report heißt „Erledigte Aufträge löschen“).

Für eine „***Direktrechnung***“ gibt es zwei Möglichkeiten: einmal kann diese Variante genutzt werden, wenn Sie manuell bereits gelieferte Positionen in einen Rechnungsbeleg abrufen und fakturieren wollen (eine Sammelrechnung, die manuell erstellt wird, ist also gleichzeitig eine Direktrechnung). Diese Möglichkeit der Sammelrechnung ist unabhängig von dem Häkchenfeld „Sammelrechnung“ in der Debitorenkarte.

Zum anderen besteht grundsätzlich immer die Möglichkeit, dass Sie statt eines Auftrages direkt eine Verkaufsrechnung erstellen – und dort in den Zeilen die gewünschten Artikel, Ressourcen, usw. eintragen. Meist wird diese Art der „Rechnung“ dann verwendet, wenn zum Beispiel nachträglich Fracht oder Versicherung an einen Debitor weiter belastet werden soll.

Häufig finden sich daher in solchen Verkaufsrechnungsbelegen die Positionen „Zu-/Abschläge (Artikel) (für Fracht, etc.) oder „Sachkonto“.

Ist das Häkchen „Lieferschein b. VK-Rechnung“ in der Grundeinrichtung des Verkaufsmenüs gesetzt, wird durch Buchen der VK-Rechnung im Hintergrund automatisch ein gebuchter Verkaufslieferschein erzeugt und gebucht.

ACHTUNG:

In Deutschland gilt: ***Keine Buchung ohne Beleg***!!

Daher empfehle ich Ihnen dringend die Häkchen „Lieferschein b. VK-Rechnung“ und auch „Rücksendung b. VK-Gutschrift“ in der „Debitoren & Verkauf Einr.“ (Register *Allgemein*) zu setzen!

3.4.6.1 Beispiel „Sammelrechnung“

Wie Sie gerade gelesen haben, gibt es zwei Wege eine Sammelrechnung zu erstellen:

- Manuell – in dem Sie eine Direktrechnung erstellen und die gelieferten Zeilen entsprechend abrufen
- „Automatisch“ – mithilfe eines entsprechenden „Sammelrechnungslaufes“

Um Ihnen beide Wege einmal zu demonstrieren benötigen wir mehrere Aufträge (nur mit einem „einzelnen“ Auftrag wäre es ja langweilig ☺).

Manueller Weg:

Erstellen Sie für unseren Kunden „Max Musterle GmbH & Co. KG“ zwei neue Verkaufsaufträge.

Im ersten Auftrag erfassen Sie den Artikel 80206 mit einer Menge von „2“ Stück.

Im zweiten Auftrag erfassen Sie den Artikel 80202 mit einer Menge von „5“ Stück.

In beiden Fällen verwenden Sie bitte Lagerort „BLAU“.

Sobald beide Aufträge fertig sind, können Sie beide Aufträge „liefern“ (beim „Buchen“ nur die Option „Liefern“ verwenden).

Wechseln Sie im Menü „Auftragsabwicklung“ in den Punkt „Verkaufsrechnungen“. Erstellen Sie einen Rechnungsbeleg durch Klick auf das Symbol „NEU“ (bzw. durch Drücken der STRG + N-Taste).

Ansicht der neu erstellten Verkaufsrechnung für „Max Musterle":

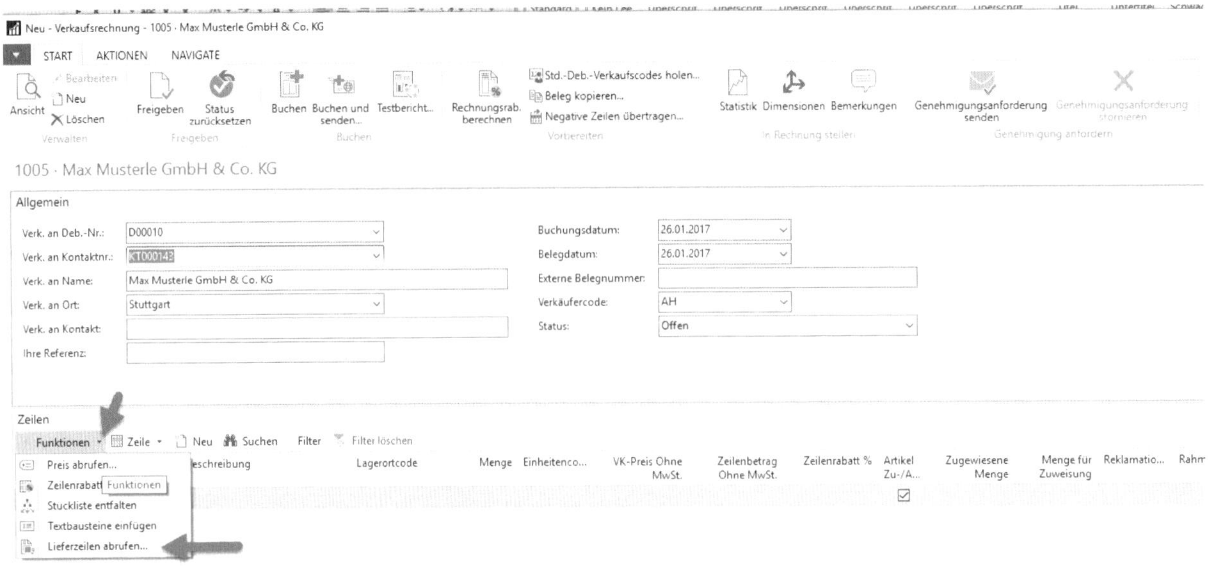

Um die gelieferten – aber noch nicht fakturierten – Zeilen abzurufen, klicken Sie im Register „Zeilen" auf „Funktionen" und wählen dort „Lieferzeilen abrufen":

Das System zeigt Ihnen hier zunächst eine Übersicht aller gelieferten, aber noch nicht fakturierten Positionen an (Menge fakturiert = 0, bzw. nur mit einer Teilmenge fakturiert). Markieren Sie alle Zeilen die Sie in die jetzige Rechnung übernehmen wollen und bestätigen Sie die Auswahl mit „OK".

Oberhalb jeder Zeile steht die Lieferscheinnummer, mit der dieser Artikel (bzw. die Position) ausgeliefert wurde.

Der nächste Schritt wäre jetzt das Ganze zu buchen. Mit NAV2016 kam jetzt eine weitere Änderung dazu: neben den bereits bekannten Symbolen z.B. für „Buchen & Drucken“ gibt es hier zudem das Symbol „Buchen & Senden“.

Kleiner Tipp: wenn Sie das Symbol „Buchen & Drucken“ suchen sollten – klicken Sie im Menüband auf den Reiter „AKTIONEN“:

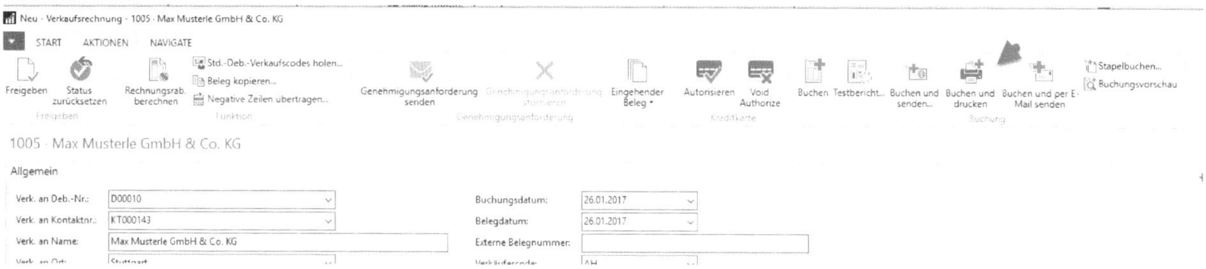

Der Versand einer gebuchten Verkaufsrechnung per Mail ist nicht die „Neuigkeit“ um die es hier geht – sondern die Tatsache, dass Sie diese Verkaufsrechnung als elektronischen Beleg verschicken könnten, wenn Sie das wollten.

Dazu werden wir am Ende dieses Kapitels nochmal zurückkommen.

Um unseren Vorgang abzuschließen, klicken Sie in unserem Fall auf „Buchen“ und bestätigen Sie die Abfragemeldung durch Klick auf „JA“.

Die Rechnung wurde gebucht und…

- … ein entsprechender Beleg erstellt
- … ein offener Debitorenposten sowie alle weiteren Posten erstellt
- … die Auftragszeilen, die über den Lieferschein mit der Rechnung verbunden sind, bzw. waren, wurden auf „fakturiert“ gesetzt

Öffnen Sie einen der beiden Verkaufsaufträge und prüfen Sie die Zeilen.

Ansicht der Verkaufs<u>auftrag</u>szeilen des ersten Auftrages:

Wie bereits erwähnt: trotz dem dieser Auftrag komplett geliefert und fakturiert wurde, ist er immer noch in der Auftragsübersicht zu finden. Um solche Aufträge zu „löschen“ bzw. zu archivieren, können Sie jetzt entweder „STRG + ENTF“ drücken (oder auf das Symbol für „Löschen“ klicken), die Abfragemeldung bestätigen und dadurch das Ganze verschieben oder aber Sie nutzen den „Stapellauf“.

Diesen besonderen Stapellauf „Erledigte Aufträge löschen“ finden Sie in einem bestimmten Menübereich von NAV. Und in der Praxis ist es durchaus so, dass Sie diesen Menüpunkt den wir jetzt gleich aufrufen werden, eventuell gar nicht sehen können bzw. dürfen – da erfahrungsgemäß dieser Bereich nur den Administratoren und einigen Superusern Ihres Hauses vorbehalten sind.

Wir benötigen nun die „Verwaltung“ – und diese finden Sie unter „Abteilungen“:

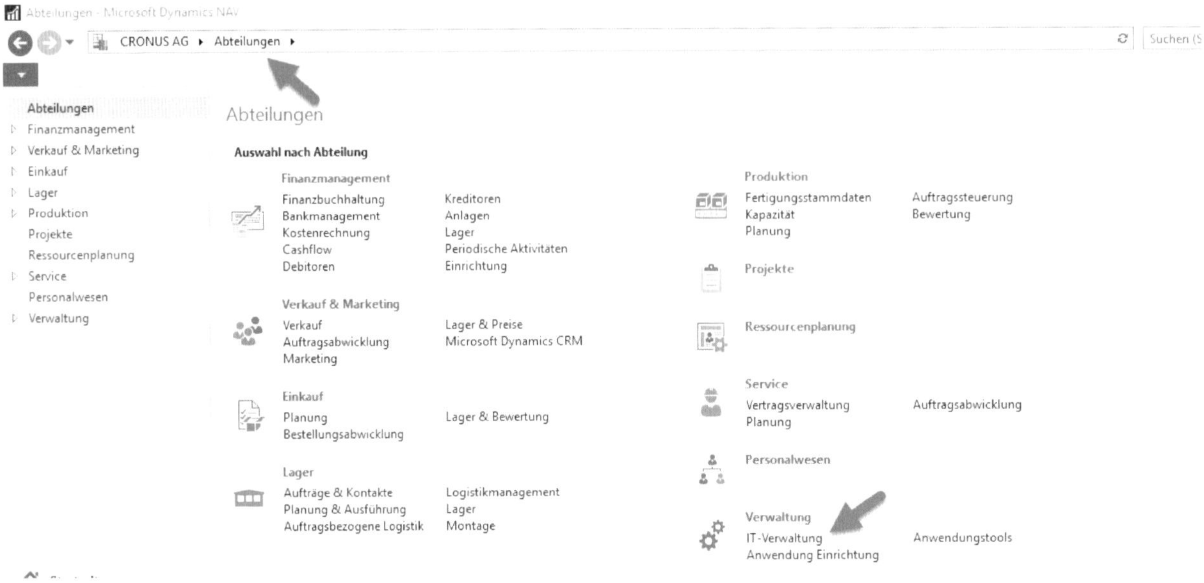

Klicken Sie auf „IT-Verwaltung“ und dort auf „Daten löschen“ – Verkaufsbelege:

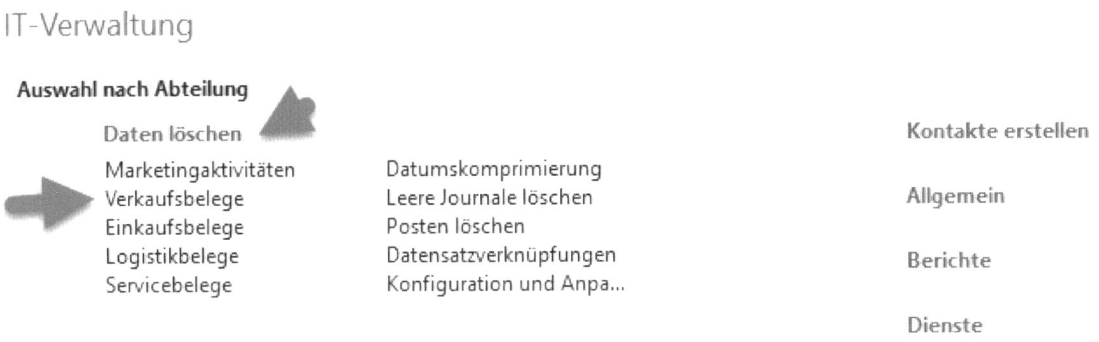

Unter „Verkaufsbelege“ finden Sie den besagten Report „Erledigte Aufträge löschen“:

Klicken Sie auf diesen Menüpunkt – „Erledigte Aufträge löschen" – es erscheint zunächst ein Dialogfenster, in dem Sie noch Filter setzen könnten.

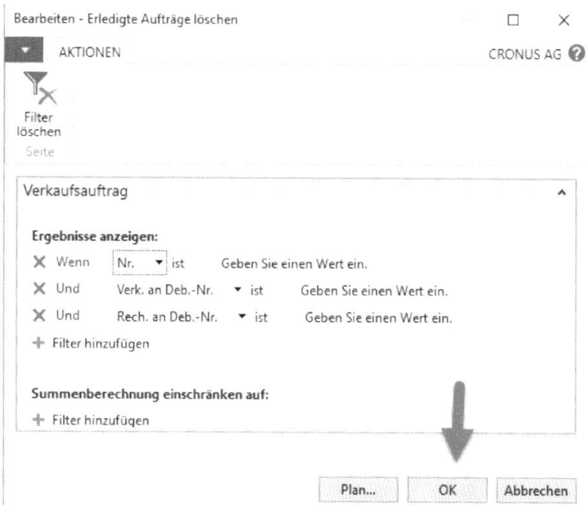

Für unseren Beispielablauf, setzen wir keinerlei Filter – um diesen Stapellauf sofort auszuführen, klicken Sie bitte direkt auf „OK".

Das System durchläuft jetzt alle Aufträge und prüft, ob die einzelnen Aufträge **komplett geliefert und fakturiert** sind. **NUR DANN** werden diese Aufträge in das Archiv verschoben (bzw. gelöscht).

Sammelrechnung über den Stapellauf „Sammelrechnung erstellen":

Kehren Sie bitte zurück in den Verkaufsbereich und dort wieder in die Auftragsabwicklung. Klicken Sie auf „Debitoren" und suchen Sie die „CompHelp AG".

Öffnen Sie die Debitorenkarte und dort das Register „Lieferungen":

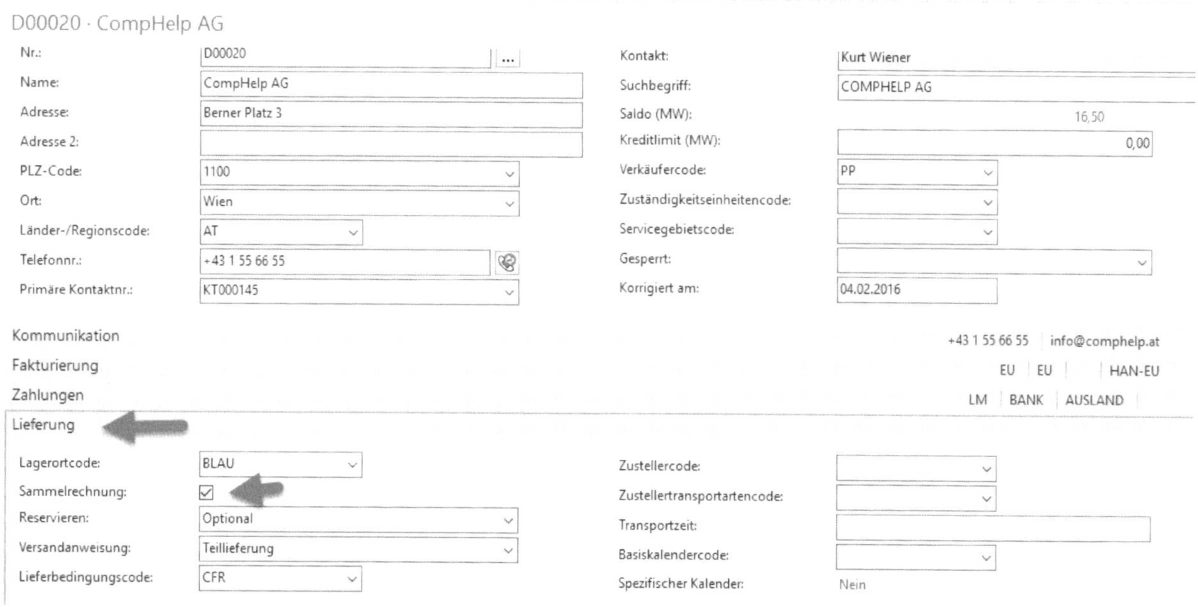

Nur dort finden Sie das Häkchenfeld „Sammelrechnung". Setzen Sie das Häkchen und schließen Sie diese Stammdatenkarte wieder.

Erfassen Sie zwei neue Verkaufsaufträge für den Debitor „CompHelp AG".

Im ersten Auftrag nehmen Sie folgende Artikel (immer Lagerort „BLAU")

- Artikel 80201 Menge 5
- Artikel 80202 Menge 10
- Artikel 80204 Menge 5

Im zweiten Auftrag für die „CompHelp AG" erfassen Sie folgende Zeilen:

- Artikel 80205 Menge 3
- Ressource „Linda" Menge 2 (Stunden)

Eventuelle Verfügbarkeitsmeldungen bestätigen Sie bitte durch Klick auf „OK".

Sobald Sie diese Aufträge erstellt haben, geben Sie diese bitte „frei" und klicken Sie auf „Buchen" – achten Sie bitte auch in diesem Fall darauf, dass Sie „nur" Liefern!

Sobald Sie beide Aufträge gebucht haben, wechseln wir in den „Finanzmanagement"-Bereich. Klicken Sie dort auf „Debitoren" – und hier finden Sie den Aufruf für die „Sammelrechnungen":

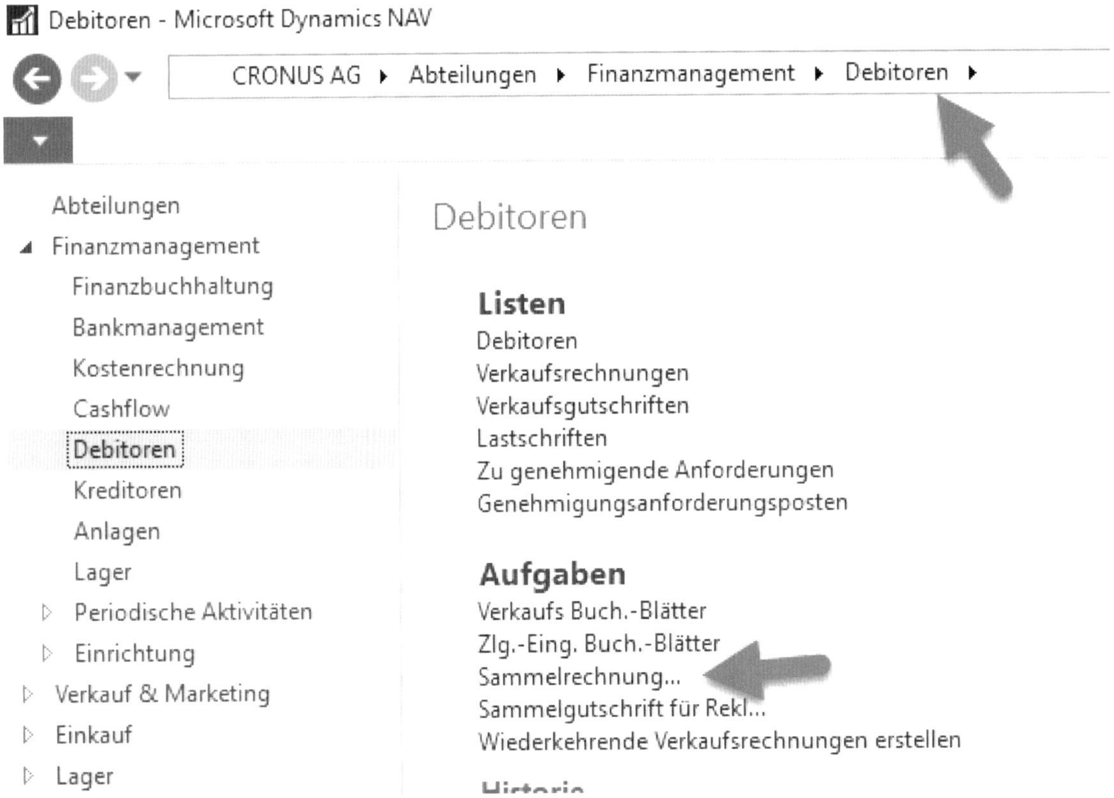

(Sammelgutschrift für Reklamationen gäbe es auch – wie Sie anhand dieses Bildschirmausschnittes sehen können).

Klicken Sie auf „Sammelrechnungen".

Es öffnet sich als Erstes ein Dialogfenster, in dem Sie noch einige Voreinstellungen treffen könn(t)en:

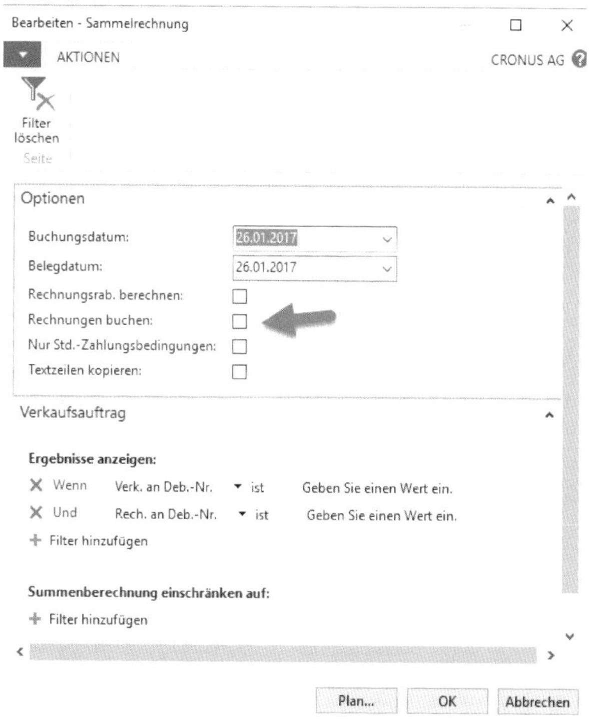

Zunächst einmal können Sie hier festlegen mit welchen *Buchungs*- und welchem *Belegdatum* die Rechnungen erstellt (bzw. gebucht) werden sollen.

Standardmäßig ist in beiden Feldern das Arbeitsdatum voreingestellt.

„*Rechnungsrab. berechnen*“: setzen Sie hier ein Häkchen, falls Sie den Rechnungsrabatt im Normalfall immer manuell berechnen.

„*Rechnungen buchen*“:
wenn das System die erstellten Rechnungen sofort buchen soll, setzen Sie hier ein Häkchen. Wenn Sie die über diesen Lauf erstellten Rechnungsbelege vorab prüfen wollen, lassen Sie dieses Feld „leer“.

In dem Fall werden die Rechnungen „nur“ erstellt.

„*Nur Std.-Zahlungsbedingungen*“:
Es gibt an einigen Stellen die Möglichkeit abweichende Zahlungsbedingungen mitzugeben. Setzen Sie hier ein Häkchen wenn die standardmäßig hinterlegten Zahlungsbedingungen greifen sollen.

„*Textzeilen kopieren*“:
Sofern Textzeilen in Auftragszeilen enthalten sind, sollten diese mit in die Rechnung kopiert werden.

Im Register „Verkaufsauftrag“ können Sie Filter setzen – beispielsweise wenn Sie nur für bestimmte Debitoren die Sammelrechnung „jetzt“ erstellen wollten. Wir setzen keine Filter und lassen auch die Voreinstellungen wie sie im Moment sind. Klicken Sie auf „OK“ um diesen Sammelrechnungslauf durchführen zu lassen.

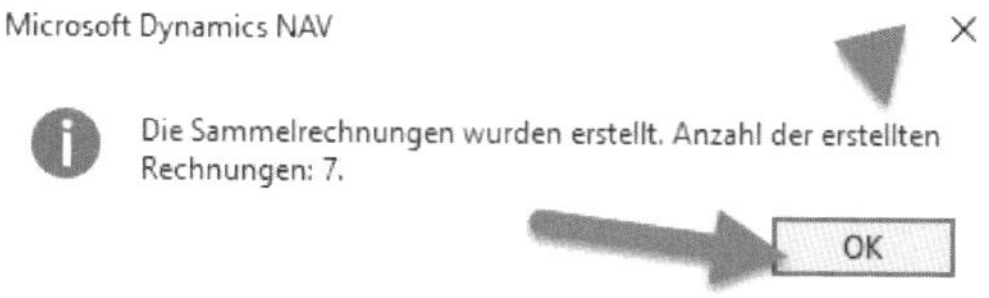

Nach dem Durchlauf erhalten Sie eine Informationsmeldung: in meinem Fall gibt es sieben (7) erstellte Verkaufsrechnungen.

Klicken Sie auf „OK“.

Im gleichen Menüpunkt, in dem wir uns gerade befinden, sehen Sie auch einen Aufruf für die Verkaufsrechnungen (unterhalb von „Listen"):

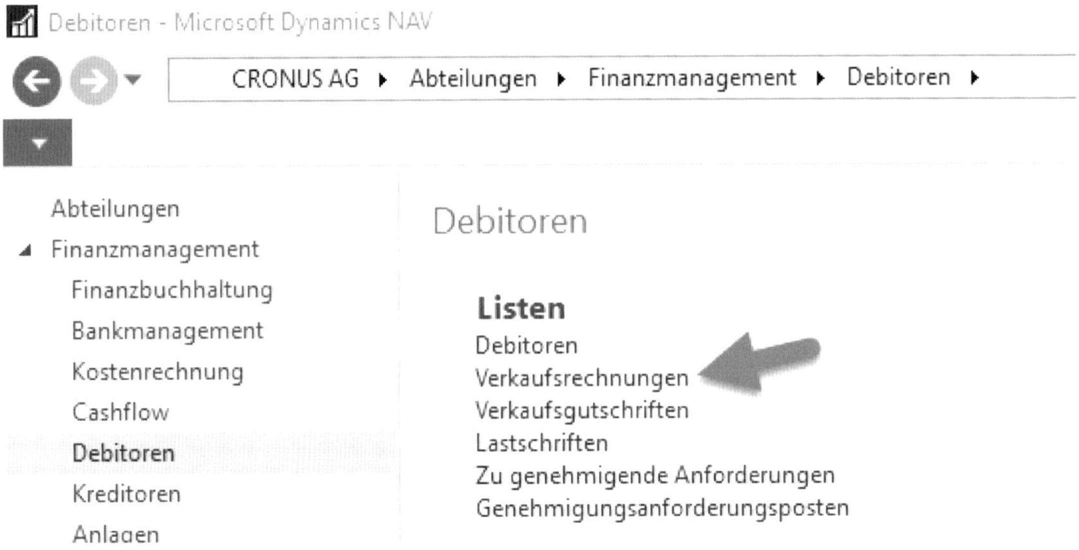

Klicken Sie auf diesen Punkt – und Sie gelangen wieder in die Übersicht der „ungebuchten" Verkaufsrechnungen:

Offenbar gab es hier wohl im CRONUS einige Aufträge, die bereits geliefert aber noch nicht fakturiert wurden…

…wir bleiben bei „unserem" *CompHelp AG*-Fall. Klicken Sie auf den betreffenden Datensatz und öffnen Sie diesen.

Ansicht der Sammelrechnung für die „CompHelp AG".

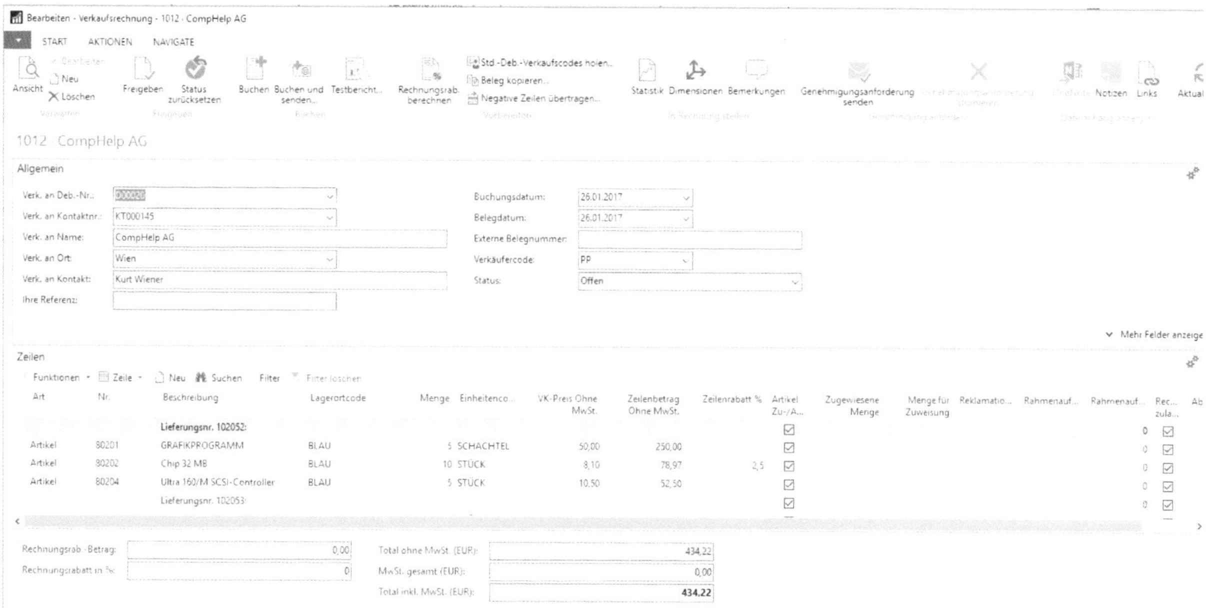

Auch in diesem Fall wird die Lieferscheinnummer oberhalb der jeweiligen Zeile(n) mit ausgegeben.

Diese Rechnungen können jetzt nochmals geprüft und gegebenenfalls geändert werden – wenn alles in Ordnung ist, klicken Sie auf „Buchen" (bzw. nutzen eine der anderen Buchungsoptionen).

Gut zu wissen:

Es ist schon seit einigen Jahren „Pflicht", dass in einer Verkaufsrechnung im Normalfall immer die ***Lieferscheinnummer*** und das „***Datum der Leistungserbringung***" mit ausgegeben werden muss.

Wenn Sie die Verkaufsrechnungen über die „Sammelrechnungen" erstellen, wird automatisch die Lieferscheinnummer bereits mitgegeben – allerdings ohne das Buchungsdatum des Lieferscheins. Wird direkt aus dem Auftrag heraus fakturiert, fehlt die Lieferscheinnummer und das Datum.

Nutzen Sie die Funktion „Liefern & Fakturieren" kann es auch bei branchen- oder projektspezifischen Lösungen vorkommen, dass sowohl die Lieferscheinnummer wie das Datum fehlen. Der Grund hier: bei dieser Funktion hat das System beim Buchen der Rechnung die Lieferscheinnummer (vereinfacht gesagt) noch nicht „richtig" im Zugriff.

Sprechen Sie diesbezüglich Ihren Ansprechpartner des Microsoft Dynamics™-Hauses an!

Für unseren Beispielfall buchen Sie bitte die erstellte Verkaufsrechnung.

3.4.6.2 Belegsendeprofil – ein neues „Symbol“ bei Verkaufsrechnungen und –gutschriften – Buchen & Senden sowie neue Möglichkeiten

Mit NAV2016 kamen einige neue „Highlights“ – die „Buchungsvorschau“ haben Sie bereits kennengelernt. Eine weitere Neuerung kam mit einer neuen Funktion dazu: das „Belegsendeprofil“.

Diese Funktionalität wird dann benötigt, wenn Sie in einer Verkaufsrechnung oder –gutschrift die Funktion „Buchen & Senden“ nutzen wollen – statt z.B. „Buchen & Drucken“ oder „Buchen und per E-Mail versenden“.

Mithilfe des Belegsendeprofils können Sie bereits vorab einstellen, wie das System „reagieren“ soll, wenn Sie in einem der beiden genannten Verkaufsbelege auf das Symbol „Buchen und Senden“ klicken.

Sie können jedem Debitor ein „Belegsendeprofil“ mitgeben (im Einkauf gibt es diese Möglichkeit (noch) nicht. Falls das System dort keinen Eintrag findet, nutzt „es“ das Standardprofil, welches für alle Debitoren gültig wäre.

Bevor wir mit dem Zuweisen anfangen, müssen wir uns zunächst mit der Einrichtung möglicher Profile beschäftigen.

Um mögliche Belegsendeprofile einzurichten, müssen wir zunächst wieder in die „Verwaltung“ – „Anwendung Einrichtung“ – Allgemein:

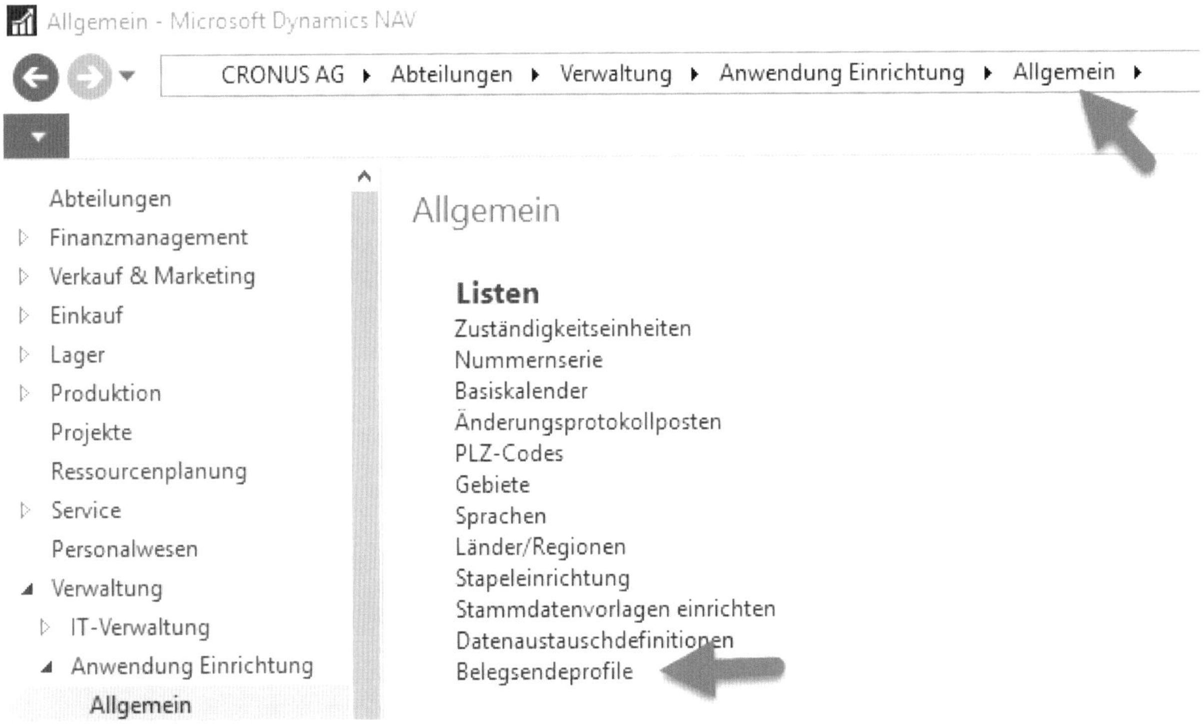

Wechseln Sie in diesen Menübereich und klicken Sie bitte auf „Belegsendeprofile“.

Sie gelangen zunächst in eine Übersicht. Falls Sie in Ihrem CRONUS bisher damit noch nicht „gearbeitet“ haben, sollte diese Übersicht noch leer sein. Ich hatte hier aus Testzwecken schon das erste Profil angelegt:

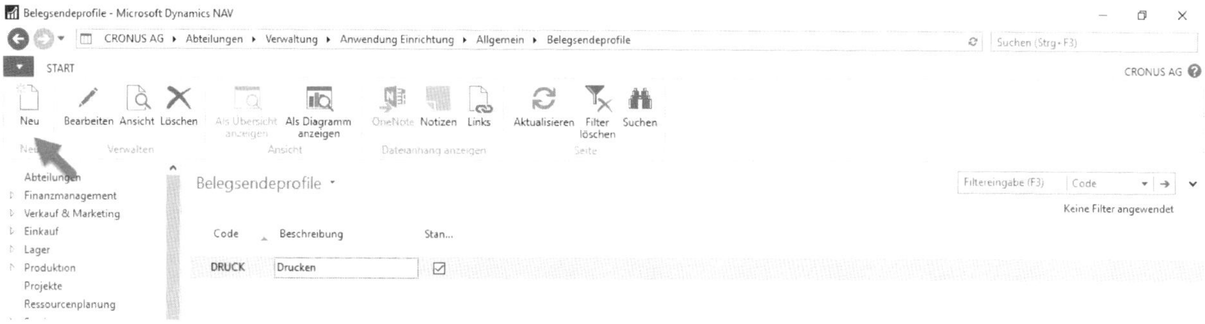

Wie Sie anhand meines Beispiels sehen können, hat das Profil „Druck“ ein Häkchen im Feld „Standard“. Wir sehen uns dieses Profil gleich gemeinsam an.

Um eine neues Profil zu erstellen, klicken Sie bitte auf „NEU“ (oder drücken alternativ STRG + N).

Ein Beispiel – legen Sie ein neues Profil an, mit dem Code „El-RG“ (elekt. Rechnungsübermittlung).

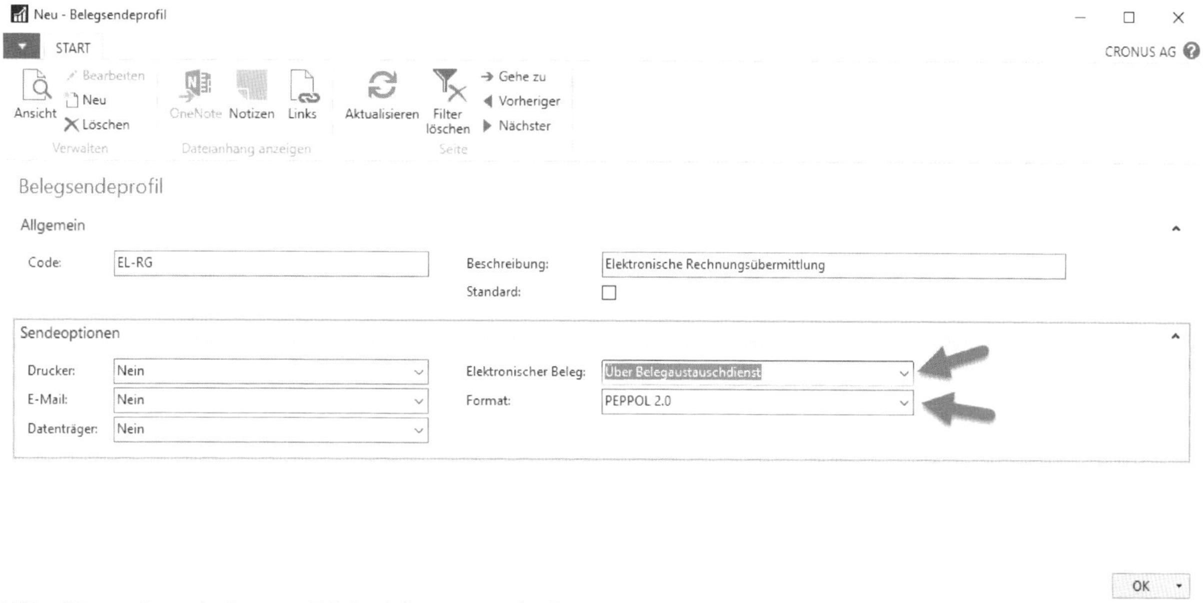

Wie Sie anhand dieses Bildschirmausschnittes sehen können, stehen Ihnen im Register „Sendeoptionen“ vier Wahlmöglichkeiten zur Verfügung. Sobald Sie im Feld „Elektronischer Beleg“ die Option „über Belegaustauschdienst“ ausgewählt haben, „erscheint“ darunter ein fünftes Feld mit dem „Format“ (standardmäßig im CRONUS vorgegeben PEPPOL 2.0 – es gäbe noch PEPPOL 2.1).

Was ist „PEPPOL“?

Gemäß „***wikipedia***“ bedeutet PEPPOL „*Pan-European Procurement OnLine – es handelt sich hierbei um ein internationales Projekt mit dem Ziel der Standardisierung grenzüberschreitender elektronisch-unterstützter öffentlicher Vergabeverfahren innerhalb der Europäischen Union.*

PEPPOL ist Teil des Rahmenprogramms für Wettbewerbsfähigkeit und Innovation (CIP) der Europäischen Kommission (European Commission's Competitiveness and Innovation Framework Programme's ICT Policy Support Programme) und besteht aus einem Konsortium mit 17 Projektpartnern aus elf europäischen Ländern (Dänemark, Deutschland, Finnland, Frankreich, Griechenland, Großbritannien, Italien, Norwegen, Österreich, Portugal und Schweden.

Das Projekt wurde 2008 gestartet, nachdem bereits im Jahr 2005 auf einer Ministerialkonferenz in Manchester Ziele für die Entwicklung des pan-europäischen, grenzüberschreitenden und elektronisch-unterstützten Beschaffungswesen formuliert wurde. …“

(Quelle: www.wikipedia.de – gesucht nach PEPPOL)

Was hat das jetzt mit uns zu tun? Oder besser gesagt mit den Rechnungen und Gutschriften?

Nun – eine der Projektpunkte innerhalb PEPPOL ist *unter anderem* das Thema „eInvoicing“. Also die Möglichkeit, Rechnungen (und Gutschriften) auf einem elektronischem Wege an Ihren Kunden zu übermitteln – und zwar in einem standardisierten Format.

Eng mit dem Belegsendeprofil ist also noch ein weiterer neuer und in dem Zusammenhang sehr wichtiger Punkt verbunden – die „***elektronischen Belegformate***“. Im Standard NAV bzw. innerhalb des CRONUS wurden bereits zwei verschiedene Varianten dieser Belegformate von PEPPOL hinterlegt: einmal Version 2.0 und einmal Version 2.1.

Sollten Sie mit diesen Möglichkeiten arbeiten wollen, setzen Sie sich bitte mit dem für Sie zuständigen Projektleiter zusammen um zu prüfen welche Variante das richtige Format für Ihre Rechnungs- und Gutschriftsfälle ist.

Die elektronischen Belegformate sehen wir uns gleich an.

Zurück zu unserem Belegsendeprofil – schließen Sie diese „Karte“ und legen Sie eine weitere neue Karte an – dieses Mal mit „Drucken“.

Bedeutet: nach dem Sie auf „NEU" geklickt haben (oder STRG + N auslösten) geben Sie als „CODE" = DRUCK an.

Hier mein Beispiel:

Wie Sie bei meinem Beispiel sehen können, habe ich hier im Feld „Standard" ein Häkchen gesetzt. Das bedeutet also: hat eine Debitorenkarte keine Zuweisung zu einem Beleg-sendeprofil würde das System im Fall einer Verkaufsrechnung bzw. –gutschrift und unter der Voraussetzung, dass ich die Funktion „Buchen & Senden" nutze, immer den „Druck" nehmen.

Im Bereich der Sendeoptionen haben Sie im Feld „**Drucken**" zusätzliche Wahlmöglichkeiten:

- **Nein**
  - Der Beleg wird nicht gedruckt
- **Ja (Standardeinstellungen verwenden)**
  - Der Beleg wird gemäß der Standarddruckereinstellungen gedruckt.
- **Ja (Aufforderung für Einstellungen)**
  - Der Beleg wird mithilfe von Einstellungen gedruckt, die Sie im Einrichtungsdialogfeld für den Drucker vornehmen.

Für die anderen beiden Varianten „E-Mail" und „Datenträger" würde ich jeweils ein eigenes Belegsendeprofil anlegen.

Der Vollständigkeit halber hier weitere Informationen zu den jeweiligen Sendeoptionen.
(Quelle: Onlinehilfe aus Microsoft Dynamics™ NAV2016)

E-Mail:

Hier stehen ebenfalls drei Wahlmöglichkeiten zur Verfügung:

- **Nein**
  - Eine E-Mail wird nicht erstellt
- **Ja (Standardeinstellungen verwenden)**
  - Der Beleg wird einer E-Mail an den Debitor entsprechend den Standardeinstellungen für den Versand von E-Mails angehängt (Beachten Sie bitte auch weitere Informationen dazu in der Onlinehilfe von NAV).
- **Ja (Aufforderung der Einstellungen)**
  - Der Beleg wird einer E-Mail entsprechend den Einstellungen angehängt, die Sie im Fenster E-Mail senden vornehmen.
    Geben Sie im Feld E-Mail Anhang die Art der Datei aus, die angefügt werden soll.

Datenträger:

Geben Sie an, ob der Beleg an einem Speicherort (z.B. auf Ihrem Rechner) gespeichert wird, wenn Sie auf das Symbol „Buchen & Senden“ klicken. Sie haben die Wahl zwischen vier Optionen:

- **Nein**
  - Es wird keine Datei gespeichert
- **PDF**
  - Der Beleg wird als PDF-Dokument an dem angegebenen Speicherort gespeichert
- **Elektronischer Beleg**
  - Der Beleg wird als elektronischer Beleg am angegebenen Speicherort gespeichert – wählen Sie in diesem Fall im Feld „Format“ wieder die Variante aus, die hier verwendet werden soll.
- **PDF und Elektronischer Beleg**
  - Das System erstellt beide Varianten und speichert Sie an der entsprechenden Stelle.

Für einen kleinen Test, legen Sie bitte ein weiteres Belegsendeprofil für „Datenträger“ an. Im Bereich der Sendeoptionen wählen Sie bitte die Variante „PDF und Elektronischer Beleg“. Das Format bleibt bei „PEPPOL 2.0“.

Sobald Sie mindestens ein Belegsendeprofil angelegt haben, schließen Sie bitte diesen Bereich.

Zurück im „Allgemeinen“ Bereich der „Anwendung Einrichtung“ sehen wir einmal kurz in den Bereich der „elektronischen Belegformate“:

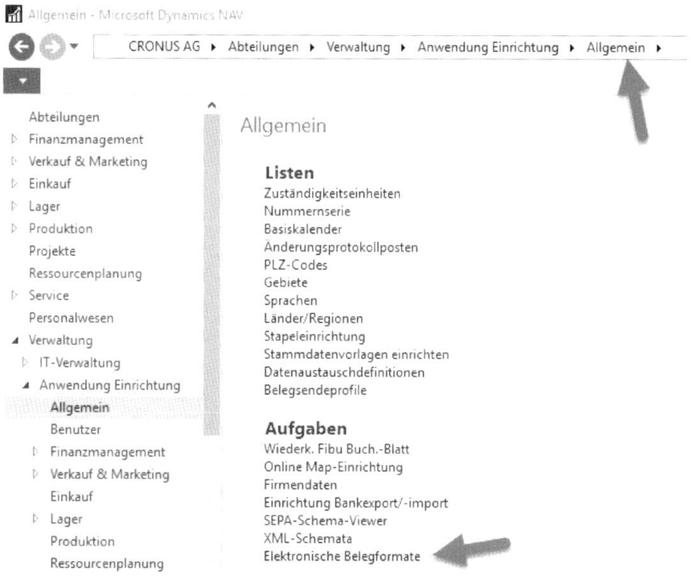

Sie finden diesen Menüpunkt relativ weit „unten“.

Klicken Sie auf diesen Menüaufruf.

So sieht die Auflistung aus:

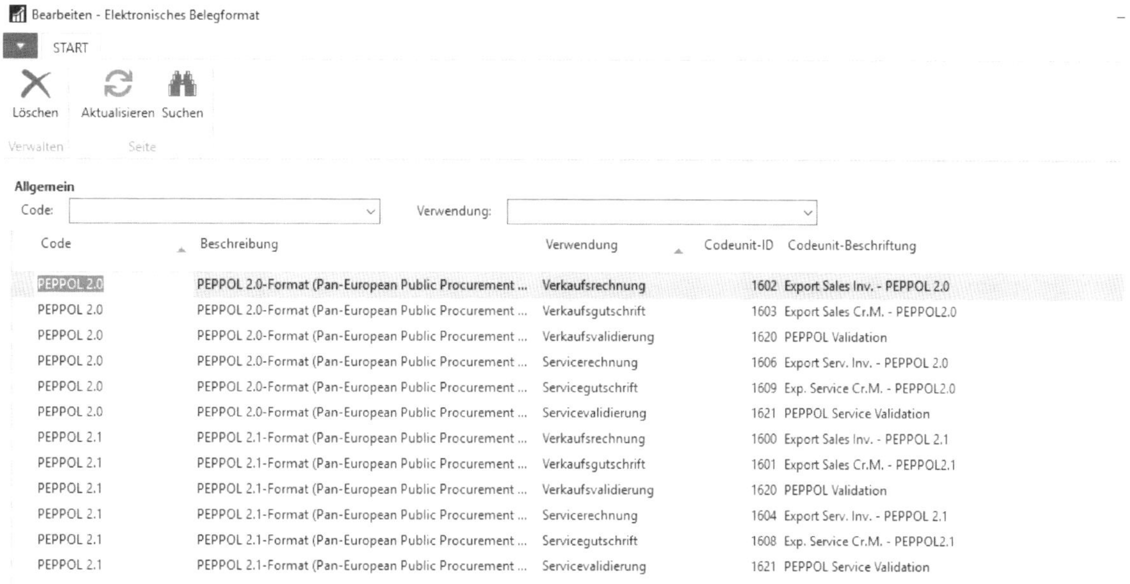

Code	Beschreibung	Verwendung	Codeunit-ID	Codeunit-Beschriftung
PEPPOL 2.0	PEPPOL 2.0-Format (Pan-European Public Procurement ...	Verkaufsrechnung	1602	Export Sales Inv. - PEPPOL 2.0
PEPPOL 2.0	PEPPOL 2.0-Format (Pan-European Public Procurement ...	Verkaufsgutschrift	1603	Export Sales Cr.M. - PEPPOL2.0
PEPPOL 2.0	PEPPOL 2.0-Format (Pan-European Public Procurement ...	Verkaufsvalidierung	1620	PEPPOL Validation
PEPPOL 2.0	PEPPOL 2.0-Format (Pan-European Public Procurement ...	Servicerechnung	1606	Export Serv. Inv. - PEPPOL 2.0
PEPPOL 2.0	PEPPOL 2.0-Format (Pan-European Public Procurement ...	Servicegutschrift	1609	Exp. Service Cr.M. - PEPPOL2.0
PEPPOL 2.0	PEPPOL 2.0-Format (Pan-European Public Procurement ...	Servicevalidierung	1621	PEPPOL Service Validation
PEPPOL 2.1	PEPPOL 2.1-Format (Pan-European Public Procurement ...	Verkaufsrechnung	1600	Export Sales Inv. - PEPPOL 2.1
PEPPOL 2.1	PEPPOL 2.1-Format (Pan-European Public Procurement ...	Verkaufsgutschrift	1601	Export Sales Cr.M. - PEPPOL2.1
PEPPOL 2.1	PEPPOL 2.1-Format (Pan-European Public Procurement ...	Verkaufsvalidierung	1620	PEPPOL Validation
PEPPOL 2.1	PEPPOL 2.1-Format (Pan-European Public Procurement ...	Servicerechnung	1604	Export Serv. Inv. - PEPPOL 2.1
PEPPOL 2.1	PEPPOL 2.1-Format (Pan-European Public Procurement ...	Servicegutschrift	1608	Exp. Service Cr.M. - PEPPOL2.1
PEPPOL 2.1	PEPPOL 2.1-Format (Pan-European Public Procurement ...	Servicevalidierung	1621	PEPPOL Service Validation

Wie Sie hier sehen können, wurde bereits im Standard-NAV einiges vorbereitet. Es gibt zwei verschiedene Formate: 2.0 und 2.1 – wie bereits an anderer Stelle erwähnt: welches Format hier das Richtige für Sie ist, klären Sie bitte mit Ihrem Administrator bzw. Projektleiter des Partners ab.

Was hier gut zu sehen ist: jedes Format ist über eine sogenannte Codeunit „gekoppelt“. Eine Codeunit ist vereinfacht gesagt eine „Funktion“ – diese Funktionen benötigt das System um „etwas zu tun“.

Schließen Sie diesen Bereich durch Klick auf „OK“.

Ein kleiner Test...

Um sich die „Auswirkungen“ eines „Belegsendeprofils“ samt der dort vorhandenen Einstellung einmal anzusehen bzw. auszuprobieren, nutzen wir unsere beiden Debitoren „Max Musterle GmbH & Co. KG“ sowie „CompHelp AG“.

Wechseln Sie im Verkaufsmenü in die „Auftragsabwicklung“ und öffnen Sie die Debitoren. In der Debitorenübersicht suchen Sie zunächst „Max Musterle GmbH & Co. KG“. Öffnen Sie diese Stammdatenkarte im „Bearbeiten“-Modus (entweder via „Doppelklick“ oder durch Klick auf das Symbol „Bearbeiten“).

Im Register „Kommunikation“ finden Sie das entsprechende Feld:

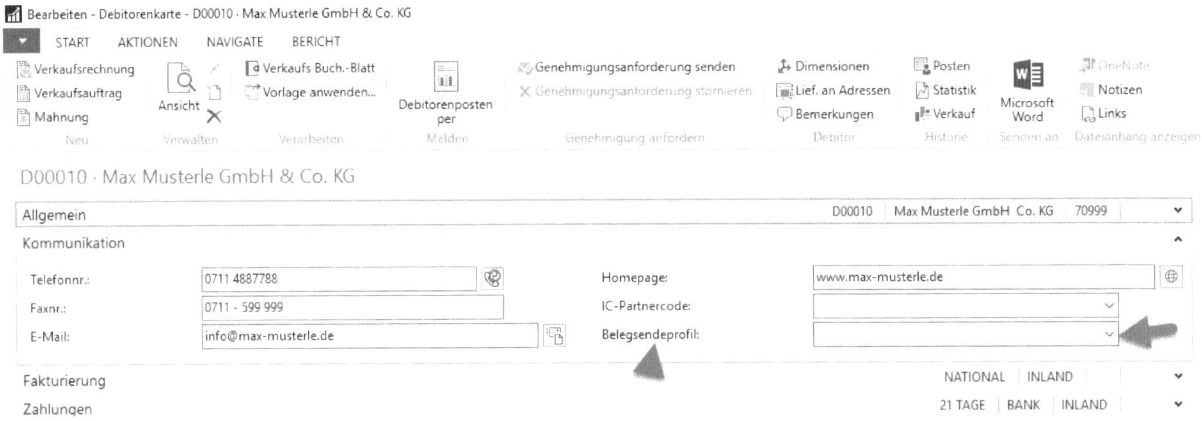

Wählen Sie hier die Variante „Datenträger“.

In der anderen Stammdatenkarte – der CompHelp AG – lassen wir dieses Feld „frei“. Sofern Sie vorhin ein Belegsendeprofil „Druck“ angelegt und dort das Häkchen „Standard“ gesetzt hatten, sollte das System hier automatisch die „Druck“ Variante aufrufen.

Wechseln Sie in der „Auftragsabwicklung“ jetzt auf den Punkt „*Verkaufsrechnung*“. (Hinweis: jetzt erstellen wir eine „echte“ Direktrechnung ☺).

Stellen wir uns vor, Sie möchten die Frachtkosten an Ihren Kunden weiterbelasten.

Erstellen Sie einen neuen Beleg (Verkaufsrechnung) für „Max Musterle GmbH & Co. KG“ – in der Zeile tragen Sie einen *Zu-/Abschlag (Artikel)* ein – wählen Sie im Feld „Nr.“ *V-Fracht* aus.

Im Feld „Menge“ hinterlegen Sie eine „1“ – und im Feld „VK-Preis ohne MwSt.“ tragen Sie bitte „50“ ein.

Zu-/Abschläge (Artikel) müssen immer einer bestimmten Lieferung (in diesem Fall) bzw. den vorhandenen Artikeln in einem Beleg zugewiesen werden.

Ansicht der Verkaufsrechnung:

Um eine Zuweisung auf eine Verkaufslieferung vorzunehmen, klicken Sie im Register „Zeilen“ bitte auf „Zeile“ und dort auf den Menüpunkt „Artikel Zu-/Abschlagszuweisung“:

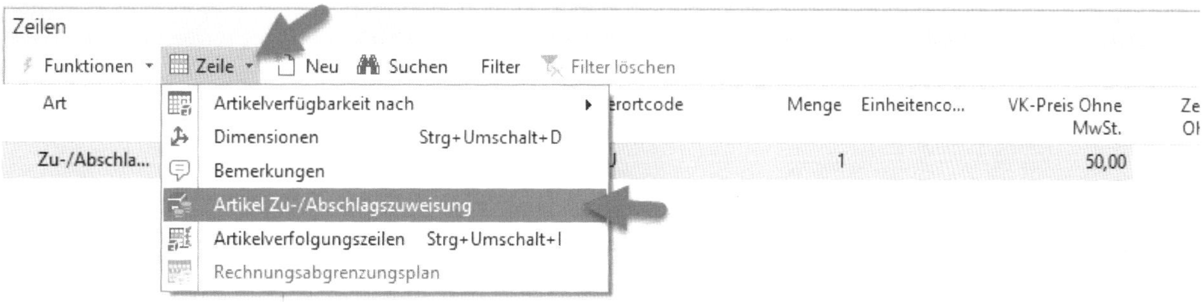

Es öffnet sich eine neue Maske:

Wechseln Sie im Menüband auf den Reiter „AKTIONEN“ und klicken Sie dort auf das Symbol „Lieferzeilen holen“.

Ansicht der gebuchten Verkaufslieferzeilen:

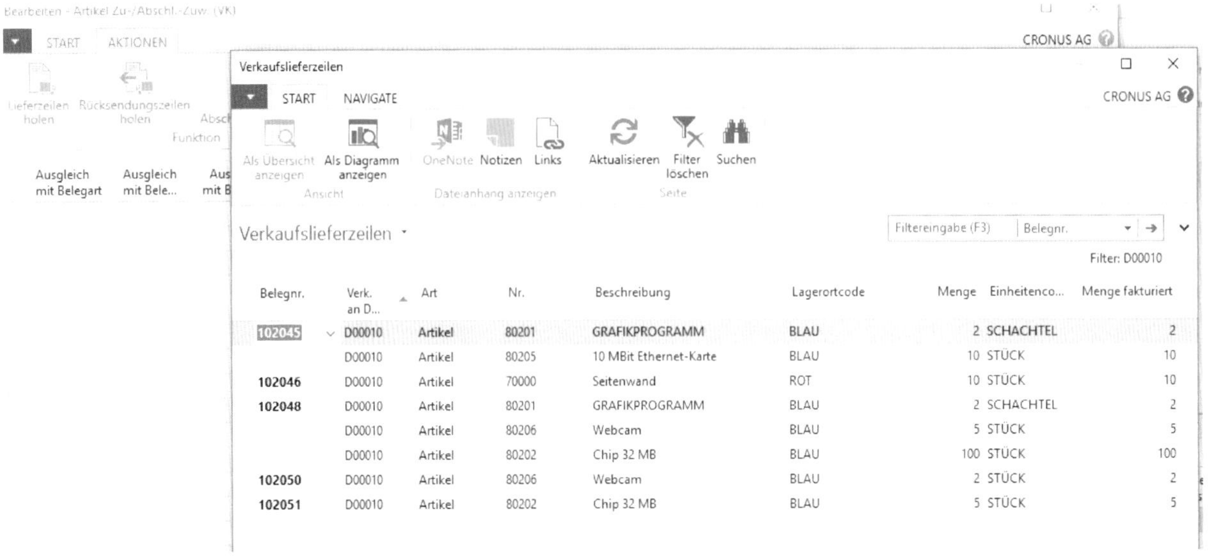

Markieren Sie die Lieferzeilen, der Sie diesen Zuschlag zuweisen wollen – ich nehme bei meinem Beispiel die letzten beiden Zeilen. Klicken Sie auf „OK“ um die ausgewählten Zeilen zu übernehmen.

Im nächsten Schritt klicken Sie bitte auf das Symbol „Artikel Zu-/Abschlagszuweisung vorschlagen“:

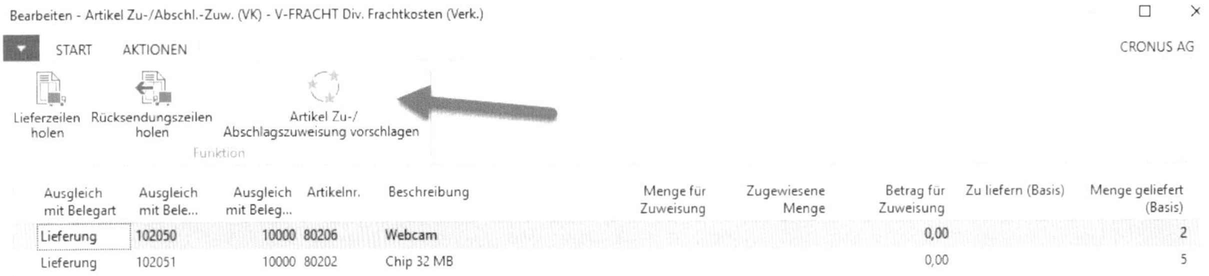

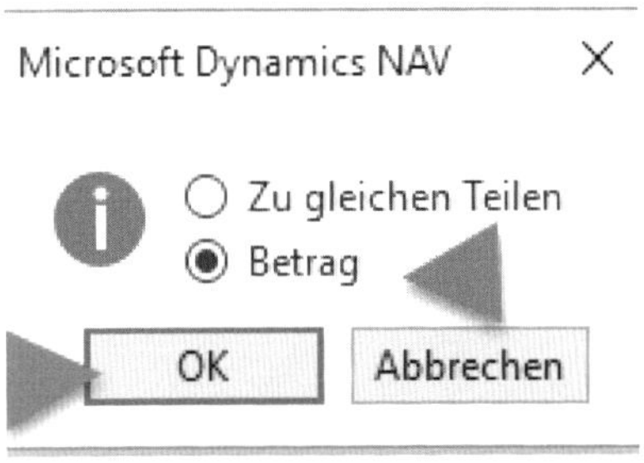

Ein kleines Dialogfenster gibt Ihnen die Wahlmöglichkeit ob Sie die Frachtkosten zu „gleichen Teilen“ auf die Lieferungen verteilen möchten oder eher betragsabhängig.

Wir belassen die Option „Betrag“ – klicken Sie auf „OK“.

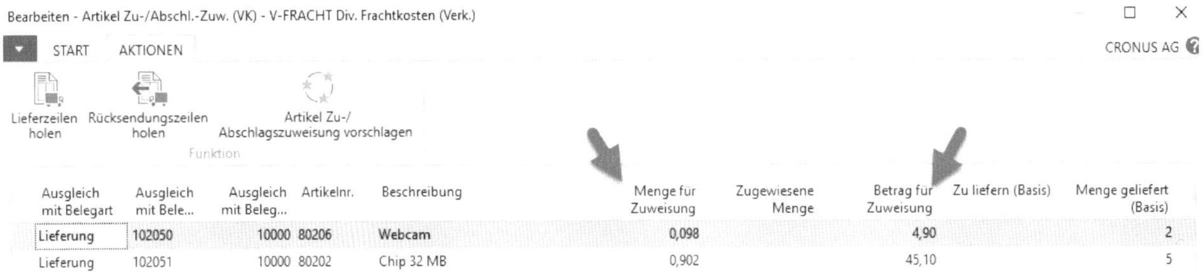

Nach dem Sie die Zuweisung durchgeführt haben, schließen Sie diese Ansicht durch Klick auf „OK“ rechts unten (oder drücken die ESC-Taste).

Zurück in der Verkaufsrechnung klicken Sie nun auf das Symbol „Buchen und Senden“:

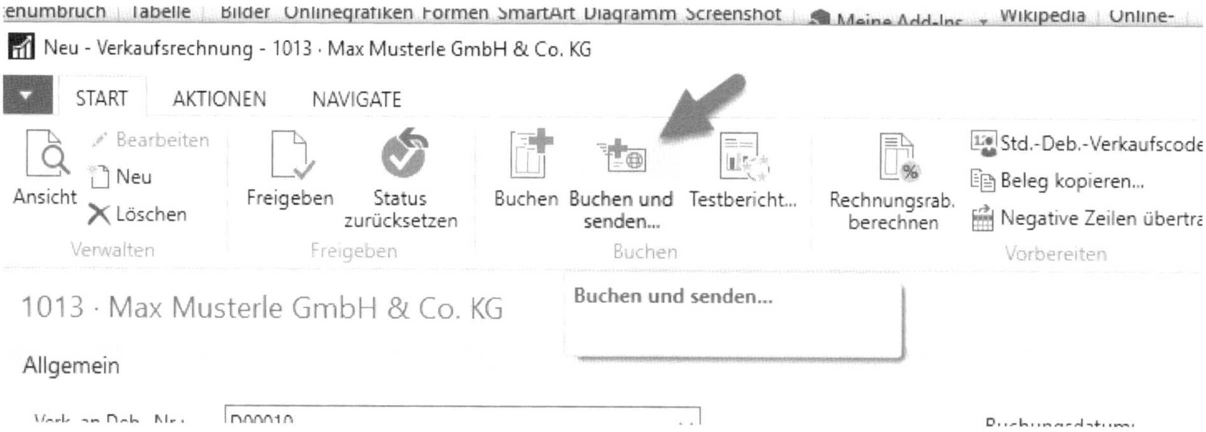

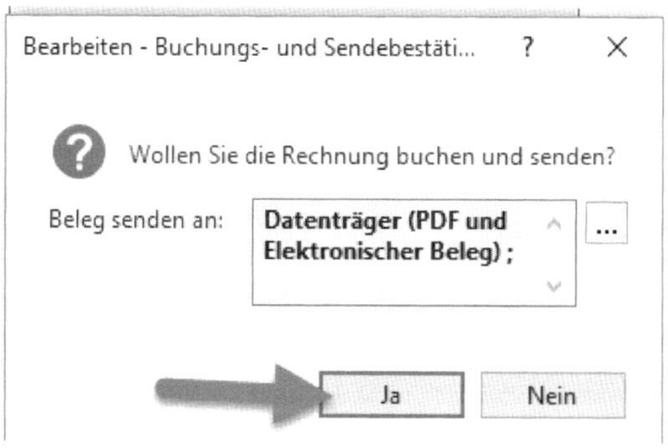

Es erscheint zunächst ein kleines Dialogfenster, dass Sie über die Voreinstellung „informiert“.

Klicken Sie auf „JA“.

In meinem Beispielfall kommt jetzt folgende Abbruchmeldung:

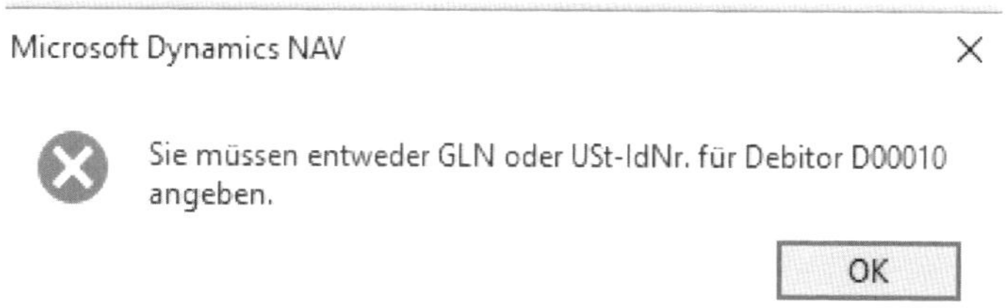

Wir benötigen für den „elektronischen Beleg“ (damit die Übermittlung nachher klappt) eine entsprechende Umsatzsteuer-Identnummer*.

Klicken Sie zunächst auf „OK“ und kehren Sie bitte noch einmal zurück in die Debitorenkarte.

Dazu genügt es, dass Sie in der Verkaufsrechnung rechts auf den Hyperlink der Debitorennummer in der „Info & Factbox“ klicken:

In diesem Fall wird die Stammdatenkarte zunächst im „Ansichtsmodus“ geöffnet. Klicken Sie auf das Symbol für „Bearbeiten“ und öffnen Sie das Register „Fakturierung“. Hinterlegen Sie die (fiktive) USt.-ID: DE301587985 und schließen Sie diese Stammdatenkarte wieder.

(*das System braucht eine eindeutige Identifikation – sei es die GLN oder eben eine USt.-ID)

Leider ist unser „CRONUS-Mandant“ an einigen Stellen noch nicht ganz „sauber“ gepflegt. Uns fehlt zum Beispiel noch der SWIFT-Code in den Firmendaten.

Das bedeutet: schließen Sie bitte zunächst die Verkaufsrechnung und klicken Sie bitte in das Suchfeld rechts oben. Tragen Sie „Firmendaten“ ein:

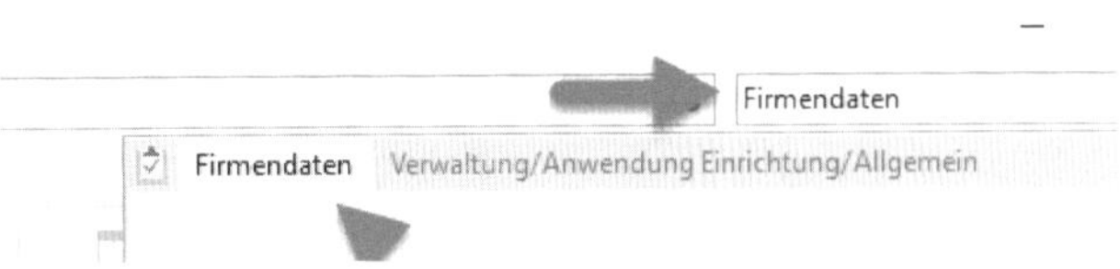

Klicken Sie direkt auf den Begriff selbst und die Firmendatenkarte wird geöffnet.

Im Register „Zahlungen“ hinterlegen Sie bitte im Feld SWIFT *DEUTDEXBDVE*

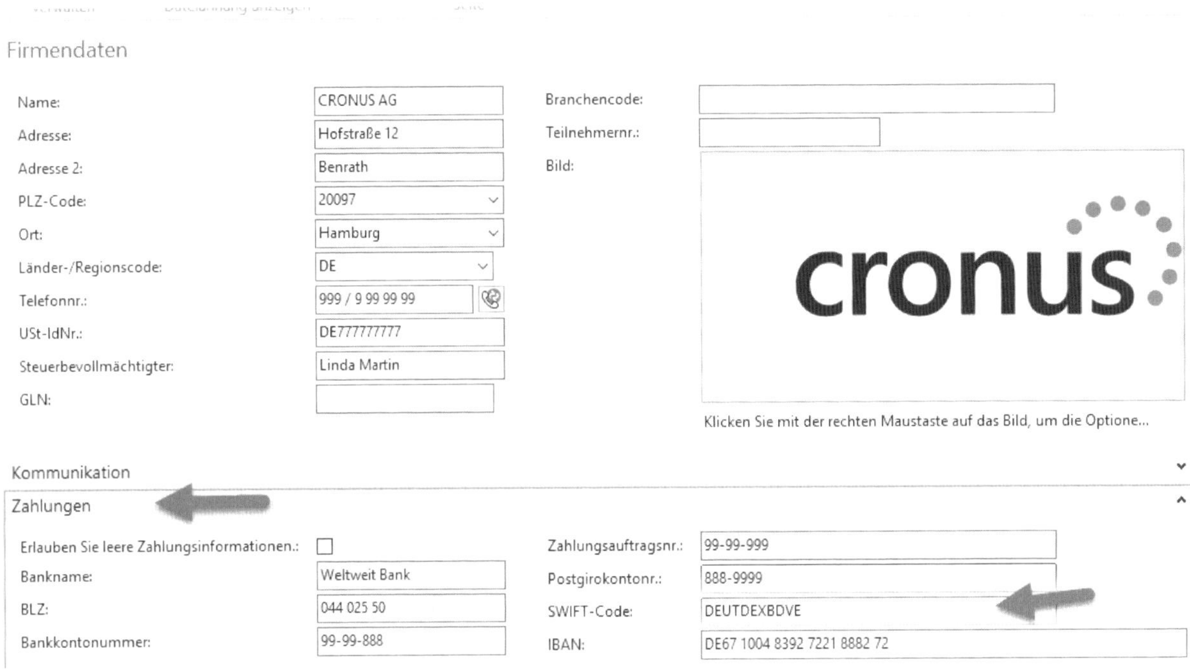

Schließen Sie die Firmendatenkarte und kehren Sie zurück in die Verkaufsrechnung von „Max Musterle GmbH & Co. KG“.

Klicken Sie erneut auf das Symbol „Buchen und Senden“ und bestätigen Sie das Dialogfenster. Eine kurze „Fortschrittsmeldung“ zeigt Ihnen an, dass das System die Rechnung bucht.

Kurz danach erhalten Sie diese Meldung:

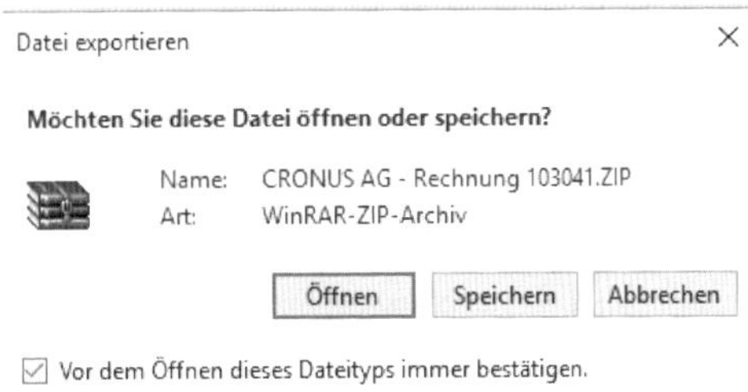

Klicken Sie auf „Speichern“ – der „Windows Explorer“ wird geöffnet.

Wählen Sie ein Verzeichnis, in dem Sie diese Testdatei speichern können (ich habe hier „Desktop“ genommen).

Sobald Sie die ZIP-Datei gespeichert haben, ist die Verkaufsrechnung quasi „komplett“ und damit bereits im „Archiv“ verschwunden.

Wechseln Sie auf das Verzeichnis, in dem Sie die ZIP-Datei gerade gespeichert haben. Entpacken Sie dieses „Päckchen“.

Wie gewünscht, hat das System sowohl eine PDF-Datei wie auch die Datei für die elektronische Übermittlung erstellt:

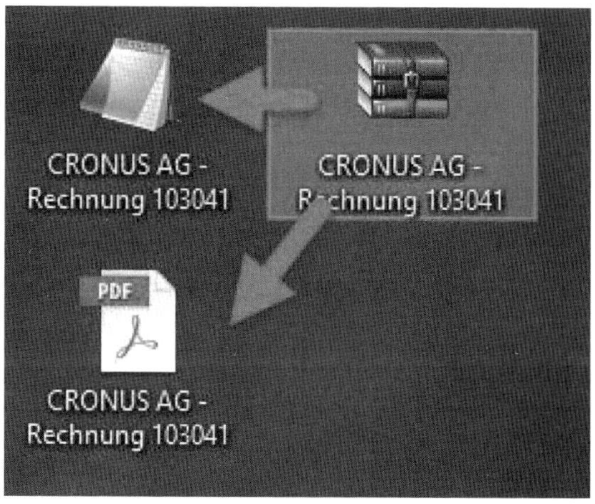

Klicken Sie auf die „elektronische Datei“ (in meinem Bildschirmausschnitt als „Notepad“ dargestellt.

So sieht die „elektronische Datei“ aus:

CRONUS AG - Rechnung 103041 - Editor

Datei Bearbeiten Format Ansicht ?


```
<?xml version="1.0" encoding="UTF-8" standalone="no"?>
<Invoice xmlns:cac="urn:oasis:names:specification:ubl:schema:xsd:CommonAggregateComponents-2" xmlns:cbc="urn:oasis:names:specification:ubl:schema:xsd:CommonBasicComponents-2
  <cbc:UBLVersionID>2.0</cbc:UBLVersionID>
  <cbc:CustomizationID>urn:www.cenbii.eu:transaction:biicoretrdm010:ver1.0</cbc:CustomizationID>
  <cbc:ProfileID>urn:www.cenbii.eu:profile:bii04:ver1.0</cbc:ProfileID>
  <cbc:ID>103041</cbc:ID>
  <cbc:IssueDate>2017-01-26</cbc:IssueDate>
  <cbc:InvoiceTypeCode listID="UNCL1001">380</cbc:InvoiceTypeCode>
  <cbc:DocumentCurrencyCode listID="ISO4217">EUR</cbc:DocumentCurrencyCode>
  <cbc:TaxCurrencyCode listID="ISO4217">EUR</cbc:TaxCurrencyCode>
  <cac:ContractDocumentReference>
    <cbc:ID>103041</cbc:ID>
    <cbc:DocumentTypeCode listID="UNCL1001" />
    <cbc:DocumentType />
  </cac:ContractDocumentReference>
  <cac:AccountingSupplierParty>
    <cac:Party>
      <cbc:EndpointID schemeID="DE:VAT">DE777777777</cbc:EndpointID>
      <cac:PartyName>
        <cbc:Name>CRONUS AG</cbc:Name>
      </cac:PartyName>
      <cac:PostalAddress>
        <cbc:StreetName>Hofstraße 12</cbc:StreetName>
        <cbc:AdditionalStreetName>Benrath</cbc:AdditionalStreetName>
        <cbc:CityName>Hamburg</cbc:CityName>
        <cbc:PostalZone>20097</cbc:PostalZone>
        <cac:Country>
          <cbc:IdentificationCode listID="ISO3166-1:Alpha2">DE</cbc:IdentificationCode>
        </cac:Country>
      </cac:PostalAddress>
      <cac:PartyTaxScheme>
        <cbc:CompanyID schemeID="DE:VAT">DE777777777</cbc:CompanyID>
        <cac:TaxScheme>
          <cbc:ID>VAT</cbc:ID>
        </cac:TaxScheme>
      </cac:PartyTaxScheme>
      <cac:PartyLegalEntity>
```


Es handelt sich um eine XML-Datei – ein Datei-Format das auf internationaler Ebene im Normalfall von fast allen Systemen „gelesen“ werden kann.

Wenn Ihr Kunde die Möglichkeit hätte, solche Dateien in seinem/ihrem System einzulesen und daraus eine Einkaufsrechnung zu erstellen, wird er bzw. sie sicher diesen Weg der Rechnungsübermittlung bevorzugen.

Die zweite Datei – als PDF generiert – könnte im Notfall per Mail an den jeweiligen Ansprechpartner zugeschickt werden.

Für unseren zweiten Testlauf – eine Verkaufsrechnung für einen Debitor, bei dem kein Belegsendeprofil hinterlegt wurde – erstellen Sie bitte eine neue Verkaufsrechnung für den Kunden „CompHelp AG“.

Tragen Sie in der Zeile eine Ressource ein – nehmen wir an, Sie möchten 1 Stunde einer Dienstleistung berechnen. Nehmen Sie als Ressource „Linda“.

So sieht die Verkaufsrechnung aus:

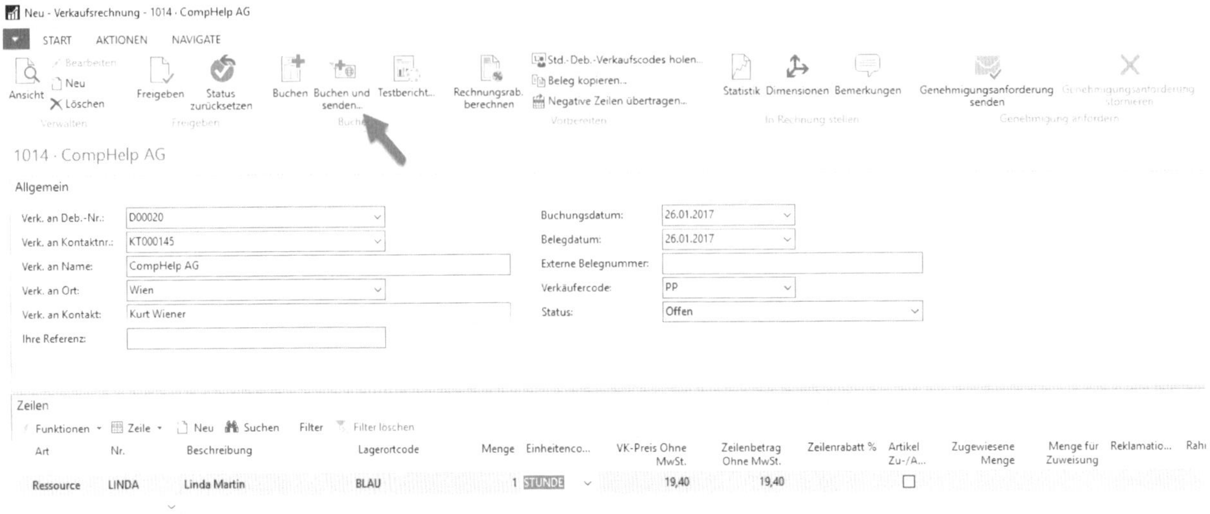

Klicken Sie wieder auf „Buchen und Senden“:

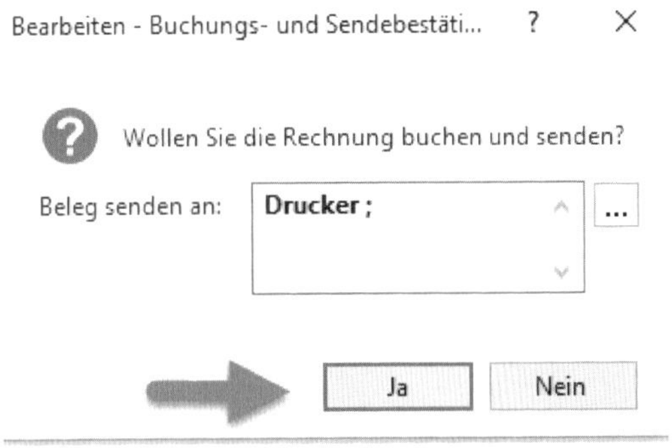

Sie sehen: das System ruft hier das Belegsende-profil ab, dass als „Standard“ gekennzeichnet wurde.

Klicken Sie auf „JA“. Die Rechnung wird gebucht und gedruckt.

Fazit:

Die Möglichkeit über ein Belegsendeprofil pro Kunde bereits zu definieren, wie dieser Debitor seine Verkaufsrechnung bzw. –gutschrift bekommt, ist ein weiterer Fortschritt vor allem in Richtung „eInvoicing“ und eine Arbeitserleichterung (weil dann keiner mehr „nachdenken“ muss „wie bekommt mein Kunde seine Rechnung/Gutschrift“).

Im Standard NAV finden Sie diese Möglichkeit aber nur(!) in den Verkaufsrechnungen und –gutschriften **direkt**. Das bedeutet: im Fall von einer Fakturierung direkt aus einem Verkaufs-auftrag heraus, haben Sie das Symbol „Buchen und Senden“ **nicht**.

Ob Sie diese Möglichkeit nutzen wollen, entscheiden Sie!

3.4.7 Der Rahmenauftrag

Wenn Sie mit Ihrem Debitor eine bestimmte Abgabemenge über einen längeren Zeitraum vereinbaren möchten, für den dieser Kunde zudem einen besonderen Preis erhalten soll – ist der „Rahmenauftrag" dafür ideal. Ebenso wie im Einkauf haben Sie so die Option einen Rahmen**vertrag** abbilden zu können.

Um dieses Thema etwas zu verdeutlichen wieder eine kleine Übung zum „mitmachen".

Nehmen wir an, Sie haben mit Ihrem Kunden „Max Musterle GmbH & Co. KG" vereinbart, dass dieser von dem Artikel „Webcam" (Artikelnr. 80206) innerhalb eines Quartals 3000 Stück abnehmen wird. Statt dem „normalen" VK-Preis von 2,20 pro Stück vereinbaren Sie mit dem dortigen Ansprechpartner einen VK-Preis von 1,95 pro Stück.

Klicken Sie im Verkaufsbereich auf den Menüpunkt „Auftragsabwicklung" – und dort auf „Rahmenaufträge".

Auch in diesem Fall gelangen Sie zunächst in eine Übersicht. Erstellen Sie bitte einen neuen Beleg durch Klick auf das Symbol „NEU" (oder drücken von STRG + N). Hinterlegen Sie im Feld „Verk. an Deb.-Nr." den Kunden „Max Musterle GmbH & Co. KG".

In der Verkaufszeile hinterlegen Sie im Feld „Art" = *Artikel*, im Feld „Nr." wählen Sie die „Webcam" aus (Artikelnr. 80206). Als „Lagerort" nehmen Sie bitte wieder „BLAU".

Im Feld „Menge" tragen Sie die Gesamtmenge ein – 3.000 Stück und im Feld „VK-Preis ohne MwSt." ändern Sie den Preis auf die vereinbarten „1,95".

So sollte Ihr Rahmenauftrag aussehen:

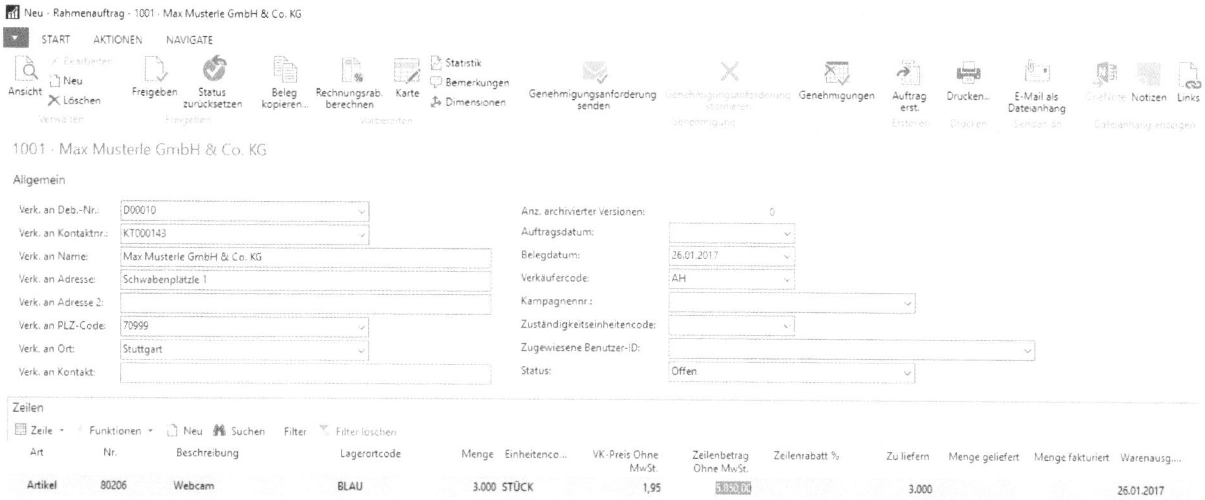

Hinweis:

Wenn ein fester „Abruftermin" mit einer dedizierten Menge vorab feststeht, könnten Sie die Mengen auch auf einzelne Zeilen aufteilen. In der Praxis hat es sich aber bewährt, im Feld „Menge" immer die Gesamtmenge einzutragen und pro Abruf die Menge im Feld „zu liefern" entsprechend zu ändern.

Aus einem Rahmenauftrag (ebenso wie bei der „Rahmenbestellung“) kann weder direkt geliefert noch fakturiert werden. Der eigentliche Verkaufsvorgang findet letztendlich immer erst in dem eigentlichen Verkaufsauftrag statt, der mit einem Rahmenauftrag „verbunden“ ist.

Um das Ganze noch etwas deutlicher zu gestalten, können Sie in der Verkaufszeile ober- oder unterhalb des Artikels noch einen Text zu fügen. Beispielsweise:

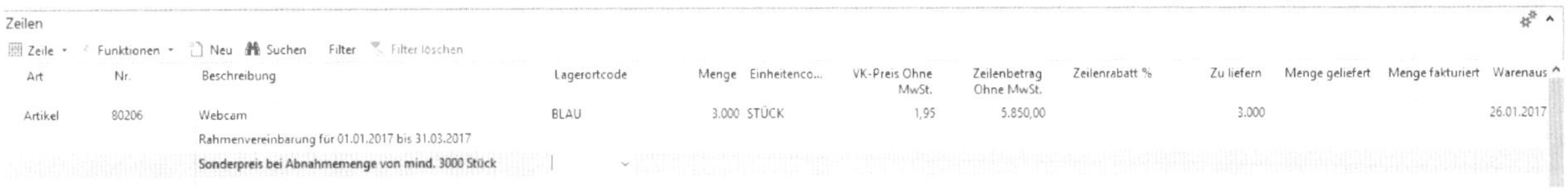

Gehen wir bei unserem Beispielfall davon aus, dass Herr Muster anruft und die ersten 1000 Stück abruft. Ändern Sie im Feld „zu liefern“ die Menge auf „1000“ und klicken Sie im nächsten Schritt auf das Symbol „Auftrag erst.“ im Menüband.

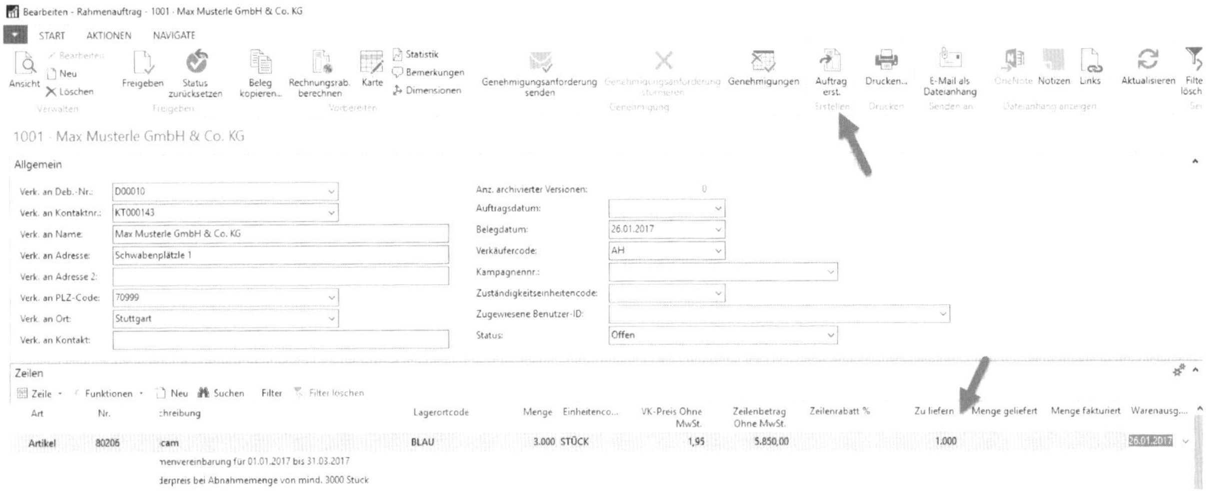

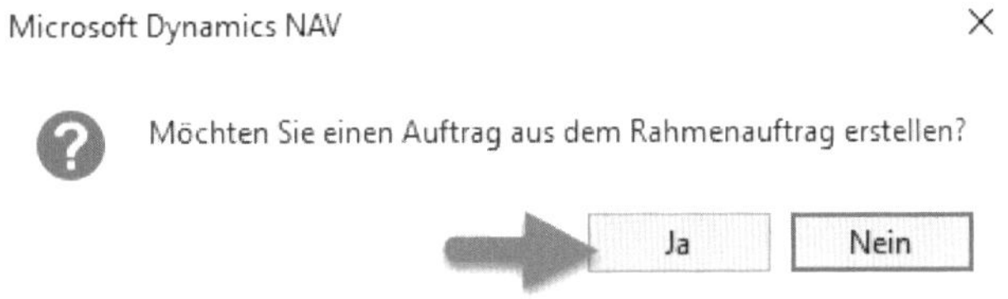

Bestätigen Sie die Abfragemeldung durch Klick auf „JA“.
Es erscheint möglicherweise eine Verfügbarkeitswarnung – bestätigen Sie diese zunächst durch Klick auf „ok“.

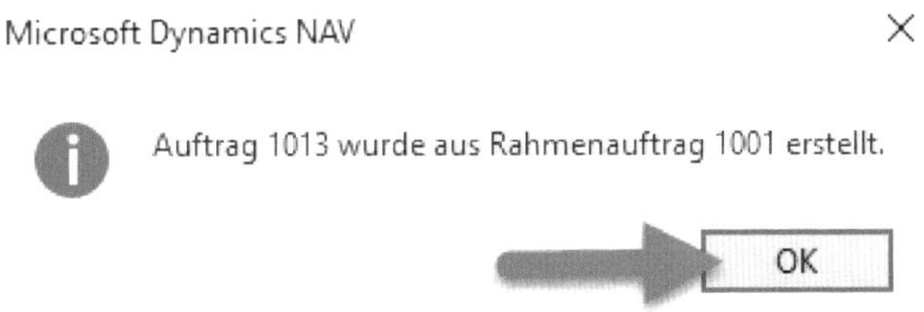

Eine weitere Meldung informiert Sie über die erfolgreiche Erstellung eines Verkaufsauftrages. In meinem Fall mit der Nummer „1013“.

Nach dem der Auftrag erstellt wurde, wird das Feld „zu liefern“ im Rahmenauftrag geleert.

Um sich den erstellten Verkaufsauftrag anzusehen, haben Sie zwei mögliche Wege: direkt über den Rahmenauftrag selbst oder Sie schließen den Rahmenauftrag und klicken in der „Auftragsabwicklung“ auf „Aufträge“ – und suchen sich den betreffenden Verkaufsauftrag heraus.

Über den Rahmenauftrag geht es folgendermaßen:

Klicken Sie im Register Zeilen auf „Zeile“ und dort auf „ungebuchte Belege“ – „Aufträge“:

Es öffnet sich zunächst eine kleine Übersicht:

Durch Klick auf „Beleg anzeigen“ verzweigt das System direkt in den markierten Verkaufsauftrag.

Schließen Sie diese Ansicht und auch den Rahmenauftrag. Wir nutzen den „zweiten“ Weg – direkt aus der Auftragsabwicklung. Wechseln Sie bitte in die „Aufträge“ und rufen Sie sich bitte den gerade erstellten Verkaufsauftrag auf.

Ansicht des Verkaufsauftrages:

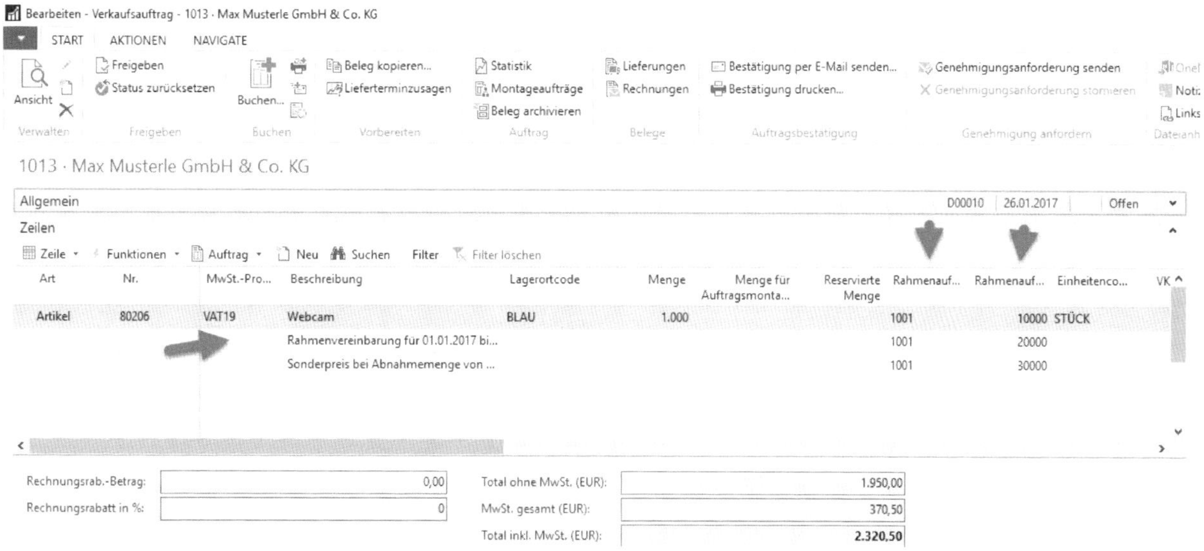

Blenden Sie sich bitte im Zeilenbereich die Spalten „Rahmenauftragsnr.“ und „Rahmenauftragszeilennr.“ ein.

Über diese beiden Spalten sehen Sie die direkte Verbindung zu dem Rahmenauftrag.

Sollten Sie von dem Artikel „80206“ nicht genügend Bestand vorrätig haben – so wie in meinem Fall – nutzen wir an dieser Stelle nochmals das Thema „***Lieferterminzusage***“ – „**Beschaffungszusage**“.

Wissen Sie noch wie das funktioniert? (ansonsten nochmal kurz in Kapitel 3.4.3.1.2 gucken ☺)

Als kleine „Wiederholung“: führen Sie die oben genannte Funktion für diesen Fall erneut durch – sobald der Bestand vorhanden ist, können Sie diesen Auftrag „liefern“ und „fakturieren“.

Kurzfassung: klicken Sie im Register „Zeilen“ auf „Zeile“ – „Lieferterminzusage“.

Schritt 1: klicken Sie auf „Beschaffungszusage“ und danach auf „Akzeptieren“

Schritt 2: wechseln Sie in den Einkaufsbereich – „Planung“ – „Bestellvorschläge“ – klicken Sie auf „Ereignismeldung durchführen“

Schritt 3: wechseln Sie im Einkaufsbereich – „Planung“ auf „Bestellungen“ und suchen Sie die gerade erstellte Bestellung heraus (Lieferant ist hierfür „50000“). Öffnen Sie den Bestellbeleg und klicken Sie auf „Buchen“ – „**Liefern**“.

Schritt 4: kehren Sie in den Verkaufsauftrag zurück und klicken Sie auf „Buchen" – „Liefern" und „Fakturieren"

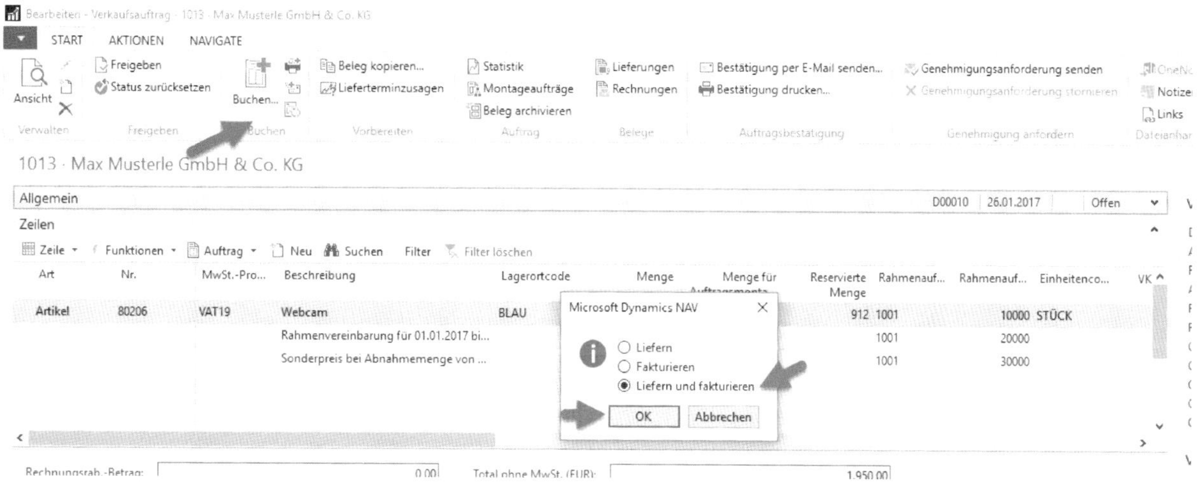

Nach dem Sie diesen Buchungsvorgang durchgeführt haben, wechseln Sie bitte noch einmal in die Rahmenaufträge zurück und öffnen Sie diesen Verkaufsbeleg:

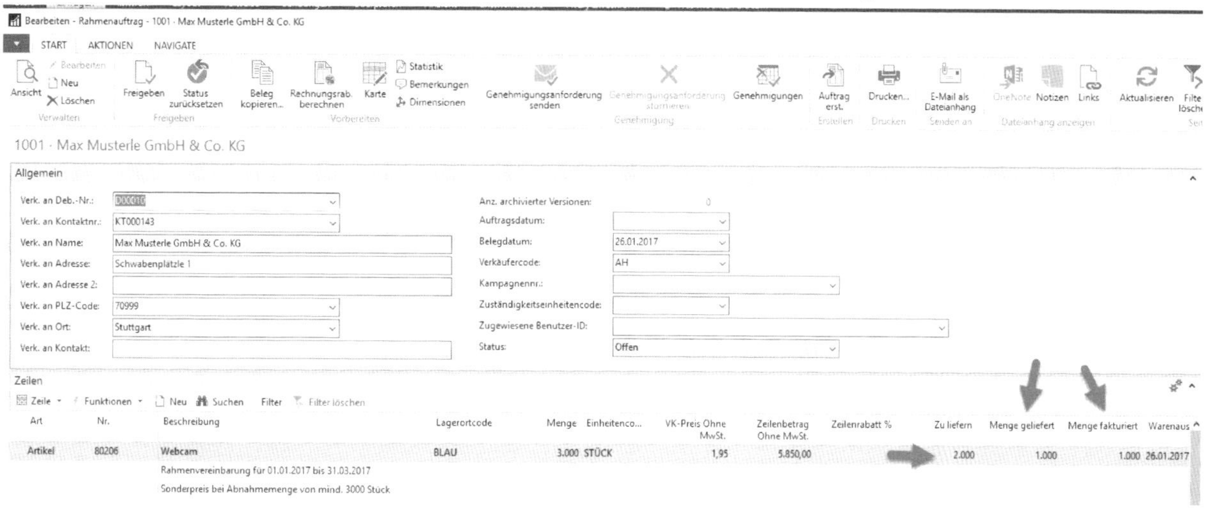

Gut zu sehen: das System hat die Restmenge korrekt kalkuliert und dokumentiert, dass bereits eine Teilmenge aus der Rahmenvereinbarung abgerufen und auch geliefert sowie fakturiert ist.

Dadurch haben Sie immer einen Überblick in welchem Status sich das Ganze befindet.

Eine andere Variante, einen Verkaufsauftrag und einen Rahmenauftrag miteinander zu verbinden wäre folgender:

Folgendes Szenario:

Herr Muster ruft erneut in Ihrem Hause an. Diana – Ihre Kollegin – nimmt diesen Anruf entgegen. Da Herr Muster nicht auf einen bestehenden Rahmenauftrag hinweist, erfasst die Kollegen zunächst einen normalen Rahmenauftrag. Ihr Kunde hätte dieses Mal gern 500 Stück von dem Artikel 80206.

Während des Erfassens sieht Diana, dass es für diesen Kunden einen Rahmenauftrag gibt (aufgrund der Anzeige in der Factbox rechts).

Ihre Aufgabe:

Erstellen Sie einen neuen Verkaufsauftrag für „Max Musterle GmbH & Co. KG". Tragen Sie den Artikel 80206 und die gewünschte Menge ein. Achten Sie bitte darauf, dass Sie im Feld „Lagerortcode" wieder „BLAU" wählen.

Beachten Sie die beiden Spalten „Rahmenauftragsnr." und „Rahmenauftragszeilennr." – beide Felder müssten jetzt „leer" sein.

Ansicht des neuen Verkaufsauftrages:

Durch einen Klick auf den „Hyperlink" in der Factbox (die „Zahl"), sieht die Kollegin, dass es genau für diesen Artikel ein Rahmenabkommen gibt. Bevor sie jetzt diesen Auftrag wieder löscht um dann über den Rahmenauftrag einen neuen Auftrag zu erstellen, beschließt Diana die Verknüpfung über die beiden Felder „Rahmenauftragsnr."/"Rahmenauftragszeilennr." herzustellen.

Klicken Sie dazu im Feld „Rahmenauftragsnr." auf den „Drop-Down-Pfeil" rechts und wählen Sie den Rahmenauftrag entsprechend aus:

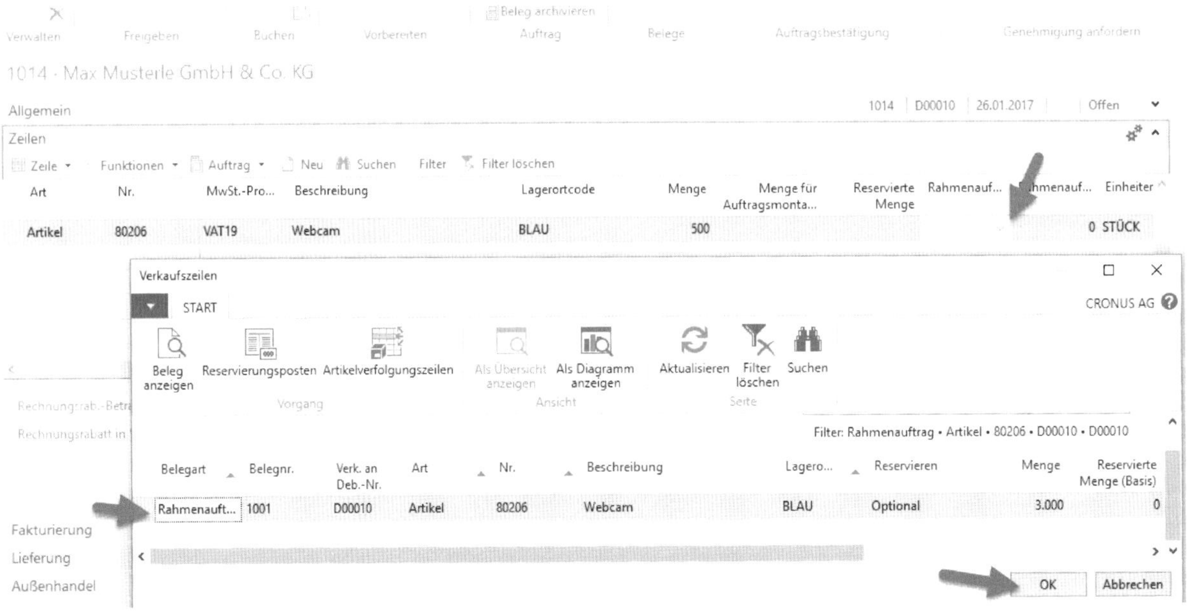

Die Zuordnung ist jetzt „korrekt“ – und auch der vereinbarte Preis wurde aktualisiert.

Hinweis:

Wird die Zuweisung zu einem Rahmenbeleg nachträglich durchgeführt, weisen Sie bitte Ihre Anwender darauf hin, immer die Zeilen nochmals zu prüfen (z.B. den VK-Preis). Es gab Fälle, in denen sich einige Felder nicht aktualisiert hatten.

Wie Sie anhand des Beispiels hier sehen konnten, hat das System die zusätzlichen Textzeilen nicht „geholt“. In diesem Fall müsste der Mitarbeiter diese Informationen nachträglich manuell erfassen.

Da wir auch für diesen Fall keine ausreichende Menge zur Verfügung haben, benötigen wir eine „Beschaffung“.

In diesem Fall erstellen Sie <u>manuell</u> eine neue Einkaufsbestellung mit diesem Artikel und der Menge „1000“ (für unsere nächsten Beispiele ☺). Bitte achten Sie bei der Bestellung darauf, dass Sie den Lagerortcode „BLAU“ in der Zeile hinterlegt haben. Buchen Sie die „Lieferung“ der Einkaufsbestellung. Kehren Sie danach in den Verkaufsauftrag zurück und buchen Sie diesen komplett durch.

Sobald Sie diese Vorgänge erledigt haben, öffnen Sie bitte noch einmal den Rahmenauftrag:

Dadurch, dass das System zwischen Rahmenauftrag und Auftrag die Verbindung hatte, wird auch der zweite Verkaufsvorgang hier „mitprotokolliert“.

Übrigens: auch ein Lieferscheinstorno setzt die Mengen im Rahmenauftrag wieder „um“.

3.4.8 Tipps und weitere mögliche „Werkzeuge“ und Abläufe

In diesem Kapitel möchte ich Sie auf weitere unterschiedliche „Werkzeuge“ und „Abläufe“ hinweisen, die eventuell auch in Ihrem täglichen Arbeitsablauf hilfreich sein könnten:

3.4.8.1 Verwenden von „Ersatzartikeln“

Im Standard-NAV besteht die Möglichkeit mit sogenannten „Ersatzartikeln“ zu arbeiten. Das bedeutet: hat Ihr Debitor einen bestimmten Artikel bestellt, der zurzeit aber beispielsweise nicht verfügbar ist oder bereits „abverkauft“ wurde, können Sie hinter diesem Artikel einen „Ersatzartikel“ definieren, den sich der Bearbeiter des Auftrags (oder Angebotes) aufrufen und auch „abrufen“ kann.

Ein Beispiel dazu:

Wechseln Sie im Verkaufsmenü bitte auf „Lager & Preise“. Klicken Sie dort auf „Artikel“. In der Artikelübersicht suchen Sie bitte nach dem Artikel mit der Nummer 70100 (Farbe „schwarz“) und öffnen die Stammdatenkarte durch einen „Doppelklick“.

Klicken Sie im Menüband – Reiter START – auf das Symbol „Ersatzartikel“:

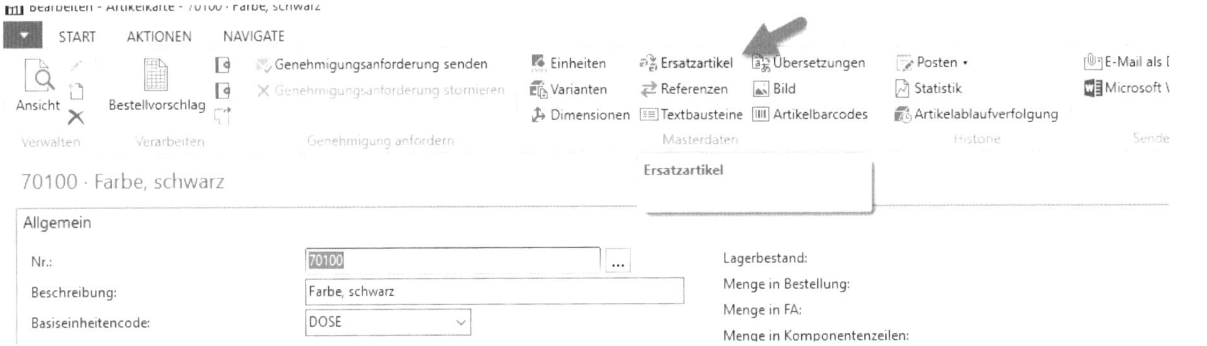

(Sie können den Aufruf bzw. die Zuordnung auch direkt über die Artikelübersicht durchführen. In diesem Fall platzieren Sie Ihren Cursor auf den betreffenden Artikel und klicken im Menüband – Reiter NAVIGATE auf das entsprechende Symbol):

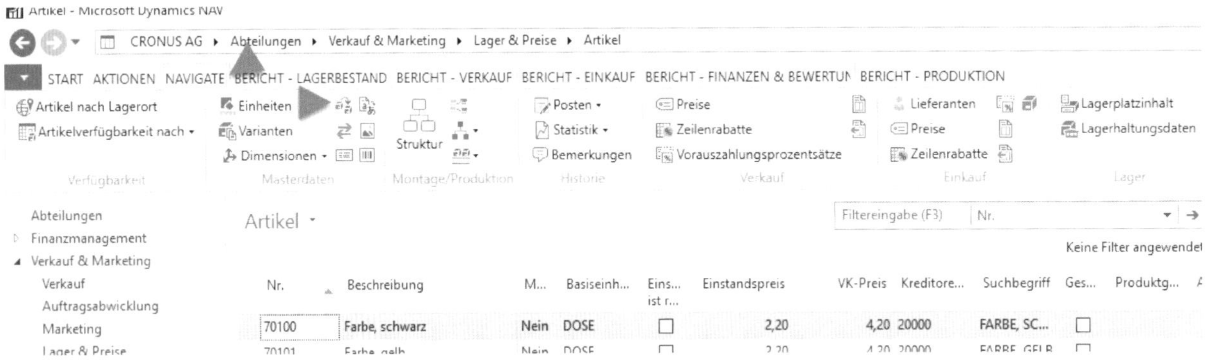

Sobald Sie die Ansicht der „Ersatzartikel“ geöffnet haben, fügen Sie bitte Artikel „80102“ (Farbe „blau“) als Ersatzartikel ein.

Ansicht „Ersatzartikel“:

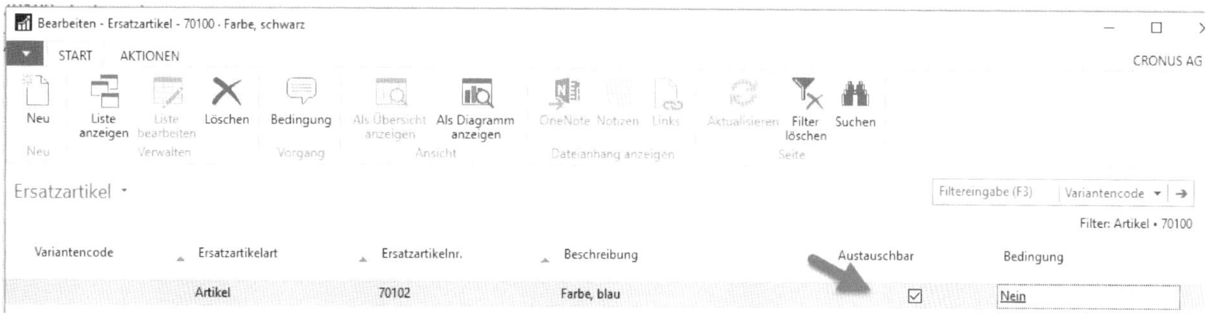

Setzen Sie bitte ein Häkchen im Feld „Austauschbar“ – damit stellen Sie sicher, dass der Artikel 70100 mit Artikel 70102 „ausgetauscht“ werden kann.

Einige Erläuterungen zu den Feldern:

Feldname	***Erläuterungen***
Variantencode	Sofern Sie mit „Varianten“ arbeiten, könnte es sein, dass Sie den eigentlichen Artikel selbst als Ersatzartikel eintragen – dann allerdings mit einer Variante. Ansonsten bleibt dieses Feld „leer“
Ersatzartikelart	Optionsfeld: Sie können hier zwischen „Katalogartikel“ und „Artikel“ wählen.
Ersatzartikelnr.	Abhängig von der getroffenen Wahl im Feld „Ersatzartikel-art“ können Sie durch Klick auf den kleinen „Drop-Down-Pfeil“ rechts (oder drücken der F4-Taste) aus der dort gezeigten Mini-Übersicht den korrekten Artikel, bzw. Katalogartikel auswählen
Beschreibung	Wird automatisch durch das System vorbelegt, kann aber überschrieben werden
Austauschbar	Setzen Sie hier ein Häkchen, wenn Artikel und Ersatzartikel untereinander austauschbar sind. Würde bedeuten: ist der Ersatzartikel nicht vorrätig, dafür aber dieser Artikel kann der wiederum als „Ersatz“ dienen
Bedingung	Wird automatisch auf „JA“ gesetzt, sobald Sie eine Bedingung definiert haben.

Gut zu wissen:

Über das Menüband – Reiter START kommen Sie über das Symbol „Bedingung“ in eine kleine Erfassungsmaske. Sie können hier bis zu 80 Zeichen – Buchstaben und Zahlen – hinterlegen. Diese „Bedingung“ wird nicht automatisch angezeigt – sondern ist eher wie eine „interne Bemerkung“ zu verstehen.

Wir über die Verfügbarkeitswarnung die Option „Ersatzartikel = JA“ angezeigt, können Sie über den Hyperlink in die Ersatzartikelübersicht „springen“ – und dort über das Symbol „Bedingungen“ nachsehen, was dort hinterlegt wurde.

Zurück zu unserem Fall – sobald Sie den Ersatzartikel hinterlegt haben, klicken Sie im Menüband auf das Symbol „Bedingung“. Hinterlegen Sie dort folgende Bemerkung:

„Kunde darauf hinweisen, dass blaue Farbe extrem dunkel ist“

Schließen Sie die Ersatzartikelübersicht durch Klick auf „OK“.

Um diesen Vorgang einmal auszuprobieren und unter der Voraussetzung, dass die Verfügbarkeitswarnung auch angezeigt wird (dazu sollte in der „Debitor & Verkauf Einr.“ – Register „Allgemein“ das Häkchen im Feld „Bestandswarnung“ gesetzt sein – und in der Artikelkarte des Artikels im Feld „Bestandswarnung“ die Option „Standard (Ja)“ gesetzt sein), erstellen Sie bitte einen neuen Auftrag für den Kunden „CompHelp AG“.

Tragen Sie in der Verkaufszeile den Artikel „70100“ mit einer Menge von „10“ ein – achten Sie bitte darauf, dass im Feld Lagerortcode „ROT“ hinterlegt ist.

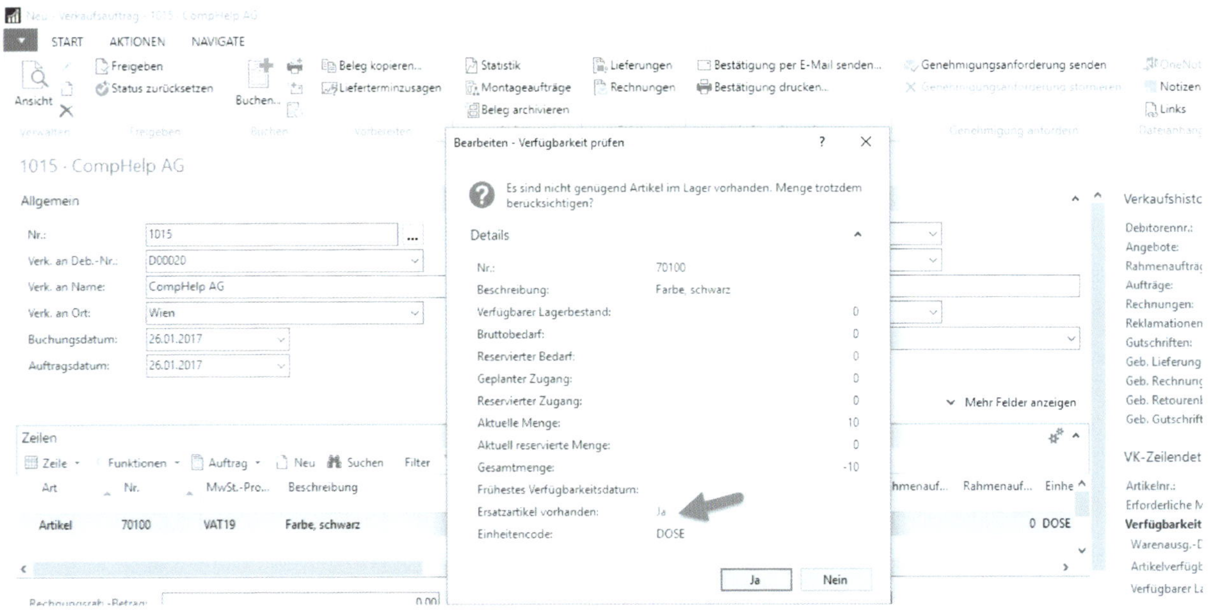

Anhand der Verfügbarkeitswarnung sehen Sie, dass ein Ersatzartikel vorhanden wäre. Um sich den Ersatzartikel einmal anzeigen zu lassen, klicken Sie bitte auf „JA“.

Sie gelangen wieder in die Maske der „Ersatzartikel" – gut zu sehen ist hier in meinem Beispielfall, dass im Feld „Bedingung" ein „Ja" gesetzt ist. Möchten Sie sich die dazugehörige „Bedingung" ansehen, genügt ein Klick auf das entsprechende Symbol.

Sollten Sie sich dazu entscheiden, den Ersatzartikel auswählen zu wollen, schließen Sie zunächst die anderen „Fenster" und kehren Sie in den Auftrag zurück. Bestätigen Sie die Verfügbarkeitswarnung zunächst durch Klick auf „JA".

Klicken Sie nun im Register „Zeilen" auf „Zeile" und dort auf „Ersatzartikel auswählen":

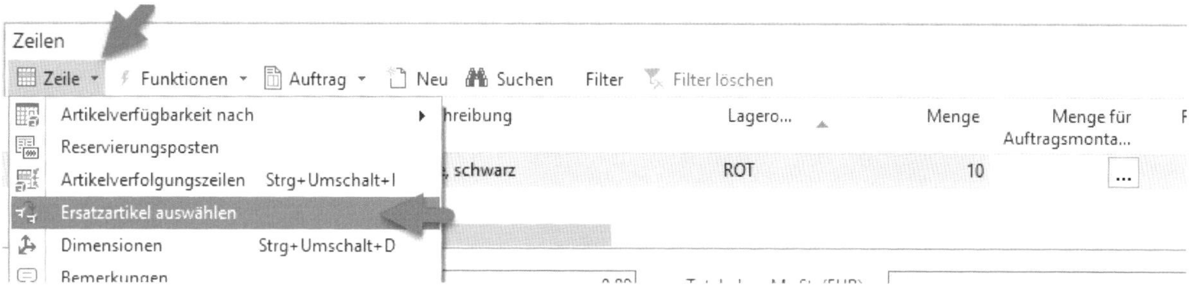

Sobald Sie diese Auswahl durchgeführt haben, ersetzt das System automatisch den in der Auftragszeile vorhandenen Artikel durch den Ersatzartikel.

Tipp: auch in der Info & Factbox „Verkaufszeilendetails" können Sie sehen, dass ein Ersatzartikel hier verfügbar wäre.

Ebenso hierüber können Sie per Mausklick auf den „Hyperlink" („blaue" Zahl) direkt in die Ersatzartikelübersicht verlinken.

3.4.8.2 Der „Katalogartikel“

Als Händler, der Produkte von Herstellern oder Großhändlern anbietet, steht Ihnen die Möglichkeit der „Katalogartikel“ zur Verfügung.

Der Vorteil: Sie können diese Art von „Artikeln“ immer wieder anlegen und löschen – solange dieser Datensatz nicht zu einem „echten“ Artikel gewandelt wurde.

Auf diese Art und Weise entlasten Sie Ihre Datenbank ungemein und verschonen diese mit „überflüssigen“ Datensätzen – und doch hätten Sie diesen Artikel jederzeit im „Zugriff“, falls notwendig. Erst wenn ein solcher Artikel tatsächlich durch Ihren Kunden angefragt bzw. bestellt werden würde, wird dieser – wie bereits erwähnt – ein „echter“ Artikel.

Gut zu wissen:

Bei der „Umwandlung“ von einem Katalogartikel zu einem „echten“ Artikel werden bestimmte Felder aufgrund der vorgegebenen Einrichtungen bereits eingetragen. Das entbindet aber ***NICHT*** von der Pflege dieses (dann neuen) Artikels. Das heißt: bevor Sie diesen Artikel weiter für gewisse Prozesse nutzen, sollten Sie auf jeden Fall die Stammdatenkarte pflegen.

Sollte der Artikel durch Eintrag in einen neuen Einkaufs- oder Verkaufsbeleg entstanden sein, ist es möglich, dass Sie zunächst die neue Artikelkarte einmal prüfen und ggf. überarbeiten müssen und im Anschluss daran diesen Artikel in der betreffenden Belegzeile „aktualisieren“ müssen – **BEVOR** Sie (irgend-)eine Buchung vornehmen.

Bevor wir mit dem „Katalogartikel“ arbeiten können, sehen wir uns zunächst die Einrichtung dazu an.

Wechseln Sie dazu in das Hauptmenü des „Verkaufs“ und dort wieder in die Verwaltung – „Einrichtung“ – öffnen Sie dort den Menüpunkt „Katalogartikel Einrichtung“:

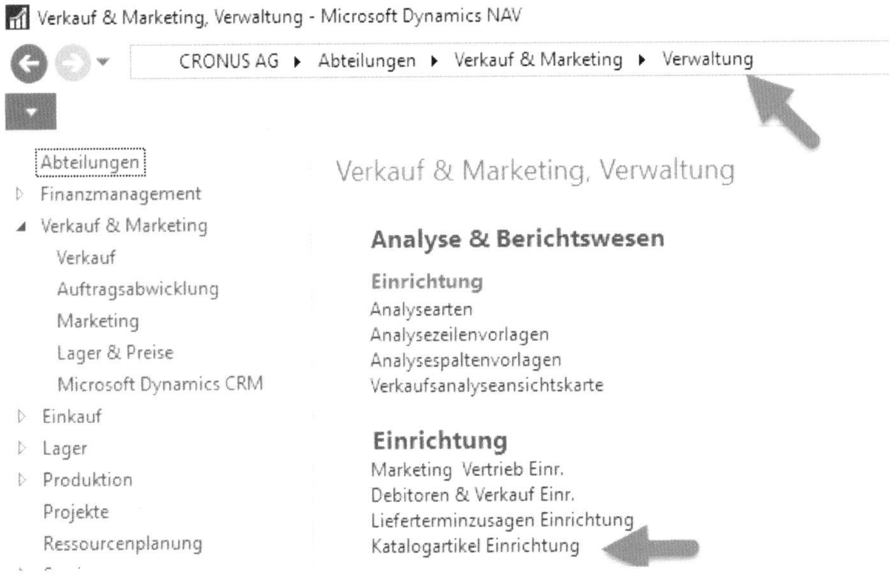

Ansicht der „Katalogartikel Einrichtung":

Feldname	***Erläuterung***
Nr. Format	Optionsfeld – Ihnen stehen vier Möglichkeiten zur Verfügung: „Kred.-Artikelnr." „Herst. + Kred.-Artikelnr." „Kred-Artikelnr." + „Herst" „Lfd. Nr." ⇨ Hiermit bestimmen Sie, **wie** die Artikelnr. des „echten" Artikels aussehen soll, wenn der Katalogartikel „gewandelt" wird.
Nr. Format Trennzeichen	Geben Sie hier ggf. ein Trennzeichen vor, den das System verwenden soll, wenn Sie eine „zusammengesetzte" Artikelnr. erstellen lassen wollen – Beispielsweise aus „Herst. + Kred.-Artikelnr."

Zu der Einrichtung eines Katalogartikels gehört aber noch mehr. Wie Sie bereits wissen, hängt in NAV auch alles mit der Finanzbuchhaltung zusammen – und ohne bestimmte Buchungsgruppen bzw. den Einrichtungen werden Sie den Artikel nicht in irgendeine Belegzeile eintragen können.

Daher zählen ebenso die „Artikelkategoriencodes", „Herstellercodes" und „Produktgruppencodes" zu den Einrichtungsthemen rund um einen Katalogartikel.

Leider sind diese Menüpunkte in NAV etwas „verstreut"...

Artikelkategoriencodes

Zu finden unter: „Finanzmanagement" – „Verwaltung" – „Lager" – „Einrichtung":

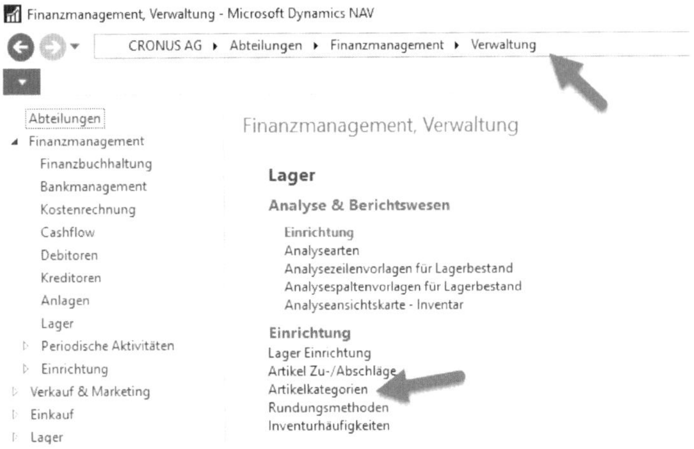

Öffnen Sie den Menüpunkt „Artikelkategoriencodes" per Mausklick:

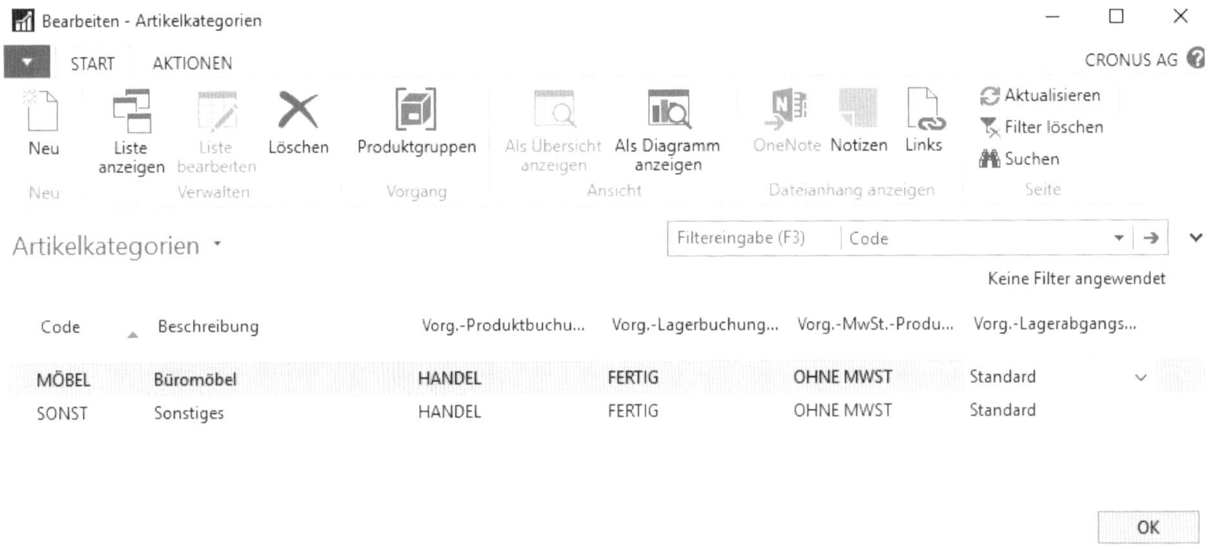

Wie Sie die verschiedenen Kategorien benennen hängt davon ab, welche Produkte es sind. In den Feldern „*Vorg. Produktbuchungsgruppe*", „*Vorg. Lagerbuchungsgruppe*" und „*Vorg. MwSt.-Produktbuchungsgruppe*" hinterlegen Sie die entsprechenden Buchungsgruppen die verwendet werden sollen.

Im Feld „*Vorg. Lagerabgangsmethode*" können Sie die Abgangsmethode wählen, die in Ihrem Haus für die Lagerabgänge standardmäßig verwendet werden – es stehen Ihnen fünf zur Verfügung: „FiFo", „LiFo", „Standard", „Durchschnitt" und „Ausgewählt" (=> Ausgewählt ist nur für Artikel vorgesehen, die „Seriennr.-Pflichtig" sind).

Sie haben bereits in dieser Maske die Möglichkeit direkt in die „***Produktgruppen***“ zu „springen“ – in diesem Fall würden Ihnen die Produktgruppen gefiltert nach Artikelkategoriencode angezeigt werden, wenn Sie auf dieses Symbol klicken.

Als kleines Beispiel legen wir zunächst einen neuen Artikelkategoriencode an:

- ⇨ Code: Computer
- ⇨ Beschreibung: Computer & Zubehör
- ⇨ Vorg. Produktbuchungsgruppe: Handel
- ⇨ Vorg. Lagerbuchungsgruppe: Fertig
- ⇨ Vorg. MwSt.-Produktbuchungsgr. VAT19%
- ⇨ Vorg. Lagerabgangsmethode: FIFO

Klicken Sie dazu direkt in die nächste leere Zeile (oder oben auf das Symbol „NEU“) – hinterlegen Sie die entsprechenden Einträge wie oben vorgegeben.

So sollte es aussehen:

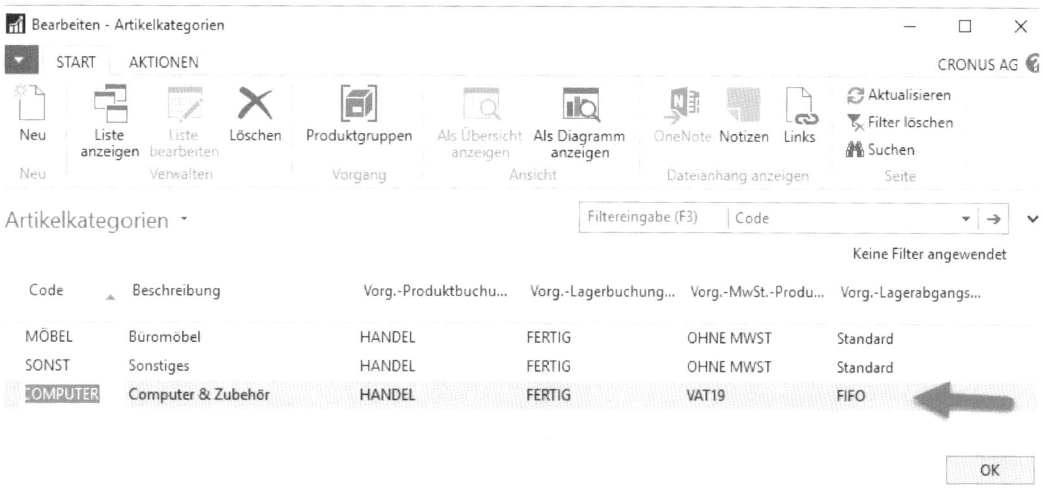

Nach dem Sie diesen Datensatz angelegt haben, klicken Sie bitte rechts unten auf „OK“ (oder drücken ESC):

Produktgruppencode:

Sie können Gruppierungen für Ihre Produkte mithilfe der „Produktgruppencodes“ definieren. Diese sind mit der „Artikelkategorie“ eng verbunden. Wie Sie bereits gelesen haben, könnten Sie daher pro angelegten Artikelkategoriencode bereits die dazugehörigen Produktgruppencodes anlegen.

Alternativ finden Sie die Produktgruppen aber ebenso im Lagerbereich – und dort unter „Verwaltung“ – „Lagerbestand“ – „Produktgruppen“:

Wechseln Sie bitte in das Lagermenü und öffnen Sie den Menüpunkt „Produktgruppen“.

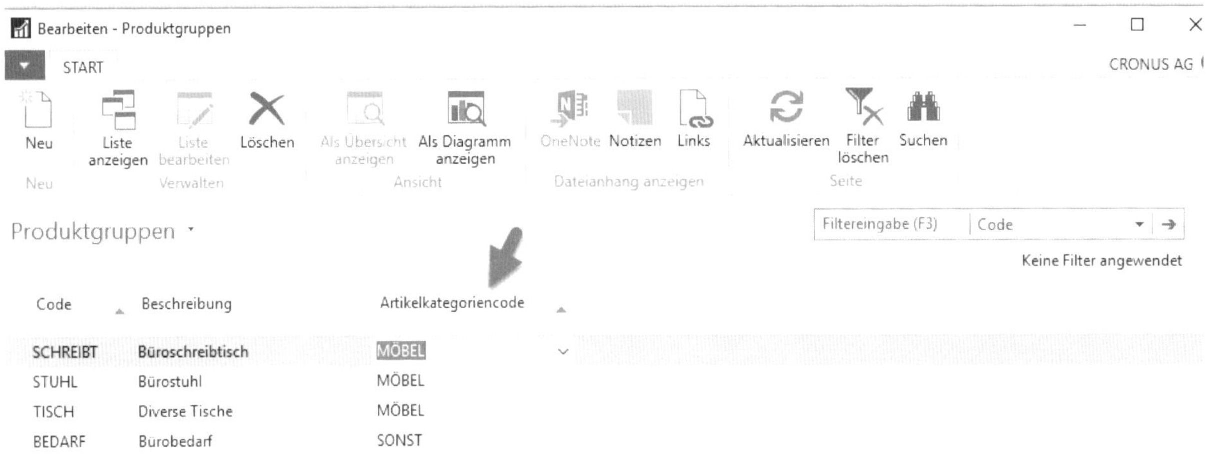

Blenden Sie sich bitte die Spalte „Artikelkategoriencode“ mit ein.

Wenn Sie die Produktgruppen nutzen wollen **ohne** eine Verbindung zu einem Artikelkategoriencode, legen Sie hier einfach einen neuen Code samt Beschreibung an und lassen die Spalte „Artikelkategoriencode“ leer.

Für unseren Beispielfall legen Sie bitte einen neuen Produktgruppencode an:

Code: IT **Beschreibung**: Computer & Zubehör

Ordnen Sie den Artikelkategoriencode „Computer“ zu.

So sollte es aussehen:

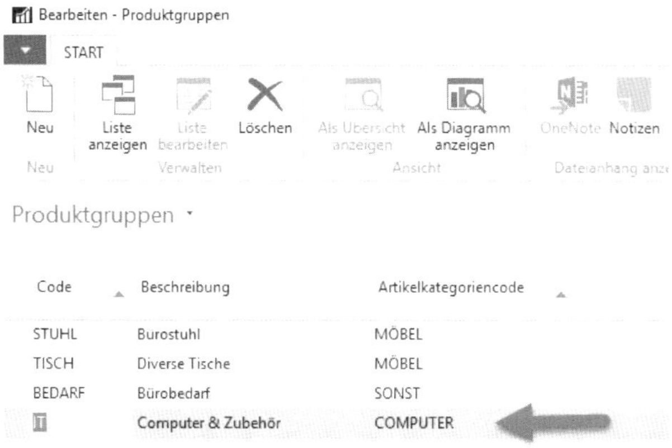

Wenn Sie diesen neuen Code hinterlegt und die Zuweisung zu der „Artikelkategorie“ eingetragen haben, schließen Sie diese Maske durch Klick auf „OK“ (oder drücken der „ESC“-Taste).

Hersteller(code):

Die Einrichtung der „Hersteller“ finden Sie beispielsweise im Einkaufsbereich. Wechseln Sie als nächstes bitte in das Menü „Einkauf“ und klicken Sie dort auf „Verwaltung“ – „Einrichtung“ – „Lager & Bewertung“ – „Einrichtung“ – „Verwaltung“ (dazu müssen Sie bitte ein Stück nach „unten scrollen“):

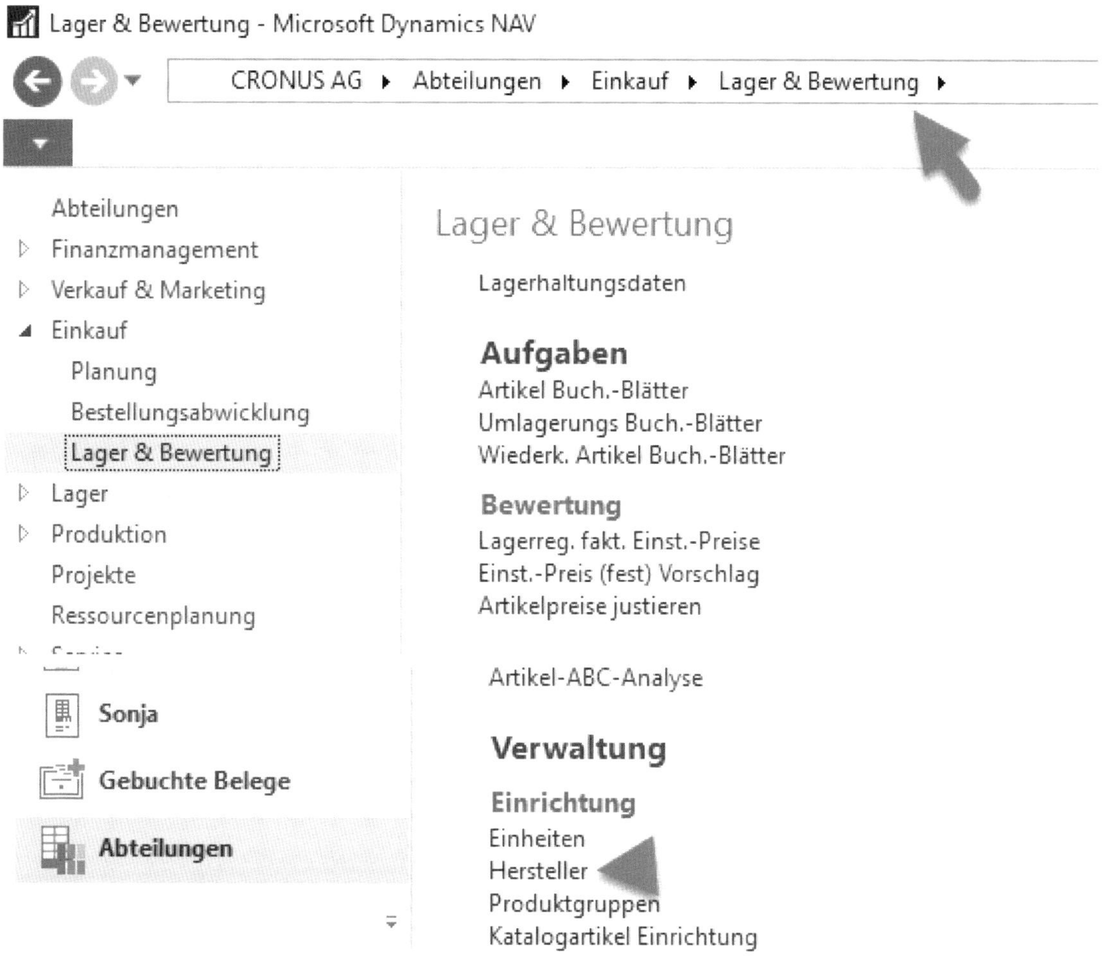

(In dieser „Einrichtung“ finden Sie ebenso die Menüaufrufe „Produktgruppen“ und „Katalogartikel Einrichtung“)

Ansicht der „Hersteller“ in der CRONUS-Datenbank:

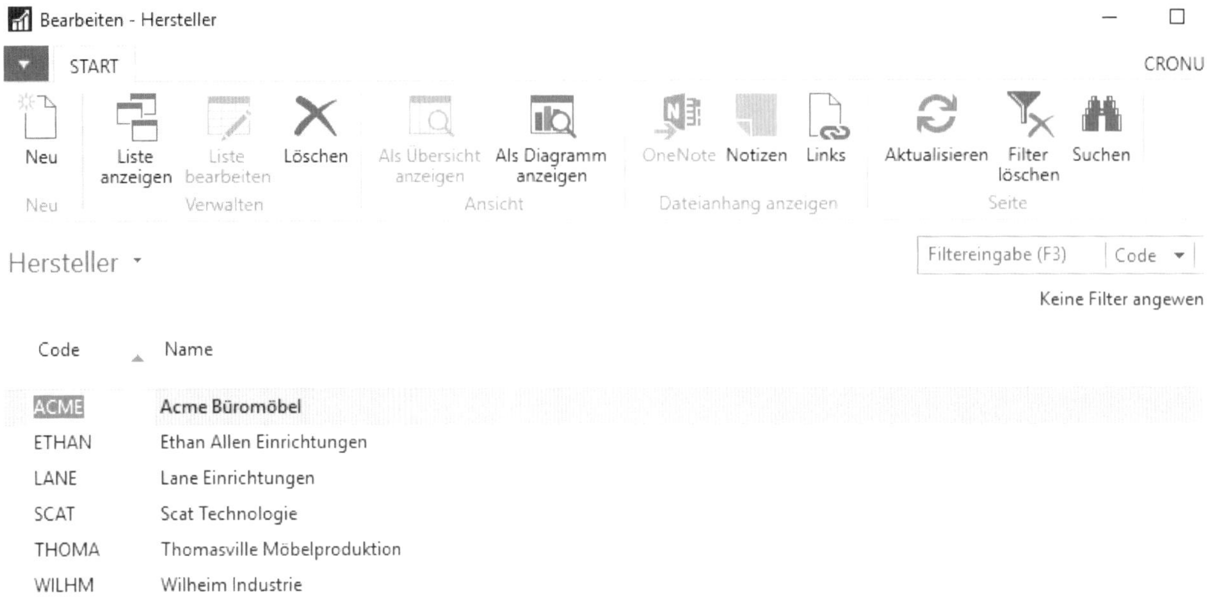

Wenn Sie einen neuen Herstellercode anlegen wollen, klicken Sie entweder in die nächste leere Zeile oder oben auf das Symbol „NEU“ (bzw. drücken STRG + N).

Im Feld „Code“ haben Sie maximal 10 Zeichen „Platz“ – und unter „Name“ hinterlegen Sie idealerweise den korrekten Firmenname. Legen wir auch hier einen neuen Eintrag an:

Code „Acer“ ***Beschreibung*** ACER Ltd.

Sobald Sie den Eintrag hinterlegt haben, klicken Sie bitte auf „OK“ oder drücken Sie die ESC-Taste.

Nachdem wir jetzt alle notwendigen Bereiche gesehen haben, sehen wir uns jetzt die Katalogartikel an.

Wechseln Sie dazu bitte in das Verkaufsmenü zurück und klicken Sie dort auf den Menüpunkt „Lager & Preise“.

Anlegen von zwei neuen Katalogartikeln

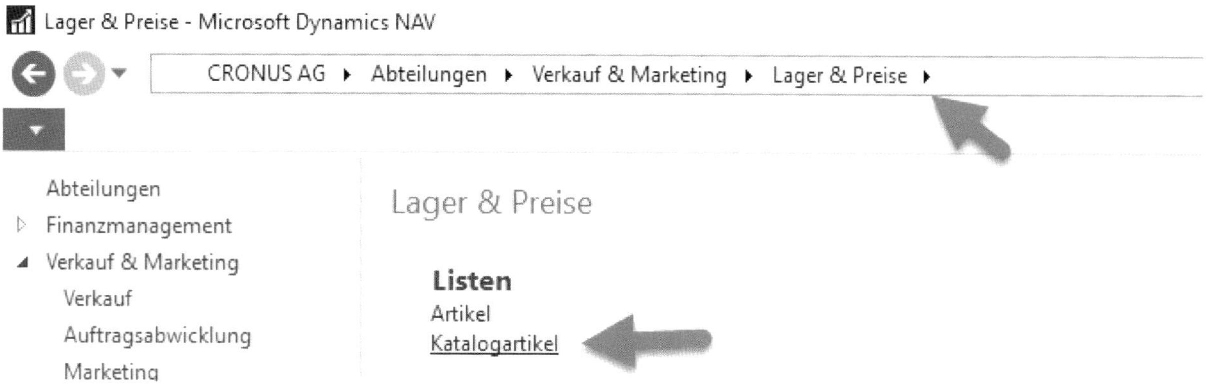

Sobald Sie auf den Menüpunkt „Katalogartikel" geklickt haben, öffnet sich zunächst wieder eine Übersicht.

Um einen neuen **Katalog**artikel anzulegen, klicken Sie bitte auf „NEU". Lassen Sie sich bitte nicht durch das Symbol „*Neuer Artikel*" verwirren – diese Funktion nutzen Sie nur dann, wenn Sie über diesen Weg einen „echten" Artikel direkt erstellen wollen.

Haben Sie auf „***NEU***" geklickt? Dann sollte sich eine leere Erfassungsmaske geöffnet haben:

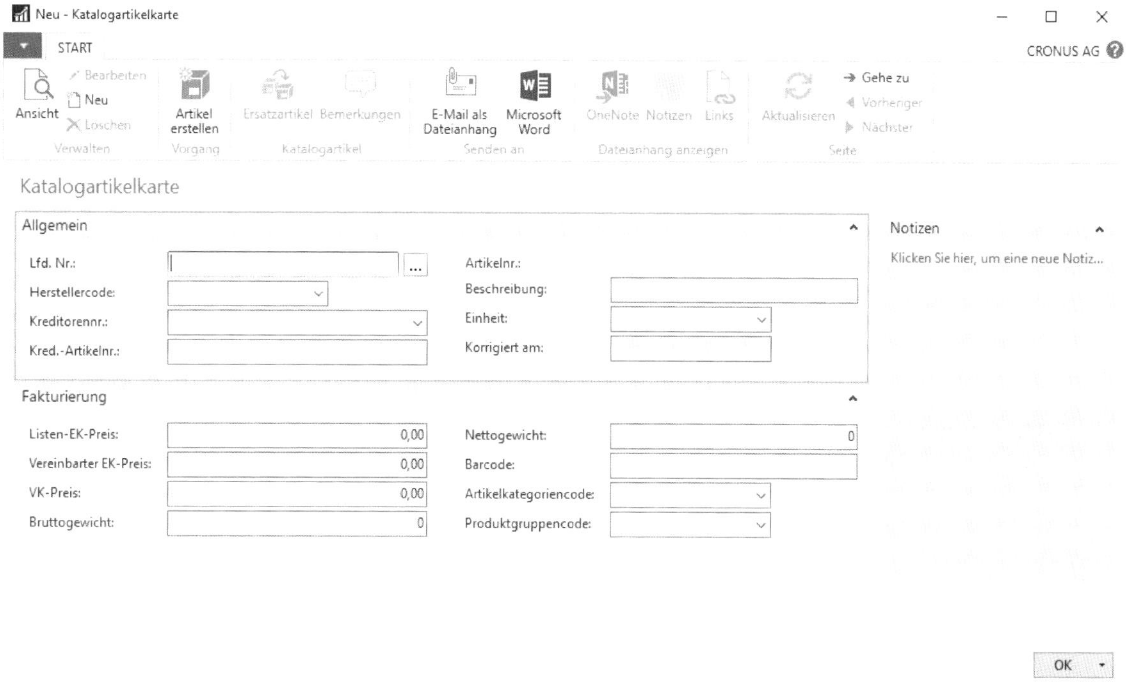

Bestätigen Sie einmal mit „ENTER“ – das System zieht sich jetzt aus einer Nummernserie eine „lfd. Nr.“.

Legen Sie bitte diesen Katalogartikel wie folgt an:

⇨ Herstellercode	ACER
⇨ Kreditorennr.	50000
⇨ Kred.-Artikelnr.	LAP-AC-001
⇨ Beschreibung:	Laptop Acer
⇨ Einheit:	Stück
⇨ Listen-EK-Preis	395,00
⇨ Vereinbarter EK-Preis	395,00
⇨ VK-Preis	469,00
⇨ Bruttogewicht	1,4
⇨ Nettogewicht	1,2
⇨ Artikelkategoriencode	Computer
⇨ Produktgruppencode	IT

So sollte es aussehen:

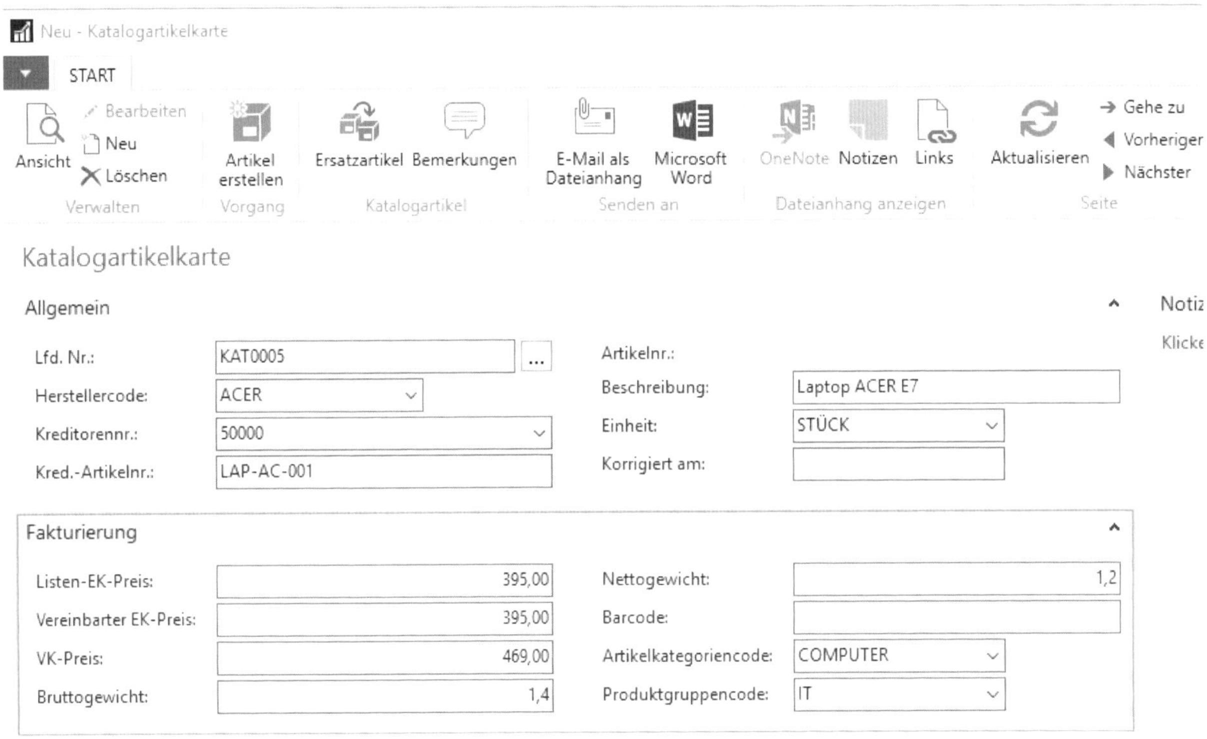

Sobald Sie diese Karte angelegt haben, erstellen Sie bitte noch eine zweite – beispielsweise für ein Tablett. Ein Beispiel wie das aussehen kann, finden Sie auf der nächsten Seite.

Der zweite neue Katalogartikel:

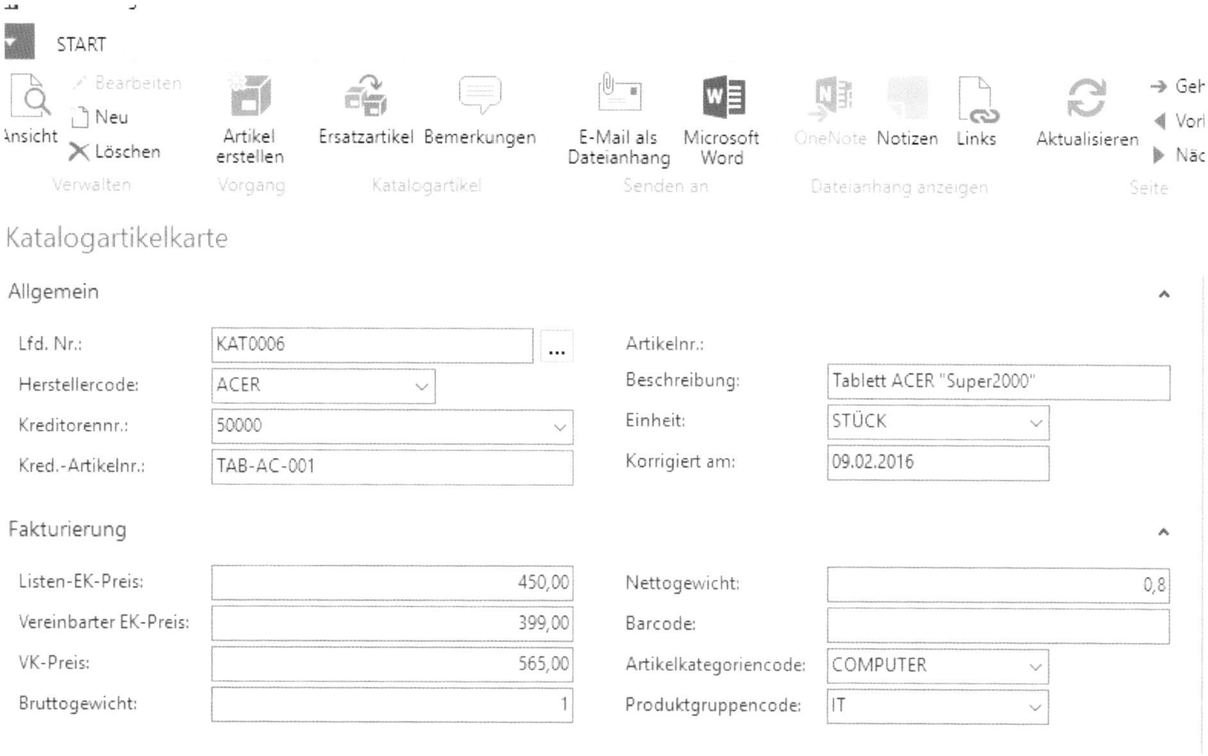

Schließen Sie die zweite Karte durch Klick auf „OK" bzw. drücken der ESC-Taste.

Gut zu wissen:

Wenn Sie mehrere Artikel Ihrer Lieferanten als „Katalogartikel" in Ihrem System einlesen wollen, sprechen Sie bitte mit der für Sie zuständigen Ansprechperson Ihres NAV-Partners. In früheren NAV-Versionen gab es dazu einmal einen sogenannten „Dataport" mithilfe dessen Sie auf sehr einfachem Weg Katalogartikel einlesen konnten. Ab der Version NAV2013 gab es diesen „Import" nicht mehr.

<u>Wie wird aus einem Katalogartikel ein „echter" Artikel?</u>

Im Normalfall können Sie in den Belegzeilen – ob Einkauf oder Verkauf zum Beispiel – einen Katalogartikel ebenso auswählen. Sobald Sie einen solchen Katalogartikel verwenden, erstellt das System im Hintergrund automatisch einen neuen – „echten" – Artikel.

Wechseln Sie im Verkaufsmenü auf den Punkt „Auftragsabwicklung" – klicken Sie auf „Angebote" und erstellen Sie zunächst ein neues Verkaufsangebot für „CompHelp AG".

Ansicht des neuen Verkaufsangebotes:

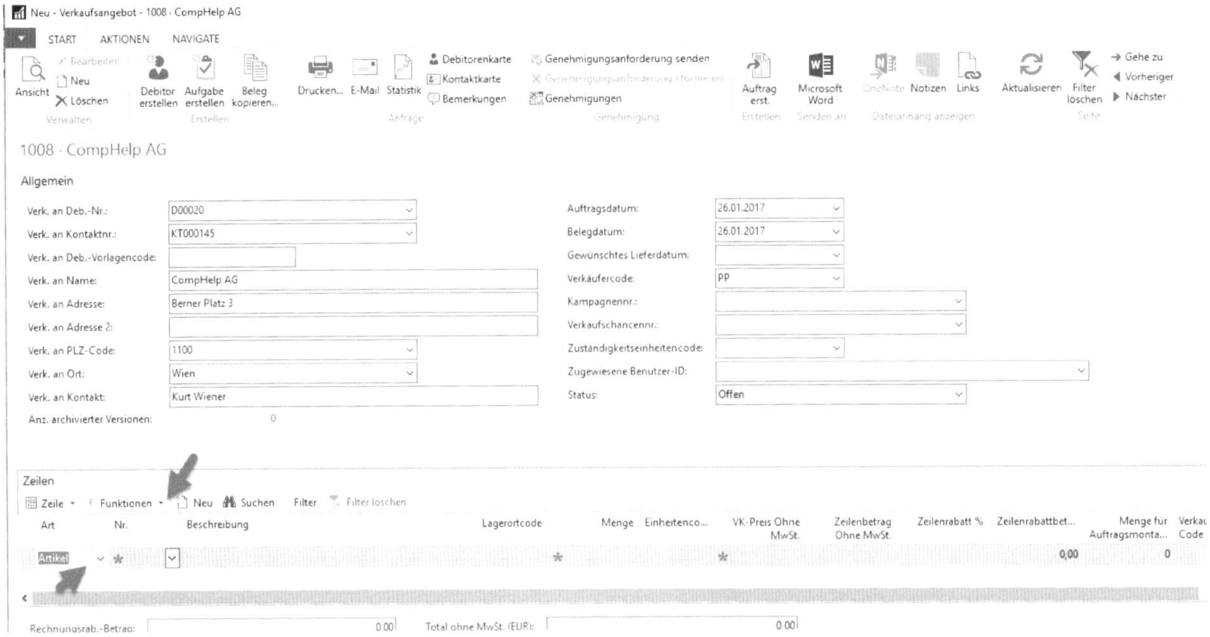

Wählen Sie in der ersten Zeile als Art „Artikel" – klicken Sie als nächstes auf „Funktionen" – „Katalogartikel":

Es öffnet sich eine Übersicht – klicken Sie auf den „Laptop" und übernehmen Sie die Auswahl durch Klick auf „OK".

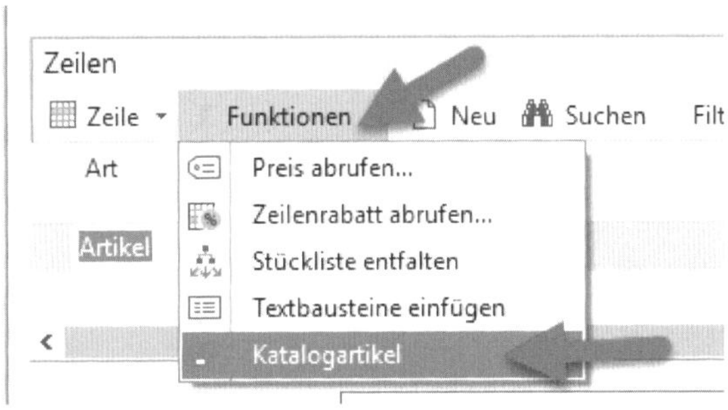

Das System wandelt diesen Katalogartikel bereits jetzt zu einem „realen" Artikel im Hintergrund um:

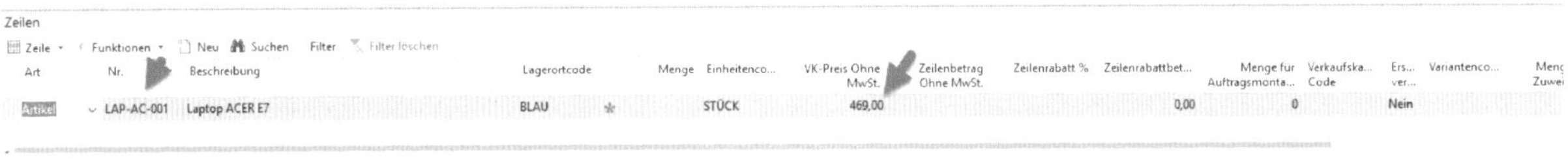

Da in meinem Fall in der Einrichtung das Feld „Nr. Format" auf „Kred.-Artikelnr." eingestellt war, hat das System diese Vorgabe übernommen – auch der (empfohlene) VK-Preis ist jetzt bereits in der Verkaufsbelegzeile zu sehen.

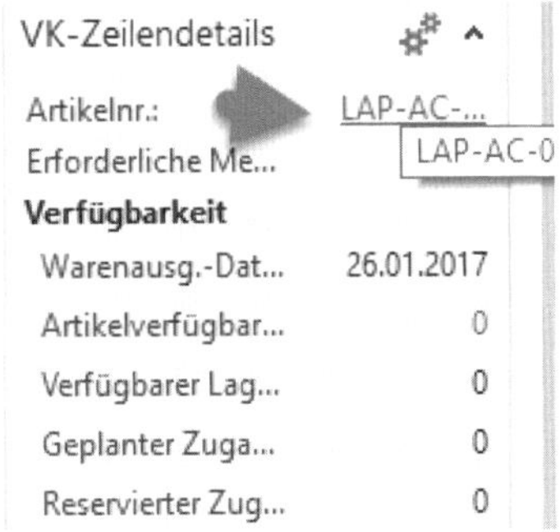

Um sich den „echten" Artikel einmal anzusehen klicken Sie bitte als nächstes in der „Info- & Factbox" auf die blau hinterlegte „Artikelnr."

Die Artikelkarte wird geöffnet.

Ansicht der Artikelkarte:

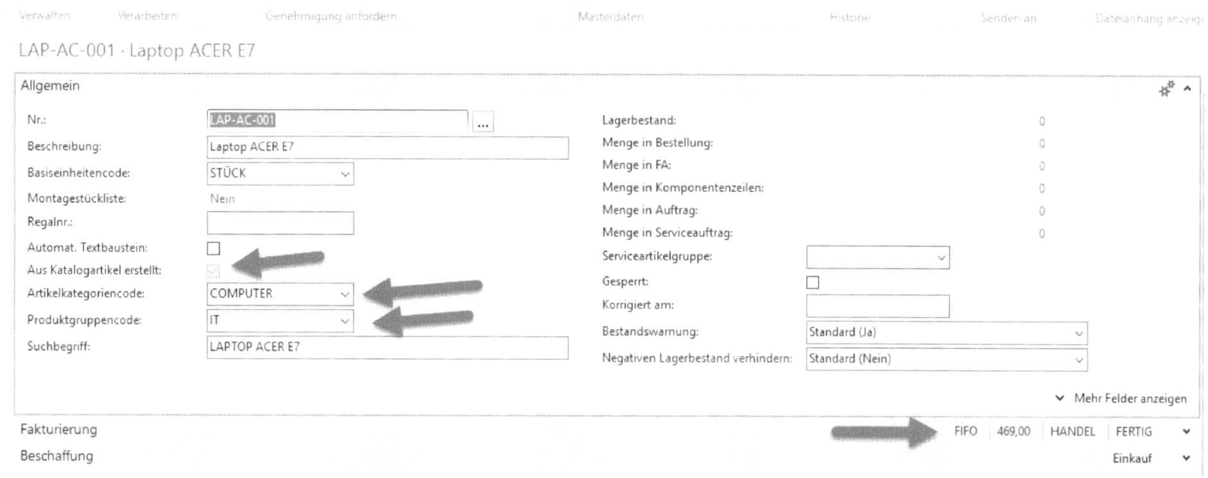

Im Register „Allgemein" sehen Sie, dass das Häkchen im Feld „Katalogartikel" gesetzt wurde – damit kennzeichnet das System die Artikelkarten entsprechend – und Sie können später immer feststellen, wo dieser Artikel herkam, bzw. wie dieser zustande kam.

Wie bereits erläutert, fehlen in einigen Registern wichtige Einträge – beispielsweise im Register „Planung" oder „Außenhandel". Müsste bei diesem Artikel die Seriennummer zwingend mitgegeben werden, fehlt hier noch der Artikelverfolgungscode (der ebenfalls in der Artikelkarte hinterlegt werden muss in einem solchen Fall – Register „Artikelverfolgung").

Pflegen Sie die betreffenden Artikel von Anfang an entsprechend nach – bevor etwas vergessen wird. Prüfen Sie vor dem ersten Buchungsvorgang mit einem solchen Artikel ob alle notwendigen Vorgaben berücksichtigt wurden!

Eine andere Alternative zum Erstellen eines „echten" Artikels aus einem Katalog-artikel:

Es gibt in der Karte des Katalogartikels das Symbol „Artikel erstellen":

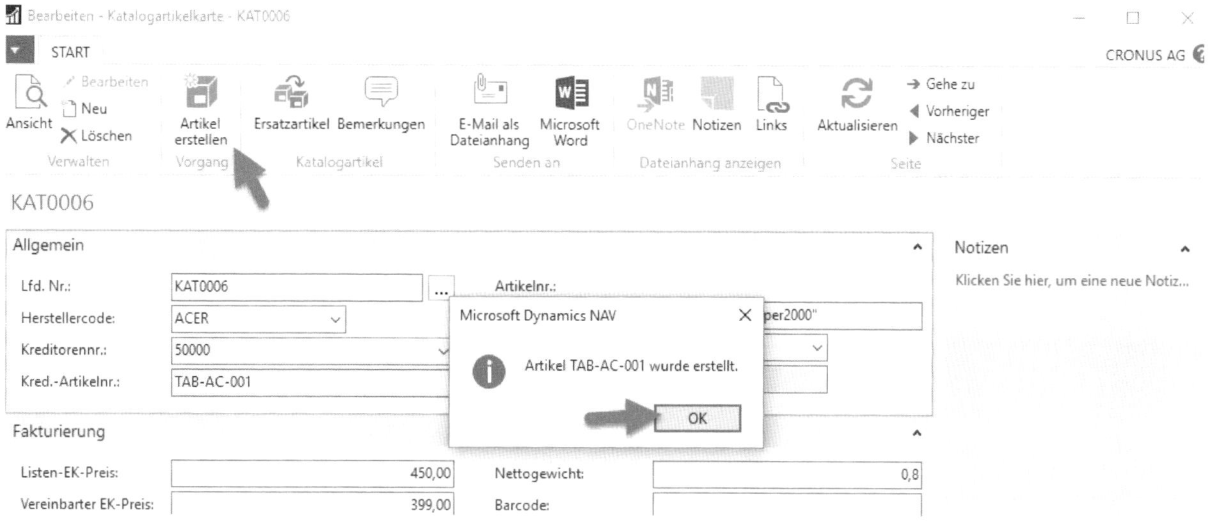

Sofern der Katalogartikel noch kein „echter“ Artikel ist, könnten Sie sich über diesen Weg ebenfalls einen neuen Artikel basierend auf dem Katalogartikel „schaffen“.

Probieren Sie diesen Weg mit dem zweiten Katalogartikel, den wir vorhin angelegt haben, einmal aus.

Nach dem Sie auch den nächsten Katalogartikel „gewandelt“ haben, sehen Sie das sowohl in der Katalogartikelkarte wie in der –übersicht – anhand dem Feld „Artikelnr.“:

Übersicht:

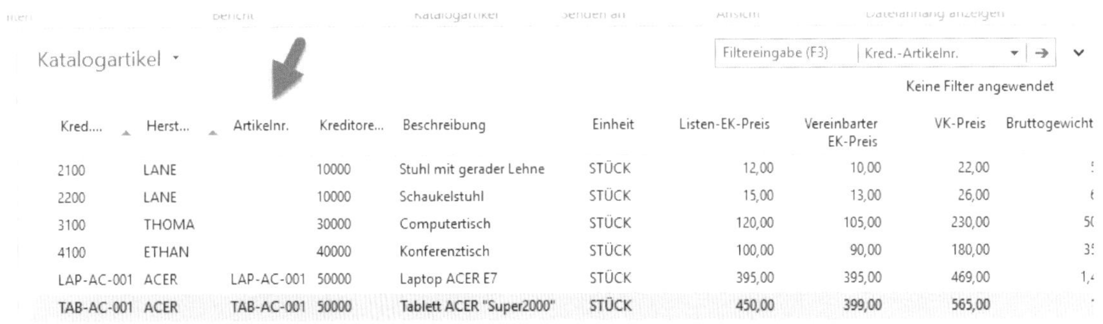

Kred....	Herst...	Artikelnr.	Kreditore...	Beschreibung	Einheit	Listen-EK-Preis	Vereinbarter EK-Preis	VK-Preis	Bruttogewicht
2100	LANE		10000	Stuhl mit gerader Lehne	STÜCK	12,00	10,00	22,00	[illegible]
2200	LANE		10000	Schaukelstuhl	STÜCK	15,00	13,00	26,00	[illegible]
3100	THOMA		30000	Computertisch	STÜCK	120,00	105,00	230,00	[illegible]
4100	ETHAN		40000	Konferenztisch	STÜCK	100,00	90,00	180,00	[illegible]
LAP-AC-001	ACER	LAP-AC-001	50000	Laptop ACER E7	STÜCK	395,00	395,00	469,00	[illegible]
TAB-AC-001	ACER	TAB-AC-001	50000	Tablett ACER "Super2000"	STÜCK	450,00	399,00	565,00	[illegible]

Zusammenfassung:

Der Bereich „Katalogartikel“ bietet Ihnen die Option, Artikel die Sie zwar anbieten aber noch nicht als „echte“ Artikel in Ihrem System führen wollen, in NAV bereits mit den wichtigsten Kennzeichen anzulegen.

Vorteile: diese Art von Artikel können jederzeit erstellt, geändert und gelöscht werden. Eine Lagerbestandsführung fällt hier komplett weg.

Um aus einen Katalogartikel einen „echten“ Artikel zu erstellen, können Sie entweder den manuellen Weg direkt über die Katalogartikelkarte wählen – durch Klick auf „Artikel erstellen“ ODER durch die Auswahl eines Katalogartikels in einer Belegzeile.

WICHTIG: ein neu erstellter Artikel aus einem Katalogartikel <u>MUSS</u> in jedem Fall vor der <u>ersten</u> Buchung geprüft und entsprechend nachgepflegt werden!

3.4.8.3 Der „Std. Debitorenverkaufcode“

Der hier nachfolgend beschriebene Vorgang ist analog zum „Einkauf“ zu sehen – das heißt: im Einkauf gibt es die „Std. Kreditoreneinkaufscodes“.

Aber was ist das überhaupt?

Mithilfe der „Standard (Std.) Debitorenverkaufscodes“ können Sie eine Art „Paket“ zusammenstellen, die Sie dann in den Belegzeilen bei Bedarf abrufen können. Sie können diese Pakete auch bestimmten Debitoren fest zuweisen – heißt: bestellt ein Kunde immer wieder die gleichen Positionen erspart Ihnen die Nutzung der Std Debitorenverkaufscodes eine Menge Zeit.

Denn: Sie müssen in einem solchen Fall nicht permanent die Zeilen immer wieder manuell eintragen oder mit „Beleg kopieren“ arbeiten – sondern das Einzige, was Sie nach Zufügen des Paketes noch tun müssten, wäre das Feld „Menge“ zu kontrollieren und entsprechend anzupassen.

Und sollte einmal ein Artikel aus diesem Standardverkaufscode in einem Auftrag nicht benötigt werden, löschen Sie die betreffende Zeile vor der ersten Buchung.

Schauen wir uns dazu ein Beispiel an – um Standardverkaufscodes anzulegen, klicken Sie bitte dazu im Verkaufsmenü auf „Verwaltung“ – unterhalb des Punktes „Auftragsabwicklung“ finden Sie den Aufruf „Standardverkaufscodes“:

Öffnen Sie den Menüpunkt durch einen Klick.

Im CRONUS vorhanden Standardverkaufscodes:

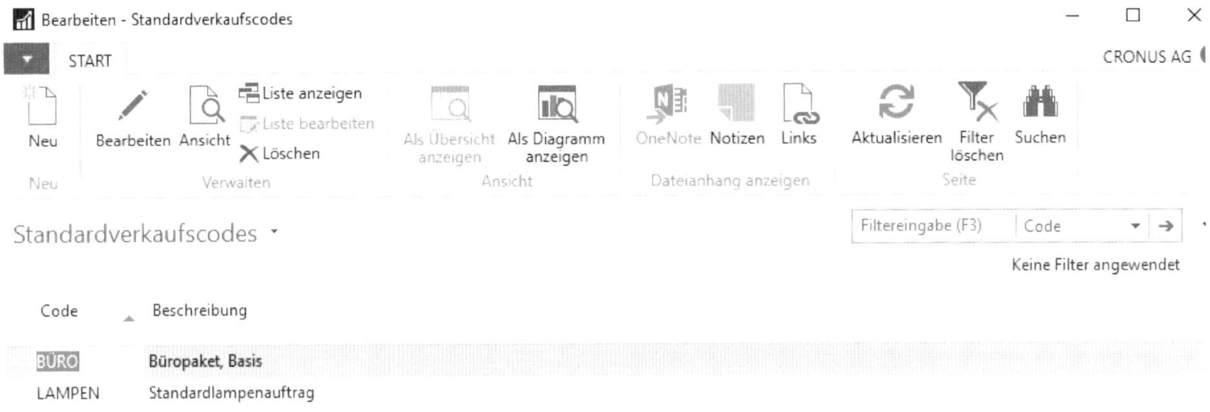

Um sich einmal anzusehen, was sich hinter einem der beiden Codes verbirgt, platzieren Sie Ihren Cursor bitte auf „Büro" und klicken Sie als nächstes auf das Symbol „Bearbeiten":

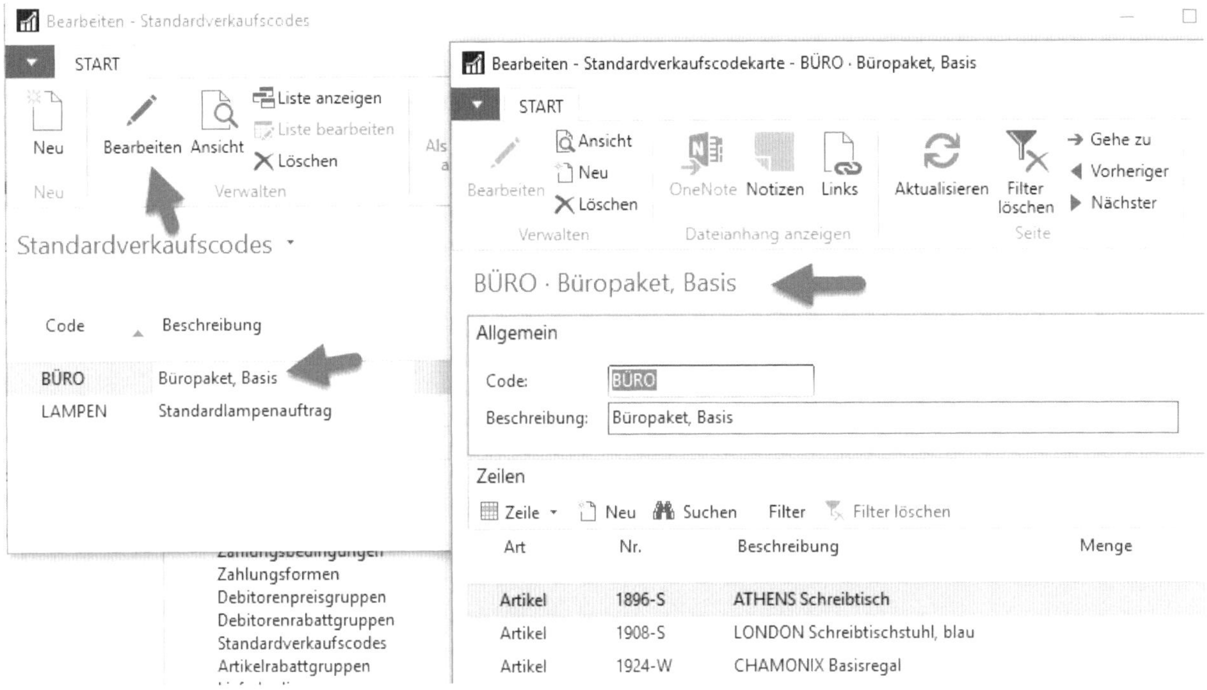

Wie Sie hier sehen können, besteht das „Paket Büro" aus drei Artikeln. Sie hätten hier zudem die Möglichkeit bereits entsprechende Mengen mitzugeben.

Schließen Sie bitte die Ansicht dieses „Paketes".

Legen Sie bitte einen neuen Code – dafür klicken Sie entweder in die nächste leere Zeile oder drücken STRG + N bzw. klicken auf das Symbol „NEU".

Hinterlegen Sie folgendes neues Paket:

Code: Comp-First **Beschreibung**: Erstausstattung IT

Sobald Sie das neue Paket angelegt haben, klicken Sie auf das Symbol „Bearbeiten“ und hinterlegen folgende Positionen:

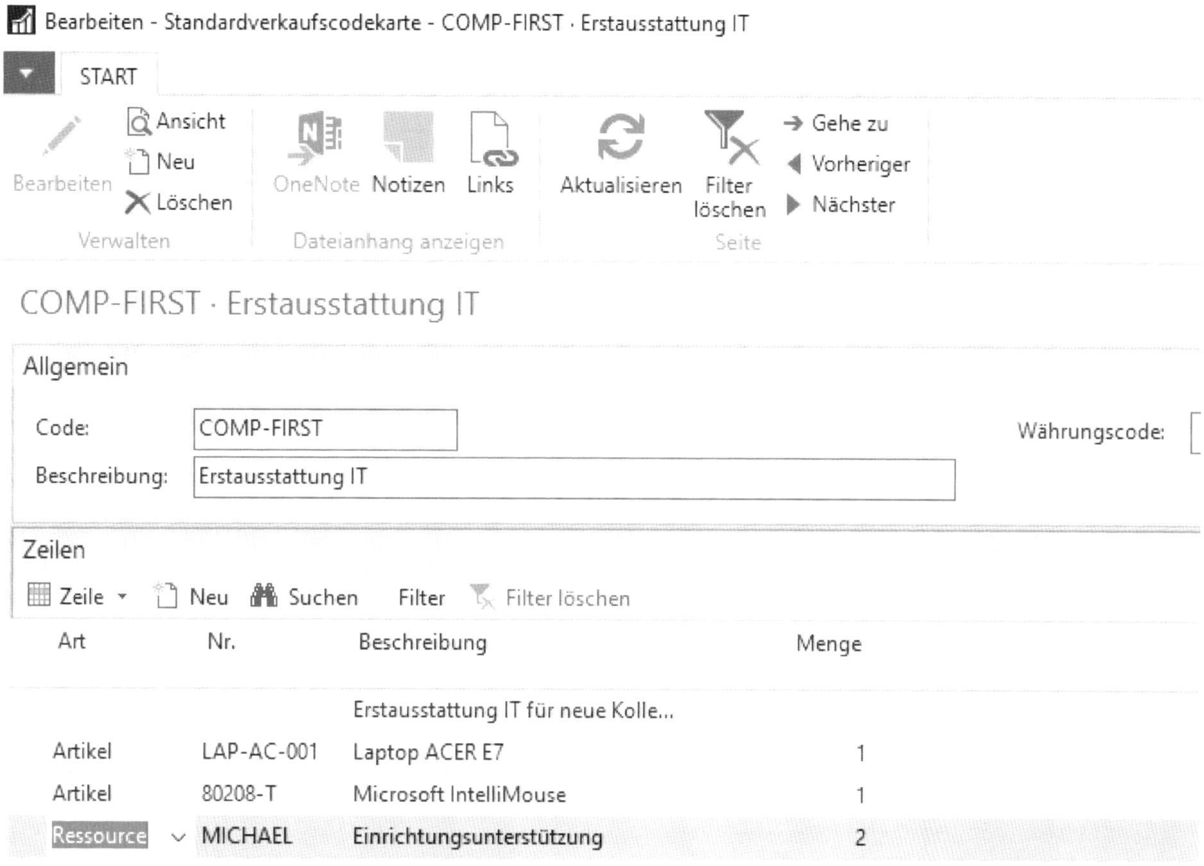

Die Paketzeilen bieten Ihnen im Feld „Art“ die gleichen Optionen wie in einer normalen Verkaufsbelegzeile. Sie können hier also neben der Art „Artikel“ ebenso „leer“ (für Text), Ressourcen, Sachkonto, Zu-/Abschlag (Artikel) und WG/Anlage verwenden.

Sobald Sie Ihr Paket fertig angelegt haben, klicken Sie auf „OK“ um dieses „Fenster“ zu schließen.

Eine mögliche Anwendung im Verkaufsbereich:

Für das nächste Beispiel erstellen Sie bitte ein neues Angebot für den Debitor „Max Musterle GmbH & Co. KG“.

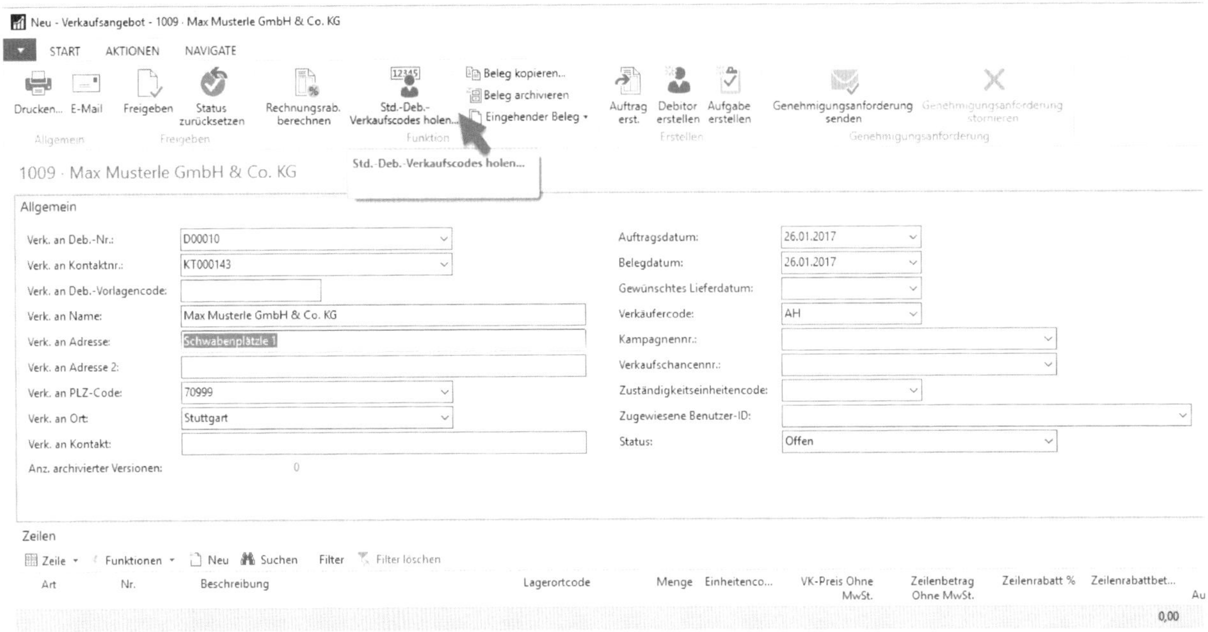

Wechseln Sie im Menüband auf den Reiter „Aktionen“ und klicken Sie dort auf das Symbol „Std.-Deb.-Verkaufscodes holen“.

Da diesem Debitor bisher kein Std.-Debitorenverkaufscode zugeordnet wurde, ist die Übersicht zunächst leer. Bitte klicken Sie daher auf „Liste bearbeiten“:

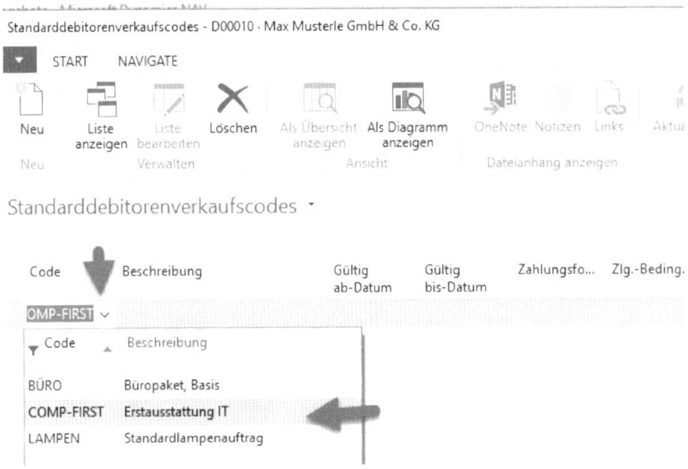

Jetzt ist die Liste „aktiv“ und Sie können per Klick auf den „Drop-Down-Pfeil“ aus der Liste den passenden Code auswählen.

Nach dem der Paketcode in die Liste übernommen wurde…

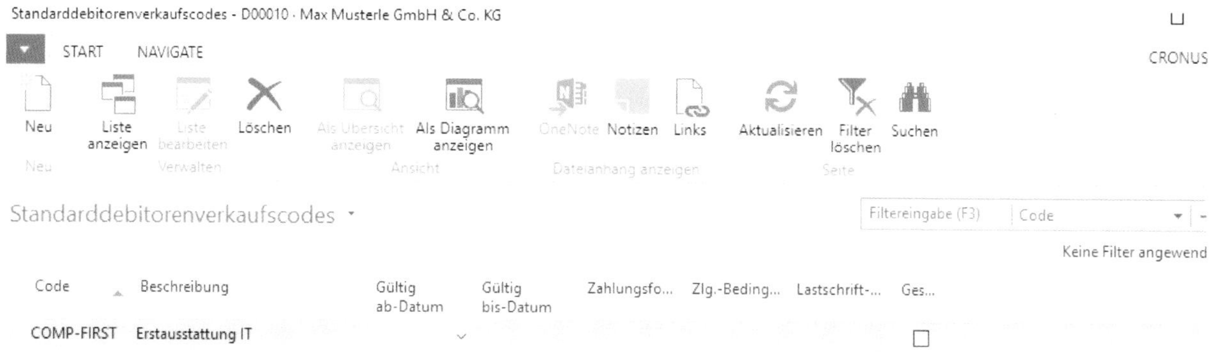

Wie Sie mittels dieses Bildschirmausschnittes sehen können, hätte Sie pro „Paket"/pro Debitor zudem die Option, einen Zeitraum einzustellen, eine abweichenden* Zahlungsform- und Zahlungsbedingungscode zu definieren ebenso für das Lastschriftverfahren einen abweichenden Code zu nutzen. Über das Häkchenfeld „gesperrt" können Sie zudem verhindern, „abgelaufene" Pakete weiter zu verwenden.

*(*normalerweise holt sich das System diese Informationen immer aus dem Stammdatensatz – ist in einem solchen Fall über ein Paket abweichende Parameter definiert, holt sich das System diese Parameter in den jeweiligen Verkaufsbeleg).*

Klicken Sie auf „OK" um das Paket in die Angebotszeilen zu übernehmen:

Sie könn(t)en jetzt noch die Mengen ändern, einzelne Zeilen löschen oder weitere Positionen zufügen.

Sind in einem Std. Debitorenvorlagencode keine Mengen hinterlegt, müssen – nachdem das Paket abgerufen wurde – diese Felder in der Belegzeile nachgepflegt werden.

Gut zu wissen:

Sollten Sie einen Std. Debitorenvorlagencode in einem Beleg bzw. über einen Beleg ausgewählt haben, wird dieser automatisch der Stammdatenkarte des Debitors zugefügt. In der Debitorenkarte finden Sie das Symbol zum Aufruf der „Std. Debitorenvorlagencodes" im Menüband unter NAVIGATE.

Dadurch steht Ihnen dieses „Paket" bei weiteren Verkaufsbelegen für diesen Debitor immer sofort in der „Liste" zur Verfügung.

3.4.8.4 Einblicke in die Themen „Workflow“ und „Beleggenehmigung“

In Microsoft Dynamics™ NAV haben Sie schon seit einigen Versionen die Möglichkeit, Verkaufsbelege die beispielsweise ein bestimmtes Volumen überschreiten, durch einen Vorgesetzten „genehmigen“ zu lassen.

Das Thema „Beleggenehmigung“ ist also nicht neu. Die Beleggenehmigung selbst gibt es ebenfalls für den Einkaufsbereich – wenn also Sachbearbeiter beispielsweise eine Bestellung erfassen, deren Gesamtbetrag sehr hoch ausfällt und Sie steuern wollen, dass das „nicht einfach so“ bestellt werden kann ohne das der verantwortliche Einkaufsleiter nochmal geprüft hat, aktivieren Sie dazu die Beleggenehmigung.

Neu seit NAV2016 ist allerdings das Thema „Workflow“. Innerhalb des Workflow ist die Beleggenehmigung quasi „eingebettet“.

Der Unterschied: in früheren Versionen ging es bei den Genehmigungen meist um die diversen Belege.

Heute können Sie weitere Bereiche innerhalb von NAV in einem Genehmigungsverfahren einbinden – beispielsweise in Bezug auf Stammdaten wie einer Debitorenkarte.

Wo macht die Verwendung eines Genehmigungsverfahrens Sinn?

Wenn ich meine Kunden, die ich zum Teil schon über viele Jahre hinweg betreue, so betrachte, wäre hier ein Genehmigungsverfahren wie es uns NAV anbietet – sagen wir mal – etwas „über-dimensioniert“.

Auch in diesen Unternehmen darf im Normalfall nicht jeder Sachbearbeiter „alles“ selbst entscheiden und damit „freigeben“. Aber in der Praxis ist es oftmals so, dass viele der Unternehmen zum Teil über organisatorische Anweisungen das Thema „wer darf was“ und „wer darf was entscheiden/freigeben“ entsprechend abwickeln.

Zudem sind bei vielen Endanwendern branchenspezifische Lösungen im Einsatz, die zum Teil das Thema „Genehmigungen“ auf eine etwas andere Variante steuern (und sei es durch spezielle Vorgaben über die Benutzer Einrichtung).

Muss ich diesen Bereich bzw. diese Bereiche nutzen?

Sagen wir mal so: Sie <u>könnten</u> es nutzen, wenn Sie es für sich und Ihr Unternehmen als richtig und wichtig erachten. Ein „muss“ gibt es hier nicht.

Für wen könnte diese Möglichkeit interessant werden?

Im Zuge der immer weiter voranschreitenden Technologien – gerade im Hinblick auf mobile Lösungen und damit auch Endgeräte wie Smartphones, Tabletts & Co. ist ein Workflow samt Genehmigungsverfahren für die Unternehmen sicher interessant, deren Außendienstmitarbeiter „draußen" zum Beispiel Verkaufsangebote erfassen oder neue Kontakte/ Debitoren anlegen.

Mit NAV2016 und den entsprechenden APPS können Ihre Kollegen und Kolleginnen das bereits über ein Smartphone erledigen....

Worüber sollten Sie sich vorab Gedanken machen, bevor es an die Einrichtung geht?

Damit das Ganze überhaupt funktionieren kann, muss einiges im Vorfeld eingerichtet werden – und das heißt für Sie: wenn Sie sich dazu entscheiden den „Workflow" zu nutzen, prüfen Sie vorab für welche Bereiche Sie das tatsächlich einsetzen wollen.

Wie ist die Hierarchie in der betreffenden Abteilung? Gibt es vielleicht bereits jetzt einen Genehmigungsablauf, der außerhalb von NAV abläuft und wenn ja, wie sieht der aus?

Wenn das alles soweit klar ist, können Sie „loslegen".

Auf den nachfolgenden Seiten erhalten Sie einen kleinen Einblick in die beiden Themen. *Damit ich Ihnen hier ein paar Bildschirmausschnitte „basteln" konnte, musste ich bei meiner „CRONUS"-Datenbank allerdings ein wenig tricksen.*

Ausführliche Informationen und Anleitungen erhalten Sie zu beiden Themen über die Onlinehilfe von Microsoft Dynamics™ NAV2016.

Vorab-Information: im „CRONUS" gibt es bereits einige Vorlagen, die ich an dieser Stelle auch nutzen werde. In den nachfolgenden Beschreibungen beziehe ich mich auf verkaufsorientierte Prozesse – vergessen Sie bitte nicht, dass Sie hier auch bestimmte Abläufe aus anderen Abteilungen abdecken können.

3.4.8.4.1 Einrichten der Genehmiger

Damit der Prozess der Genehmigung überhaupt funktionieren kann, müssen zunächst die einzelnen Benutzer in der „Genehmigungsbenutzereinrichtung“ hinterlegt werden.

Wechseln Sie bitte über „Abteilungen“ – „Verwaltung“ – „Anwendung Einrichtung“ entweder auf „Workflow“ oder auf „Beleggenehmigung“ – in beiden Menüpunkten finden Sie den Aufruf für die „Genehmigungsbenutzereinrichtung“.

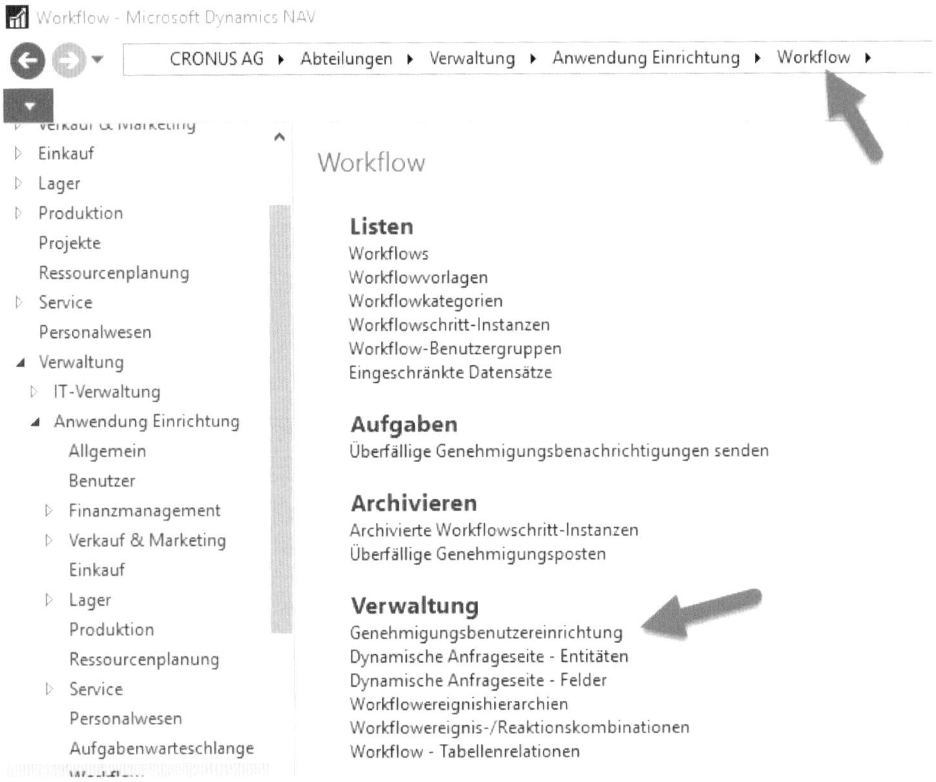

Klicken Sie auf diesen Menüpunkt – es öffnet sich eine „Übersicht“:

(Da ich mich nicht selbst als „Genehmiger“ für meine eigene Benutzer-ID anlegen konnte, musste ich einen Testuser verwenden).

Auf der nächsten Seite finden Sie einige Informationen zu den verschiedenen Feldern. (***Quelle dafür***: Onlinehilfe von Microsoft Dynamics™ NAV2016 – „Gewusst wie: Einrichten von Genehmigungsbenutzern“)

*„**Hinweise**: Genehmigungsbenutzer (sowohl „Genehmigungsanforderer" als auch Genehmiger) müssen zunächst als „Workflow-Benutzer" im „Workflow-Benutzergruppe"-Fenster eingerichtet werden. (sehen wir danach)*

Wenn Sie Genehmigungsbenutzer eingerichtet haben, können Sie über diese Konfiguration Workflowantworten für Genehmigungsworkflows erstellen.

Um zu definieren, dass eine Genehmigungsanforderung nicht genehmigt wird bevor mehrere Genehmiger in einer Genehmigungskette diese genehmigt haben, richten Sie Genehmiger in einer Hierarchie ein. Legen Sie für den Genehmigertyp „Genehmiger" die Genehmiger oben im „Genehmigungsbenutzereinrichtung"-Fenster fest. Legen Sie für den Genehmigertyp „Workflowbenutzergruppe" die Genehmiger oben im „Workflow-Benutzergruppen"-Fenster fst und definieren Sie die Hierarchie, in dem Sie ansteigende Nummern zu jedem Genehmiger im Feld „Reihenfolge" zuweisen. …"

Feldname	***Erläuterung***
Benutzer-ID	Wählen Sie hier den Benutzer aus, der den Genehmigungsvorgang auslöst (klick auf den „Drop-Down-Pfeil" oder „F4" drücken)
Verk.-/Einkäufercode	In der Regel füllen Sie das Feld aus, wenn der für den Debitor oder Kreditor zuständige Verkäufer/Einkäufer derjenige ist, der die entsprechende Anforderung genehmigen muss
Genehmiger-ID	Hier hinterlegen Sie die Benutzer-ID des „Genehmigers"
Grenzbetrag für Verkauf	Geben Sie den maximalen Verkaufsbetrag in der Mandantenwährung (MW) an, die der Benutzer im Feld „Benutzer-ID" genehmigen kann.
Unbegrenzte Verkaufsgenehmigung	Setzen Sie hier ein Häkchen, können Sie keinen Betrag in dem vorherigen Feld eintragen.
Grenzbetrag für Einkauf	Geben Sie den maximalen Einkaufsbetrag in der Mandantenwährung (MW) an, die der Benutzer im Feld „Benutzer-ID" genehmigen kann.
Unbegrenzte Einkaufsgenehmigung	Setzen Sie hier ein Häkchen, können Sie keinen Betrag in dem vorherigen Feld eintragen
Grenzbetrag für Anfrageanforderung	Um dieses Feld verwenden zu können, müssen Sie die Option „Genehmigerkette" im Feld Einschränkungsart Genehmiger im Fenster „Workflowreaktionen" auswählen
Unbegrenzte Anfrageanforderung	Setzen Sie hier ein Häkchen, können Sie keinen Betrag in dem vorherigen Feld eintragen

Feldname	Erläuterungen
Stellvertreter	Wählen Sie hier die ID des Benutzers aus, der Anforderungen vom Benutzer im Feld „Benutzer-ID“ genehmigen muss, wenn der hinterlegte Benutzer unter „Genehmiger-ID“ nicht verfügbar wäre
E-Mail	Geben Sie die Mailadresse des Benutzers aus dem Feld „Benutzer-ID“ an
Genehmigungsadministrator	Setzen Sie hier ein Häkchen bei der Benutzer-ID-Zeile, der berechtigt sein soll gesperrte Genehmigungsworkflows wieder frei zugeben – beispielsweise durch delegieren von Genehmigungsanforderungen an Stellvertreter und das Löschen von fälligen Genehmigungsanforderungen

3.4.8.4.2 Workflow-Benutzergruppen

Nachdem die Genehmiger hinterlegt sind, sehen wir uns einmal die „Workflow-Benutzergruppen“ an. Schließen Sie dazu das Fenster „Genehmigungsbenutzereinrichtung“. Klicken Sie im Menü „Workflow“ auf „Workflow-Benutzergruppen“:

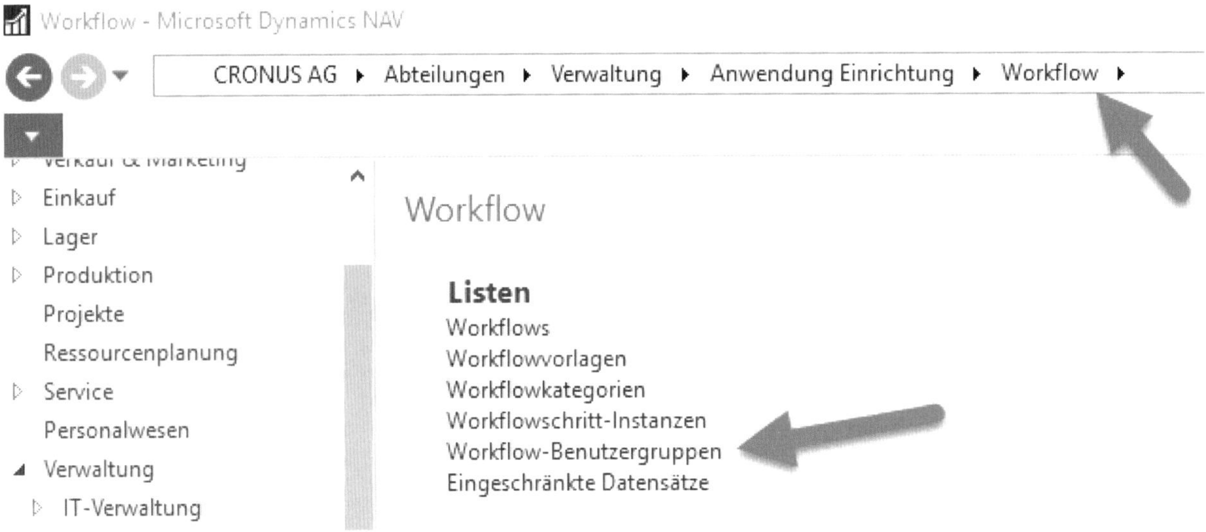

Es öffnet sich ein neues Fenster:

Als Beispiel habe ich hier eine Gruppe namens „Verkaufsleiter“ angelegt:

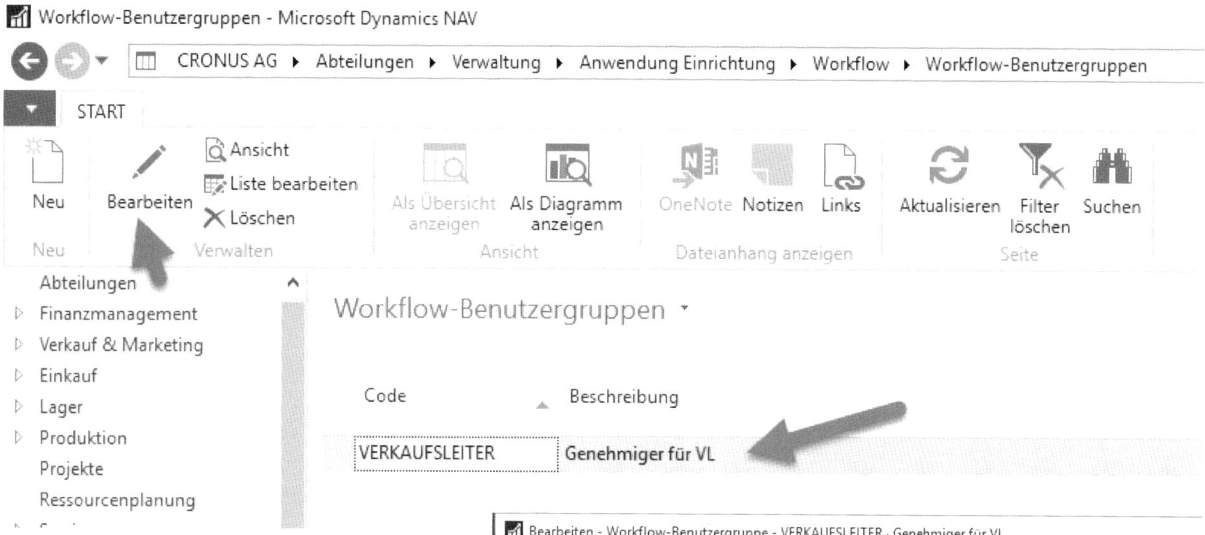

Sobald Sie auf „Bearbeiten“ klicken, erhalten Sie diese Ansicht:

Hier sehen Sie auch die „Reihenfolge“ von der im vorherigen Kapitel die Rede war.

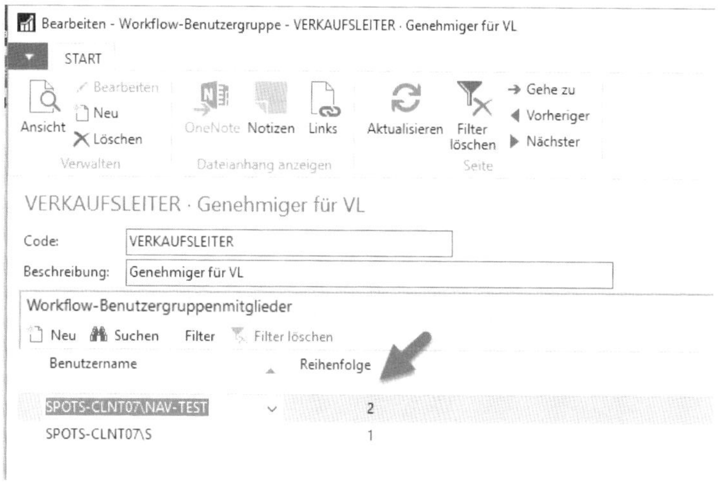

Sie sollten also Gruppierungen erstellen um dort wiederum die entsprechenden Benutzer-IDs zu hinterlegen – inklusive der Reihenfolge (die „höchste“ Priorität“ ist „1“).

Nach dem die Genehmiger samt der entsprechenden Gruppe festgelegt wurde, sehen wir uns im nächsten Schritt einmal die Workflow-Vorlagen an:

Schließen Sie dazu zunächst das Fenster der „Workflow-Benutzergruppe“.

3.4.8.4.3 Workflowvorlagen

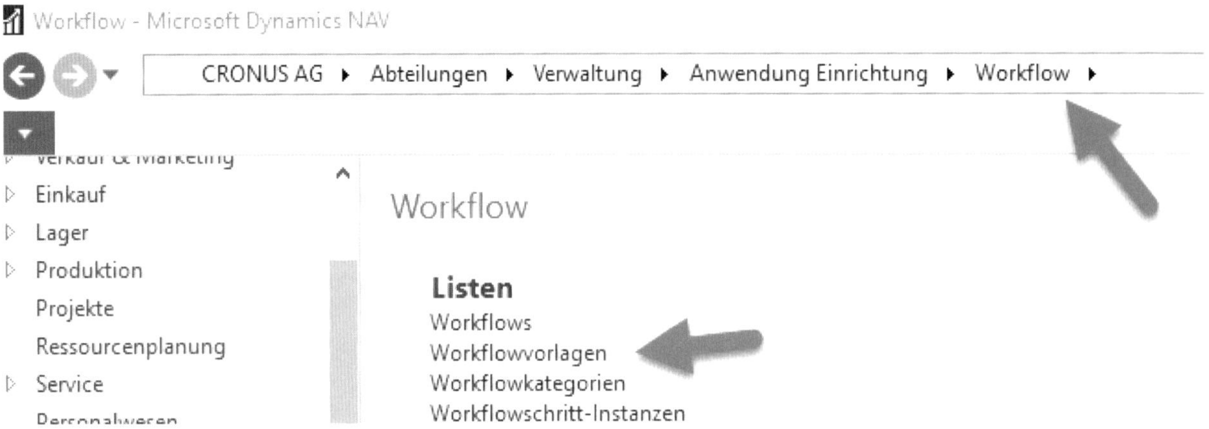

Wie bereits erwähnt, stehen Ihnen im CRONUS bereits einige vorgefertigte Vorlagen zur Verfügung.

Ansicht der Vorlagen:

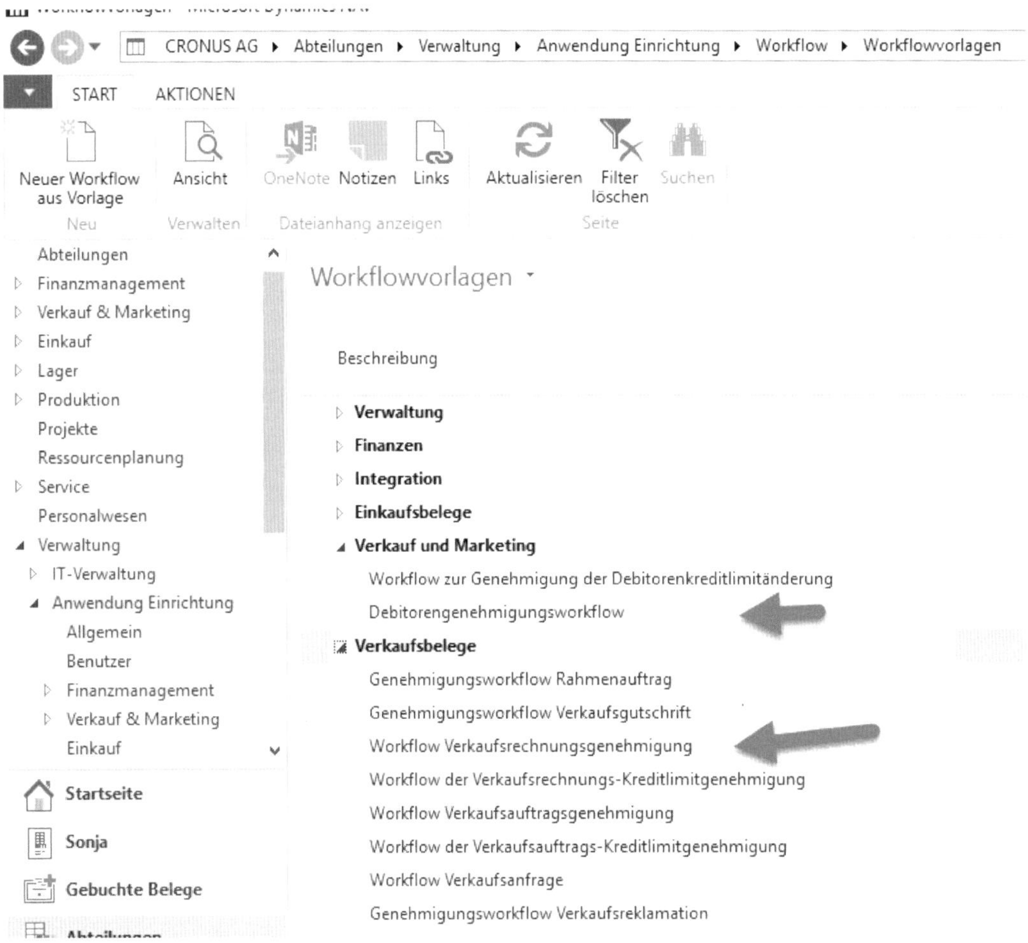

Für die nachfolgenden Beispiele nutze ich gleich einmal die Vorlage „Debitorengenehmigungsworkflow“ unter „Verkauf und Marketing“ und des Weiteren den „Workflow Verkaufsrechnungsgenehmigung“ unter „Verkaufsbelege“.

Wenn Sie sich einmal ansehen möchten, was sich hinter einer solchen Vorlage verbirgt: platzieren Sie Ihren Cursor auf die entsprechende Zeile und klicken Sie danach auf das Symbol „Ansicht“:

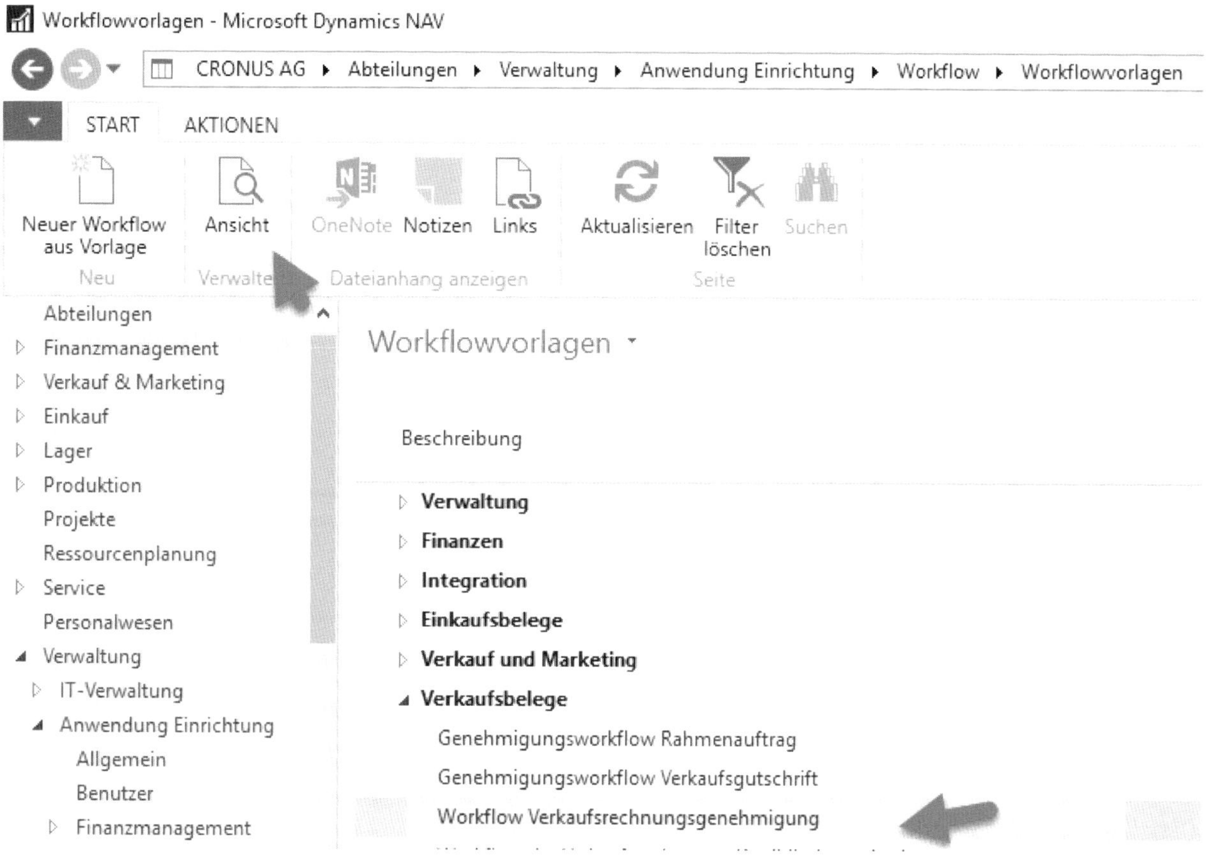

So sieht das aus:

In diese Maske wird festgelegt, welche Bedingung erfüllt sein muss – anhand der Antwort – damit der „Workflow“ auch funktioniert.

Dies ist „nur“ die Vorlage – damit das Ganze auch aktiv werden kann, benötigen wir gleich eine andere Maske.

Diese Workflowvorlagen sind von Microsoft® (erkennbar daran, dass ein „MS“ im Feld „Code“ als Kennzeichnung enthalten ist) vorbereitet und enthalten bereits die korrekten Parameter um den Workflow samt Genehmigungsverfahren durchführen zu können.

Sollten Sie eigene Workflows für spezielle Prozesse benötigen, wenden Sie sich bitte an Ihren Ansprechperson Ihres Microsoft Dynamics™ NAV-Partners. In dem Fall könnte eine Anpassung an bestimmten Codestellen notwendig werden.

Schließen Sie die Ansicht der „Workflowvorlagen“ – zurück im Menü „Workflow“ klicken Sie jetzt bitte auf den Punkt „Workflows“.

3.4.8.4.4 Aktivieren von „Workflows“ – Fenster „Workflows“

Damit der gewünschte Prozessdurchlauf – zum Beispiel in Bezug auf Genehmigung von Debitorenkarten oder Verkaufsrechnungen – auch funktionieren kann, benötigen Sie die entsprechenden Einträge bzw. Auswahlen im „Fenster“ *Workflows*:

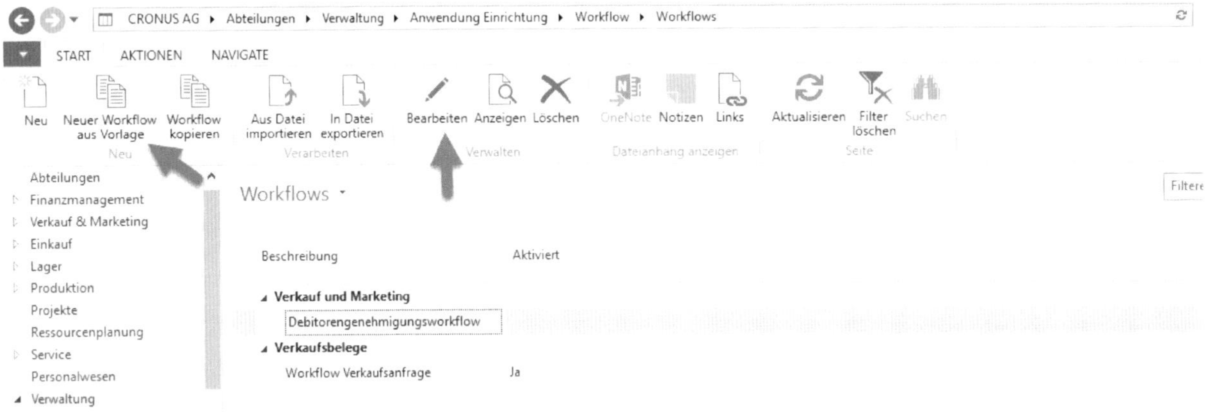

In meinem Beispielfall habe ich die bereits erwähnten zwei Workflowvorlagen genutzt – um eine solche Vorlage zu zufügen, klicken Sie bitte auf das Symbol „Neuer Workflow aus Vorlage“ und wählen aus der dann gezeigten Übersicht Ihre gewünschte Vorlage aus.

Um die „Aktivierung“ zu setzen und damit das Genehmigungsverfahren „einzuschalten“, platzieren Sie Ihren Cursor auf den Workflow und klicken auf das Symbol „Bearbeiten“.

Ansicht der „Workflow“-Karte:

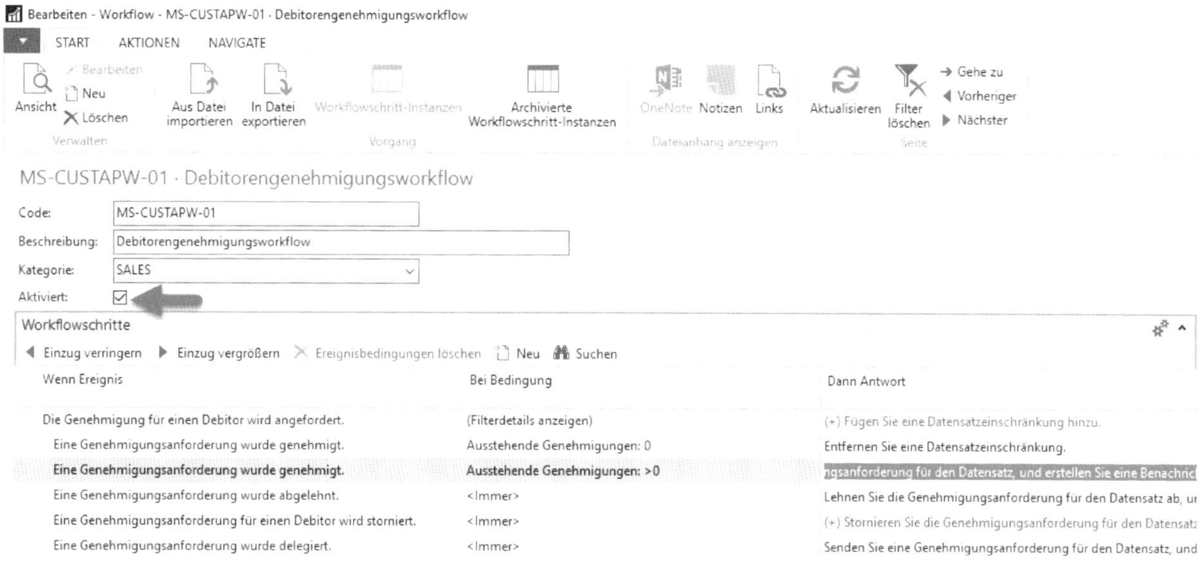

Setzen Sie das Häkchen im Feld „Aktiviert“.

3.4.8.4.5 Ein kleines Beispiel – einmal mit der Genehmigung einer Debitorenkarte und einmal mit einer Genehmigung für eine Verkaufsrechnung

Um das Ganze einmal zu demonstrieren, erstelle ich zunächst eine neue Debitorenkarte für den Kunden „Hans Huber & Söhne KG“.

***Beispiel für ein solches Szenario**: Ihre Außendienstmitarbeiter sollen neue Kunden selbst in NAV anlegen dürfen (dazu gäbe es übrigens noch eine andere Alternative – über Kontakte… wie das funktionieren könnte, erfahren Sie in einem unserer Power-Workshops). Um sicher zu gehen, dass diese neuen Kundenkarten von Ihrem Vertriebsleiter auch gesehen wurden, legen Sie ein Genehmigungsverfahren entsprechend fest.*

Nach der Neu-Anlage der Debitorenkarte klicke ich auf das Symbol „Genehmigungsanforderung“:

Eine kurze Informationsmeldung zeigt an, dass eine Genehmigungsanforderung jetzt erstellt wurde:

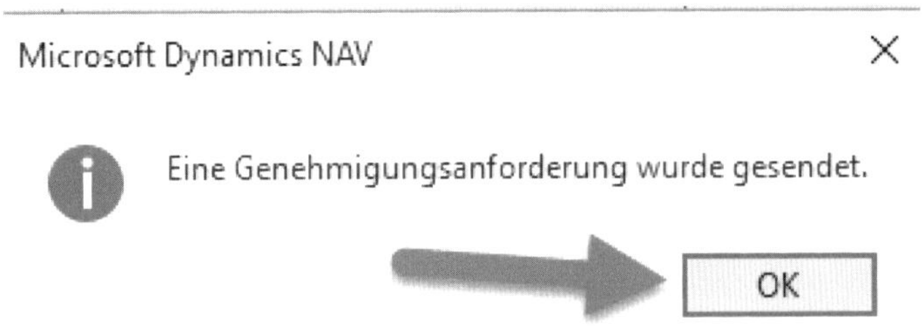

Ich bestätige diese Meldung durch Klick auf „OK“

Um sich darüber zu informieren, in welchem Status die Genehmigung ist, klicke ich bzw. Sie oder Ihr Kollege in der Debitorenkarte im Menüband Reiter NAVIGATE auf das Symbol für „Genehmigungen“:

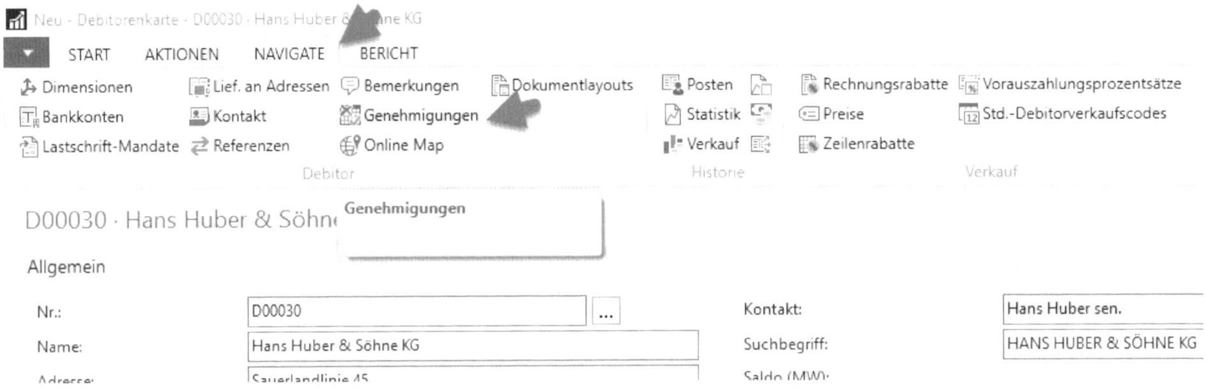

Über diesen Weg kommen Sie in eine Ansicht der „Genehmigungsposten“.

In dieser Maske können Sie sehen, wer der Absender und wer der Genehmiger ist bzw. sein soll. Sie könnten solche Anforderungen auch durch Klick auf „Delegieren“ im Menüband an einen weiteren Kollegen weiterleiten.

Eine Freigabe dieser Genehmigung geht an dieser Stelle **nicht**.

Um die Genehmigungsanforderung frei zu geben hat der jeweilige Anwender eine andere Ansicht – und die befindet sich im Menü „Finanzmanagement“ – „Debitoren“.

Ansicht des Menüaufrufs „zu genehmigende Anforderungen“:

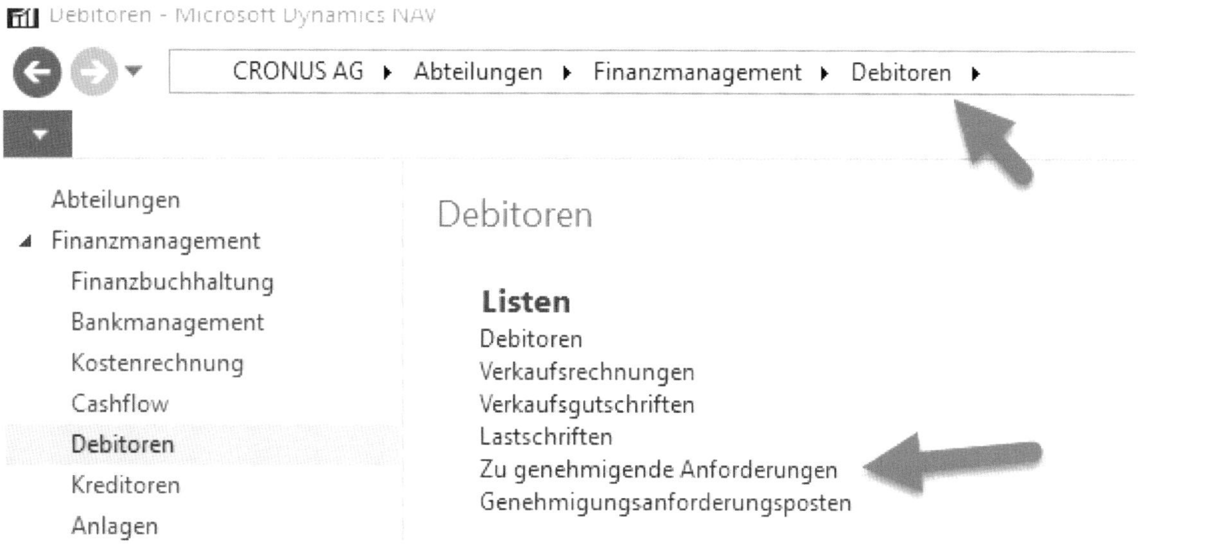

Über dieses „Fenster“ sehen die Genehmiger – gefiltert auf ihre jeweilige „Benutzer-ID“ – die entsprechenden Datensätze, deren Genehmigungen ausstehen.

Durch Klick auf „Datensatz öffnen“, können die Bearbeiter sich die Datensätze selbst aufrufen um diese zu prüfen.

Wie Sie anhand des oberen Bildschirmausschnittes sehen können, genügt ein Klick auf eines der Symbole um diese Datensätze zu „genehmigen“ oder eben „Abzulehnen“ oder zu „Delegieren“ – je nach dem was hier als notwendig erachtet wird.
In meinem Fall setze ich diesen Datensatz auf „freigegeben“.

Sobald die Genehmigung „erledigt“ wurde – d.h. die Anforderung wurde entsprechend beantwortet – ist das Fenster „zu genehmigende Anforderungen“ leer:

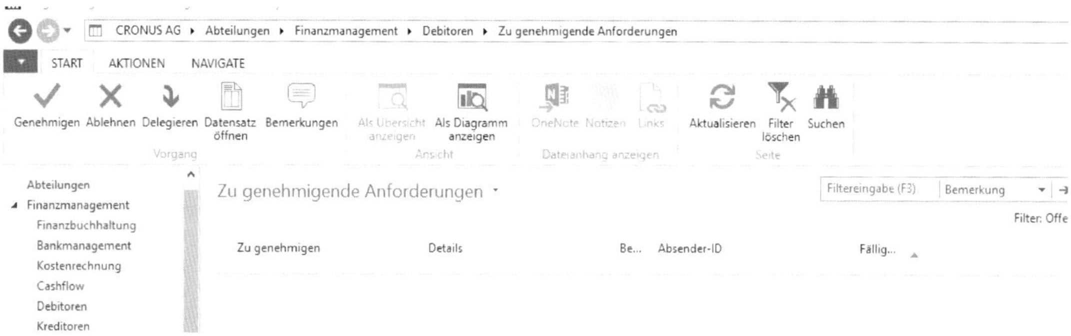

Um zu kontrollieren, wie die Genehmigung erteilt wurde bzw. mit welchem „Status", können Sie und Ihre Kollegen jederzeit über die „Genehmigungsanforderungsposten" den Verlauf sehen:

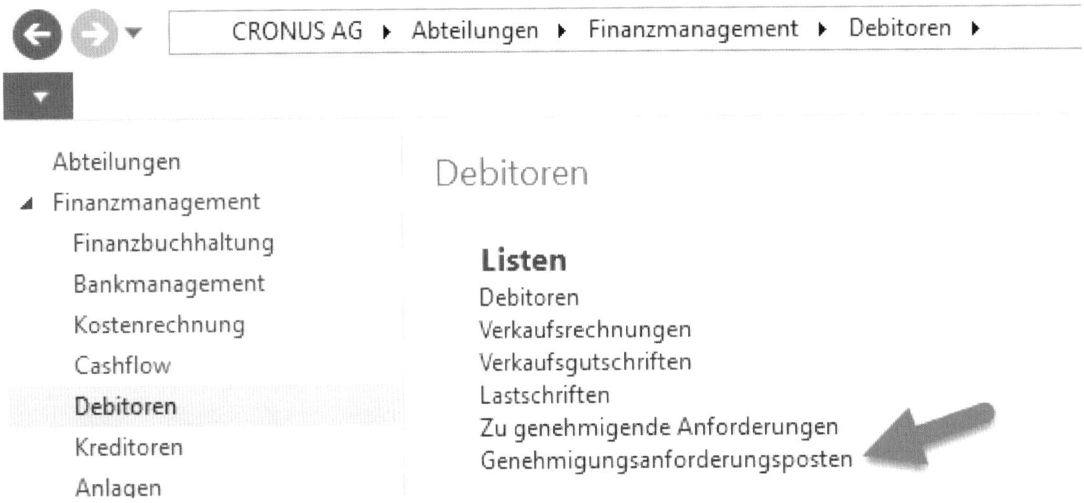

Ansicht der Posten:

Übrigens: die Option „Delegieren" steht Ihnen auch über die Posten zur Verfügung… und noch etwas: sobald eine Genehmigung ausgelöst wird, wird sofort ein „Genehmigungs-anforderungsposten" geschrieben!

Was passiert, wenn für den neuen Debitor ein Auftrag erstellt wird?

Sofern Sie neue Debitoren immer erst genehmigen lassen wollen bevor irgendetwas gebucht wird, sorgt der ausgewählte Workflow dafür das eine Buchung **nicht** möglich wäre.

Beispiel von eben: für den neu erstellten Kunden „Hans Huber & Söhne KG" hatte ich, nach dem ich die Genehmigungsanforderung verschickt hatte, einen neuen Verkaufsauftrag erstellt.

Freigeben kann ich den Auftrag – **aber nicht buchen**:

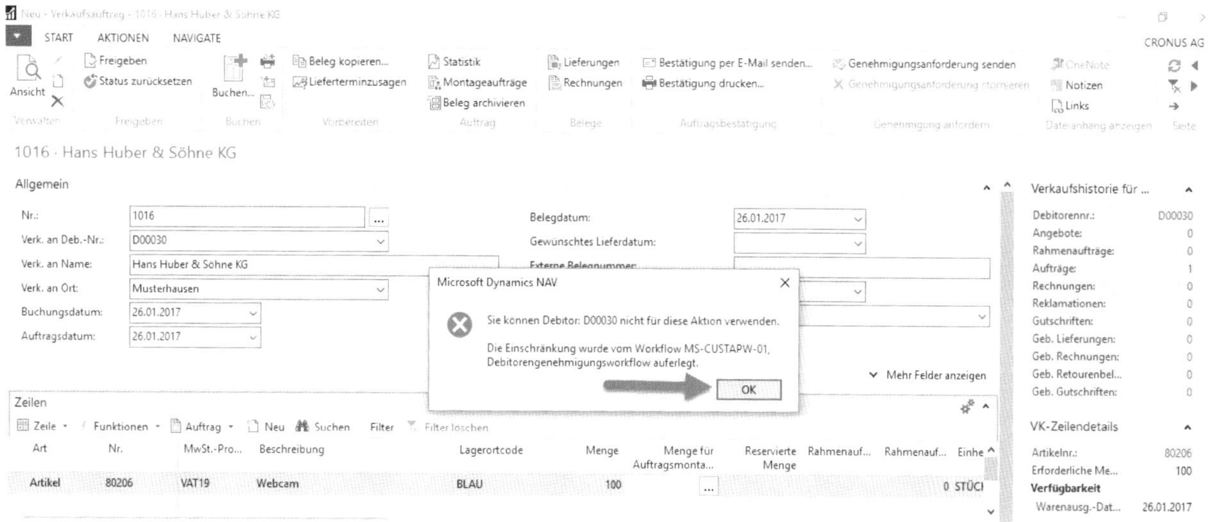

Erst nach dem ich die Freigabe für diesen Debitor genehmigt hatte, ließ sich dieser Auftrag ohne Probleme buchen.

Als <u>zweites</u> Beispiel nehmen wir jetzt eine „Direktrechnung" für „Hans Huber & Söhne KG".

Szenario: stellen wir uns vor, dass unser Servicetechniker „Michael" vor Ort war um dem Seniorchef bei der Einrichtung seines neuen PCs zu helfen. Dafür möchten Sie jetzt 5 Stunden abrechnen, verzichten in diesem Fall aber auf einen Auftrag. Sondern erstellen direkt eine Verkaufsrechnung mit der Ressource.

Ansicht der neuen Verkaufsrechnung:

Eine „Freigabe" dieser Rechnung ist aufgrund des Workflows nicht möglich:

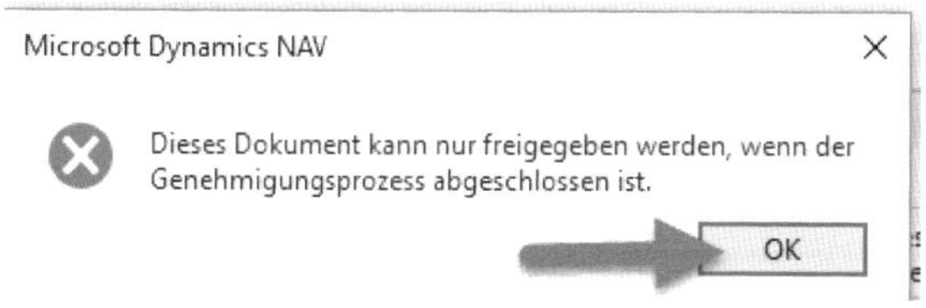

Daher muss ich (müssten Sie) in der Verkaufsrechnung zunächst auf das Symbol „Genehmigungsanforderung senden" klicken.

Ansicht der Verkaufsrechnung – auslösen der Genehmigungsanforderung:

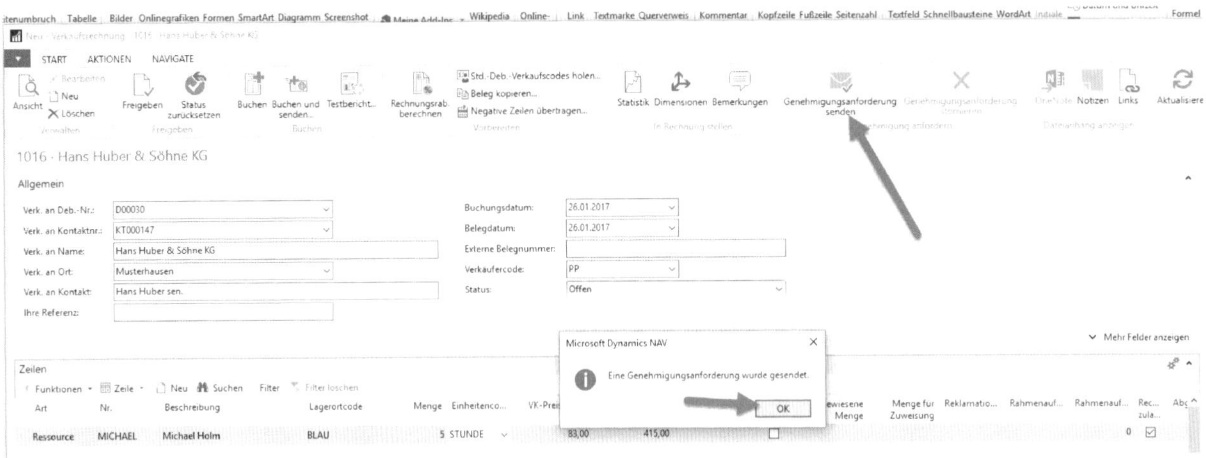

Der Weg um die Genehmigung zu erteilen, ist jetzt identisch mit dem des vorherigen Ablaufes.

Erst wenn diese Anforderung „genehmigt" wurde – hier nochmals ein Einblick in die betreffenden „Posten" – lässt sich dieser Verkaufsbeleg auch buchen:

3.4.8.4.6 Zusammenfassung zu diesem Punkt:

„Workflow" und die Genehmigungsverfahren sind hilfreiche „Werkzeuge" um innerhalb von NAV bestimmte Prozesse zu steuern. Ob diese „Werkzeuge" tatsächlich in Ihrem Unternehmen eingesetzt werden müssen oder sollen – das müssen Sie zusammen mit Ihrem Team prüfen.

Bitte bedenken Sie, dass die Nutzung dieser Bereiche voraussetzt, dass Sie und Ihre Kollegen regelmäßig die entsprechende „Anforderungen" durchgehen und bearbeiten. Ansonsten könnten schlimmstenfalls beispielweise Verkaufsvorgänge „hängenbleiben", weil es keine Genehmigung gibt um weiter zu machen.

Sofern Ihre Außendienstmitarbeiter Kundenstammdaten erfassen sollen – ggf. über eine mobile Lösung – oder Verkaufsbelege erstellen müssten, ist der Workflow sicher ein Punkt, der auf jeden Fall in Betracht gezogen werden sollte.

Sprechen Sie diesen Punkt am besten mit Ihrem Projektleiter des Microsoft Dynamics™ NAV-Teams an.

3.5 Verkaufsreklamationen und Verkaufsgutschriften

Es kann vorkommen, dass Ihre Kunden Ware zurückschicken bzw. zurückschicken müssen. Um diese Abläufe in NAV zu dokumentieren und abzuhandeln stehen Ihnen dazu zwei Wege zur Verfügung:

a) Die Verkaufsreklamation ODER
b) Die Verkaufsgutschrift

Eine Verkaufsreklamation ist – vereinfacht gesagt – eine „erweiterte Verkaufsgutschrift". Denn: Ihnen stehen über die Verkaufsreklamation ein paar Funktionen mehr zur Verfügung bzw. werden anders gehandhabt (wie beispielsweise die Buchungsroutine).

Um Ihnen beide Varianten einmal zu demonstrieren, werden wir beide Fälle durchspielen.

3.5.1 Verkaufsreklamation

Gehen wir davon aus, dass Ihr Ansprechpartner der „CompHelp AG" sich gemeldet und einen Teil der letzten Lieferung reklamiert hat.

Aus der Praxis:

Es gab in diesem Zusammenhang schon einmal folgende Frage eines Endanwenders: *kann ich dafür den Lieferscheinstorno nutzen? Der Auftrag ist noch nicht fakturiert…*

Rein von einem möglichen Vorgehen, wäre ein Lieferscheinstorno unter bestimmten Voraussetzungen tatsächlich möglich und auch eine Option. **ABER** der Nachteil bei dieser „Variante": es würde kein Reklamationsbeleg erstellt (fehlende „Dokumentation", dass etwas reklamiert wurde) – das wäre in jedem Fall „sub-optimal".

Der *Lieferscheinstorno* sollte meiner Meinung nach nur dann wirklich zum Einsatz kommen, wenn sich jemand beim Warenausgang „verbucht" hat…

Die „Verkaufsreklamation" ist immer die beste Variante, wenn es sich um Rücknahmen von Waren handelt, die Ihr Kunde reklamiert hat. Sobald eine Verkaufslieferung gebucht wurde, kann diese eben beispielsweise durch eine Reklamation wieder eingebucht werden – Sie hätten auch einen Nachweis und können zudem durch die Angabe eines „Reklamationsgrundcodes" unter anderem ebenso bestimmen auf welches Lager diese Ware zunächst eingebucht wird (beispielsweise auf „Sperr" – falls es einen solchen Lagerort bei Ihnen geben würde).

Fakt ist allerdings, dass der „Abschluss" einer Verkaufsreklamation – wie im Einkauf auch – das **Fakturieren** ist. In diesem Fall wird letztendlich durch die Faktura eine Verkaufsgutschrift gebucht. Und das bedeutet auch: der Auftrag sollte zu einem bestimmten Zeitpunkt fakturiert sein bzw. werden, damit diese Gutschrift später einen Ausgleich hat.

Beispiel für eine Verkaufsreklamation.

Klicken Sie im Verkaufsbereich auf den Menüpunkt „Auftragsabwicklung“ und dort auf „Verkaufsreklamationen“. Erstellen Sie einen neuen Beleg für den Kunden „CompHelp AG“.

Um sich jetzt die Belegzeilen in die Reklamation zu holen, nutzen wir die Funktion „zu stornierende gebuchte Belegzeilen abrufen“:

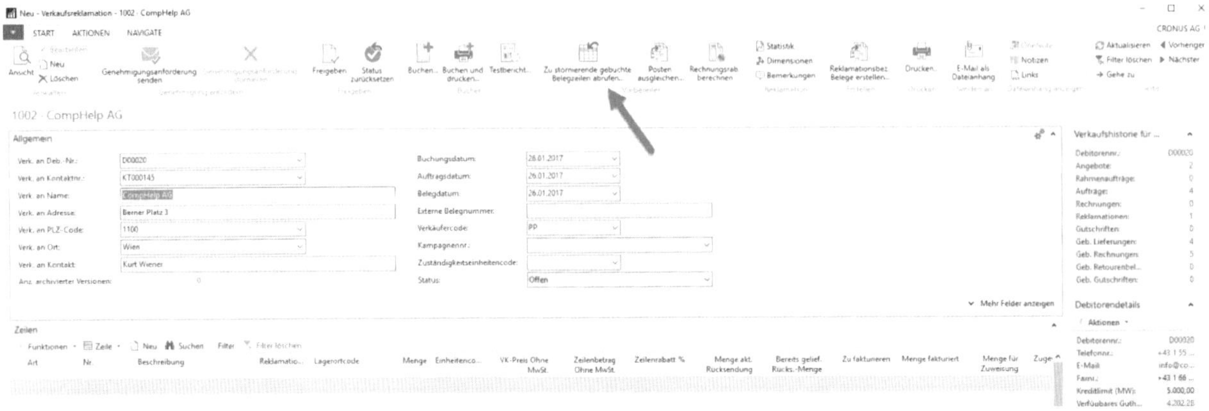

Es öffnet sich eine Art „Dialogfenster“, der Ihnen hier die Belegzeilen anzeigt, die in Zusammenhang mit diesem Kunden gebucht wurden.

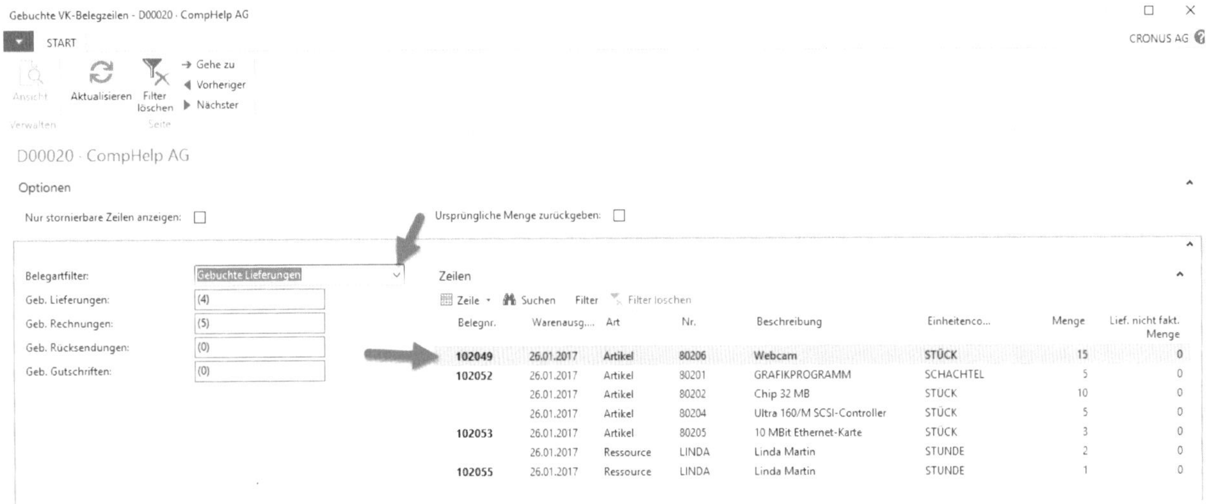

Im Feld „Belegartfilter“ können Sie aus einer Optionsauswahl die Belegzeilenart wählen, die Sie für die Reklamation benötigen. Wäre der Auftrag zum Beispiel noch nicht fakturiert, sollten Sie hier auf „Gebuchte Lieferungen“ umstellen.

Unterhalb des Belegartfilters sehen Sie auf einen Blick wie viele gebuchte Lieferungen, etc. zu diesem Kunden existieren.

Rechts – im Register „Zeilen“- sehen Sie jetzt alle gebuchten Belegzeilen. Wenn Sie eine oder mehrere Zeilen übernehmen wollen, markieren Sie die Datensätze entsprechend und klicken Sie auf „OK“ rechts unten.

Die Felder „nur stornierbare Zeilen anzeigen“ und „Ursprüngliche Menge zurückgeben“ spielen im Fall einer Verkaufsreklamation keine Rolle. Diese beiden Häkchenfelder sind für die Einkaufsreklamation wichtig – und da wir hier die gleiche Ansicht sowohl im Einkauf wie im Verkauf nutzen, sehen Sie diese Häkchenfelder....

Nur zum Verständnis: wenn Sie im Einkauf eine Einkaufsreklamation erfassen, wäre das Vorgehen identisch. Nur in diesem Fall schicken Sie ja Artikel an Ihren Lieferanten zurück. Und wenn Sie nach Auswahl im „Belegartfilter" das Häkchen im Feld „nur stornierbare Mengen anzeigen" anklicken, würde das System nur noch die Zeilen bzw. Mengen anzeigen, die derzeit für ein „Zurückschicken" vorhanden wären.

„Ursprüngliche Menge ..." bedeutet, dass Sie auf jeden Fall die ursprüngliche Menge (Gesamtmenge) zurücksenden wollen. Hier würden Sie das Häkchen setzen, wenn die ursprüngliche Lieferung bereits durch Umlagerungen zum Beispiel mehrfach umgelagert wurde – denn das System wird beim Zufügen in die Reklamationszeilen den ursprünglich verwendeten Lagerort erst einmal wieder eintragen wollen.

Zurück zu unserem Beispiel: in meinem Fall wähle ich die erste Lieferung – die Webcam – aus.

Das System führt eine Belegkopie aus – das heißt, „er" übernimmt die gelieferten Zeilen in den Reklamationsbeleg. Im Feld „Reklamationsgrundcode" können Sie eine Auswahl treffen (im CRONUS sind beispielhaft einige Codes hinterlegt). Zudem könnten Sie die Menge ändern – wenn die Reklamation nicht die gesamte Menge betroffen hat.

In meinem Fall gehe ich davon aus, dass unser Kunden „CompHelp AG" 10 Stück der Webcam zurücksendet mit dem Hinweis auf „beschädigt".

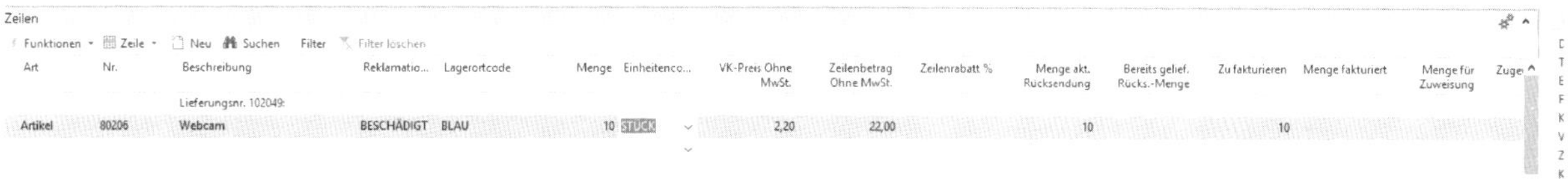

Wie bereits erwähnt: sollten Sie einen „Sperr"-Lagerort haben, auf dem solche Ware eingebucht werden würde (oder „QS"), sollten Sie vorher noch den Lagerort ändern.

Um die Ware wieder systemtechnisch (sofern physikalisch bei Ihnen angekommen) „an Lager" zu buchen, klicken Sie bitte jetzt auf das Symbol für „BUCHEN" – wählen Sie bitte die Option „Liefern".

Gut zu wissen:

Sollte hinter dem ursprünglichen Auftrag, der zu dieser Lieferung gehört, ein Rahmenauftrag sein, hat das Buchen einer Rücklieferung **KEINEN** Einfluss auf die Rahmenauftragszeile!

In der Verkaufsreklamation haben Sie nun die Möglichkeit direkt Folgebelege zu erstellen – die sogenannten „reklam. bezogenen Belege". Der Vorteil dieser Funktion: Sie mithilfe dieser Möglichkeit bereits weitergehende Arbeitsschritte vorbereiten – wie beispielsweise eine Einkaufsreklamation, wenn Sie die Ware direkt an Ihren Lieferanten zurücksenden wollen.

Klicken Sie bitte im Menüband auf das entsprechende Symbol:

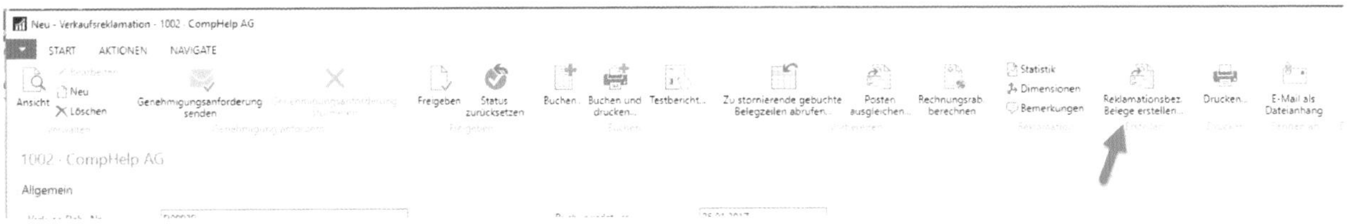

Es erscheint zunächst ein kleines Dialogfenster, in dem Sie Ihre Auswahl treffen können:

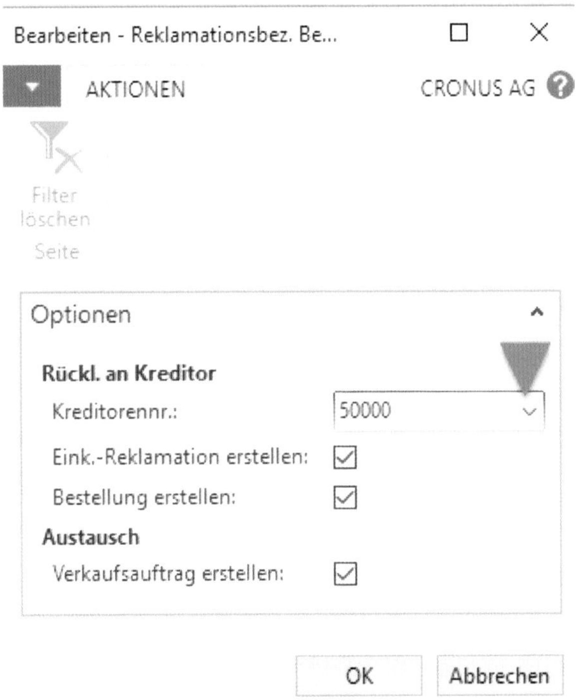

Die *Kreditorennummer* sollten Sie auswählen – sofern hier keine automatisch vorbelegt wurde (diese Information kommt normalerweise aus Artikel- bzw. Lagerhaltungsdatenkarte)

Das ist nur dann notwendig, wenn Sie Häkchen in den Feldern „Eink.-Reklamation erstellen" bzw. „Bestellung erstellen".

Sollten Sie eine „Austauschvorlieferung" vorsehen, können Sie durch Setzen eines Häkchens im Feld „Verkaufsauftrag erstellen" bereits einen passenden Verkaufsauftrag erzeugen lassen.

Für unsere Übung belassen wir die Häkchenfelder – klicken Sie auf „OK" um die Belege zu erstellen.

Sobald die Folgebelege erstellt wurden, zeigt Ihnen das System darüber eine kurze Information an:

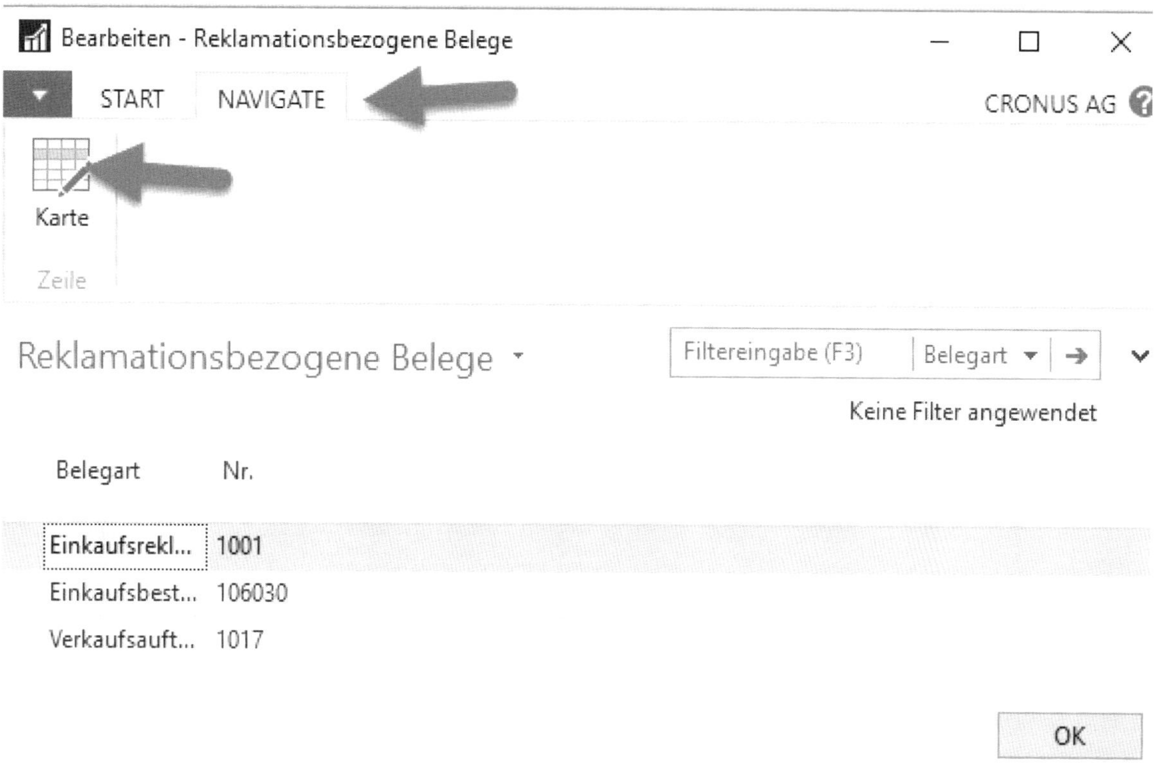

Wenn Sie in dieser Ansicht auf den Reiter „NAVIGATE“ klicken, können Sie sich durch Klick auf das Symbol „Karte“ den Beleg bzw. die Belege anzeigen lassen.

Achten Sie in diesem Fall jetzt unbedingt auf die Belegnummern.

Schließen Sie die Ansicht durch Klick auf „OK“.

Sehen wir uns die Folgebelege einmal an – wechseln Sie dazu in den „Einkauf“ und dort auf „Bestellungsabwicklung“. Öffnen Sie die Einkaufsreklamations-Übersicht und wählen Sie den gerade erstellten Beleg:

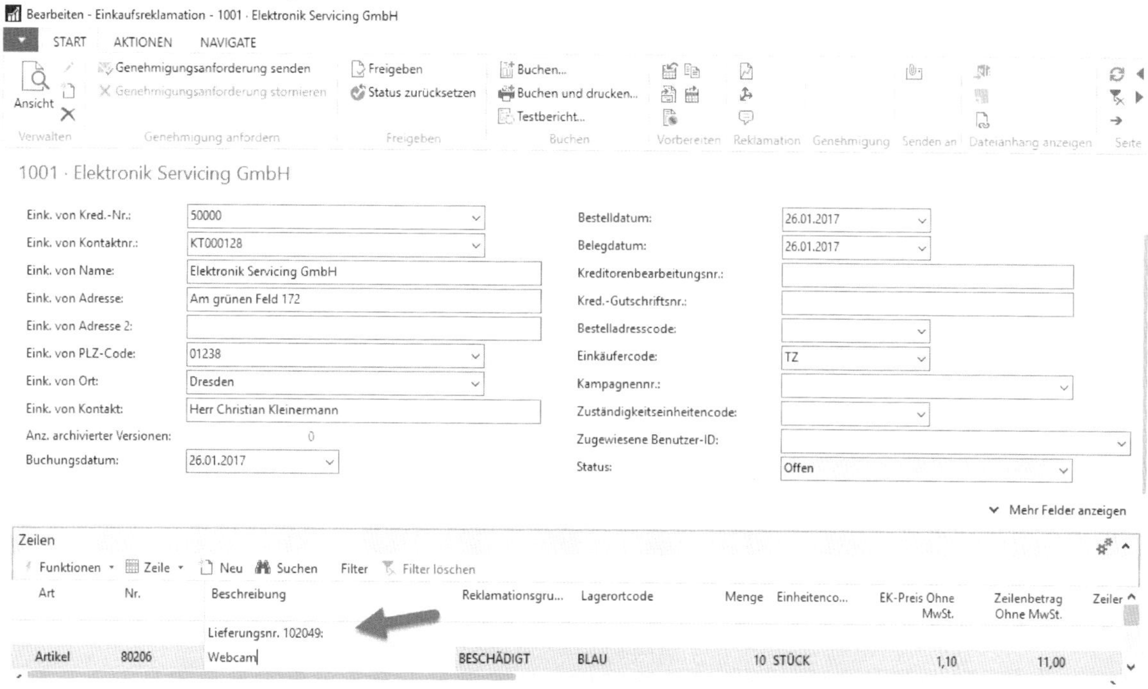

„Leider“ sehen Sie hier lediglich die Original-Verkaufslieferschein(!-Nummer – aber keinen Hinweis, dass diese Zeile aus einer Verkaufsreklamation stammt. Fragen Sie am besten Ihren zuständigen NAV-Partner, ob es hier die Möglichkeit einer Anpassung geben würde.

Es wäre für Sie einfacher, in Belegen die durch eine Verkaufsreklamation erstellt wurden, einen entsprechenden Hinweis in Form der Verkaufsreklamationsnummer zu erhalten.

Möglichkeit: *das „Einbauen“ eines eigenen Feldes „VK-Reklam.-Nummer“ im Register „Allgemein“ in allen davon betroffenen Belegen (Einkaufsreklamation, Bestellung und Verkaufsauftrag).*

Um diesen Vorgang weiter „zu spielen“, stellen wir uns vor, dass unser Lieferant uns eine Gutschrift zusagt und die Ware zurücknimmt.

Klicken Sie in der Einkaufsreklamation zunächst in das Feld „Kred.-Gutschriftsnr.“ und hinterlegen Sie hier „REKLA-001“.

Klicken Sie danach auf das Symbol für „Buchen“ und belassen Sie die Option bei „Liefern und Fakturieren“.

Die Ware würde im „echten Leben“ also bereits auf dem Weg zum Lieferanten sein. Stellen Sie sich nun bitte einen „Zeitraffer“ vor… die Austauschware unseres Lieferanten trifft zwei Tage später bei uns ein.

Wechseln Sie im Einkauf – Bestellungsabwicklung – nun in den Punkt „Bestellungen“. Öffnen Sie den Bestellbeleg und hinterlegen Sie im Feld „Menge“ die „10“, die jetzt als Austausch zurückgekommen sind - klicken Sie dort auf „Buchen“ und „Liefern“.

Nach dem die Lieferung der Einkaufsbestellung durchgeführt wurde, können Sie zurück in den Verkaufsbereich wechseln. Öffnen Sie die „Auftragsabwicklung“ und dort „Aufträge“. Suchen Sie bitte den „Austausch-Auftrag“, der aufgrund der Verkaufsreklamation erstellt wurde.

Ansicht des Verkaufsauftrages:

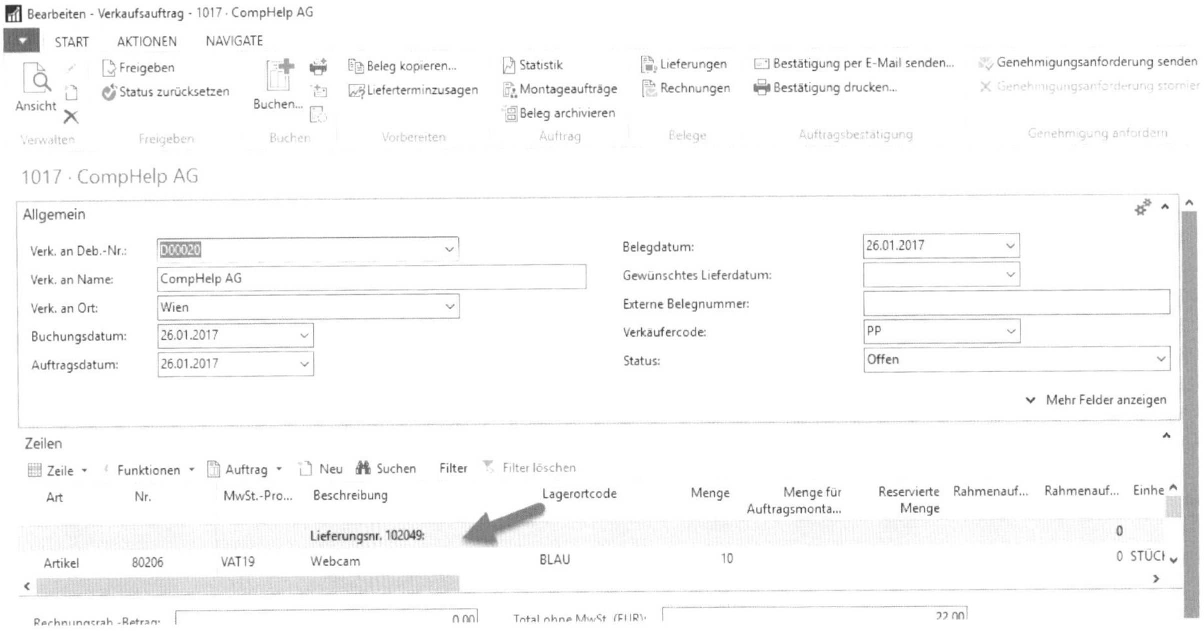

Auch in diesem Beleg ist es so, dass Sie „lediglich" die ursprüngliche Lieferscheinnummer sehen können. Das Feld „externe Belegnummer" könnten Sie dafür nutzen, die Verkaufsreklamationsnummer – quasi als „Hinweis" – einzutragen.

Nochmal zum Thema „Rahmenauftrag": hatte der Originalauftrag eine Verbindung zu einem Rahmenauftrag existiert diese „Bindung" jetzt nicht bei dem Austauschauftrag. Was ja letztendlich auch korrekt ist – würden Sie hier die Verbindung eintragen, würde das System die dann gebuchte Menge erneut von der „Gesamtmenge" abziehen.

In diesem Fall ist das so aber nicht gewünscht, denn es handelt sich ja um einen Austausch.

Schließen Sie den Auftrag ohne weitere „Bearbeitung" erst einmal und kehren Sie zurück in die Verkaufsreklamation – klicken Sie auf „Buchen" – „Fakturieren" (= Verkaufsgutschrift ist jetzt gebucht).

Hinweis:

Wenn Sie durch das Buchen der Gutschrift einen Ausgleich auf die vorhandene Rechnung mitbuchen wollen, klicken Sie in der Reklamation – im Menüband – Reiter „AKTIONEN" – auf „Posten ausgleichen", markieren die betreffende Rechnung durch Klick auf „Ausgleichs-ID setzen" und schließen dieses „Fenster" wieder durch Klick auf „ok".

Zum Abschluss dieses Vorgangs bearbeiten Sie bitte den „Austausch"-Auftrag noch fertig – das bedeutet: liefern und fakturieren Sie diesen Verkaufsbeleg ebenfalls.

Wie macht sich dieser Vorgang in den Posten bemerkbar?

Um sich einmal die Debitorenposten anzusehen, die unter anderem durch diesen Vorgang erstellt wurden, wechseln Sie bitte im Verkaufsmenü auf „Auftragsabwicklung" – „Debitoren". Suchen Sie „CompHelp AG" und platzieren Sie Ihren Cursor auf den betreffenden Datensatz.

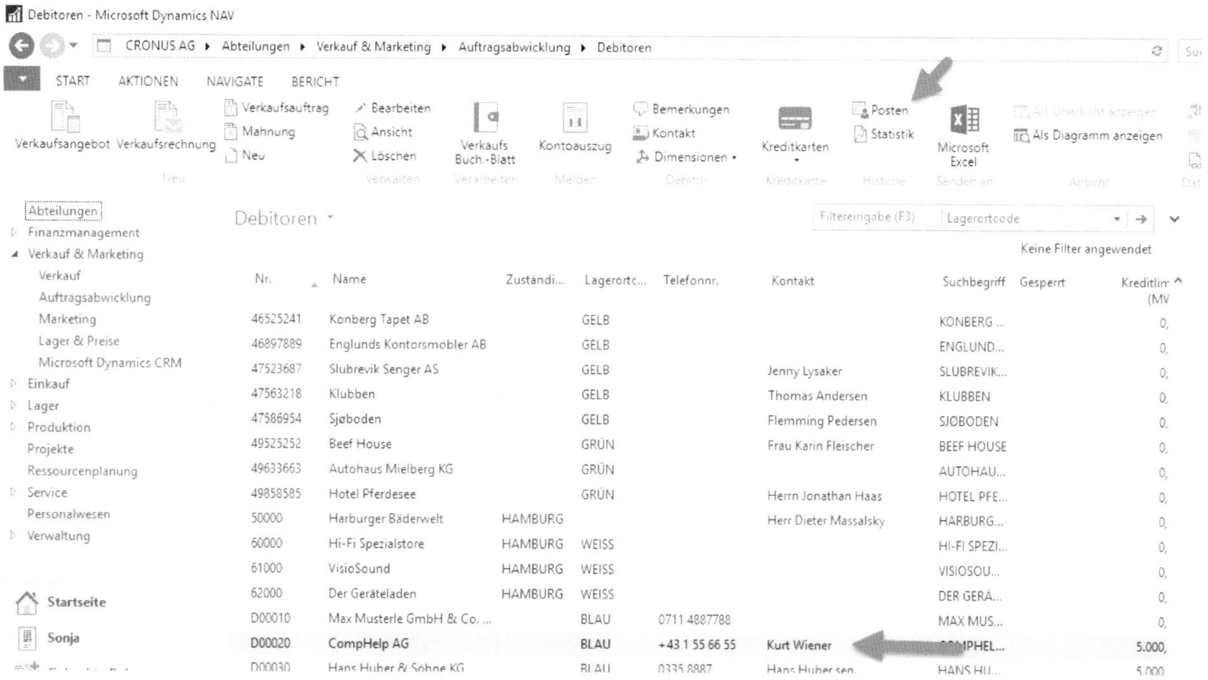

Klicken Sie im Reiter START des Menübandes auf das Symbol „Posten“:

Anhand der Beschreibungen sowie der Belegarten können Sie jeden einzelnen Vorgang nachverfolgen. Sie haben zudem über „NAVIGATE“ (Symbol im Menüband) weitere Informationen (z. B. die MwSt.-Posten) zur Verfügung. Und über diesen Weg kämen Sie ebenso direkt in die gebuchten Belege.

In meinem Fall habe ich vor dem Fakturieren der Verkaufsreklamation *keinen* Ausgleich gesetzt um eine offene Verkaufsrechnung zu reduzieren. Diesen Ausgleich nehme ich jetzt vor.

Dafür platziere ich meinen Cursor auf den Datensatz mit der Belegart „Gutschrift“/Beschreibung „Reklamation“ 1002) – dann klicke ich im Menüband auf das Symbol „Posten ausgleichen“ – es öffnet sich die Ansicht „Debitorenpostenausgleich“:

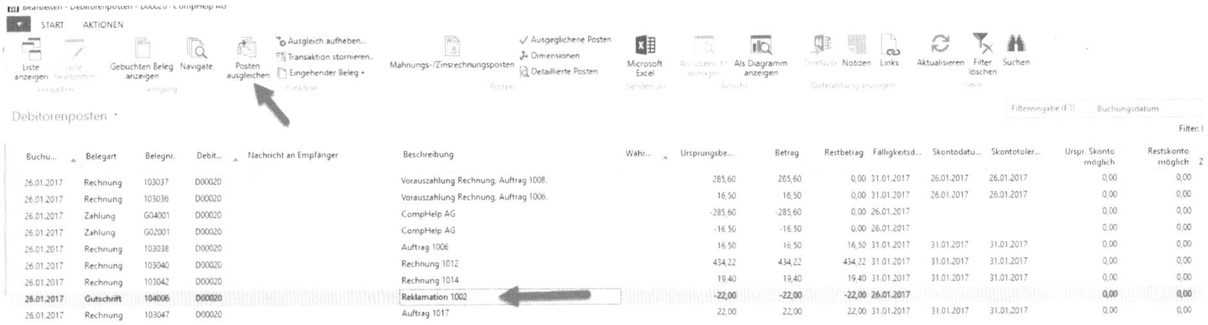

Maske „Debitorenpostenausgleich“:

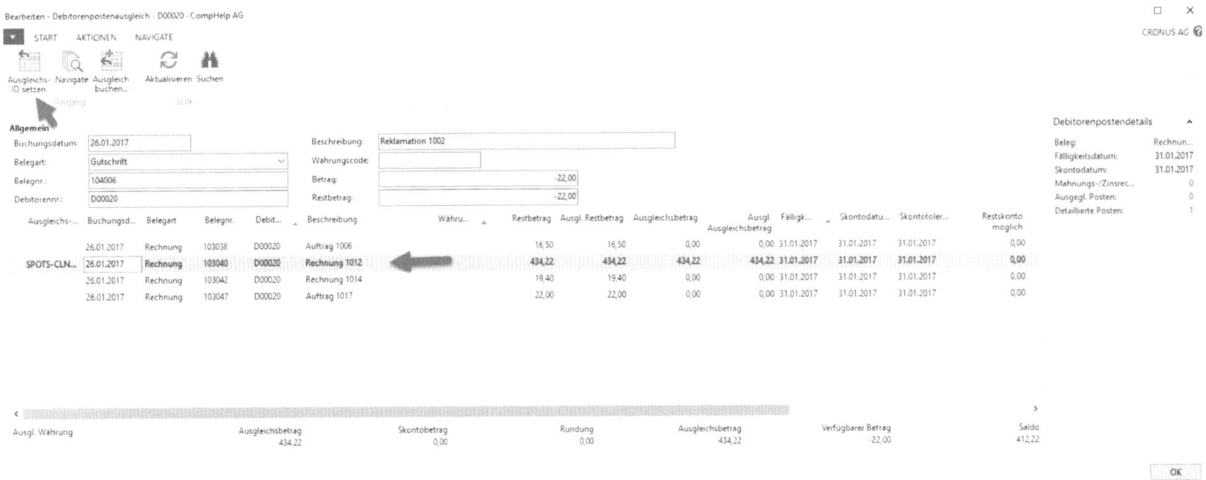

In diesem „Fenster“ platziere ich zunächst den Cursor auf die „offene“ Rechnung, die ich mit der Gutschrift ausgleichen möchte. Im nächsten Schritt klicke ich auf das Symbol „Ausgleichs-ID setzen“. Wie Sie anhand des Bildschirmausschnittes sehen können, setzt das System in diesem Fall die „Benutzer-ID“ in das Feld „Ausgleichs-ID“.

Wird nachträglich ein Postenausgleich durchgeführt, muss in einem solchen Fall die Funktion „Ausgleich buchen“ ausgeführt werden. Aus diesem Grund nutze ich diese Funktion per Mausklick auf das entsprechende Symbol. Es erscheint zunächst ein kleines Dialogfenster:

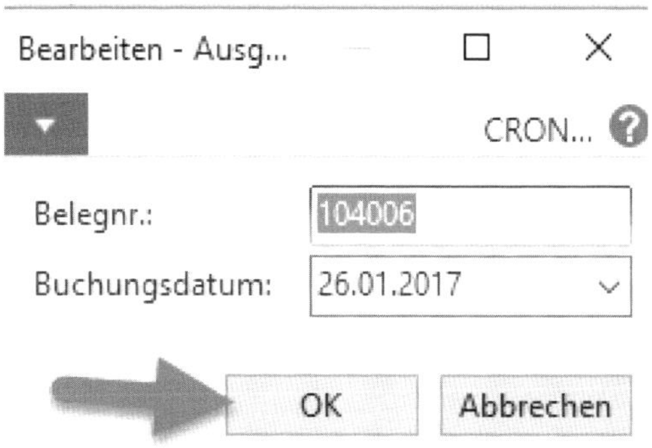

An dieser Stelle hätten Sie jetzt noch die Option, das Buchungsdatum zu ändern.

Durch Klick auf „OK“ bestätigen Sie den Vorgang.

Sobald der Ausgleichsvorgang erfolgreich durchgeführt wurde, erhalten Sie eine kurze Informationsmeldung, die Sie durch Klick auf „OK“ bestätigen.

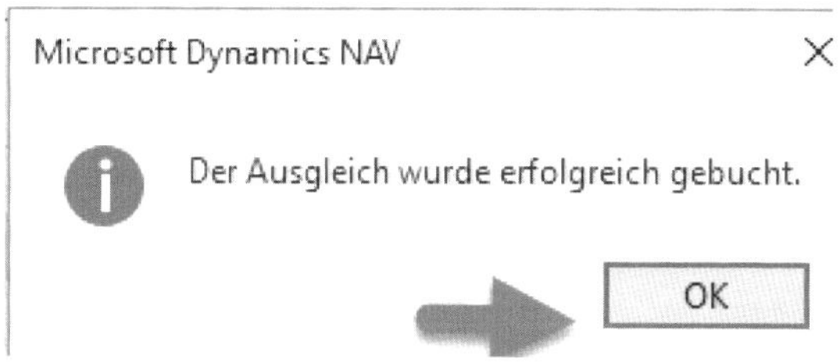

Zurück in den Debitorenposten… die Spalte „offen“ (hierüber dokumentiert das System welche Posten noch nicht durch eine Zahlung oder Gutschrift ausgeglichen wurden), enthält bei der Gutschrift kein Häkchen mehr.

Beschreibung	Wahr...	Ursprungsbe...	Betrag	Restbetrag	Fälligkeitsd...	Skontodatu...	Skontotoler...	Urspr. Skonto möglich	Restskonto möglich	Max. Zahlungstoleranz	Zahlungsfo...	Offen	Abwart
Vorauszahlung Rechnung, Auftrag 1008.		285,60	285,60	0,00	31.01.2017	26.01.2017	26.01.2017	0,00	0,00	0,00		☐	
Vorauszahlung Rechnung, Auftrag 1006.		16,50	16,50	0,00	31.01.2017	26.01.2017	26.01.2017	0,00	0,00	0,00		☐	
CompHelp AG		-285,60	-285,60	0,00	26.01.2017			0,00	0,00	0,00	BANK	☐	
CompHelp AG		-16,50	-16,50	0,00	26.01.2017			0,00	0,00	0,00	BANK	☐	
Auftrag 1006		16,50	16,50	16,50	31.01.2017	31.01.2017	31.01.2017	0,00	0,00	0,00	BANK	☑	
Rechnung 1012		434,22	434,22	412,22	31.01.2017	31.01.2017	31.01.2017	0,00	0,00	0,00	BANK	☑	
Rechnung 1014		19,40	19,40	19,40	31.01.2017	31.01.2017	31.01.2017	0,00	0,00	0,00	BANK	☑	
Reklamation 1002		-22,00	-22,00	0,00	26.01.2017			0,00	0,00	0,00	BANK	☐	
Auftrag 1017		22,00	22,00	22,00	31.01.2017	31.01.2017	31.01.2017	0,00	0,00	0,00	BANK	☑	

In der betreffenden Rechnung, die ich für den Ausgleich mit herangezogen habe, ist jetzt nur noch ein Restbetrag „offen“.

Gut zu wissen:

In der Praxis werden nachträgliche Postenausgleiche im Normalfall durch die Mitarbeiter der FiBu-Abteilung durchgeführt – und **nicht** durch einen Ver- oder Einkaufssachbearbeiter.

3.5.2 Verkaufsgutschrift

Im Gegensatz zu einer Verkaufsreklamation haben Sie in einer Gutschrift tatsächlich nur die Möglichkeit den Prozess der „Lieferung der Rücknahme“ und das „Fakturieren der Gutschrift“ durch einen einzelnen „Klick“ auf das Symbol „Buchen“ durchzuführen.

Aus einer Verkaufsgutschrift können Sie auch keinerlei reklamationsbezogenen Belege erstellen, da es diese Funktionalität hier gar nicht gibt.

Ein Beispiel dazu: in einem unserer früheren Übungsaufträge für „Max Musterle GmbH & Co. KG“ haben wir zwei Schachteln mit dem „Grafikprogramm“ verkauft.

Stellen Sie sich folgendes Szenario vor: diese Kunde schickt Ihnen beide Schachteln zurück (original verpackt) – da er hier versehentlich die falsche Ware bei Ihnen bestellt hat. Er möchte dafür eine Verkaufsgutschrift – aber keinen Austausch.

Öffnen Sie in der „Auftragsabwicklung“ den Menüpunkt „Verkaufsgutschriften“ – und erstellen Sie zunächst einen neuen Beleg für den Kunden „Max Musterle GmbH & Co. KG“.

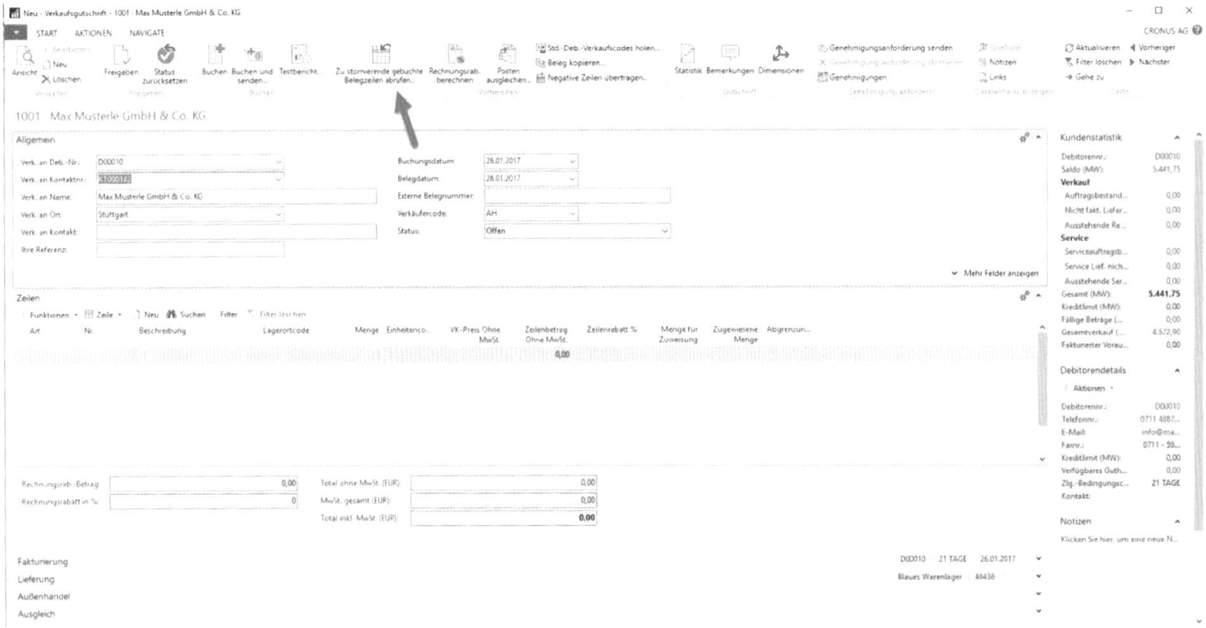

Ebenso in der Verkaufsgutschrift gibt es das Symbol „zu stornierende gebuchte Belegzeilen abrufen“. Klicken Sie auf das entsprechende Symbol um sich das Dialogfenster aufzurufen.

Ansicht des Dialogfensters:

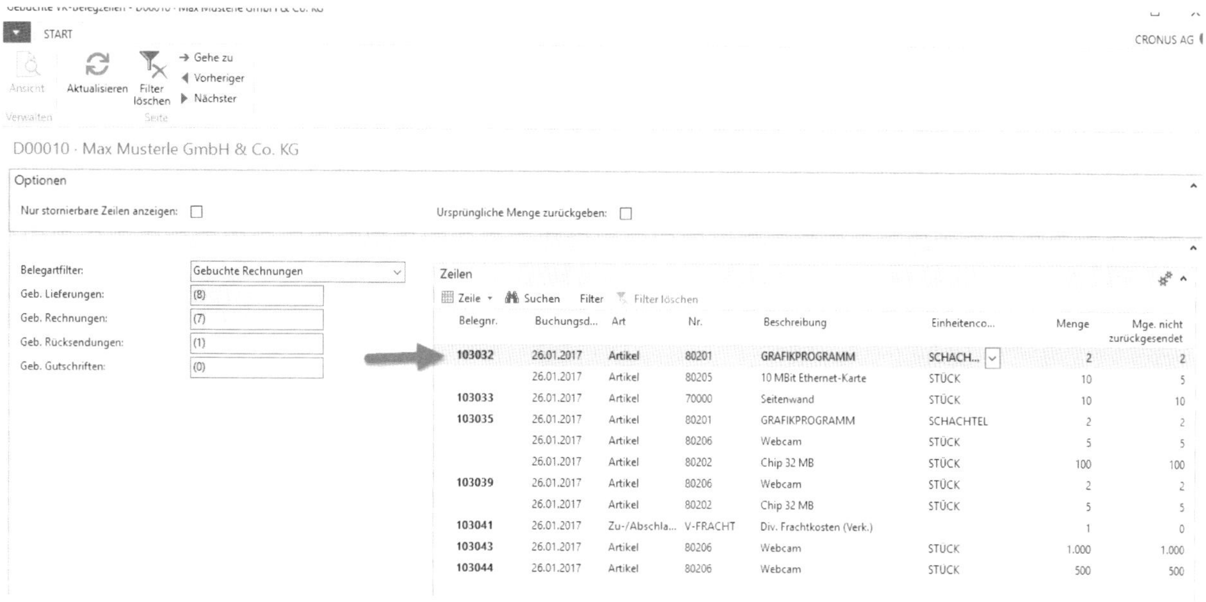

In diesem Fall belasse ich den gesetzten „Belegartfilter“ auf „gebuchte Rechnungen“. Platzieren Sie Ihren Cursor auf die entsprechende Zeile und klicken Sie auf „OK“.

Die betreffende Zeile wird entsprechend in die Gutschriftszeile übernommen – da wir in diesem Fall die „gebuchte Rechnung“ als Grundlage gewählt hatten, wird in diesem Fall neben der Lieferschein- auch die ursprüngliche Rechnungsnummer mit in die Zeile übernommen.

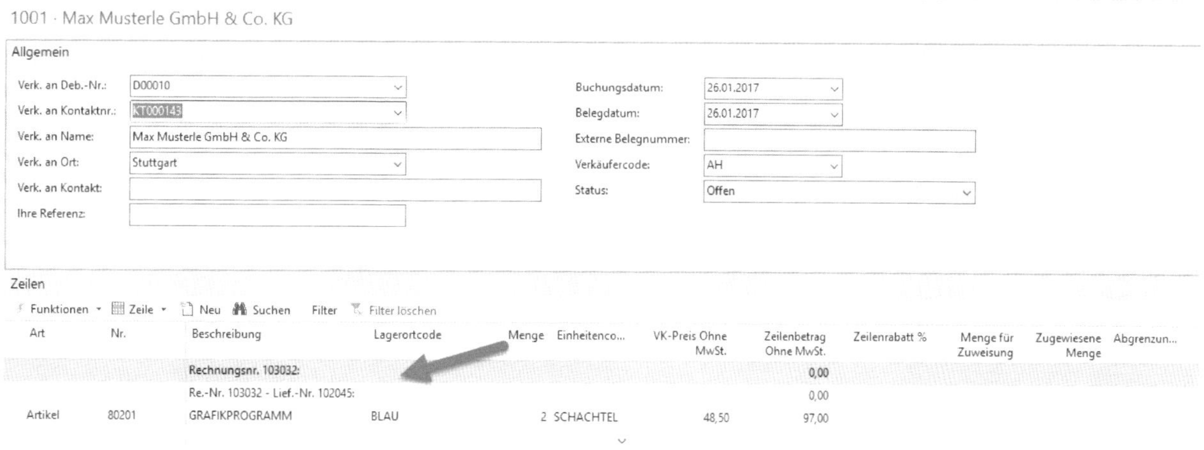

Das Feld „Reklamationsgrundcode“ existiert ebenfalls in der Gutschriftszeile – Sie müssten sich diese Spalte lediglich einblenden und ggf. ein Stück weiter nach „vorne“ schieben.

Im Gegensatz zur Reklamation haben Sie bei einer Verkaufsgutschrift noch ein weiteres Register – „Ausgleich“ (scrollen Sie bitte einmal ganz nach unten):

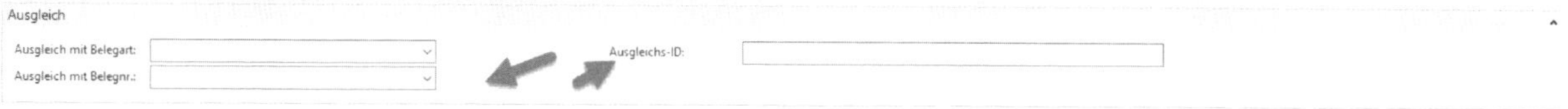

Handelt es sich nur um eine einzige Rechnung, die durch das Buchen der Gutschrift bereits jetzt mit ausgeglichen werden soll, dann nutzen Sie die linken Felder – „Ausgleich mit Belegart“ und „Ausgleich mit Belegnr.“.

Sollte es sich beispielsweise um mehrere Rechnungen handeln, die zumindest teilweise durch die Gutschrift ausgeglichen werden sollen bzw. müssen, nutzen Sie auch hier die Funktion „Posten ausgleichen“. Das betreffende Symbol dafür finden Sie im Menüband-Reiter START.

Für diesen Fall setzen wir einen Ausgleich auf eine Rechnung. Wählen Sie daher im Feld „Ausgleich mit Belegart“ die Option „Rechnung“.

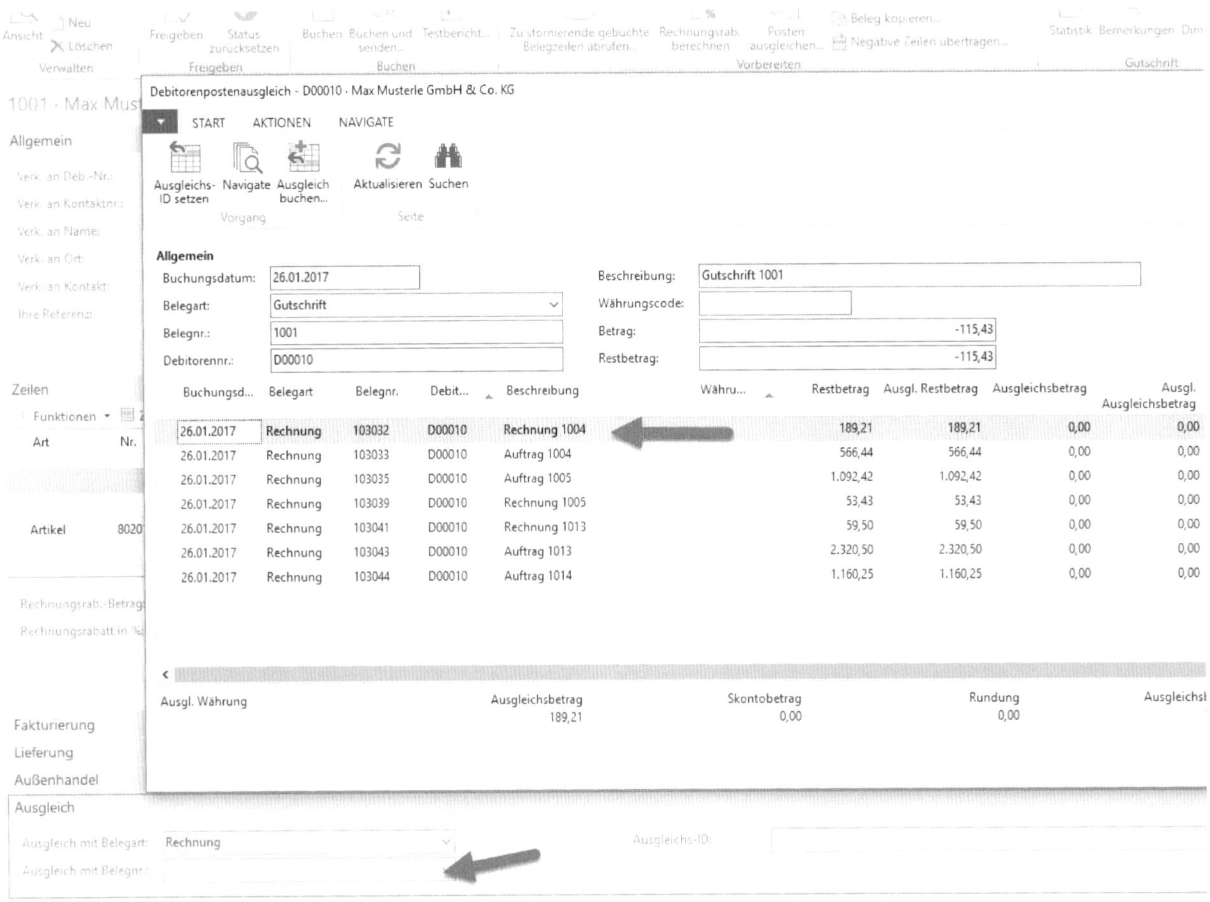

Durch Klick auf den kleinen „Drop-Down-Pfeil“ im Feld „Ausgleich mit Belegnr.“ gelangen Sie erneut in die Maske „Debitorenpostenausgleich“. Wählen Sie die betreffende Rechnung aus und schließen Sie das Ausgleichsfenster wieder.

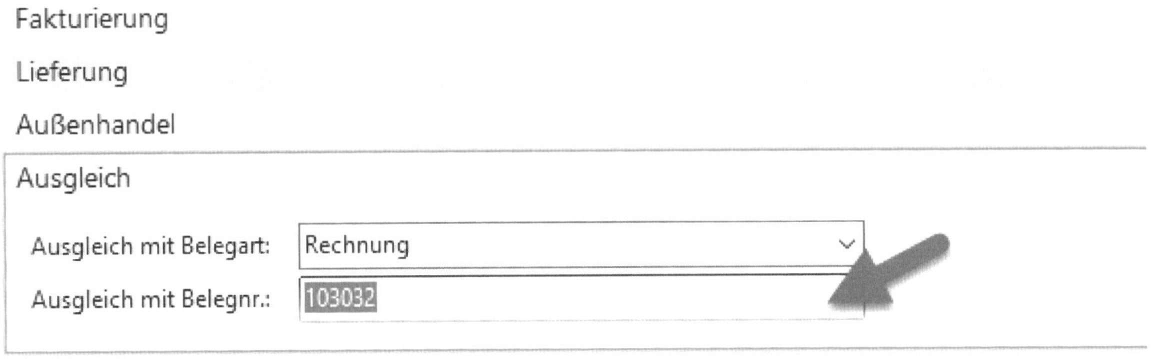

Sobald die Rechnungsnummer hinterlegt wurde, klicken Sie auf „Buchen“ und bestätigen die Abfragemeldung.

Die Gutschrift wird sofort in das Archiv „geb. Verkaufsgutschriften“ geschoben (im „echten Leben“ hätten Sie vermutlich auf „Buchen und senden“ geklickt. Und abhängig von dem „Belegsendeprofil“ wäre der Gutschriftsbeleg entweder gedruckt, per Mail verschickt, als PDF zur Verfügung oder als elektronische Datei generiert worden.

Sobald dieser Beleg gebucht wurde, wechseln Sie bitte nochmals in die Debitorenübersicht – suchen Sie nach „Max Musterle GmbH & Co. KG“ und sehen Sie sich auch dazu die Debitorenposten an.

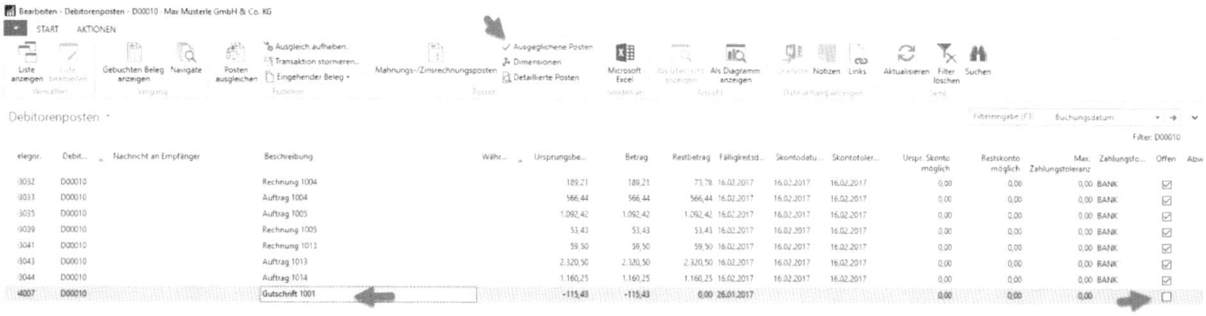

Wie in dem vorherigen Fall ist kein Häkchen im Feld „offen“. Wenn Sie nachträglich einmal wissen wollen, welcher Beleg bzw. welcher Vorgang einen offenen Posten ausgeglichen hat, platzieren Sie Ihren Cursor auf den betreffenden Datensatz und klicken im Menüband auf „Ausgeglichene Posten“:

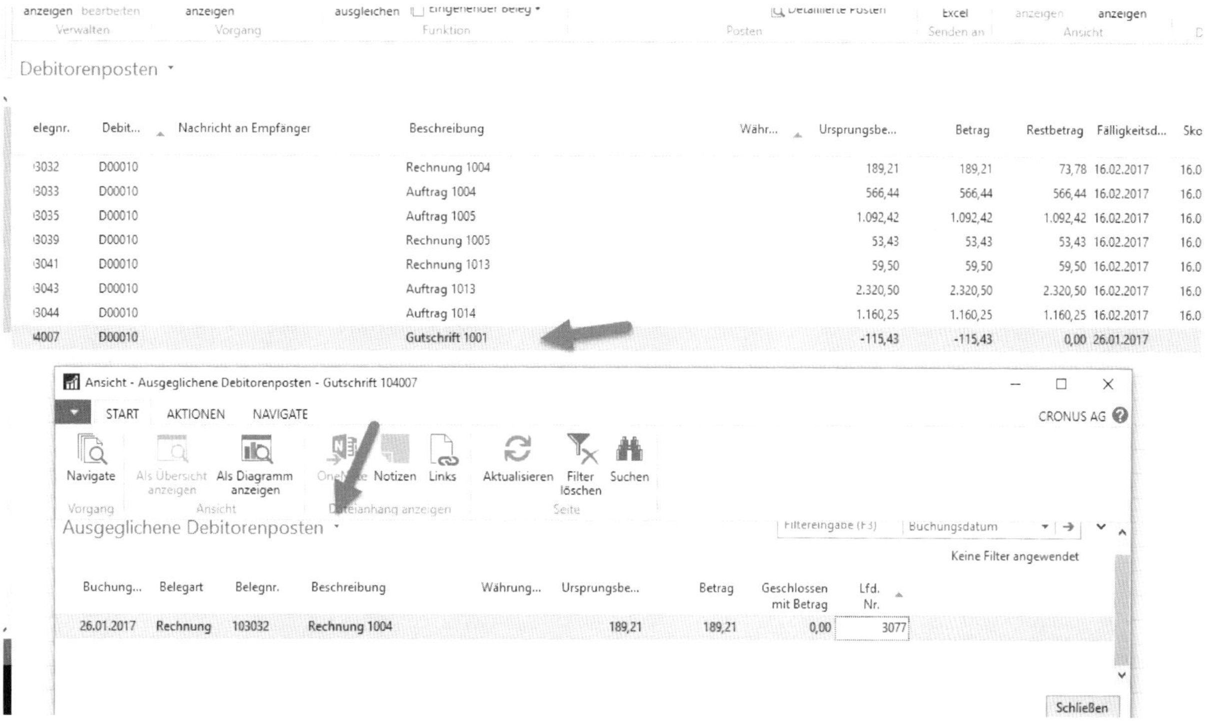

Sie haben stets einen Überblick, wie die diversen Vorgänge innerhalb Ihres System gebucht wurden.

Auch im Fall der Artikel- und Wertposten ist eine Nachverfolgbarkeit gewährleistet. Nehmen wir als Beispiel die gerade „zurück geschickte“ Ware von „Max Musterle GmbH & Co. KG“.

Klicken Sie im Verkaufsmenü auf den Punkt „Lager & Preise“ – und dort auf „Artikel“.

Suchen Sie nach dem Artikel „80201“ (Grafikprogramm):

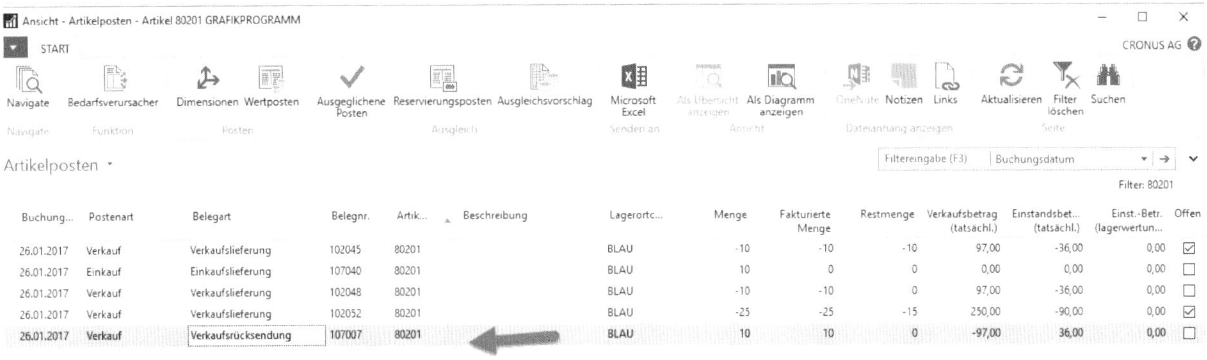

Die Verkaufsrücksendung (entstanden durch das Buchen der Gutschrift) wird hier deutlich durch die Belegart.

Um sich die dazugehörigen Wertposten anzusehen (denn durch diese Zugangsbuchung gab es im Lager neben einer bestandsmäßigen genauso eine wertmäßige Erhöhung).

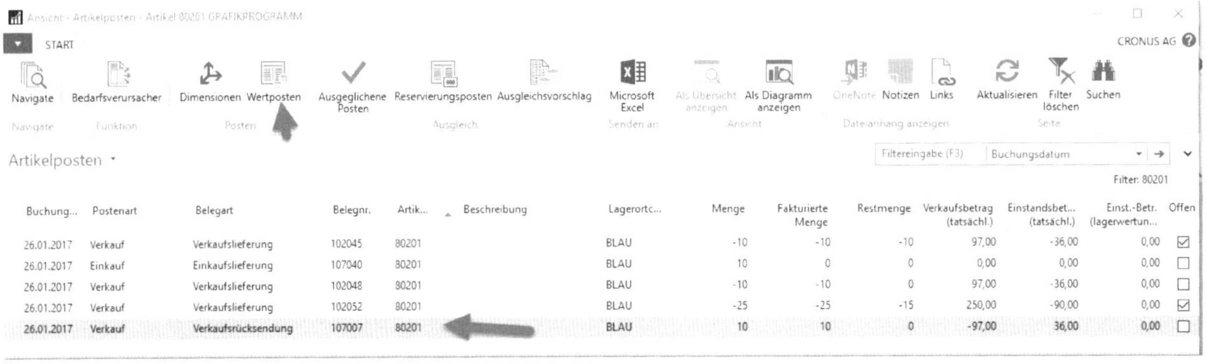

3.5.3 Verkaufsreklamation vs. Verkaufsgutschrift

Hier auf einen Blick die Unterschiede zwischen beiden Belegvarianten. Wie bereits eingangs erwähnt, ist eine Verkaufsreklamation vergleichbar mit einer erweiterten Verkaufsgutschrift.

	Verkaufsgutschrift	**Verkaufsreklamation**
Erfassen der gutzuschreibenden Zeilen	Symbol „zu stornierende gebuchte Belegzeilen abrufen" ODER Beleg kopieren ODER Zeilen manuell erfassen	Symbol „zu stornierende gebuchte Belegzeilen abrufen" ODER Beleg kopieren ODER Zeilen manuell erfassen
Reklamationsgrund-code	In den Zeilen vorhanden – muss ggf. eingeblendet werden	In den Zeilen vorhanden
Folgebelege direkt erstellen	NEIN	JA – über die Funktion „Reklam. bezogene Belege erstellen"
Buchen	Buchen – Lieferung und Fakturierung in „einem Schritt"	Buchen – Dialogfenster – Lieferung und Fakturierung kann getrennt gebucht werden
Posten ausgleichen	Eigenes Register „AUSGLEICH" oder Nutzen der Funktion „Posten ausgleichen" im Menüband	Funktion „Posten ausgleichen" im Menüband
Am besten geeignet für	Bei Gutschriften, die zum Beispiel „Ressourcen" (Dienstleistungen) betreffen.	Wäre idealer im Fall von Artikeln - da hier eben Lieferung und Fakturierung getrennt werden kann und Folgebelege erzeugt werden könnten.

Eigene Notizen:

4. Direktgeschäft (= Streckengeschäft) & Spezialaufträge

Unter einem „Direktgeschäft“ verstehen wir im Allgemeinen, dass Ware von Ihrem Lieferanten direkt zu Ihrem Kunden geliefert wird. Das heißt: die Ware berührt Ihr Lager **nicht**.

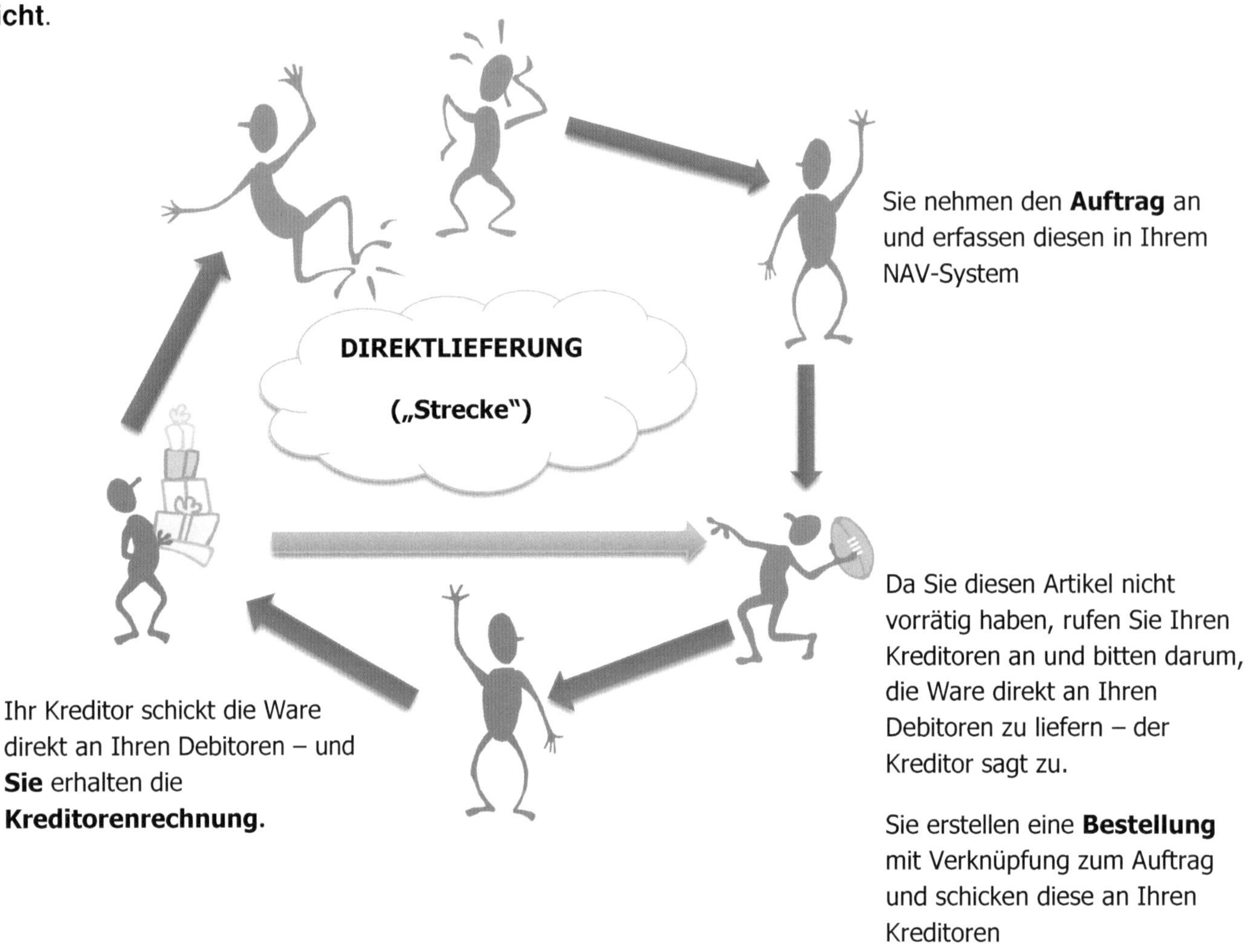

Damit dies reibungslos funktionieren kann, benötigen Sie ein paar Vorgaben in NAV®. Idealerweise verwenden Sie für diesen Vorgang auch einen eigenen Lagerort mit dem Namen „Direkt“, da das System bei den unterschiedlichen Buchungsvorgängen ein Lager einmal be- und dann wieder entlasten muss.

Bevor wir also ein Beispiel „durchspielen“ – hier „Step by Step“ die Einrichtungsschritte.

Neu-Anlage eines Lagerortes mit dem Namen „DIREKT“

Wechseln Sie zunächst in das Hauptmenü „Lager“ – und klicken dort auf „Verwaltung“ – „Einrichtung“. Öffnen Sie dann durch einen Klick den Punkt „Lagerorte“.

Übersicht der Lagerorte:

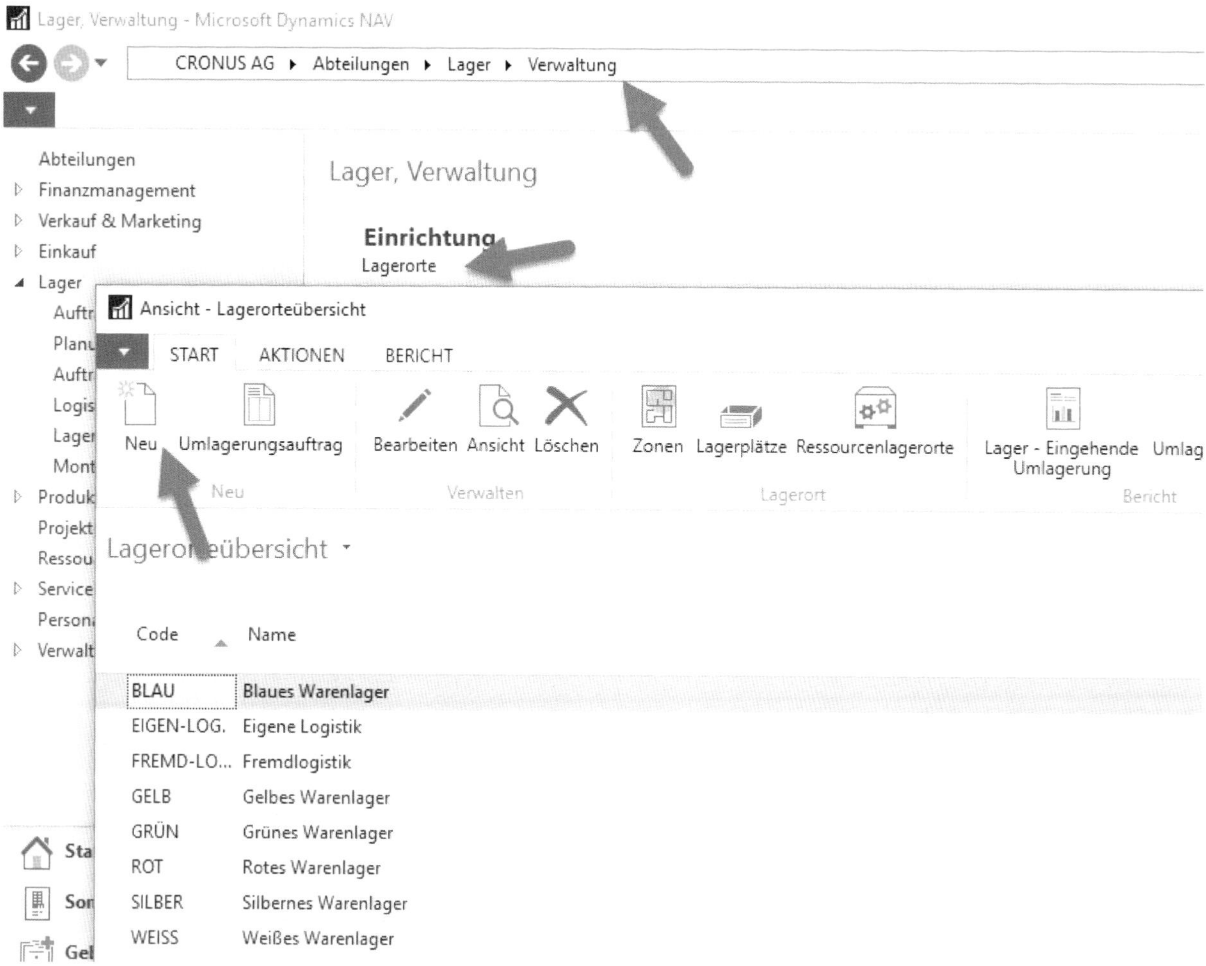

Erstellen Sie bitte –durch Klick auf das Symbol „NEU" – einen neuen Lagerort namens „Direkt" (oder „Strecke").

Vergeben Sie eine entsprechende Benennung:

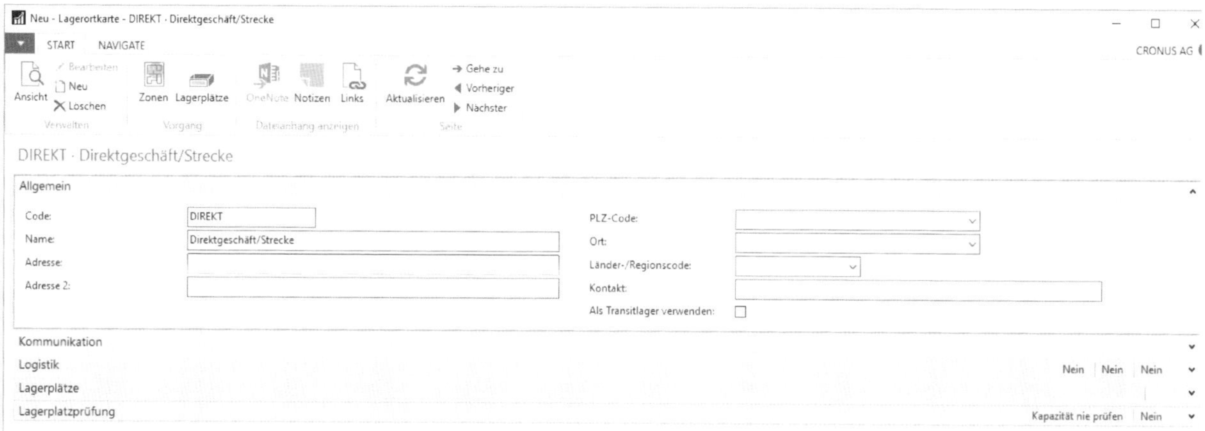

Mehr Einrichtungen sind an dieser Stelle unnötig, dies ist ein „virtueller" Lagerort. Das heißt auch, dass auf diesem Lagerort **niemals** irgendwelche Bestände sein sollten!

Damit Ihre Mitarbeiter (und Sie) mit diesem Lagerort arbeiten können, müssten Sie im „echten Leben“ unter „Lagermitarbeiter“ diesen Lagerort jedem zuweisen, der mit einem solchen Vorgang zu tun haben könnte – und das gilt für Einkauf UND Verkauf.

So könnte es aussehen:

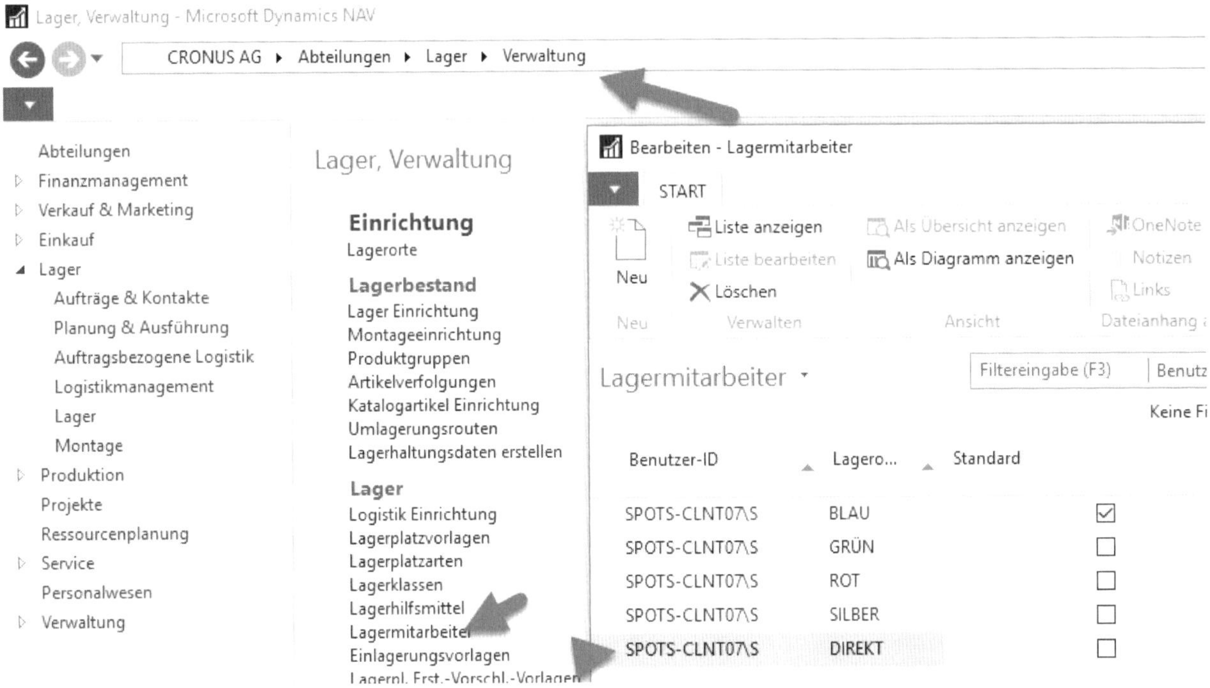

***Info**: Ein Lagerort sollte immer ein „Standard“-Lagerort pro Mitarbeiter sein – in der Praxis ist das häufig das „Haupt-“ (oder „Zentral-)lager.*

Damit die Buchungsroutinen korrekt funktionieren können, benötigen wir noch eine Einrichtung in der „Lagerbuchungsgruppe“. Schließen Sie daher die Masken im Lagerbereich und wechseln Sie in das Menü „Finanzmanagement“ – dort klicken Sie bitte auf „Verwaltung“ und scrollen ein Stück nach unten. Unter „Buchungsgruppen“ finden Sie den Punkt „Lagerbuchung Einrichtung“.

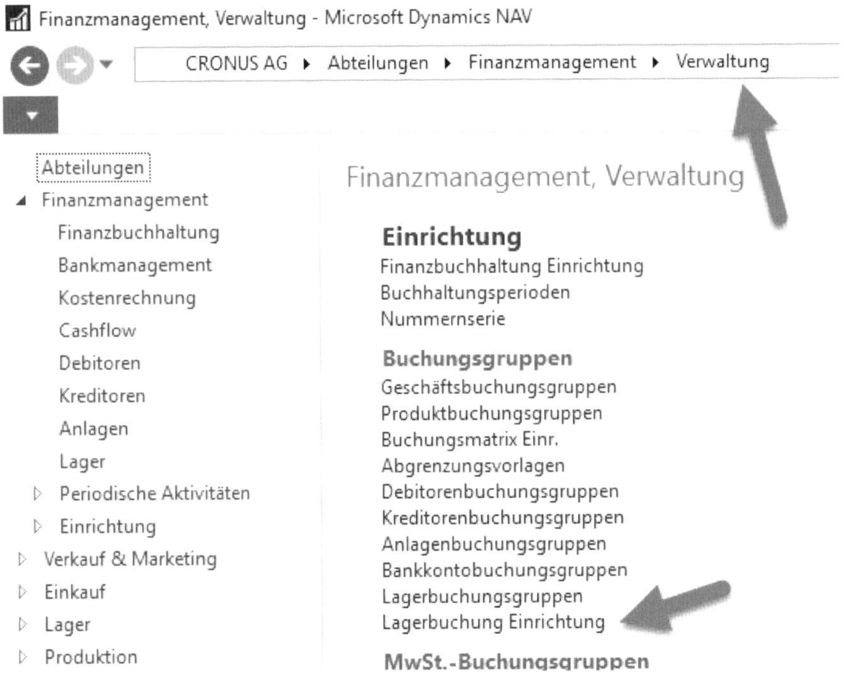

Ansicht der „Lagerbuchung Einrichtung“:

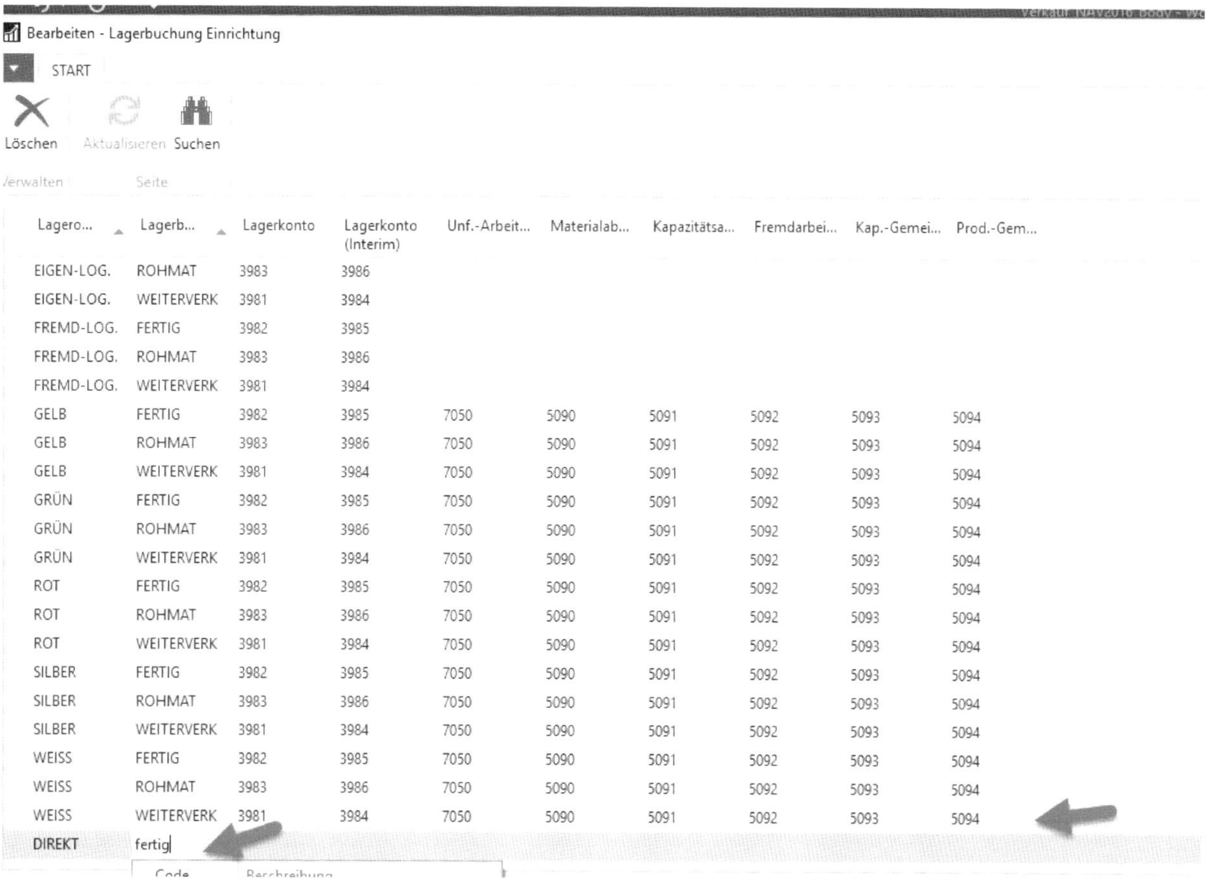

Lagero...	Lagerb...	Lagerkonto	Lagerkonto (Interim)	Unf.-Arbeit...	Materialab...	Kapazitätsa...	Fremdarbei...	Kap.-Gemei...	Prod.-Gem...
EIGEN-LOG.	ROHMAT	3983	3986						
EIGEN-LOG.	WEITERVERK	3981	3984						
FREMD-LOG.	FERTIG	3982	3985						
FREMD-LOG.	ROHMAT	3983	3986						
FREMD-LOG.	WEITERVERK	3981	3984						
GELB	FERTIG	3982	3985	7050	5090	5091	5092	5093	5094
GELB	ROHMAT	3983	3986	7050	5090	5091	5092	5093	5094
GELB	WEITERVERK	3981	3984	7050	5090	5091	5092	5093	5094
GRÜN	FERTIG	3982	3985	7050	5090	5091	5092	5093	5094
GRÜN	ROHMAT	3983	3986	7050	5090	5091	5092	5093	5094
GRÜN	WEITERVERK	3981	3984	7050	5090	5091	5092	5093	5094
ROT	FERTIG	3982	3985	7050	5090	5091	5092	5093	5094
ROT	ROHMAT	3983	3986	7050	5090	5091	5092	5093	5094
ROT	WEITERVERK	3981	3984	7050	5090	5091	5092	5093	5094
SILBER	FERTIG	3982	3985	7050	5090	5091	5092	5093	5094
SILBER	ROHMAT	3983	3986	7050	5090	5091	5092	5093	5094
SILBER	WEITERVERK	3981	3984	7050	5090	5091	5092	5093	5094
WEISS	FERTIG	3982	3985	7050	5090	5091	5092	5093	5094
WEISS	ROHMAT	3983	3986	7050	5090	5091	5092	5093	5094
WEISS	WEITERVERK	3981	3984	7050	5090	5091	5092	5093	5094
DIREKT	fertig								

Im CRONUS gibt es drei verschiedene „Lagerbuchungsgruppen“: „Fertig“, „Rohmat“ und „Weiterverk“ – für alle drei Varianten benötigen wir in diesem Fenster eine Zuordnung zu dem neuen Lagerort und den entsprechenden Sachkonten.

Wie Sie anhand der Spaltenüberschriften sehen können, handelt es sich hier um lagerinterne Konten, die beispielsweise bei Zu- oder Abgängen mit „angesprochen“ werden müssen.

Im CRONUS hinterlegen Sie bitte für den neuen Lagerort „Direkt“ drei Zeilen – für jede Lagerbuchungsgruppe eine. Die Sachkonten übernehmen wir – ausnahmsweise!! – bitte vom Lagerort „ROT“. (In der Praxis – wie immer – ist das die Aufgabe Ihrer FiBu-Kollegen!).

So sollte es dann aussehen:

DIREKT	FERTIG	3982	3985	7050	5090	5091	5092	5093	5094
DIREKT	ROHMAT	3982	3985	7050	5090	5091	5092	5093	5094
DIREKT	WEITERVERK	3982	3985	7050	5090	5091	5092	5093	5094

Sobald Sie diese Zeilen angelegt haben, können Sie diese Maske wieder schließen.

Der Einkaufscode ist der „Schlüssel"…

Als nächstes benötigen wir einen Einkaufscode, der später dafür sorgen wird, dass sich Verkauf und Einkauf miteinander „verbinden" lassen.

Wechseln Sie als nächstes in das Einkaufsmenü und dort in die Verwaltung.

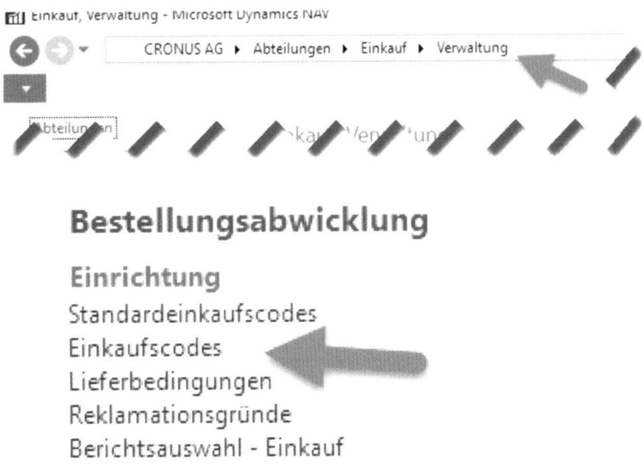

Unterhalb des Punktes „Bestellungsabwicklung" finden Sie den Menüaufruf „Einkaufscodes".

Öffnen Sie diesen Menübereich per Mausklick.

Ansicht der Einkaufscodes:

Wie Sie anhand dieses Bildschirmausschnittes sehen können, gibt es bereits eine fertige Einrichtung im CRONUS – für „Direkt" ebenso wie für „Spezialaufträge". Wichtig ist hier – neben dem Code selbst – das Häkchenfeld und der dort gesetzt „Haken". Für die Benennung im Feld „Code" ist es übrigens vollkommen unerheblich ob Sie das Ganze „Direkt" oder „Strecke" nennen würden – Hauptsache ist das Häkchen im Feld „Direktlieferung".

Nachdem wir nun alle Einrichtungen/Vorgaben abgeschlossen haben, kommen wir zum eigentlichen Prozess. Schließen Sie bitte die „Einkaufscodes" und wechseln Sie wieder in das Verkaufsmenü.

4.1 Ablauf bei einer Direktlieferung (Streckengeschäft)

Ihr Kunde „Max Musterle GmbH & Co. KG“ benötigt dringend 15 Dosen der Farben „gelb“ (Artikelnr. 70101) sowie 15 Dosen „rot“ (Artikelnr. 70103). Da der Kunde auf eine „Eil-lieferung“ besteht, rufen Sie Ihren Lieferanten an und vereinbaren mit ihm, dass dieser die Ware direkt an Ihren Kunden liefern soll.

Beim Eintragen der Artikelmengen erhalten Sie in beiden Fällen die Verfügbarkeitswarnung – bestätigen Sie bitte in beiden Fällen diese Meldung.

Um das Ganze in NAV zu dokumentieren und abrechnen zu können, erstellen Sie bitte zunächst einen neuen Verkaufsauftrag für den Debitor „Max Musterle GmbH & Co. KG“. Achten Sie bei den Zeilen bitte darauf, dass Sie den Lagerort „Direkt“ verwenden. Blenden Sie sich im Zeilenbereich bitte zudem die Spalten „Einkaufscode“ und „Direktlieferung“ ein und verschieben Sie beide Spalten soweit wie möglich nach „vorne“.

Sobald Sie die Erfassung abgeschlossen haben, klicken Sie bitte auf das Symbol „Freigeben“.

Ansicht des fertigen Auftrages:

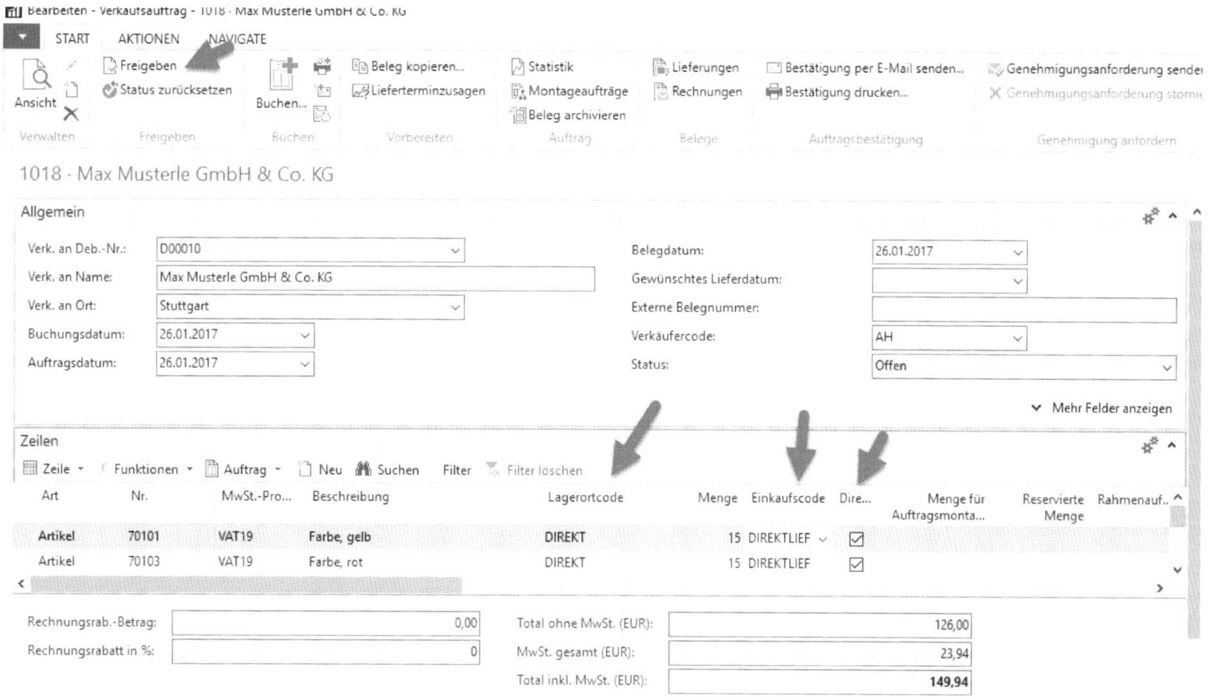

Schließen Sie den Verkaufsauftrag.

4.1.1 Die Einkaufsseite

Um die Einkaufsseite jetzt abzubilden gibt es zwei Wege:

- Über den „Bestellvorschlag“
- Direkt durch Erzeugen einer Bestellung und entsprechender „Zuweisung“ des Debitors im Register LIEFERUNG der Bestellung

Ich würde Ihnen die Variante mit dem „Bestellvorschlag“ ans Herz legen, denn dieser Weg ist sehr komfortabel. Zudem bietet sich dieser Weg so oder so an, wenn Sie mehrere Direktlieferungsaufträge abarbeiten müssen.

Damit es – in Bezug auf den Bestellvorschlag – nicht zu Missverständnissen kommt, wäre es zudem am besten, einen eigenen Buch-Blattnamen dafür anzulegen.

Beispiel über einen Bestellvorschlag:

Wechseln Sie bitte in das „Einkaufsmenü“ und dort in den Bereich „Planung“. Öffnen Sie den Bestellvorschlag.

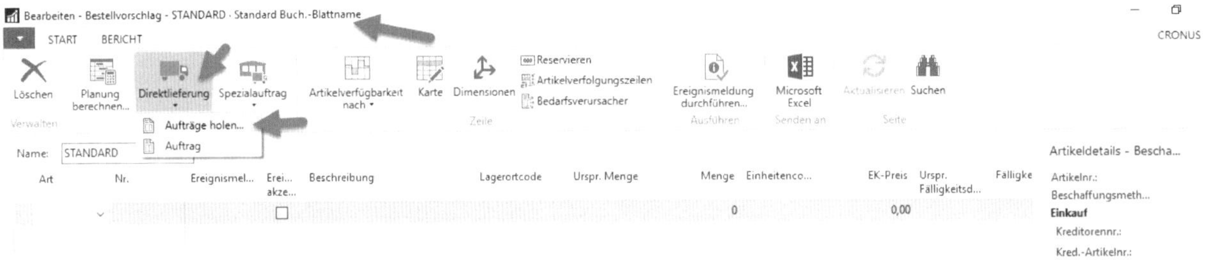

Klicken Sie im Menüband auf das Symbol „Direktlieferung“ und dort auf „Aufträge holen“.

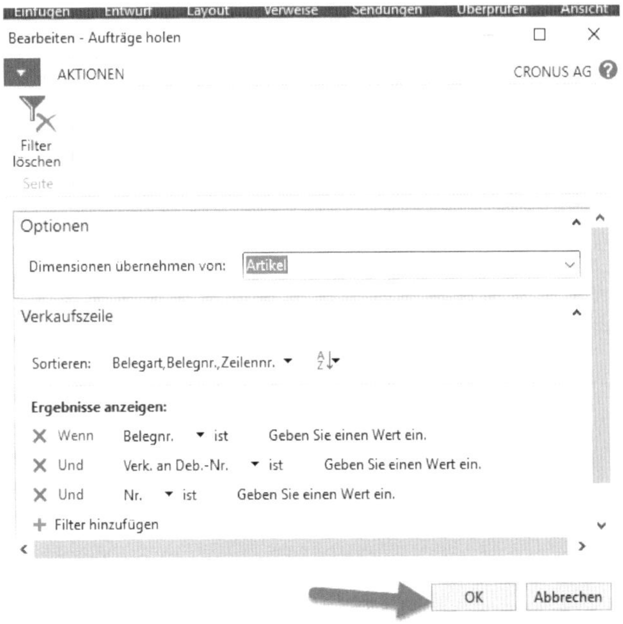

Es erscheint als erstes ein kleines Dialogfenster. Sie könnten noch Filter setzen, wenn Sie beispielsweise nur ganz bestimmte Direktlieferungsaufträge „jetzt“ abrufen wollten.

Für unser Beispiel setzen wir keinerlei Filter – klicken Sie auf „OK“.

Das System durchläuft jetzt alle freigegebenen Aufträge und prüft auf die Felder „Einkaufscode“ und „Direktlieferung“. Parallel dazu hat das System, während „er“ die Zeilen des Bestellvorschlages bereits „füllt“, ebenfalls eine „Reservierung“ gesetzt – das bedeutet: zwischen Auftrags- und Bestellvorschlagszeile ist eine „Verbindung“ entstanden.

Ansicht der gefüllten Bestellvorschlagszeilen:

Wie Sie anhand der Factbox rechts sehen können, ist der zuständige Lieferant in unserem Übungsfall die Nummer „20000“. (dies nur schon zur Info, weil wir die Bestellung ja gleich aufrufen müssen ☺).

Der nächste Schritt ist nun die Bestellung zu erstellen – klicken Sie dazu auf das Symbol „Ereignismeldung durchführen“ und bestätigen Sie das Dialogfenster. Die Bestellung wird erstellt und die Bestellvorschlagszeilen werden wieder „gelöscht“.

Schließen Sie die Ansicht des Bestellvorschlages und klicken Sie im Einkaufsbereich jetzt auf den Punkt „Bestellungen“ (ebenfalls im Bereich der „Planung“ zu finden).

Sofern Sie ebenso wie ich den Lagerort „Direkt“ verwenden, sollten Sie die Bestellung in der Bestellübersicht relativ einfach finden:

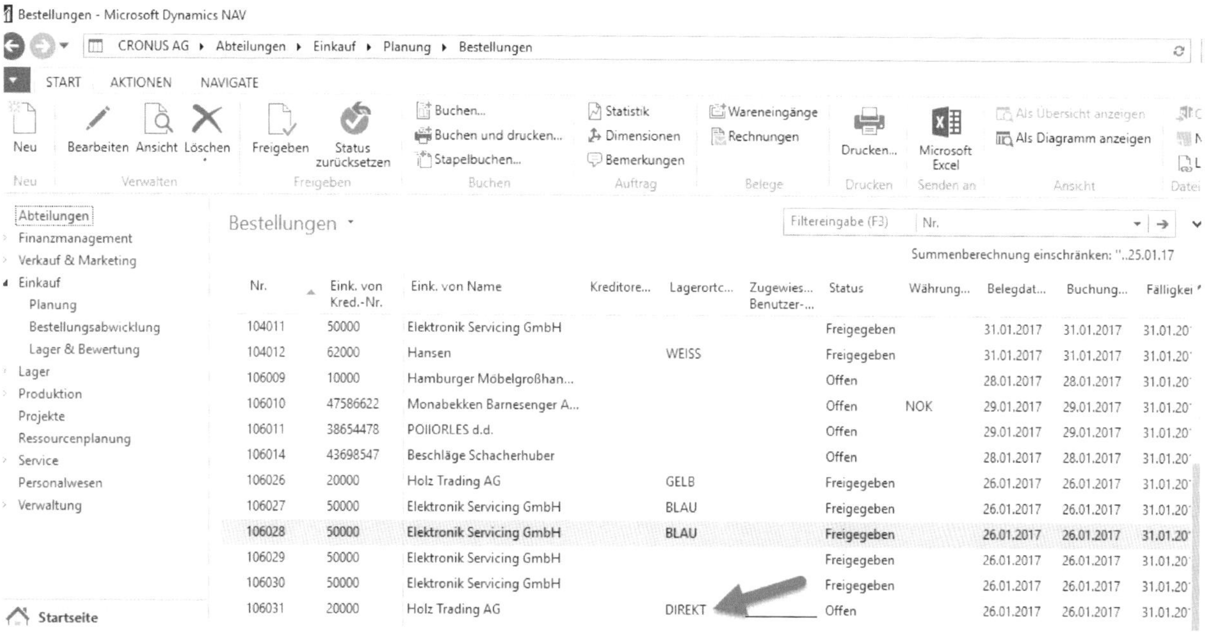

Öffnen Sie diesen Bestellbeleg mittels eines „Doppelklicks". Sobald die Bestellung geöffnet wurde, beachten Sie die Zeilen – auch hier gibt es das Feld „Direktlieferung" (ist relativ weit „hinten" eingeblendet) – dort ist ebenfalls ein Häkchen gesetzt.

Ansicht der Bestellung:

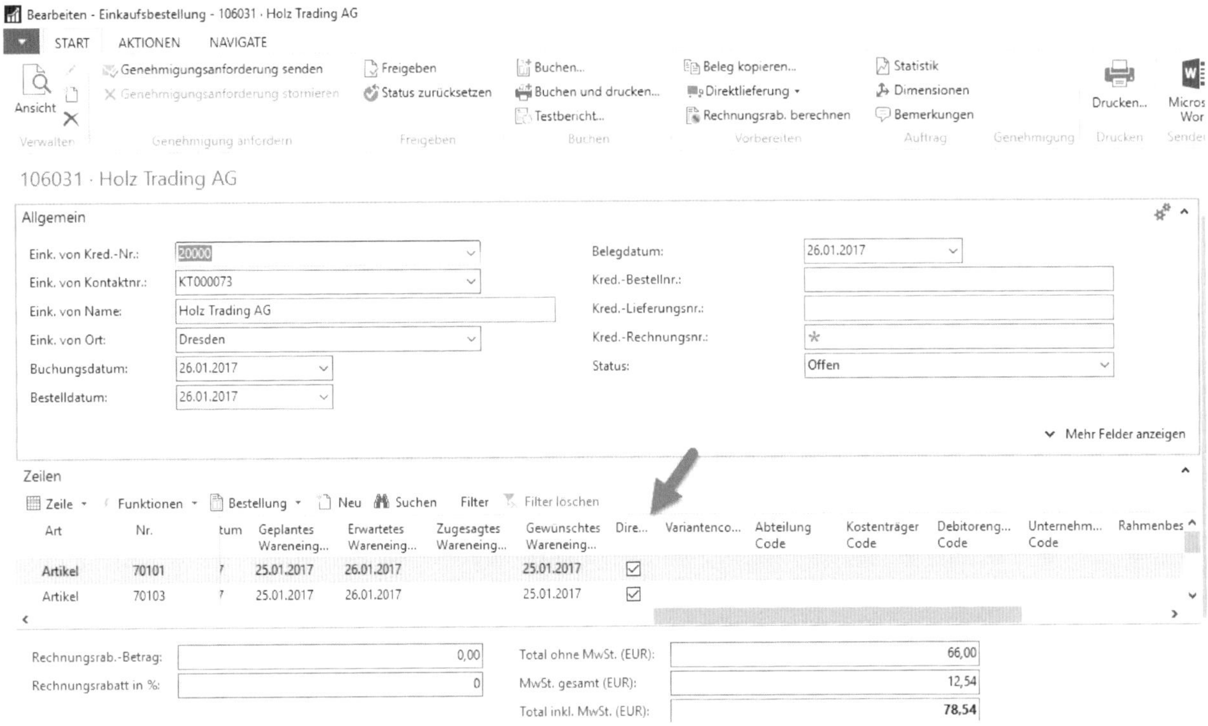

Öffnen Sie das Register „Lieferung":

Durch die Kennzeichnung „Direktlieferung" hat das System automatisch den entsprechenden Warenempfänger bereits in der Bestellung automatisch eingetragen.

Geben Sie diese Bestellung bitte „frei".

Der andere Weg – direkt eine Bestellung erstellen und dort den Auftrag abrufen

Um Ihnen auch den anderen Weg zu demonstrieren, legen Sie bitte einen neuen Verkaufsauftrag für „CompHelp AG" an. In Artikelzeile hinterlegen Sie bitte die „Webcam" (Artikel 80206) mit 150 Stück. Achten Sie ebenso wie vorhin auf den Lagerort – „Direkt" sowie die Felder „Einkaufscode" und „Direktlieferung".

Bestätigen Sie die Verfügbarkeitswarnung – geben Sie diesen Auftrag ebenfalls „frei".

Ansicht des Verkaufsauftrages für die „CompHelp AG“:

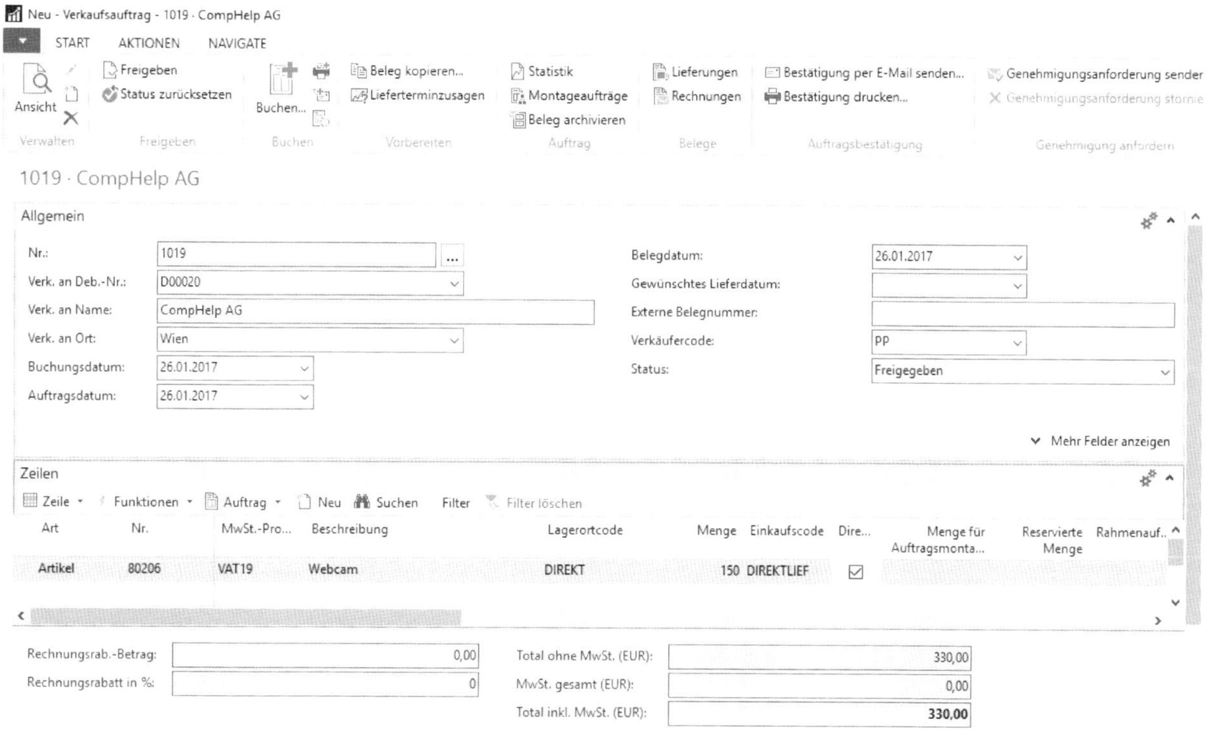

Sobald Sie den Auftrag fertig erstellt und freigegeben haben, schließen Sie diese Maske und kehren Sie erneut in den Einkaufsbereich zurück.

Klicken Sie auf „Bestellungsabwicklung“ – „Bestellungen“ und erstellen Sie eine neue Bestellung für den Lieferanten „Elektronik Servicing GmbH“ (Kreditorennr. 50000). Um jetzt den Direktlieferungsauftrag abrufen zu können, müssen Sie zunächst in der Bestellung das Register „Lieferung“ öffnen und dort im Feld „Verk. an Deb.-Nr.“ die Debitorennummer der „CompHelp AG“ hinterlegen.

Jetzt können Sie im Menüband – Reiter START – auf das dortige Symbol „Direktlieferung“ – „Aufträge holen“ klicken:

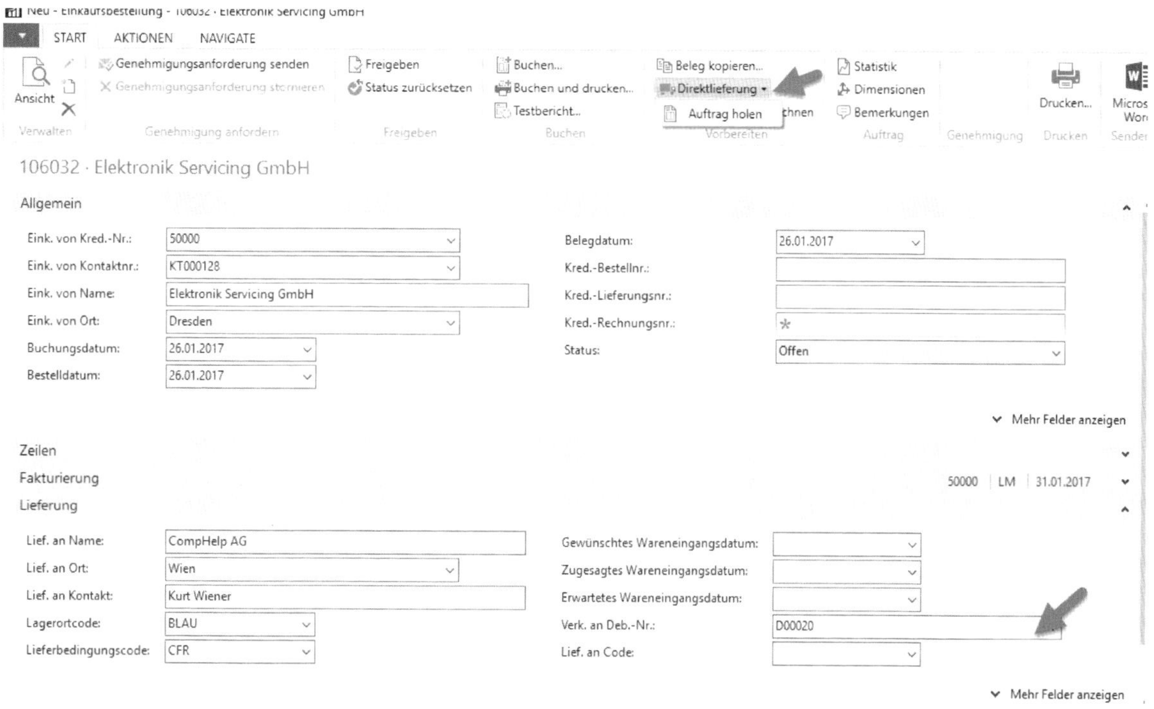

„Dummerweise“ werden in dieser Ansicht alle Verkaufsaufträge zu diesem Debitor angezeigt – sollten Sie diesen Weg nutzen, empfehle ich Ihnen bei den betreffenden Aufträgen das Feld „externe Belegnummer“ mit zu nutzen und dort dann den Code „Direkt“ einzutragen.

In meinem Übungsfall weiß ich sicher, dass der letzte Auftrag in dieser Liste, derjenige mit der Direktlieferung ist. Sofern Sie Ihren Auftrag ebenfalls hier finden markieren Sie die betreffende Zeile und klicken Sie auf OK.

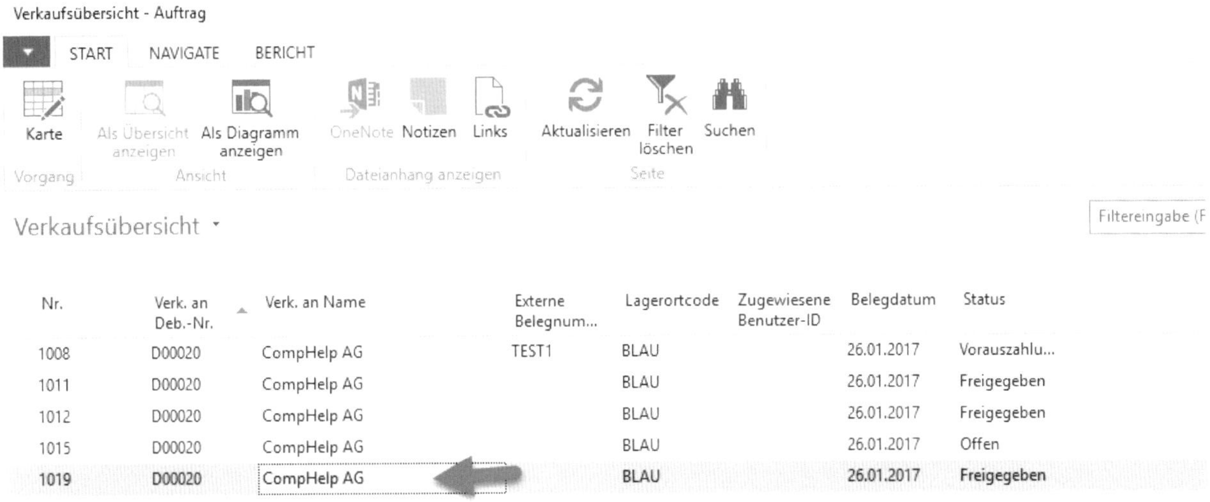

Die Auftragszeile wird auch in diesem Fall in die Bestellzeile übertragen:

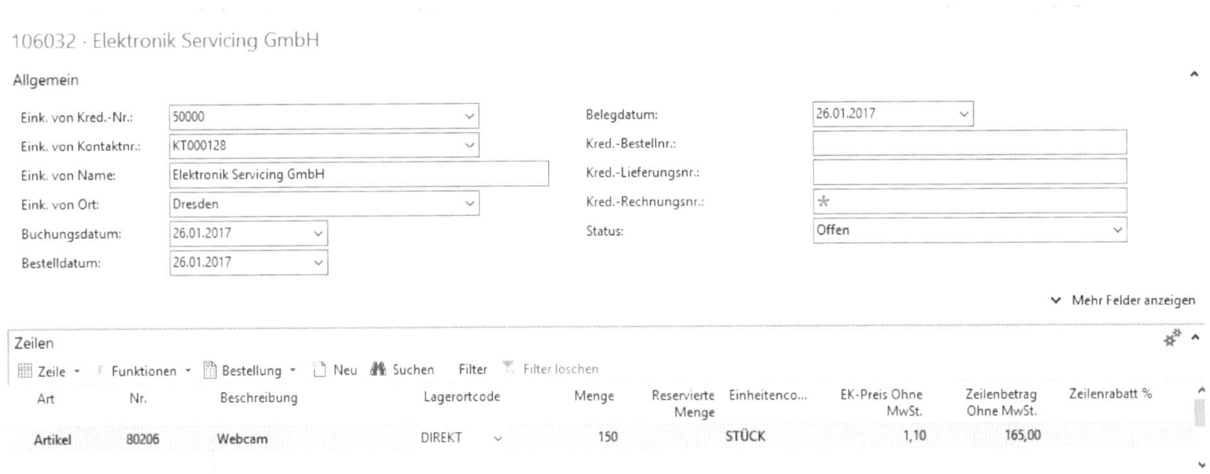

Welchen Weg Sie nutzen, entscheiden Sie – ich würde Ihnen aber immer zu dem Bestellvorschlag raten.

4.1.2 Kurze Zusammenfassung zum Abruf in den Einkaufsbereich und ein paar Tipps

Um das Thema „Abruf“ nochmal etwas zu verdeutlichen, hier eine kleine Entscheidungshilfe (die nachfolgenden Punkte beziehen sich jetzt ausschließlich auf Aufträge, die in den Zeilen das Feld „Einkaufscode“ und das Feld „Direktlieferung“ gekennzeichnet haben):

Top Points	Bestellvorschlag	Direkt in der Bestellung
Abruf	ob ein oder mehrere Aufträge – das System ruft diese automatisch in die Bestellvorschlagszeilen ab – Filter ist unter anderem die Debitorennummer. Die Debitornummer wird **automatisch** in die Bestellung/Register LIEFERUNG eingetragen.	Sicherstellen, dass nach Erstellung der neuen Bestellung **ZUERST** im Register „Lieferung“ die Debitornummer **manuell** eingetragen wird **BEVOR** die Funktion ausgelöst wird.
„Reservierung“	Wenn auch nicht sichtbar – es besteht zwischen jeder Auftrags- und Bestellzeile eine „Verbindung“.	
Sichtbarkeit zwischen Auftrag und Bestellung	über das Register „ZEILEN“ - „Bestellung“ (oder „Auftrag“) – können Sie jederzeit erkennen, mit welcher „Bestellung“ oder welchem „Auftrag“ die jeweilige Zeile verbunden ist	
Absolutes „No go“	Es darf weder in der Bestellung noch in dem Auftrag – **nach dem** der Abruf erfolgt ist – die Menge in der Zeile geändert werden!	
Buchungsroutine	Es besteht eine „bi-direktionale“ Verbindung zwischen beiden Belegarten in Bezug auf die „Lieferung“. Das bedeutet – egal auf welcher Seite Sie „Buchen“ – „Liefern“ drücken: die Lieferung wird in beiden Belegen fast zeitgleich gebucht.	
„Good to know“	Bei der Fakturierung ist es anders: **ERST** die Verkaufsrechnung, dann die Einkaufsrechnung!	

Sofern Sie eine der beiden Bestellungen noch offen haben – klicken Sie bitte im Register „Zeilen“ auf den Punkt „Bestellungen“ und dort auf „Direktlieferung“ – „Verkaufsauftrag“:

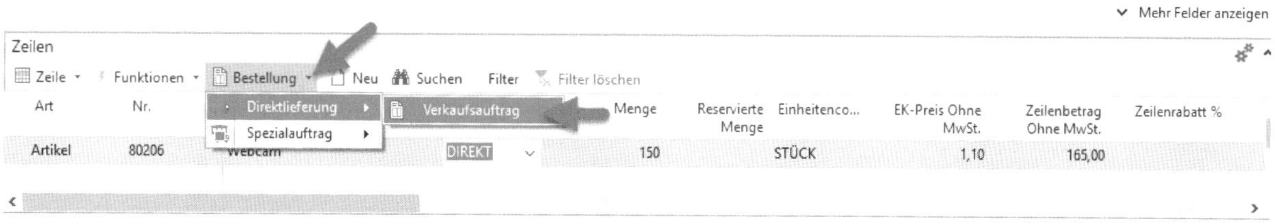

Das System verlinkt Sie jetzt direkt in den dazugehörigen Verkaufsauftrag.

Verkaufsauftrag – wird jetzt im „Ansicht“-Modus geöffnet:

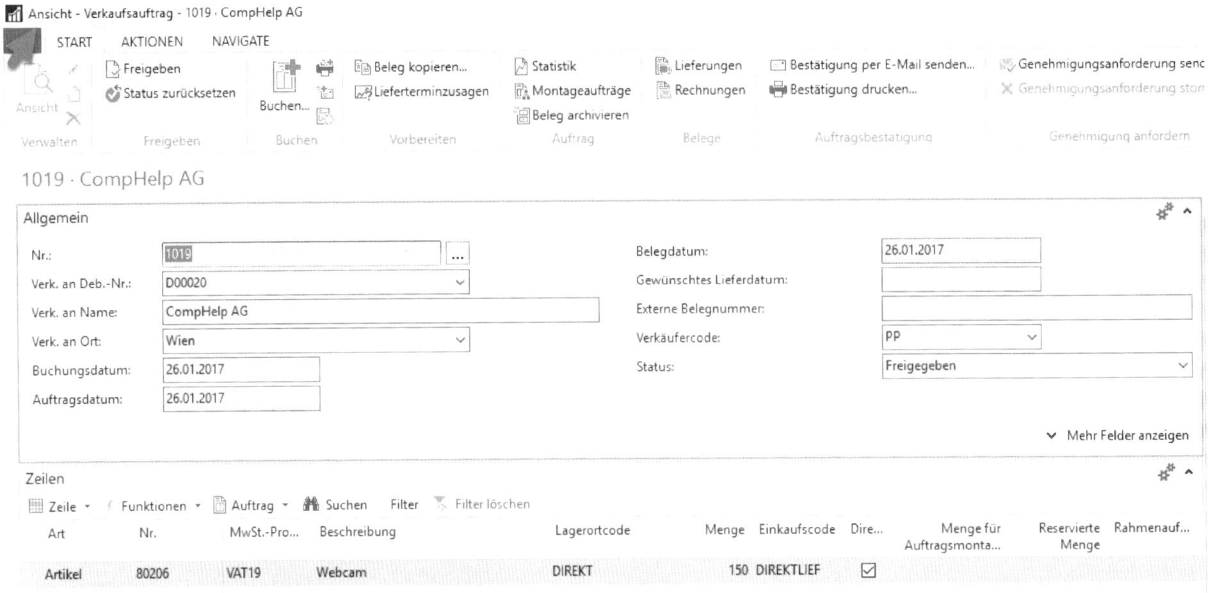

Schließen Sie diese Ansichten und kehren Sie zum Verkaufsauftrag von „Max Musterle“ zurück.

4.1.3 Der „restliche“ Ablauf

In der Praxis ist es häufig so, dass der Verkaufssachbearbeiter erst dann von der erfolgten Lieferung erfährt, wenn entweder der Kunde anruft und meldet „Ware ist da“ oder – was eher der Fall ist – der Einkaufsverantwortliche meldet sich und gibt Bescheid.

Da die Ware bereits vor Ort bei Ihrem Debitor angekommen ist, können Sie den Auftrag sofort „Liefern UND Fakturieren“ (sofern der Kunde keine Sammelrechnung) wünscht.

Der Vorteil an diesem Vorgehen: wie Sie bereits auf der vorherigen Seite gehört haben, wird die Einkaufsbestellung sowieso sofort „mit geliefert“ (bidirektionale Verbindung!). Und die Fakturierung der Einkaufsbestellung kann dann danach ebenfalls erfolgen – bzw. sobald die Einkaufsrechnung da ist.

Öffnen Sie den Auftrag von „Max Musterle GmbH & Co. KG“ und klicken Sie auf „Buchen“ (im „echten Leben“ natürlich „Buchen & Drucken“ oder „Buchen & per Mail versenden“).

Der Verkaufsauftrag von „Max Musterle GmbH & Co. KG“:

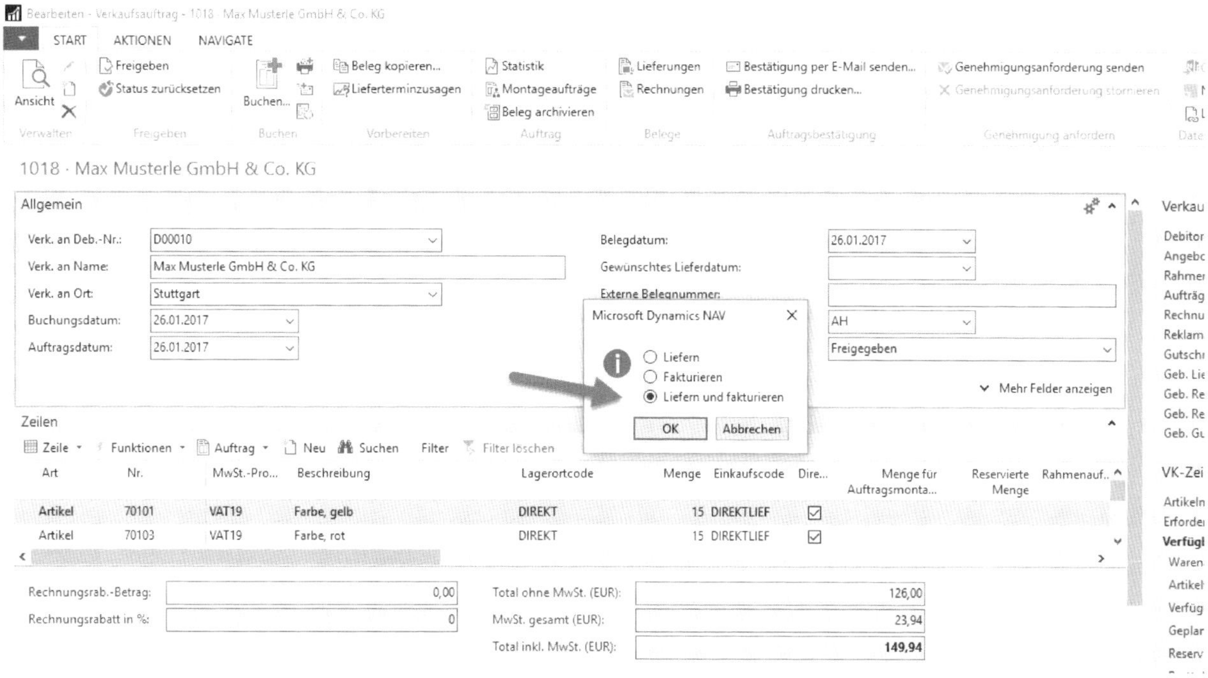

Sobald Sie den Auftrag gebucht haben, wechseln Sie bitte noch einmal in die dazugehörige Einkaufsbestellung und prüfen Sie, ob die dortigen Zeilen auf „geliefert“ stehen.

Ansicht der Einkaufsbestellung von Lieferant „20000“ nach Buchen des Verkaufsauftrages:

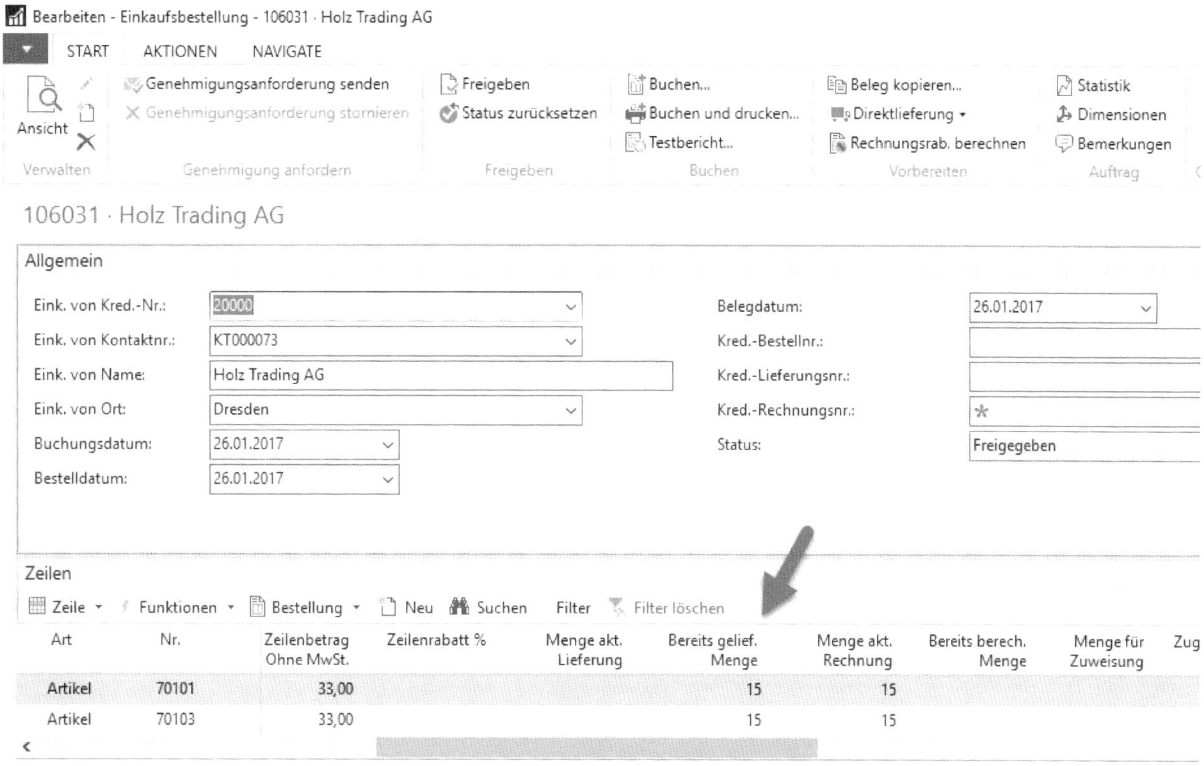

Um die Einkaufsbestellung komplett fertig zu buchen, hinterlegen Sie im Feld „Kred.-Rechnungsnr.“ „Direkt0001“ und klicken Sie auf „Buchen“ – „Fakturieren“.

ACHTUNG – nochmals zur Erinnerung:

Bei „Direktlieferungsaufträgen“ gibt es eine Besonderheit: die Faktura der Einkaufsrechnung kann immer erst **NACH** der Fakturierung des Auftrages erfolgen. Falls Sie versuchen, zuerst die Einkaufsbestellung komplett zu buchen (also Lieferung UND Fakturierung in einem Schritt) – erhalten Sie voraussichtlich diese Abbruchmeldung:

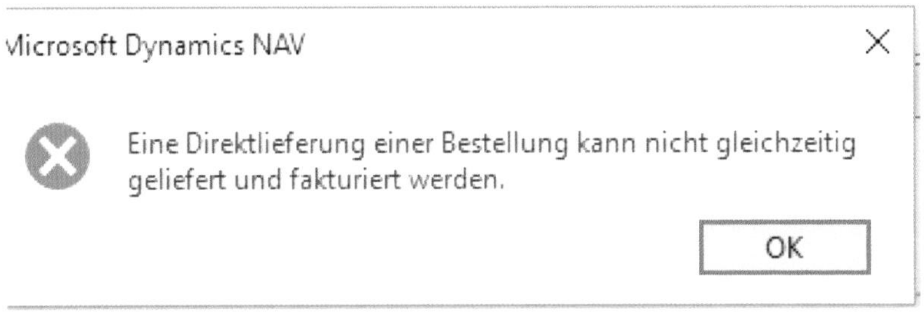

Sobald alle Buchungsvorgänge abgeschlossen wurden, ist der „Kreislauf“ des Streckengeschäfts beendet.

Hinweis:

Übrigens: der „Lieferscheinstorno“ ist bei diesem Ablauf **NICHT** möglich!

4.2 Ablauf bei „Spezialauftrag“

Wie Sie in der Einrichtung gesehen haben, gibt es im Standard-„Cronus“ auch einen Punkt „Spezialauftrag“. Der Ablauf als solches ist ähnlich der Direktlieferung aber hier ist der Unterschied der, dass die Ware tatsächlich zuerst in Ihr Haus kommt damit beispielsweise noch eine landesspezifische Dokumentation in das Paket gelangt.

Auch hierzu ein kleines „Schaubild“:

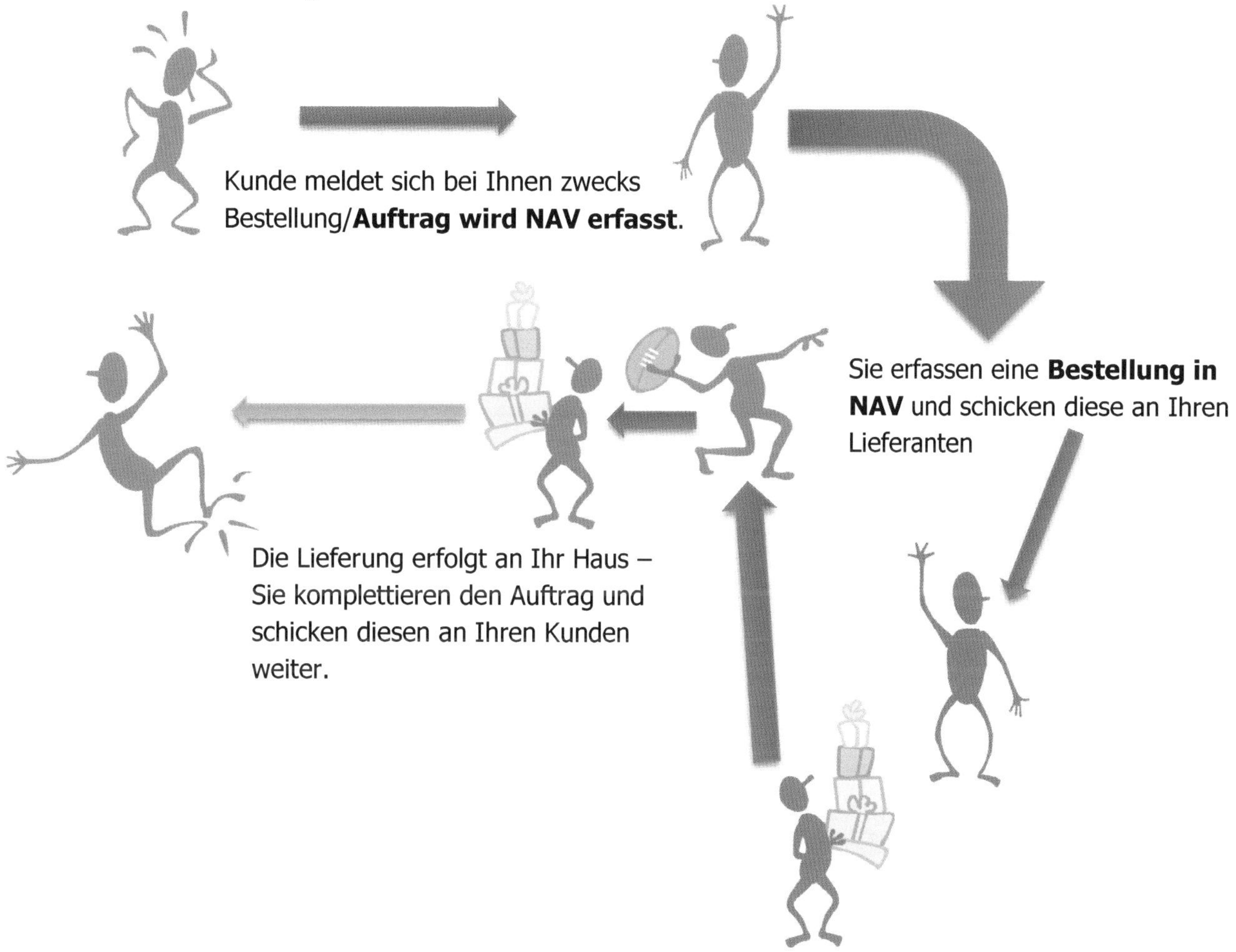

Ein „Spezialauftrag“ wird oftmals ganz gern „Chef-Auftrag“ genannt. Denn häufig ist es der „Chef“ selbst der für „seinen“ Lieblingskunden schnellstmöglich Ware haben möchte.

Auch für solche „speziellen“ Vorgänge könnten Sie einen eigenen Lagerort definieren. Da „Spezialaufträge“ in der Praxis aber äußerst selten verwendet werden, müsste das nicht zwangsläufig sein.

Auch dazu ein Beispiel in NAV®:

Erfassen Sie in NAV® einen neuen Verkaufsauftrag an den Debitoren „CompHelp AG“ mit **5** Stück des Artikels 1000.

Wählen Sie als „Lagerort = BLAU“ und achten Sie bei dem Einkaufscode auf „SPEZ-AUFTRAG“. Geben Sie den Auftrag „frei“.

Ansicht des Spezialauftrages:

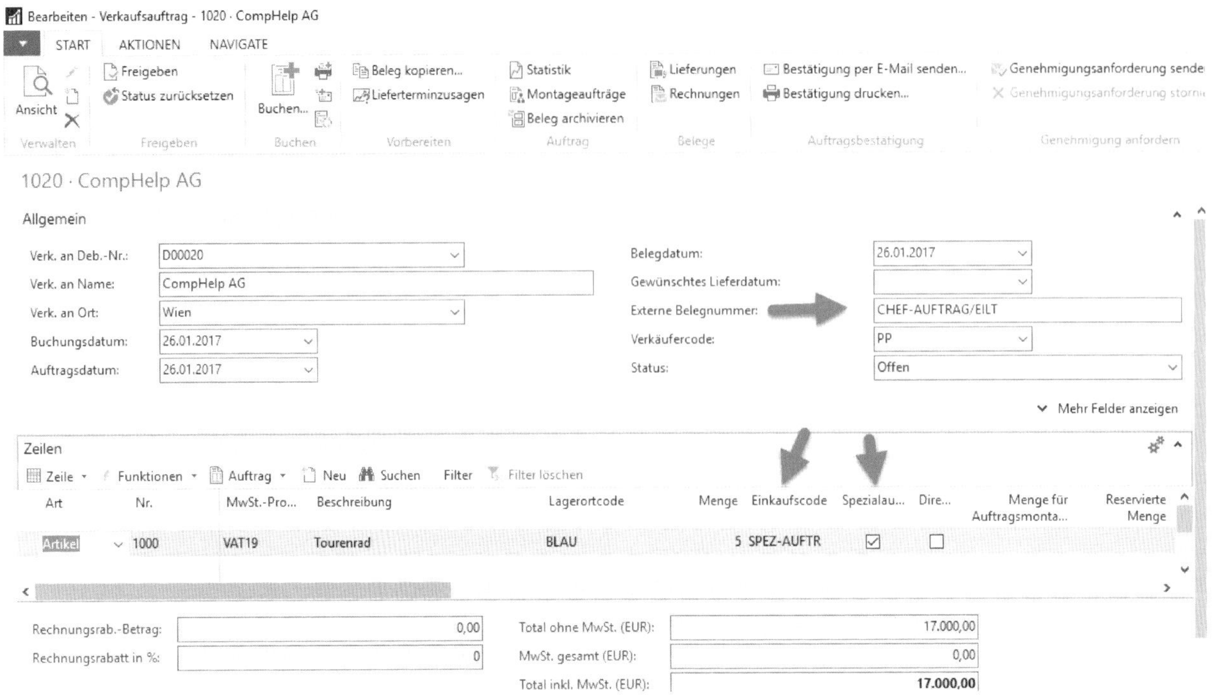

Achten Sie hier bitte ebenso auf das Feld „Einkaufscode“ – hinterlegen Sie für diesen Fall die Option „SPEZ-AUFT“. Das Häkchenfeld „Spezialauftrag“ habe ich mir hier zusätzlich eingeblendet und weiter nach vorn geschoben.

Hinterlegen Sie im Feld „Externe Belegnummer“ eine „Kennung“ – in meinem Beispielfall habe ich hier „Chef-Auftrag/Eilt“ verwendet. Geben Sie diesen Auftrag danach „frei“.

Ebenso wie bei der Direktlieferung haben Sie nun die Wahl, ob Sie den Bestellvorschlag nutzen wollen (dort gibt es ein eigenes Symbol „Spezialauftrag“ für den Abruf) – oder die Bestellung „manuell“ erfassen wollen.

Für unseren Fall hier, nehmen wir den „manuellen“ Weg. Wechseln Sie bitte in das Einkaufsmenü und erfassen Sie unter „Bestellungsabwicklung“ – „Bestellungen“ einen neuen Bestellbeleg für den Lieferanten „Elektronik Servicing GmbH“ (Nr. 50000).

Bitte beachten Sie, dass Sie wieder im Register „Lieferung“ erst die Debitorennummer im Feld „Verk. an Deb-Nr.“ hinterlegen müssen, BEVOR Sie auf das Symbol „Spezialauftrag“ klicken.

Das Symbol für die „Spezialaufträge“ finden Sie im Reiter AKTIONEN des Menübandes:

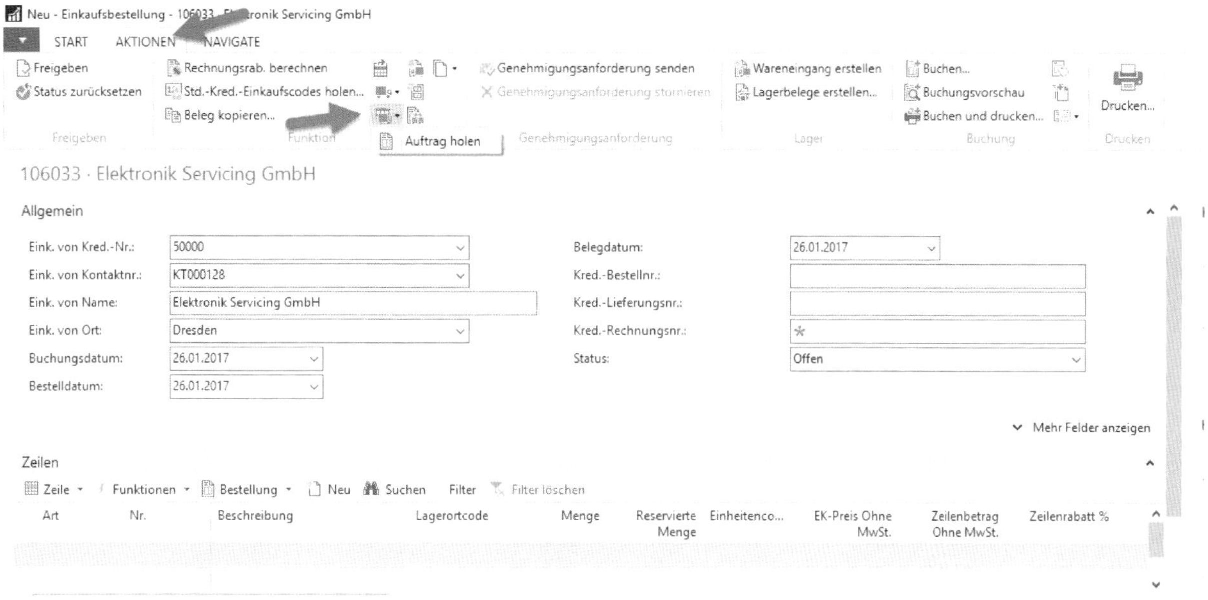

Ansicht der aufgelisteten Verkaufsaufträge:

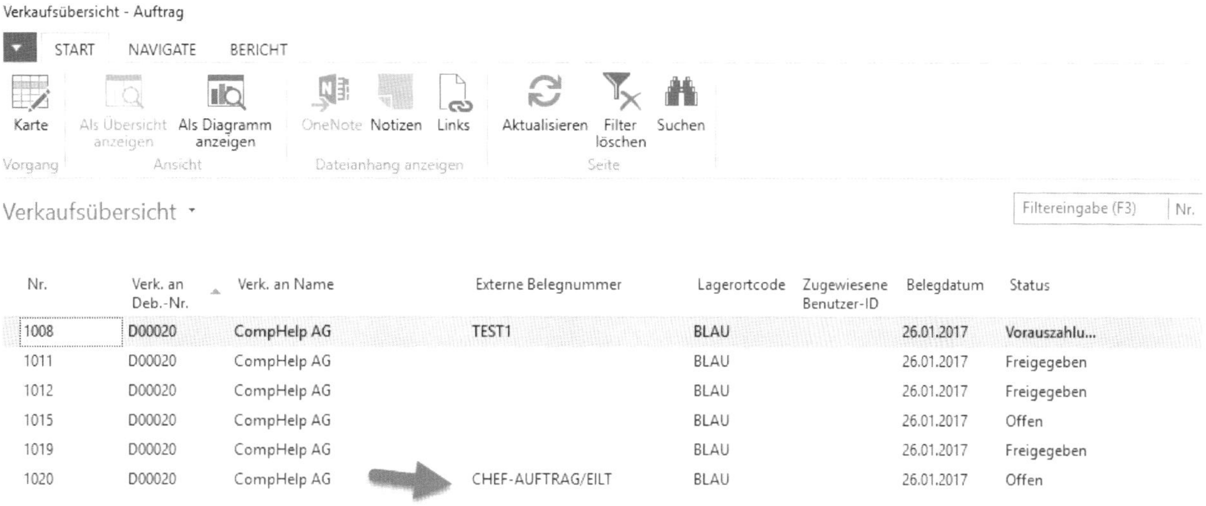

Anhand dieser Liste sehen Sie den Vorteil der externen Belegnummer aus dem Register „Allgemein“ – darüber erkennen Sie jetzt auf einen Blick, welcher Auftrag abgerufen werden kann.

Auch in dieser Variante haben Sie jederzeit die Möglichkeit pro Belegzeile nachzuvollziehen, ob ein „Gegenbeleg“ auf der anderen Seite existiert – hier ein Beispielbild aus der Bestellzeile:

Ist Ihre Bestellung fertig? Dann können Sie jetzt wieder die Lieferung „Buchen“. Im Gegensatz zu vorher gibt es in diesem Fall keine bidirektionale Verbundenheit, da die Ware ja zunächst in Ihrem Lagerort ankommt.

Das bedeutet: die Einkaufs- und Verkaufsvorgänge als solches sind wieder komplett getrennt. Und das heißt ebenso, dass Sie rein theoretisch nach Buchen der Einkaufslieferung sofort die Einkaufsrechnung buchen könnten.

Bitte bearbeiten Sie beide Belege so, dass diese komplett gebucht wurden (beide Belege sollten zum Schluss geliefert und fakturiert sein).

5. Zu- und Abschläge

Vereinfacht gesagt, können Sie mithilfe der „Zu- und Abschläge“ weitere Kosten erfassen, die beim Ein- und/oder Verkauf von Artikeln zusätzlich anfallen. Dazu zählen beispielsweise:

- Fracht/Versandkosten
- Zusätzliche Rabatte
- Zollabgaben
- Spezielles Verpackungsmaterial
- Versicherung

Solche zusätzlichen Kosten können in den Belegzeilen den bzw. dem betreffenden Artikel zugewiesen werden – durch die Buchungsroutine werden dann aufgrund der Zuweisung eigene Wertposten erstellt und der Einstandspreis des betreffenden Artikels dadurch erhöht oder vermindert.

Ein kleines Beispiel dazu haben Sie bereits in einem vorherigen Kapitel kennengelernt.

Hier ein Auszug aus der Schulungsunterlage „Schulungsmaterial für Microsoft Dynamics™ - Handel – Kapitel 7“:

„In Microsoft Dynamics™ NAV können Buchhalter die Funktionalität der Artikel Zu- & Abschläge verwenden, um sowohl Lagerkosten als auch lagerwertunabhängige Kosten in Zusammenhang mit Einkaufs- und Verkaufstransaktionen zu berücksichtigen. Artikel-Zu-& Abschläge die beispielsweise durch die Kosten aus einer Einkaufsrechnung eines Spediteurs für die Zustellung einer Lieferung von einem Kreditor dargestellt werden, können einem Lieferbeleg zugewiesen werden. Bei der Buchung geht dieser Artikel-Zu-/Abschlag als Teil der gesamten Einstandskosten des Artikels/der Artikel ein, dem/denen er zugewiesen wurde.

...“

Diese zusätzlichen Kosten können Sie vor Buchen der Einkaufs- oder Verkaufsrechnung ebenso zufügen, als auch nachträglich eine eigene Rechnung dafür erfassen und die angefallenen Kosten nachträglich der Lieferung zuschlagen.

Das wäre zum Beispiel dann der Fall, wenn die Frachtkosten Ihres Spediteurs erst lange nach Rechnungsstellung an Ihren Debitoren bei Ihnen eintreffen. Sofern Sie mit Ihrem Kunden vereinbart haben, dass dieser die Frachtkosten übernimmt, erstellen Sie eine Direktrechnung und weisen (Beispiel folgt in einem späteren Unterkapitel) diese der ursprünglichen Lieferung zu.

Damit Sie die „Zu- & Abschläge“ nutzen können, müssen Sie zunächst die entsprechende Einrichtung hinterlegen.

Gut zu wissen:

Für die „alten“ NAV-Anwender: in früheren Lösungen – sprich vor ATTAIN 3.7 – wählte die Anwender für solche Fälle ein Sachkonto. Was aber in diesem Fall keinem Artikel speziell zugewiesen werden konnte – und somit keine zusätzliche „Wertsteigerung“ beispielsweise nach sich zog. Oder es wurde das Feld „Kosten %“ in der Artikelkarte mit einem entsprechenden Eintrag vorbelegt. Damit wurde zumindest sichergestellt, dass ein prozentualer Anteil mit in die Einstandspreise eingeflossen ist.

5.1 Einrichtung der Zu- & Abschläge

Bevor Sie mit der Einrichtung beginnen, prüfen Sie bitte einmal welche zusätzlichen Kosten Sie als „Zu-/Abschläge“ erfassen möchten. Hier gilt – wie in vielen Bereichen – die Regel: „so viel wie nötig, so wenig wie möglich“.

Sehen wir uns zum Vergleich die hinterlegte Einrichtung im CRONUS an. Klicken Sie dazu im Verkaufsmenü auf den Punkt „Verwaltung“ – unterhalb des Punktes „Auftragsabwicklung“ – „Einrichtung“ finden Sie den Aufruf für „Artikel Zu-/Abschläge“.

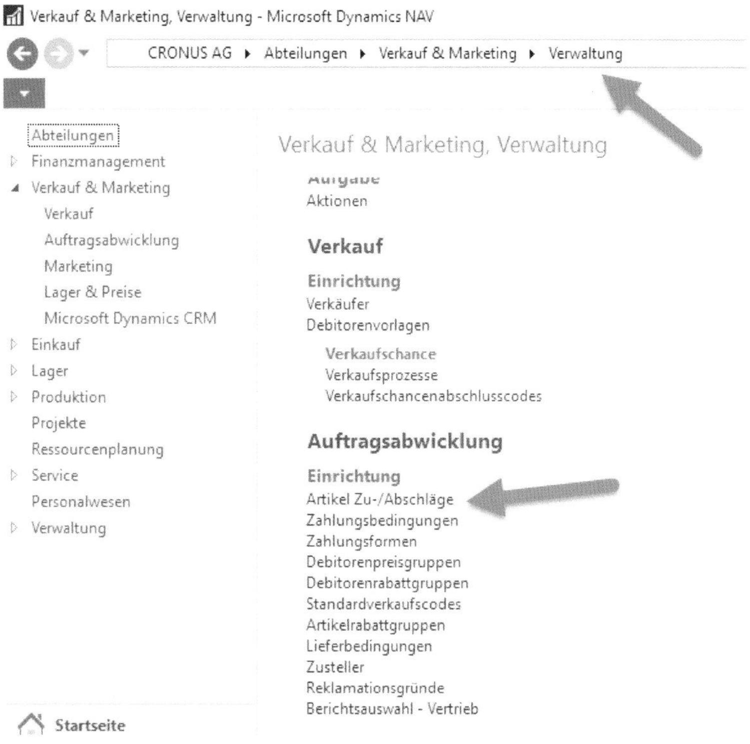

Öffnen Sie diese Maske:

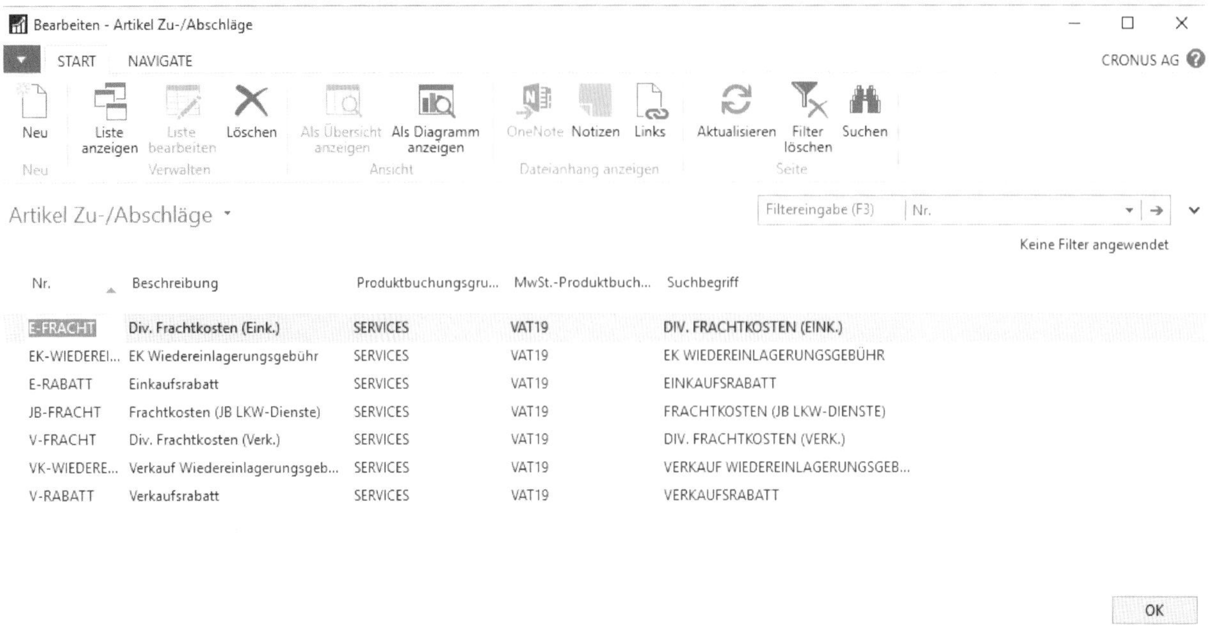

Im Endeffekt sind diese „Extrakosten“ wie eine Art „Zusatz“ zu einem Artikel zu sehen. Damit diese verbucht werden können, brauchen sie eine Produkt- und eine MwSt.-Produktbuchungsgruppe (bei solchen speziellen Mehrkosten wird ja auch oft Mehrwertsteuer fällig!).

Das Hinterlegen bzw. die Neu-Anlage findet in dieser tabellarischen Ansicht statt. Das bedeutet: es gibt in diesem Fall keine Stammdatenkarte wie bei einem Artikel – sondern lediglich einen Eintrag in der oben gezeigten Ansicht PLUS der Zuweisung der gerade genannten Buchungsgruppen.

Durch Klick auf das Symbol „NEU“ bzw. drücken der STRG + N-Tastenkombination wird in dieser Tabelle einfach eine weitere Zeile eingefügt. Für das Codefeld stehen Ihnen 10 Zeichen zur Verfügung (alphanummerisch = Zahlen und Buchstaben sind möglich). Sollten Sie einen neuen Datensatz hier anlegen, gestalten Sie den Code wie die Beschreibung so „sprechend“ wie möglich. Bedenken Sie bitte, dass die Zu-/Abschläge in die Belegzeilen mit übernommen und auch auf den diversen Belegen gedruckt werden.

Der „Suchbegriff“ resultiert wieder aus den ersten 20 Zeichen der Beschreibung selbst.

Beachten Sie bitte ebenso immer das Menüband und die dort vorhandenen „Reiter“ mit deren Symbolen. Wechseln Sie bitte einmal auf NAVIGATE:

Sie sehen, hier gibt es noch den Verweis auf die „Wertposten“ (denn bei Buchung eines Zu-/Abschlages wird ein Wertposten gebildet), sowie die Option einem solchen Zu-/Abschlag eine oder mehrere Dimensionen mitzugeben (z.B. die Kostenstelle).

Hinweis:

Einen Menüpunkt „Übersetzung“ wie in der Artikelkarte für die Artikelbeschreibung, gibt es an dieser Stelle leider nicht. Das bedeutet: wenn Sie viel mit internationalen Kunden bzw. Lieferanten zu tun haben und Sie müssen anfallende Extrakosten zum Beispiel auf den entsprechenden Belegen ausweisen, sollten Sie zumindest die englischsprachigen Varianten hier als eigenen Datensatz mit anlegen und dann in den Belegzeilen auswählen.

5.2 Die Verwendung eines Zuschlags im Einkaufsbereich

(auch wenn wir uns in dieser Unterlage hauptsächlich mit dem Thema „Verkauf“ beschäftigen, hier nochmals ein Ausflug in den Einkauf – besonders wegen dem Thema „Wert des Artikels“).

Um das Ganze zu verdeutlichen hier ein Beispiel aus dem Einkauf. Gehen wir davon aus, dass Ihr Einkäufer bei „Holz Trading AG“ (Kreditorennr. 20000) einige Regalbretter (Artikel 70041) bestellt hat. Der Lieferant berechnet Ihnen zusätzlich Frachtkosten, da dafür ein gesonderter Transport notwendig war.

Wechseln Sie in das Einkaufsmenü und dort in die „Bestellungsabwicklung“. Klicken Sie auf „Bestellungen“ und erfassen Sie eine neue Bestellung für den o.g. Lieferanten.

In der Einkaufszeile achten Sie bitte darauf, dass Sie Lagerort BLAU wählen. Als Menge tragen Sie bitte „100“ ein. Geben Sie anschließend die Bestellung „frei“ und buchen Sie zunächst die „Lieferung“.

Ansicht der Einkaufsbestellung:

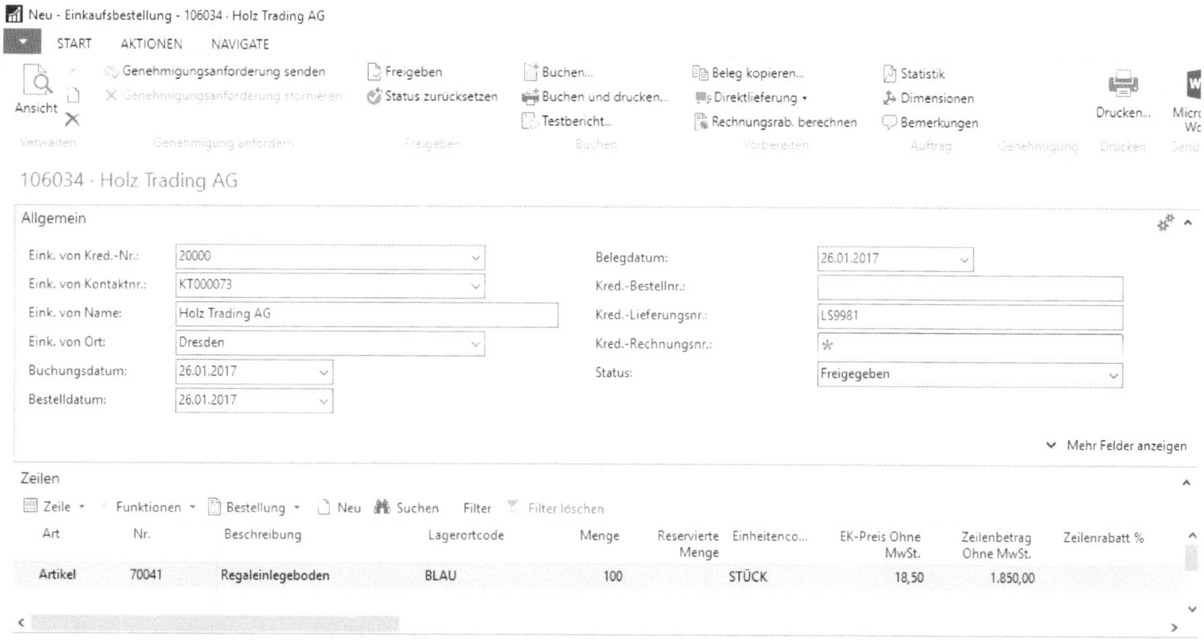

Auf der Einkaufsrechnung Ihres Lieferanten gibt es eine zusätzliche Position für die Frachtkosten in Höhe von 100,00 EUR.

Setzen Sie die Bestellung zunächst in den Status „offen“ zurück – und klicken Sie dann in der Einkaufszeile im Feld „Art“ auf den kleinen „Drop-Down-Pfeil“ rechts. Wählen Sie die Option „Zu-/Abschläge(Artikel)“ aus.

Im Feld „Nr.“ wählen Sie als nächstes die Option „E-Fracht“ aus. Im Feld „Menge“ tragen Sie die „1“ ein und im Feld „EK-Betrag ohne MwSt.“ die „100“.

Ansicht der Einkaufszeilen – so sollte es aussehen:

Im nächsten Schritt müssen Sie diese Frachtkosten zunächst der betreffenden Artikelzeile zuweisen. Platzieren Sie Ihren Cursor bitte auf die Zu-/Abschlagszeile und klicken Sie im Register „Zeilen“ auf „Zeile“ – „Artikel Zu-/Abschlagszuweisung“:

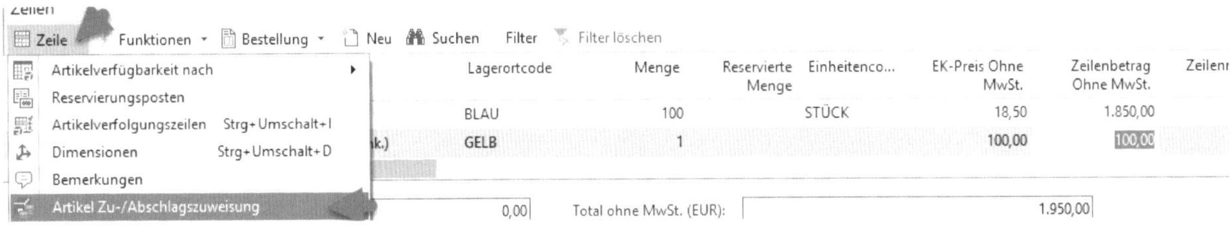

Ansicht des „Zuweisungs-Fensters“:

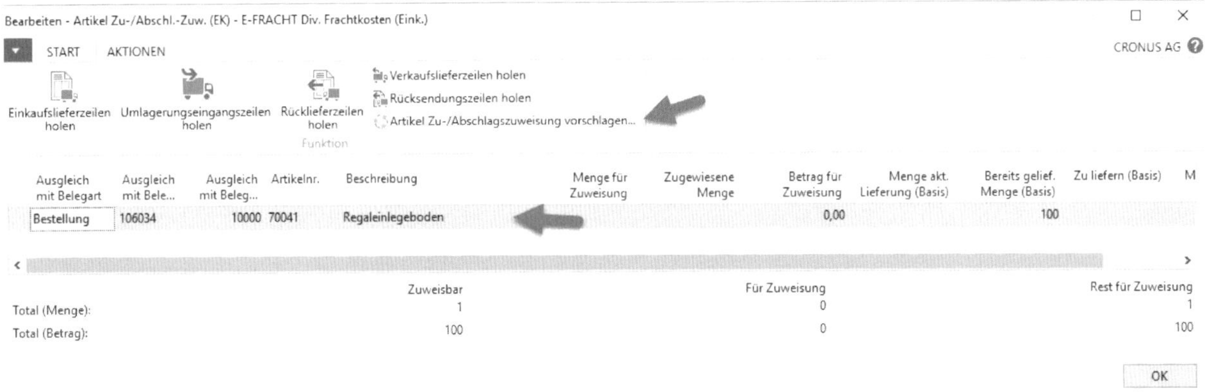

Das System „erkennt“ automatisch die vorhandene(n) Artikelzeile(n) – es spielt übrigens keine Rolle für die Zuweisung ob die Artikel bereits geliefert wurden oder nicht*.

Um die Zuweisung durchzuführen, haben Sie zwei Möglichkeiten:

- ☞ Entweder Sie tragen die Menge (*Menge für Zuweisung*) so wie den Betrag (*Betrag für Zuweisung*) manuell ein*

- ☞ **ODER**: Sie klicken im Menüband auf den Reiter „AKTIONEN“ und wählen dort „Artikel zu-/Abschlagszuweisung vorschlagen“

**Bei einer Zeile ist der manuelle Weg genauso ideale wie die Funktion der Zuweisung; bei mehreren Zeilen ist der manuelle Weg nur dann sinnvoll, wenn Sie selbst bestimmen möchten wie der Zuweisungsbetrag auf die einzelnen Artikel verteilt werden soll.*

Für unseren Übungsfall nehmen wir die zweite Option – klicken Sie bitte im Menüband auf den Reiter AKTIONEN und dort auf das Symbol „Artikel Zu-/Abschlagszuweisung".

Sobald Sie dieses Symbol anklicken, erhalten Sie zunächst eine „Abfrage" wie Sie den Betrag letztendlich aufteilen wollen.

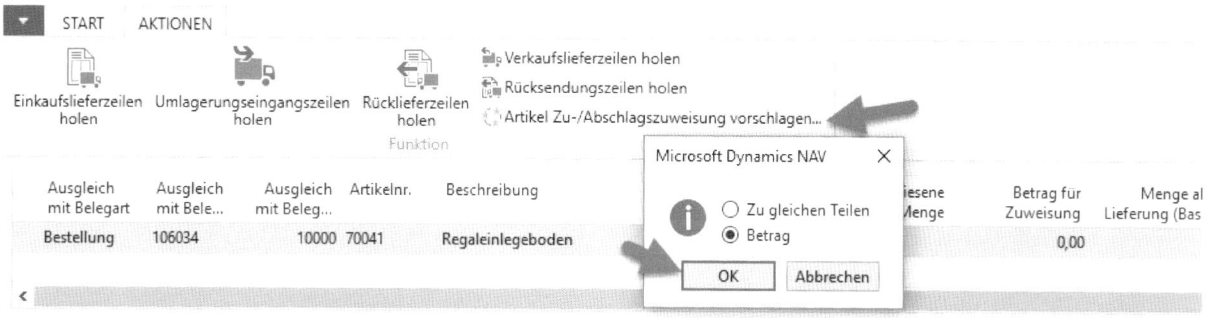

Bei einer einzigen Artikelzeile macht die erste Option keinen wirklichen Sinn, da es in diesem Fall ja „egal" ist. Wenn aber mehrere Artikel in einem Beleg stehen, entscheiden Sie ob der Zuschlag (oder Abschlag) gleichmäßig aufgeteilt werden soll („***zu gleichen Teilen***") oder abhängig von der Wertigkeit (Aufteilung des ***Betrages*** in Abhängigkeit des Wertes im Feld Zeilenbetrag pro Zeile. Mit anderen Worten: je höher der Zeilenbetrag desto höher der zugeteilte Betrag des Zu-/Abschlages).

Für unsere Übung belassen wir die Auswahl auf „Betrag" – klicken Sie auf „Ok".

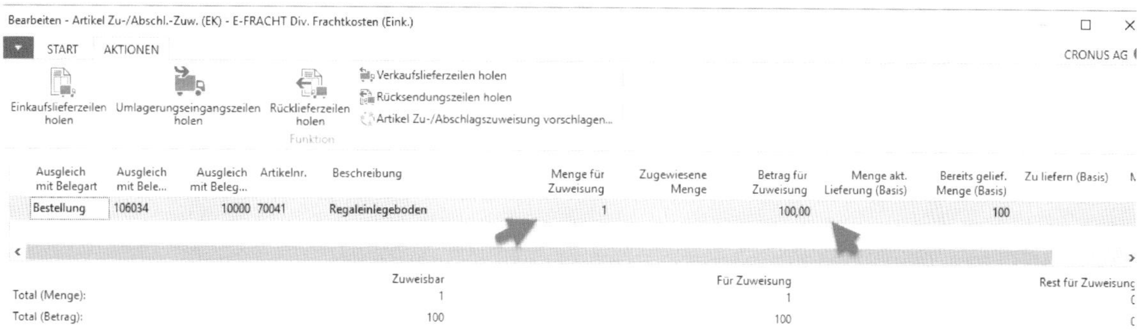

Die Zuweisung wurde durchgeführt – schließen Sie diese Maske durch Klick auf „OK".

Auch in der Belegzeile der Einkaufsbestellung ist die Zuweisung jetzt „sichtbar":

Sobald die Fakturierung erfolgt ist, wird das Feld „Menge für Zuweisung" geleert und der Wert in das Feld „Zugewiesene Menge" übertragen.

Um diese Bestellung nun abzuschließen, tragen Sie bitte im Register „ALLGEMEIN" im Feld „Kred.-Rechnungsnr." die (fiktive) Nummer: RG17-0092 ein. Klicken Sie auf das Symbol „Buchen" und wählen Sie die Option „Liefern und Fakturieren".

Als nächstes prüfen Sie die Artikel- und Wertposten des Artikels „Nr. 70041“. Klicken Sie dazu im Einkaufsmenü auf „Lager & Bewertung“ und danach auf „Artikel“. Suchen Sie nach der genannten Nummer und platzieren Sie Ihren Cursor auf dem Datensatz.

Klicken Sie als nächstes im Menüband auf das Symbol für „Posten“ – „Posten“:

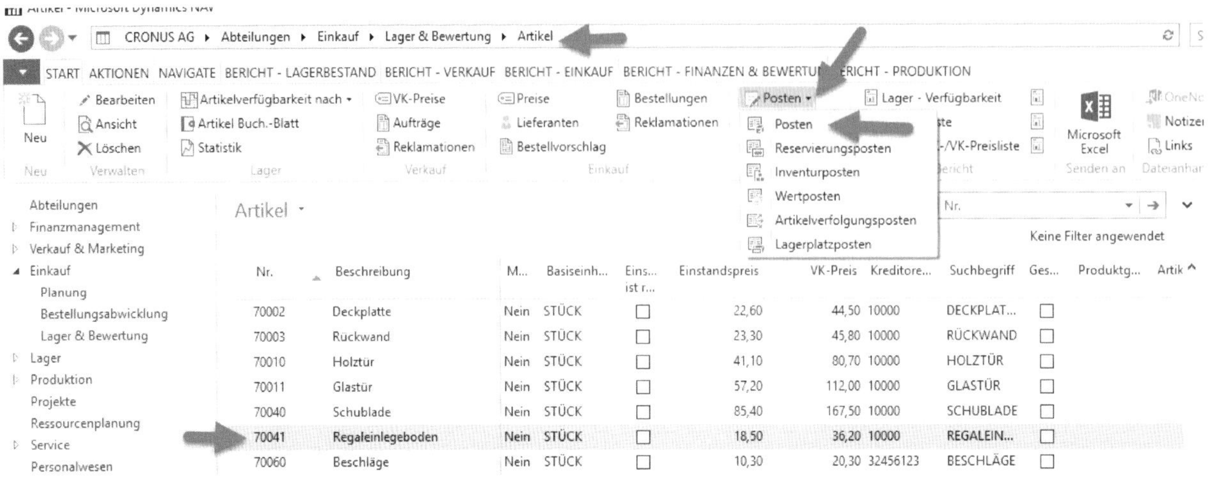

Ansicht der Artikelposten:

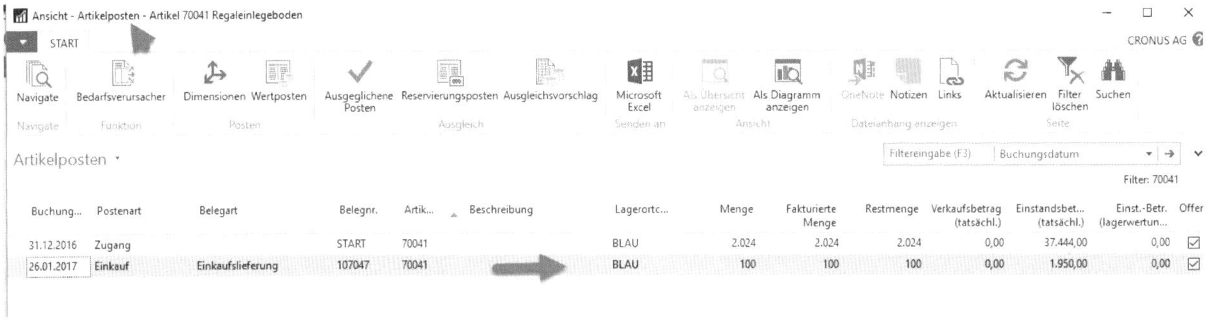

Achten Sie hier auf das Feld „Einstandsbetrag (tatsächl.)“ – wie Sie anhand dieses Bildschirmausschnittes sehen können, wurden die 100 EUR bereits dem Einstandsbetrag zugeschlagen.

***Zur Information**: hatte einen Wert von 18,50 (EUR). Bei 100 Stück ergibt das einen Wert von 1.850,00 (EUR). Gemäß Artikelposten liegt der Einstandsbetrag (tatsächl.) bei 1.950,00(EUR) = 1.850 + 100*

Klicken Sie im Menüband bitte auf das Symbol „Wertposten“:

Ansicht der Wertposten:

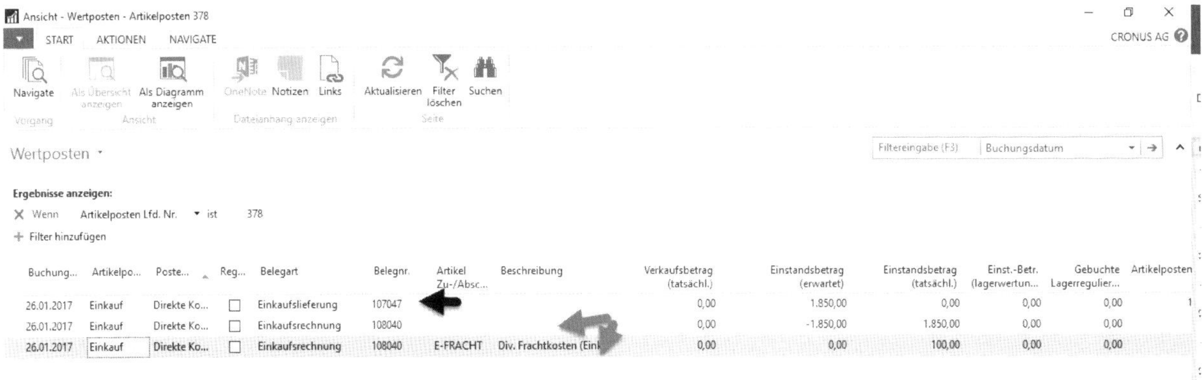

Anhand der Wertposten ist die „Addition“ des Zuschlags offensichtlicher: hier finden Sie die Buchung der Frachtkosten wieder.

Eine weitere Auswirkung bei dem betreffenden Artikel ist das Ändern des Einstandspreises in der Artikelkarte, Register FAKTURIERUNG. Schließen Sie bitte die Ansichten der Postentabellen und öffnen Sie die Artikelkarte.

Ansicht der Artikelkarte – Register „Fakturierung“:

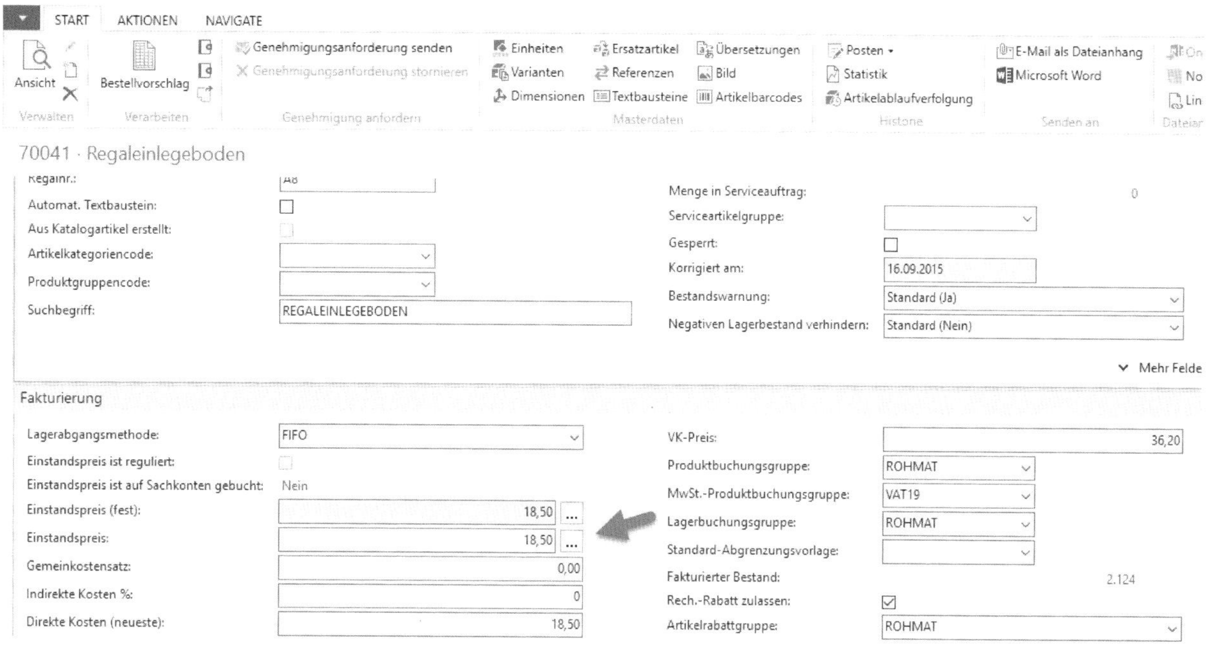

Noch wird hier der Einstandspreis von „18,50“ angezeigt. Sobald der Lauf „Lagerreg. fakt. Einstandspreise“* ausgeführt wurde, ändert sich das:

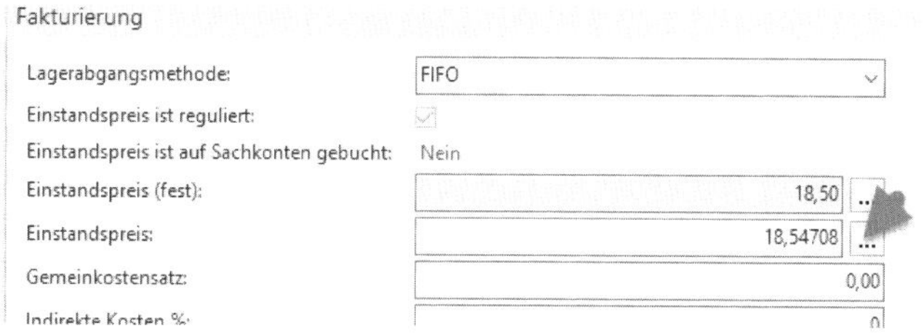

Wenn Sie jetzt genau wissen möchten, wie dieser Wert zustande kommt, genügt ein Klick auf die „drei Pünktchen“ (= Assist Button).

Es öffnet sich eine – sagen wir mal – „spezielle“ Ansicht der Wertposten:

Wie Sie anhand der Posten sehen, hat das System schon einmal einen Zugang mit „nur" 18,50 (EUR) pro Stück verbucht. Durch unsere zusätzliche Buchung (bzw. Buchungen), ergibt sich jetzt eine Mischkalkulation:

Im Feld „Einstandsbetrag (tatsächl.)" steht immer der gesamte Betrag, der eingebucht wurde. Bei dem ersten Zugang waren das 2.024 Stück á 18,50/Stück = 37.444,00

Durch unsere Buchung kamen 100 Stück dazu und ein Wert von 1.950,00 (100 x 19,50 – denn das System hat den Zuschlag in Höhe von 100 aufgeteilt und so jedem „Stück" 1 (EUR) zugewiesen.

Der Wert im Feld „Einstandspreis" ergibt sich jetzt so:

37.444,00 + 1.950,00 = 39.394,00: 2.124 = 18,54708 => 18,55

Der Wert im Feld „Einstandspreis" ist also ein variabler Wert der sich – in Abhängigkeit von der Lagerabgangsmethode – immer wieder neu kalkuliert.

*Der „Lauf" *Lagerregulierung fakt. Einstandspreise* sowie der dazugehörige „Lauf" *Lager-regulierung buchen*, sind normalerweise zwei Berichte, die regelmäßig und nur durch die FiBu-Kollegen ausgeführt werden. Bzw. automatisiert im Hintergrund laufen. Diese Berichte dienen dazu, den Lagerwert immer so genau wie möglich zu ermitteln und zu dokumentieren.

Eigene Notizen:

5.3 Beispiel eines Zuschlages bei einem Verkauf (Fracht & Versicherung)

Der Ablauf bei „Artikel Zu-/Abschläge“ ist im Verkauf identisch mit dem im Einkauf.

Hier nochmals ein kleiner Ablauf im Verkauf mit den Zu-/Abschlägen.

***Mögliches Szenario**: Ihr Kunde „CompHelp AG“ hat bei Ihnen 200 Webcams gekauft. Diese Fracht haben Sie sicherheitshalber versichert. Sie möchten diesem Kunden nun die Fracht und die Versicherung weiterbelasten.*

Höhe der Fracht: 50,00 EUR – Höhe der Versicherung war 13,50 EUR.

Wechseln Sie bitte in das Verkaufsmenü und dort in die „Auftragsabwicklung“. Klicken Sie auf „Aufträge“ und erstellen Sie einen neuen Auftrag für den Kunden „CompHelp AG“. Erfassen Sie in der Verkaufszeile den gewünschten Artikel „Webcam“ (Artikelnr. 80206). Achten Sie darauf, dass im Feld „Lagerort“ = BLAU ausgewählt wurde.

Eventuelle Verfügbarkeitswarnungen bestätigen Sie bitte durch Klick auf „OK“.

Ansicht des Verkaufsauftrages:

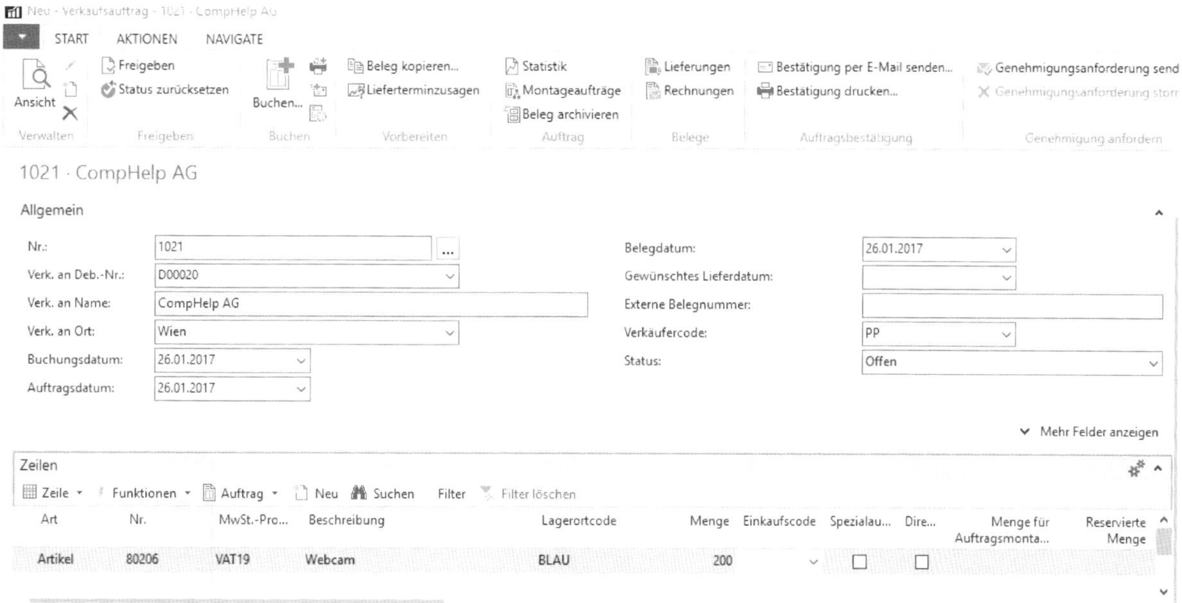

Nach dem Sie die Artikelzeile hinterlegt haben, fügen Sie die beiden Zu-/Abschläge ebenfalls ein. Es sind dieses Mal zwei Zeilen – eine für die Fracht, eine für die Versicherung.

Da es für „Versicherungen“ noch keine eigene „Zuweisung“ gibt, müssen wir diese zuerst anlegen. Sie müssen dafür jetzt nicht den Verkaufsauftrag verlassen – sondern Sie können genauso diesen neuen Eintrag direkt erstellen.

Klicken Sie dazu im Feld „Nr." zunächst auf den kleinen „Drop-Down-Pfeil"- die „Mini-Übersicht" erscheint.

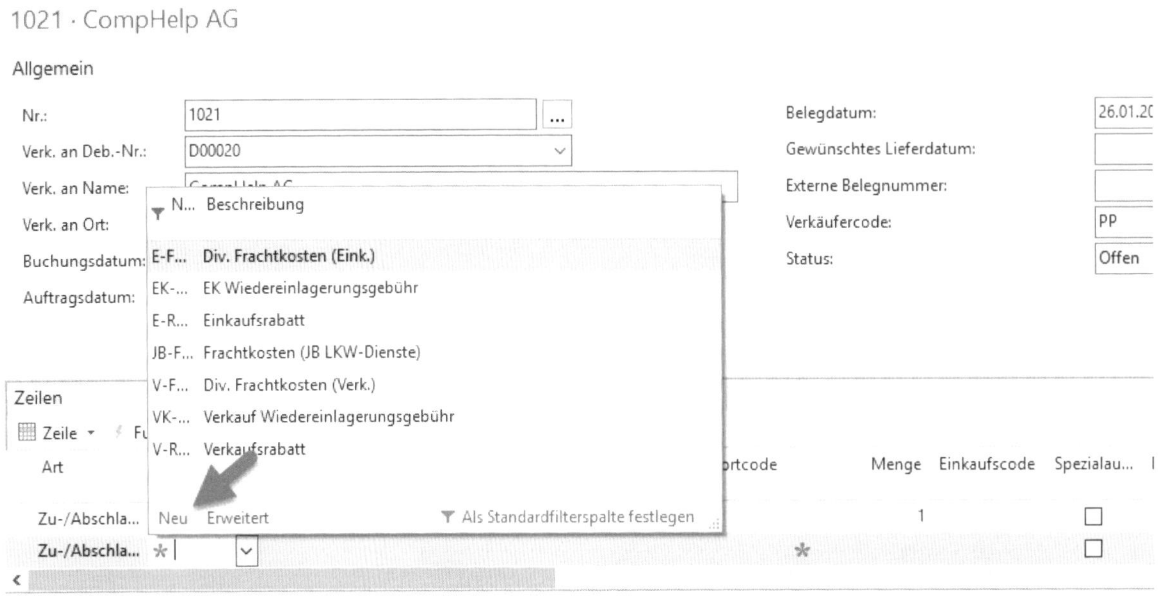

Klicken Sie auf „NEU" – das System öffnet jetzt die „große" Übersicht der Zu-/Abschläge:

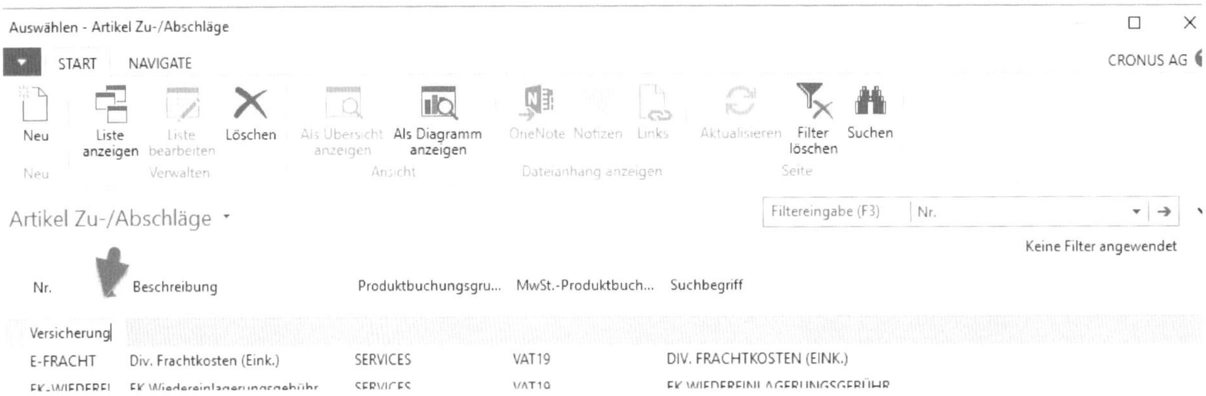

Tragen Sie in der neuen Zeile „Versicherung" als „Code" ein – im Feld „Beschreibung" hinterlegen Sie „Transportversicherung". In den Feldern „Produktbuchungsgruppe" und „MwSt.-Produktbuchungsgruppe" hinterlegen Sie „Services" und „VAT19".

So sollte es danach aussehen:

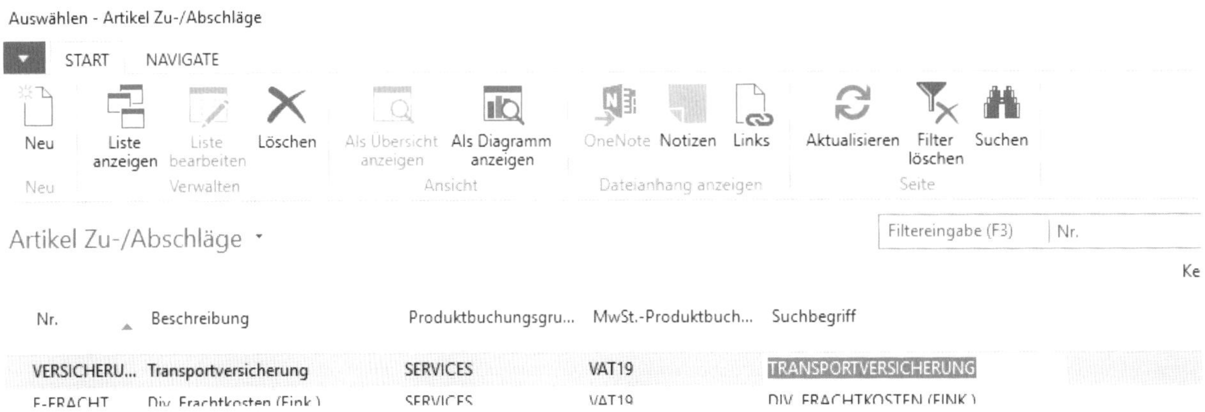

Klicken Sie auf „OK“, das System übernimmt die neu-angelegte Zuweisung direkt in die Verkaufszeile. Tragen Sie im Feld „Menge“ = 1 ein und im Feld „VK-Betrag ohne MwSt.“ die „13,50“.

So sollten die Verkaufszeilen jetzt aussehen:

Allgemein D00020 26.01.2017 Offen

Zeilen

Zeile · Funktionen · Auftrag · Neu Suchen Filter Filter löschen

Art	Nr.	MwSt.-Pro...	Beschreibung	Lagerortcode	Menge	Menge für Auftrag...	Rese... Me...	Einheitenco...	VK-Preis Ohne MwSt.	Zeilenbetrag Ohne MwSt.	Z
Artikel	80206	VAT19	Webcam	BLAU	200			STÜCK	2,20	440,00	
Zu-/Abschla...	V-FRACHT	VAT19	Div. Frachtkosten (Verk.)	BLAU	1				50,00	50,00	
Zu-/Abschla...	VERSICHERU...	VAT19	Transportversicherung	BLAU	1				13,50	13,50	

Weisen Sie als nächstes diese Positionen der Artikelzeile zu – das geht nur nacheinander. Mit anderen Worten: beginnen Sie mit der ersten Zu-/Abschlagszeile – klicken Sie im Register „Zeilen“ auf „Zeile“ und dort auf den Punkt „Artikel Zu-/Abschlagszuweisung“. Weisen Sie den Betrag entsprechend zu.

Sobald Sie die Zuweisungen durchgeführt haben, buchen Sie den Auftrag komplett durch – d.h. nutzen Sie in diesem Fall die Option „Liefern und Fakturieren“.

Ansicht der Wertposten bei Artikel „80206“:

Vorgang Ansicht Dateianhang anzeigen Seite

Wertposten · 103050 Belegnr.

Filter: 80206

Buch...	Artik...	Poste...	Reg...	Belegart	Belegnr.	Artikel Zu-/...	Beschreibung	Verkaufsbetrag (tatsächl.)	Einstandsbetrag (erwartet)	Einstandsbetrag (tatsächl.)	Einst.-Betr. (lagerwertun...	Gebuchte Lagerregulier...	Artikelposter
26.01.2017	Verkauf	Direkte Ko...	☐	Verkaufsrechnung	103050			440,00	0,00	-220,00	0,00	0,00	-2
26.01.2017	Verkauf	Direkte Ko...	☐	Verkaufsrechnung	103050	VERSICHE...	Transportversicherung	13,50	0,00	0,00	0,00	0,00	
26.01.2017	Verkauf	Direkte Ko...	☐	Verkaufsrechnung	103050	V-FRACHT	Div. Frachtkosten (Verk.)	50,00	0,00	0,00	0,00	0,00	

Im Gegensatz zum Einkauf, in dem die Verwendung von Zu-/Abschlägen einen direkten Einfluss auf den Einstandspreis haben, werden im Verkaufsfall zwar ebenso Wertposten gebildet, aber in dem Fall lediglich als zusätzlicher „Verkaufsbetrag“ im Feld „Verkaufsbetrag (tatsächlich)“.

Die Art von Buchung hat Auswirkungen auf verschiedene Auswertungen. Denn durch Zu-/Abschläge wird der **Verkaufs**wert des einzelnen Artikels beeinflusst.

5.4 Weitere Möglichkeiten, Zu-/Abschläge zu erfassen und zu buchen

Wie Sie vielleicht schon gesehen haben, stehen Ihnen im Bereich der Zuweisung dieser Extrakosten noch weitere Auswahlmöglichkeiten zur Verfügung.

Im ***Einkauf*** sind das beispielsweise neben den „Einkaufslieferzeilen" noch die „Umlagerungseingangszeilen" oder die „Rücklieferzeile":

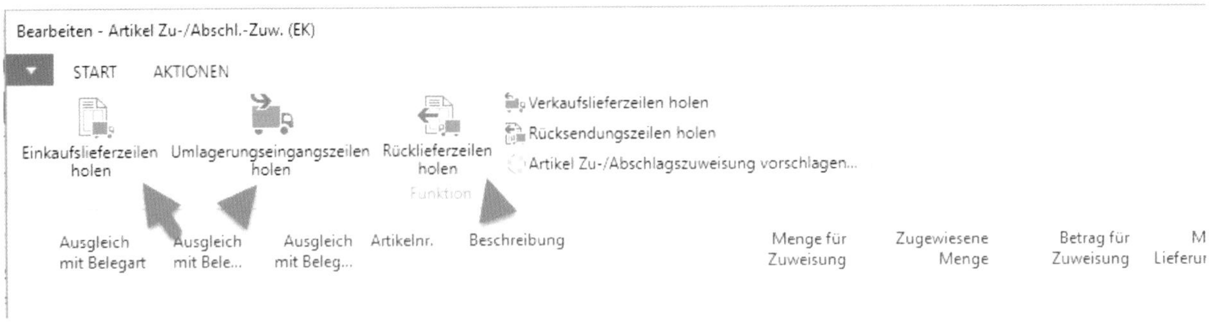

Im ***Verkauf*** hingegen:

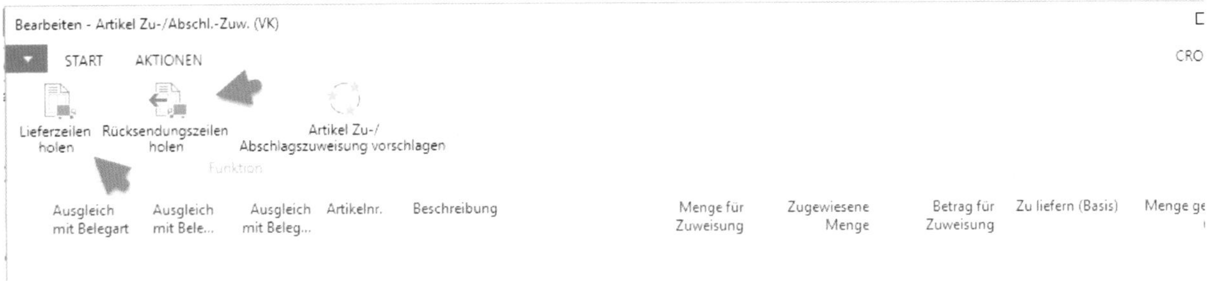

...haben Sie „nur" die Möglichkeit „Lieferzeilen holen" (bezieht sich auf bereits gebuchte Verkaufslieferungen") oder „Rücksendungszeilen holen" (bezieht sich auf gebuchte Verkaufsgutschriften bzw. –reklamationen).

Sie können Zu-/Abschläge also jeder von Konstellation (immer abhängig ob Einkauf oder Verkauf) zuweisen. Vergessen Sie nicht: auch nachträgliche Rabatte könnten Sie beispielsweise über Zu-/Abschläge nutzen.

ACHTUNG:

Es gibt einen Punkt, den Sie unbedingt wissen sollten: wenn Sie mit „Zu-/Abschlägen (Artikel)" arbeiten wollen, sollten Sie Teillieferungen der Belege auf jeden Fall vermeiden. Falls das geht nicht möglich ist, fügen Sie die Zu-/Abschläge immer erst dann in einer Auftragszeile (oder Bestellzeile) zu, wenn die Artikel in einem Beleg komplett geliefert wurden.

Grund: Wenn Sie sich einmal die Belegzeilen aus unseren Beispielen ansehen, werden Sie feststellen, dass im Feld „zu liefern" immer eine „1" steht. Ist der „Zu-/Abschlag" bereits in der Belegzeile mit einem Betrag vorhanden und die Zuweisung ist nicht komplett bzw. die Artikel sind nur teilgeliefert, kann das System nicht mehr korrekt kalkulieren. Die erste Buchung würde sogar noch funktionieren – aber nicht mehr bei der zweiten Teillieferung. In den meisten Fällen kommt es während der Buchung dann zu einer Fehlermeldung und die Routine bricht ab.

Eine Korrektur oder ein „rückgängig machen" ist in diesen Fällen für die erste Teillieferung NICHT mehr möglich! Sollte Ihnen das einmal passieren, wenden Sie sich bitte an den Support Ihres NAV-Partners – in diesem Fall kann nur noch ein Entwickler helfen!

6. Einblick in das Thema „Absatzplanung"

Bei einem Verkaufs-Workshop werde ich auch öfters nach einem „Sales Forecast" innerhalb von NAV gefragt. Ich habe diesbezüglich mit einigen Vertriebsleuten darüber schon einige Diskussionen geführt – und die Listen, die mir während eines solchen Gesprächs gezeigt wurden, gibt es so nicht in dieser ERP-Lösung. Fragen Sie dazu Ihren Kontakt Ihres Microsoft Dynamics™ NAV-Partners – es wurden einige Wege gefunden, einen Sales Forecast auch mit und in NAV abzubilden.

Es gibt im Standard einige „Planungstools" die Ihnen die Planung bereits erleichtern sollen. Ein Beispiel haben wir mit dem Punkt „Absatzplanung" – daher hier ein kleiner Einblick in diesen Punkt.

Die „Absatzplanung" dienen an für sich dazu ein „was-wäre-wenn"-Szenario abzubilden und dadurch rechtzeitig dafür zu sorgen, dass immer genügend Bestand im Haus ist um den voraussichtlichen Absatz zu decken.

Hier ein Auszug aus der „Onlinehilfe von Microsoft Dynamics™ NAV2016":

„Die Absatzplanungsfunktionen werden verwendet, um voraussichtlichen Bedarf zu erstellen; der tatsächliche Bedarf wird aus Verkaufs- und Fertigungsaufträgen erstellt. Beim Erstellen des Produktionsplans (Master Production Schedule, MPS) wird die Planung gegen die Verkaufs- und Fertigungsaufträge gerechnet. Mit der Absatzplanungsoption „Komponente" wird festgelegt, welche Anforderungen bei einem Saldierungsvorgang berücksichtigt werden sollen. Gilt die Absatzplanung für Verkaufsartikel, werden nur Verkaufsaufträge gegen die Absatzplanung saldiert. Wenn sie für Komponenten gilt, wird nur der abhängige Bedarf aus Fertigungsauftragskomponenten gegen die Absatzplanung saldiert.

Die Absatzplanung ermöglicht es Ihnen, „Was-wenn"-Szenarien zu erstellen sowie effizient und Kostensparend für den Bedarf zu planen und diesen zu befriedigen. Einge genaue Absatzplanung kann den entscheidenden Unterschied bei der Kundenzufriedenheit hinsichtlich Lieferterminzusagen und termingerechter Lieferung ausmachen. …"

(Quelle: Onlinehilfe aus Microsoft Dynamics™ NAV2016 – gesucht nach „Absatzplanung")

Wenn Sie sich ganz genau in das Thema einlesen möchten, finden Sie in der Onlinehilfe weitere ausführliche Informationen.

Allgemeines

Um Ihnen zu verdeutlichen, wie ein möglicher Ablauf sein könnte, nutzen wir für das nachfolgende Beispiel nur die Variante „Verkaufsartikel".

Vorab sei gesagt, dass die „Absatzplanung" sehr eng mit der Produktion und dort mit dem sogenannten ***Planungsvorschlag*** zusammenhängt – und **nicht** mit dem Bestellvorschlag!

Der Planungsvorschlag ist – wie der Bestellvorschlag auch – dafür gedacht, die Bedarfe zu ermitteln, die in irgendeiner Form beschafft werden müssen. Als Beschaffungsaufträge gelten:

- Bestellung
- Umlagerungen
- Montage
- Fertigungsaufträge

Mehr zu diesem Thema finden Sie in der Unterlage „Beschaffung mit Microsoft Dynamics™ NAV2016“.

Erstellen einer Absatzplanung für Verkaufsartikel

Wechseln Sie in das „Verkaufsmenü“ (Verkauf & Marketing) – klicken Sie dort auf den Punkt „Berichte und Analysen“ –

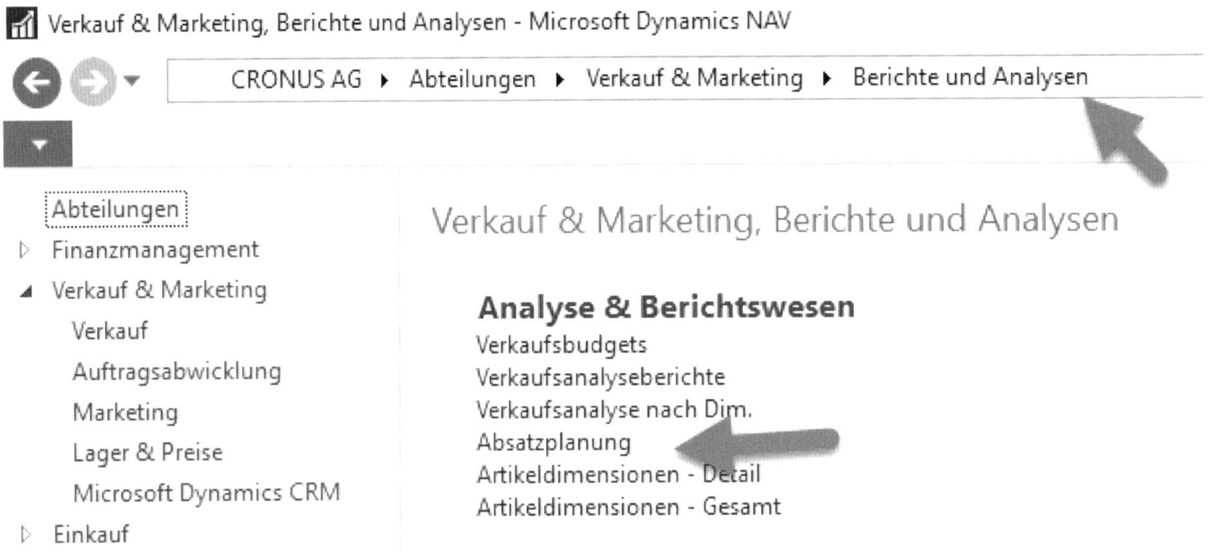

Unterhalb des Bereichs „Analyse & Berichtswesen“ finden Sie den Aufruf für die „Absatzplanung“. Öffnen Sie die Maske per Mausklick.

Da im CRONUS bereits zwei Vorlagen – 2017 und 2018 – existieren, nutzen wir die Vorlage „2017“ für unser Beispiel.

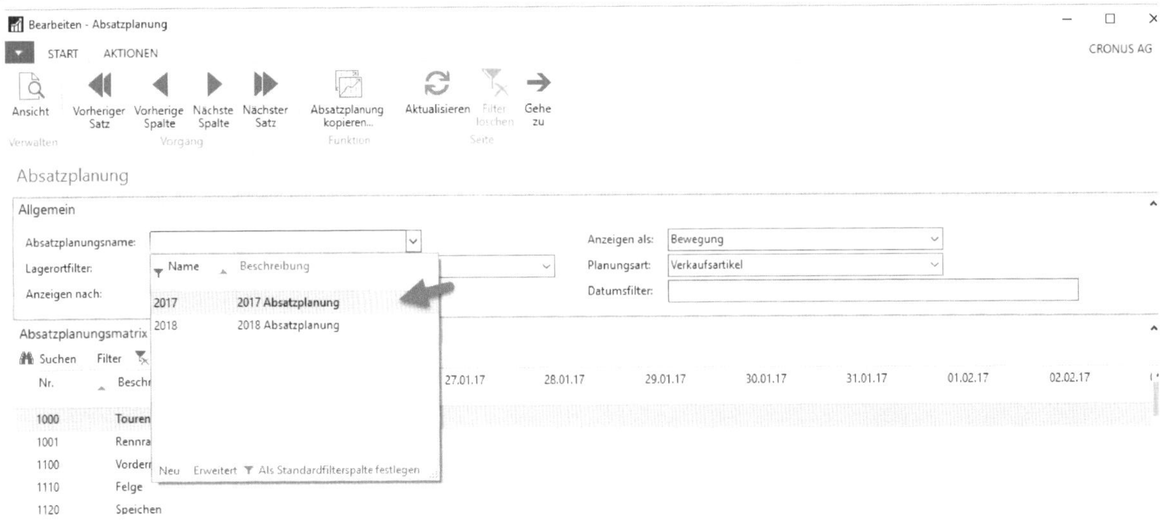

Im Feld „Lagerortfilter“ könn(t)en Sie das Ganze pro Lagerort anlegen. Setzen Sie hier ein Filter falls das für Sie notwendig wäre.

Im Feld „Anzeigen nach“ können Sie zwischen verschiedenen Planungszeiträumen wählen:

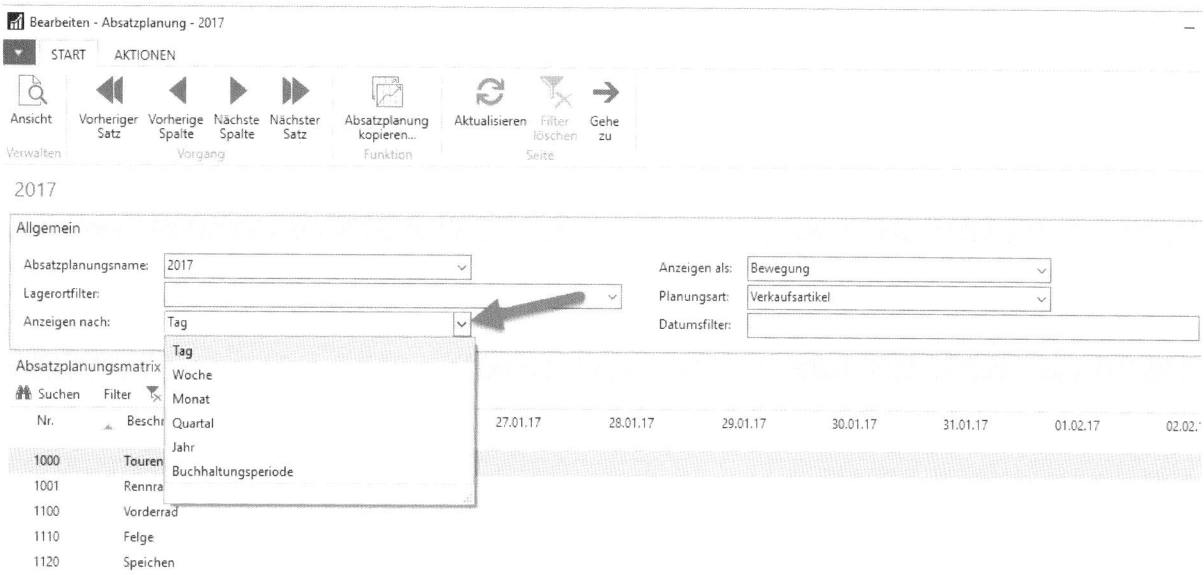

Wir lassen die Anzeige pro „Tag“.

Im Feld „***Anzeigen als***“ können Sie zwischen „Bewegung“ oder „Saldo bis Datum“ wählen. „Bewegung“ bedeutet – vereinfacht gesagt – das wäre die Menge, die sich pro Tag „bewegt“, die Sie also umsetzen würden.

„***Planungsart***“ – hier stehen Ihnen drei Optionen zur Auswahl: „Verkaufsartikel“, „Komponente“ oder „Beides“. Nur wenn die Option entweder „Verkaufsartikel“ oder „Komponente“ lautet, können Sie Mengen eintragen – im Fall von „Beides“ wären die Felder in der Matrix nicht editierbar (= können nicht beschrieben werden).

Datumsfilter: hier können Sie zusätzlich einen Datumsfilter hinterlegen, wenn Sie die Anzeige in der Matrix einschränken möchten.

Wie Sie im Register „Absatzplanungsmatrix“ sehen können, beginnt die Anzeige – neben dem jeweiligen Artikel und der Beschreibung – in meinem Beispiel bei dem Tag „26.01.2017“ – das hängt hier mit dem Arbeitsdatum des CRONUS zusammen.

Da dieses Datumsfeld auf den 26.01.2017 eingestellt ist, zeigt uns das System dies als „erste Spalte“ an. Wenn Sie im Feld „Datumsfilter“ beispielsweise 01.01.17..31.01.2017 eintragen würden, wäre die erste Spalte der 01.01.2017.

Wie bereits erwähnt, dient diese Planung einem „was-wäre-wenn“ Szenario. Das bedeutet: Sie können hier die Mengen eintragen, die Sie voraussichtlich verkaufen werden. Das System plant bei einem ***Planungsvorschlag*** diese Mengen dann mit ein – unter Berücksichtigung der tatsächlichen Bedarfe wie z.B. einem Verkaufsauftrag.

Ein Beispiel:

Hinterlegen Sie bei dem Artikel „1000“ (Tourenrad) pro Tag eine voraussichtliche Menge von „5“ ab dem 26.01. bis zum 30.01.2017

Bei dem Artikel „1001“ (Rennrad) hinterlegen Sie am 28.01. und am 30.01. jeweils eine Menge von „2“.

So sollte es aussehen:

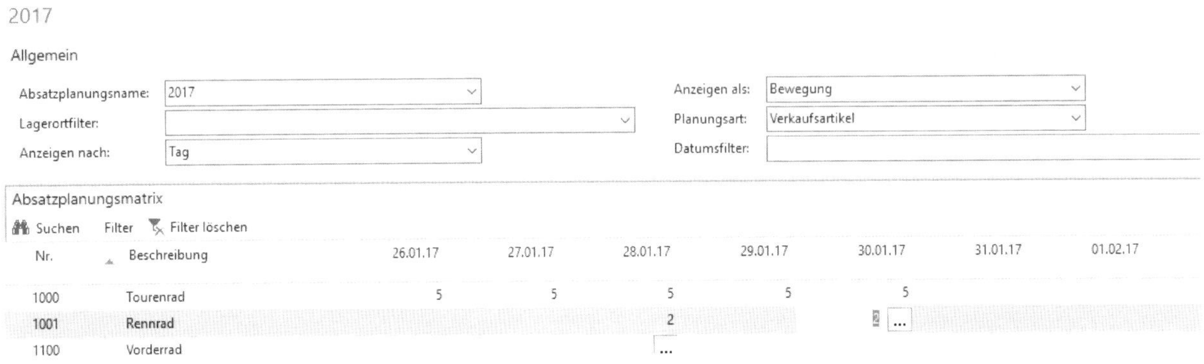

Nach dem Sie diese geplanten Mengen hinterlegt haben, schließen Sie die Maske.

Planungsvorschlag:

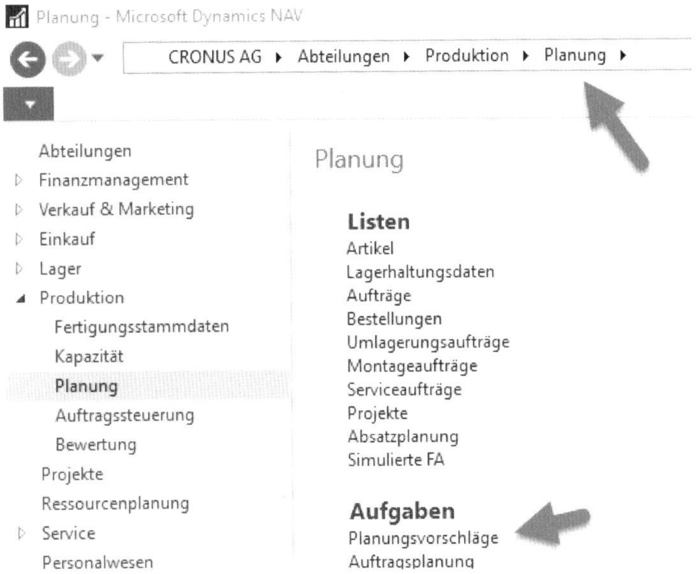

Wie bereits erwähnt, greift diese Absatzplanung nur bei dem Planungsvorschlag – und den finden Sie im Menü „Produktion“ – und dort unter dem Punkt „Planung“:

Klicken Sie auf „Planungsvorschläge“.

Die entsprechende Ansicht wird geöffnet.

Ansicht des Planungsvorschlages:

Klicken Sie auf das Symbol „Neuplanung berechnen…" – ein Dialogfenster wird geöffnet:

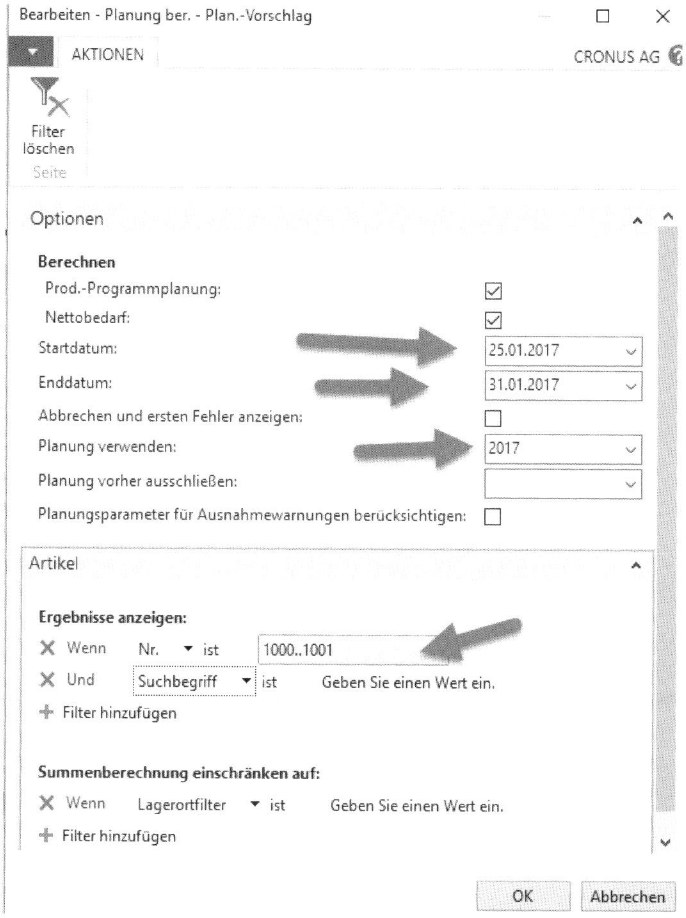

Hinterlegen Sie bitte folgende Parameter:

Startdatum: 25.01.2017

Enddatum: 31.01.2017

Planung verwenden: 2017

Im Register „Artikel" setzen Sie bitte einen Filter auf die Artikel 1000 und1001.

Klicken Sie auf „OK".

Nach der Kalkulation erscheinen bei „meinem" CRONUS folgende Zeilen:

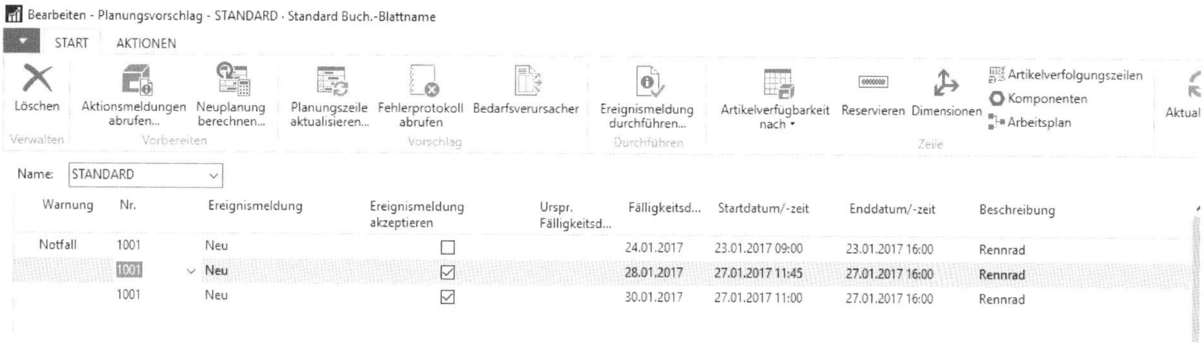

Im ersten Fall erkennt das System einen „Notfall" – in diesem Fall erkennt „er" dass hier eine Beschaffung erfolgen muss. Wenn Sie auf dieses Feld „klicken" öffnet sich folgende Maske:

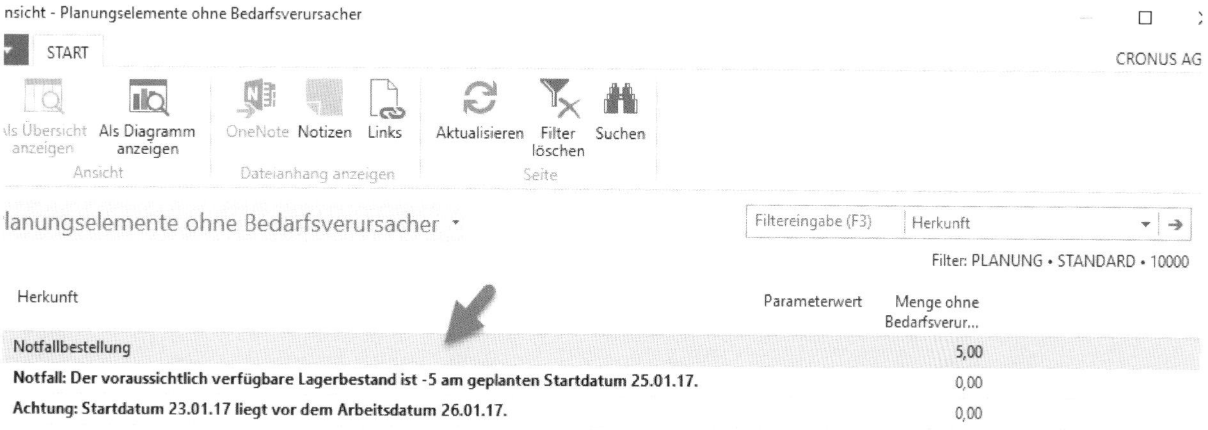

Mit anderen Worten: das System hat erkannt, dass hier -5 Stück im Lagerbestand ist und will das ausgleichen...

Bei den anderen beiden Zeilen kommen die Mengen eindeutig aus der Absatzplanung:

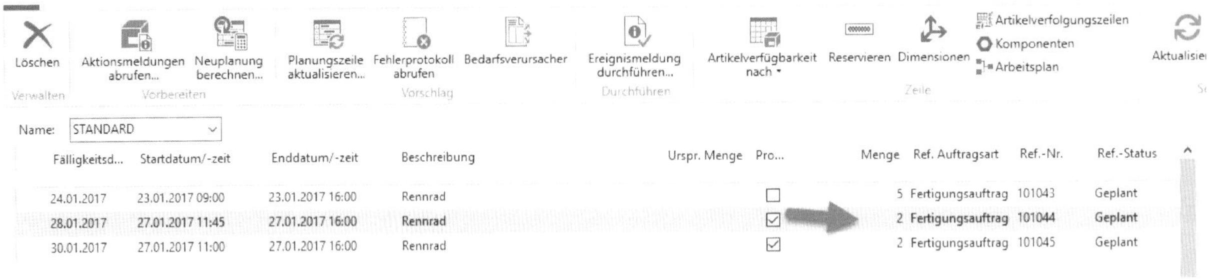

Wie können Sie das nachvollziehen?

Platzieren Sie Ihren Cursor auf die betreffende Zeile und klicken Sie zum Beispiel auf das Symbol „Bedarfsverursacher":

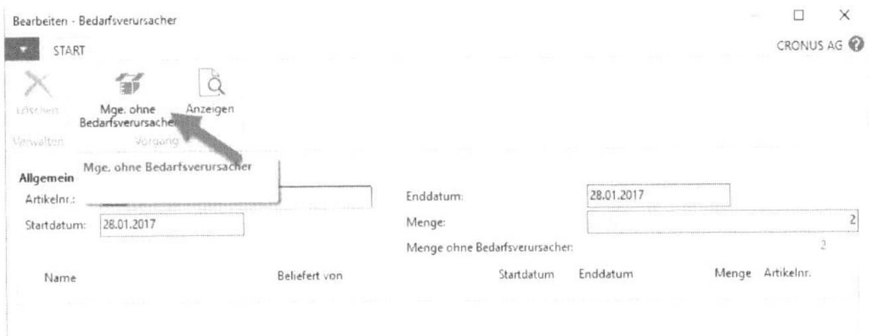

(Sollten Sie eine Meldung betreffs fehlender Bedarfsverursacher bekommen, bestätigen Sie diese)

Danach sollte sich auf jeden Fall dieses Fenster öffnen)

Klicken Sie hier auf das Symbol „Mge. ohne Bedarfsverursacher":

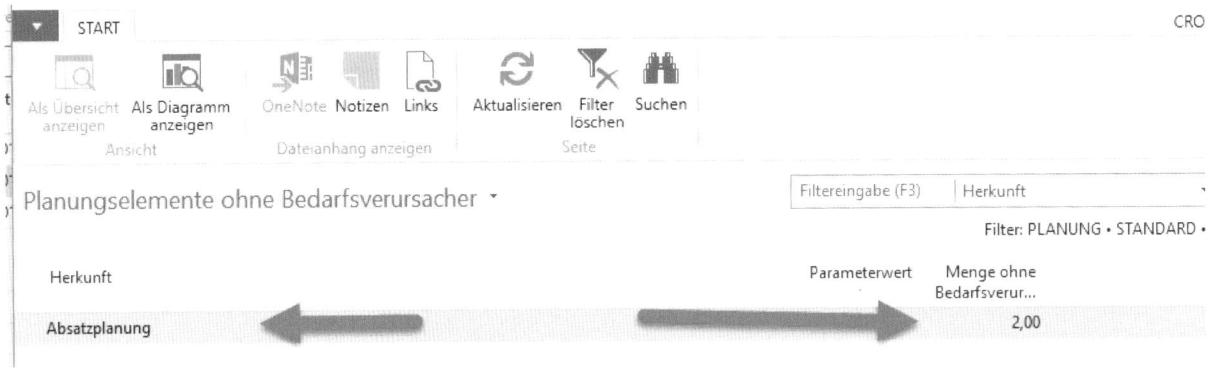

Schließen Sie diese Ansicht wieder.

Eine andere Alternative wäre der Aufruf „Ereignis" – zu finden unter dem Symbol „Artikelverfügbarkeit nach".

In diesem Fall ist der Aufbau etwas anders:

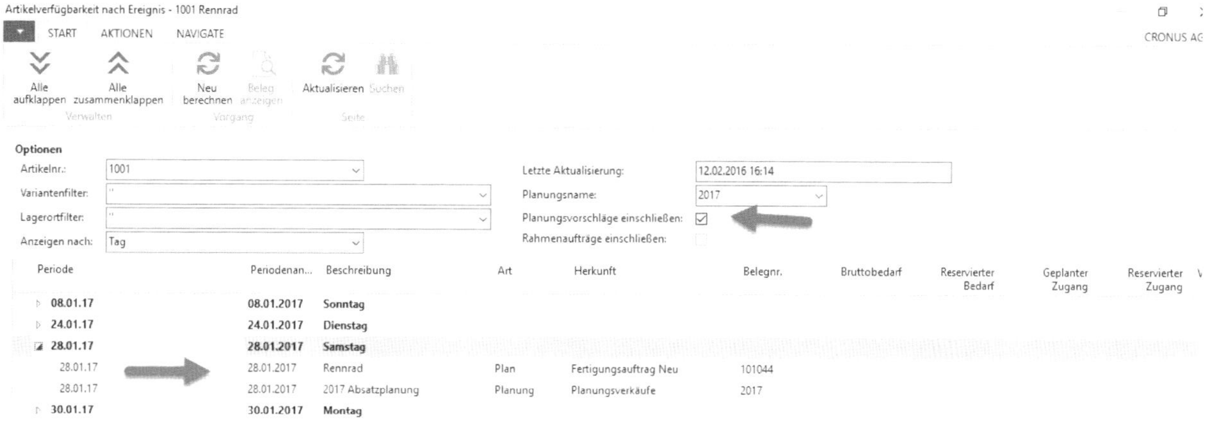

Diese besondere Ansicht zeigt Ihnen sowohl die geplanten Zeilen (= die bereits in einem Planungsvorschlag stehen. Das gibt es übrigens auch beim Bestellvorschlag) wie die „Bedarfe".

Schließen Sie auch dieses Fenster wieder.

Sie wundern sich vielleicht, warum der Artikel „1000" nicht mit im Planungsvorschlag auftaucht.

Der Grund: in „meinem" Cronus steht genug Lagerbestand zur Verfügung.

Wie wirkt sich jetzt ein Verkaufsauftrag aus?

Um sich einmal anzusehen, wie ein Verkaufsauftrag am 28.01.2017 sich auf die Planungszeilen auswirkt, löschen Sie bitte zunächst alle Planungszeilen aus dem Planungsvorschlag.

Wechseln Sie als nächstes in den Verkaufsbereich und erstellen Sie einen neuen Verkaufsauftrag für „Max Musterle GmbH & Co. KG." – die Datumsfelder ändern Sie bitte auf den „28.01.2017" (vor allem das Warenausgangsdatum im Register „Lieferung").

In der Verkaufszeile tragen Sie als Art = *Artikel*, im Feld „*Nr.*" wählen Sie „*1001*"und im Feld *Menge* eine „1"aus. Achten Sie auch hier auf den Lagerort BLAU. Geben Sie den Verkaufsauftrag „frei" und kehren Sie danach in den Planungsvorschlag zurück.

Führen Sie erneut den Planungsvorschlag aus – mit den gleichen Parametern wie zuvor.

So sieht es danach aus:

Wie Sie sehen können, hat das System die Zeilen jetzt aufgeteilt – 1 „Rennrad“ wird immer noch aufgrund der Absatzplanung mit eingeplant – die zweite Zeile (mit dem gleichen Datum), ist für die Deckung des Auftrages gedacht.

Halten wir also kurz fest:

Die „Absatzplanung“ ist ein Werkzeug mithilfe dessen Sie geplante Mengen – in Bezug auf „Verkauf“ und „Komponenten“ (für Fertigungsaufträge) – hinterlegen können.

Diese Absatzplanung wird im **Planungsvorschlag** berücksichtigt (nicht im Bestellvorschlag).

Sofern – zum Beispiel – ein Verkaufsauftrag in dem gleichen Zeitraum vorliegt, zieht das System die dort enthaltene Bedarfsmenge von der geplanten Menge aus der Absatzplanung ab.

Ist die **Bedarfs**menge *kleiner* als die **geplante Menge**, wird die „Restmenge“ wieder in eine Planungsvorschlagszeile aufgenommen.

Vorteil:

Mithilfe eines solchen „Planungstools“ könnten Sie sicherstellen, dass Ihr Lager „nie leer läuft“.

Nachteil:

Wird die Absatzplanung nicht regelmäßig überarbeitet und aktualisiert, kann es passieren, dass auf einmal Artikel beschafft werden – in Mengen- die gar nicht notwendig und gewollt sind.

Weitere Hilfen:

Verkaufschancen	ein Bereich aus dem „Marketing“-Umfeld von NAV – siehe dazu das entsprechende Kapitel in der Unterlage „Marketing mit Microsoft Dynamics™ NAV2016“
Verkaufsbudgets	Erstellen von Budgets – diese haben keinen Einfluss auf die Planungs-/Bestellläufe – sondern können später z.B. für Auswertungen/Analysen als Grundlage herangezogen werden.

7. INCOTERMS® 2010

(Quelle: www.wikipedia.org/wiki/Incoterms)

Was sind „INCOTERMS®"? Der Begriff „INCOTERMS®" setzt sich zusammen aus „**In**ternational **Co**mmercial **Terms**" – auf „Deutsch": „Internationale Handelsklauseln". Es handelt sich hierbei um eine Reihe von freiwilligen Regeln zur Auslegung handelsüblicher Vertragsformeln im internationalen Warenhandel.

7.1 Historie

Entstanden sind diese Regeln 1936 – aufgestellt wurden sie erstmals von der Internationalen Handelskammer (International Chamber of Commerce, ICC) in Paris. Der Stand der „INCOTERMS®" wird durch die Angabe der Jahreszahl gekennzeichnet. Diese Regeln wurden bereits mehrfach angepasst – die zurzeit aktuelle Fassung trägt die Jahreszahl „2010" und entspricht der 7ten Revision.

Die INCOTERMS® 2010 sind seit dem 01. Januar 2011 implementiert. Die ursprünglich 13 Klauseln der INCOTERMS® 2000 wurden auf 11 Klauseln reduziert, wovon sieben multimodal und nur 4 im See- oder Binnenschifftransport einsetzbar sind.

7.2 Warum gibt es bzw. wofür sind INCOTERMS®?

(Quelle: www.wikipedia.org/wiki/Incoterms)

Die INCOTERMS® sollen vor allem die Art und Weise der Lieferung von Gütern regeln. Die Bestimmungen legen fest, welche Transportkosten der Verkäufer, welche der Käufer zu tragen hat und wer im Falle eines Verlustes oder Beschädigung der Ware das finanzielle Risiko trägt (Gefahrübergang). Die INCOTERMS® geben jedoch keinerlei Auskunft darüber, wann und wo das Eigentum an der Ware von dem Verkäufer auf den Käufer übergeht. Auch Zahlungsbedingungen und Gerichtsstand werden über sich nicht geregelt!

Die INCOTERMS® haben keine Gesetzeskraft; sie werden nur rechtswirksam, wenn sie zwischen Käufer und Verkäufer gültig vereinbart werden. Die Anerkennung durch die Gerichte erfolgt nur bei Einbeziehung in einen Vertrag. Um rechtskräftig zu sein, muss im Vertrag zum Beispiel erwähnt sein „CPT gemäß INCOTERMS® 2010", wobei „2010" auf die jeweilige Version der INCOTERMS® verweist. Sonderbestimmungen in einzelnen Verträgen zwischen den Parteien gehen den INCOTERMS® vor!

Die Verwendung dieser besonderen Regeln im Vertrag (durch Angabe von Kürzel der Klausel und des jeweiligen Ortes) ist freiwillig.

Jeder „INCOTERM®" benötigt zudem die Ortsangabe, die je nach Vereinbarung genau (Adresse) oder variabel (z.B. ein Hafenrevier) sein kann. Im zweiten Fall wird die exakte Adresse ggf. kurz vor der Ankunft ermittelt, beispielsweise im Überseehandel (siehe dazu auch ARAG).

Die INCOTERMS® werden in ebenso in verschiedenen Statistiken verwendet: in der Außenhandelstatistik (INTRASTAT, bzw. EXTRASTAT) wird für die Ausfuhren immer der FOB-Wert, für Einfuhren immer der CIF-Wert angegeben. Der Zollwert wird grundsätzlich auf der Basis eines fiktiven CIF-Import ermittelt.

Gut zu wissen:

Übrigens: es ist trotz der „INCOTERMS® 2010“ weiterhin möglich, Verträge unter Einbeziehung der „INCOTERMS® 2000“ abzuschließen!

7.3 Besonderheiten der INCOTERMS® 2010

(Quelle: www.wikipedia.org/wiki/Incoterms)

☞ Nutzung auch national – nicht nur international

☞ Reduzierung der Klauseln von 13 auf 11 (die „maritimen“ Klauseln **DAF, DES, DEQ, DDU** wurden entfernt; die allgemeinen Klauseln **DAT, DAP** neu hinzugefügt).

☞ Gliederung der INCOTERMS® in:
- Rules for any mode or modes of transport (Allgemeine Klauseln)
  - **DAT, DAP, DDP, CPT, CIP, EXW, FCA**
- Rules for sea and Inland waterway transport (See- und Binnenschifffahrt)
  - **FAS, FOB, CFR, CIF**

☞ Die Verständlichkeit und die Anwendungssicherheit zur Auswahl der jeweils passenden INCOTERMS® wurde durch die jeder Klausel seit 2010 vorangestellten „Guidance Notes“ erleichtert.

☞ Der Übergang der Gefahr (Gefahrtragung) erfolgt nun bei **FOB, CFR, CIF**, sobald sich die Güter an Bord des Schiffes befinden.

Wie bereits oben gezeigt, unterteilen sich die Gruppen in „allgemeine Klauseln“ und „See- und Binnenschifffahrt“. Die erste Gruppe („allgemeine Klauseln“) können für jeden Transport und jeden kombinierten Transport angewendet werden.

Bei der zweiten Gruppe beziehen sich die Klauseln ausschließlich auf Transporte über See, bzw. durch die Binnenschifffahrt.

7.4 Überblick INCOTERMS® 2010

(Quelle: http://www.ihk-nordwestfalen.de/fileadmin/medien/02_Wirtschaft/44_International/22_Export_Import/medien/Incoterms_2010.pdf)

Incoterms®-Klausel	Bedeutung / ... Lieferort	Transport-versicherung	Ausfuhrab-fertigung	Einfuhrab-fertigung	Gefahrenüber-gang Verkäufer auf Käufer	Kostenübergang Verkäufer auf Käufer
KLAUSELN FÜR ALLE TRANSPORTARTEN						
EXW (ex works)	Ab Werk / ... benannter Lieferort (auch Lager usw.)	keine Verpflichtung	Käufer	Käufer	Lieferort	Lieferort
FCA (free carrier)	Frei Frachtführer / ...benannter Lieferort (Übergabe an den ersten Frachtführer) (Käufer zahlt den Haupttransport)	Keine Verpflichtung	Verkäufer	Käufer	Lieferort	Lieferort
CPT (carriage paid to)	Frachtfrei /... benannter Bestimmungsort (Ort der Übergabe an den ersten Frachtführer) (Verkäufer zahlt den Haupttransport)	Keine Verpflichtung	Verkäufer	Käufer	Lieferort (Übergabe an den ersten Frachtführer)	Bestimmungsort
CIP (carriage and insurance paid to)	Frachtfrei versichert /... benannter Bestimmungsort (Ort der Übergabe an den ersten Frachtführer) (Verkäufer zahlt den Haupttransport)	Verkäufer Mindest-deckung Kauf-preis + 10 % = 110 %	Verkäufer	Käufer	Lieferort (Übergabe an den ersten Frachtführer)	Bestimmungsort
DAT (delivered at terminal)	Geliefert Terminal / ... benannter Terminal im Bestimmungshafen/-ort (Verkäufer zahlt den Haupttransport)	keine Verpflichtung	Verkäufer	Käufer	Terminal / Bestimmungshafen/ -ort (Ware ist entladen)	Terminal / Bestimmungshafen/ -ort (Ware ist entladen)
DAP (delivered at place)	Geliefert benannter Bestimmungsort (Verkäufer zahlt den Haupttransport)	Keine Verpflichtung	Verkäufer	Käufer	Bestimmungsort (Ware ist entladebereit)	Bestimmungsort (Ware ist entladebereit)
DDP (delivered duty paid)	Geliefert verzollt / ... benannter Bestimmungsort (verzollt, versteuert)	Keine Verpflichtung	Verkäufer	Verkäufer	Bestimmungsort (Ware ist entladebereit)	Bestimmungsort (Ware ist entladebereit)
KLAUSELN FÜR DEN SEE- UND BINNENSCHIFFSTRANSPORT						
FAS (free alongside ship)	Frei Längsseite Schiff / ... benannter Verschiffungshafen (Käufer zahlt den Haupttransport)	Keine Verpflichtung	Verkäufer	Käufer	Verschiffungshafen	Verschiffungshafen
FOB (free on board)	Frei an Bord / ... benannter Verschiffungshafen (Die Ware wird an Bord geliefert) (Käufer zahlt den Haupttransport)	Keine Verpflichtung	Verkäufer	Käufer	An-Bord-Lieferung	An-Bord-Lieferung
CFR (cost and freight)	Kosten und Fracht / ... benannter Bestimmungshafen (Die Ware wird an Bord geliefert) (Verkäufer zahlt den Haupttransport)	Keine Verpflichtung	Verkäufer	Käufer	An-Bord-Lieferung	Bestimmungshafen
CIF (cost insurance and freight)	Kosten, Versicherung und Fracht /... benannter Bestimmungshafen; (Die Ware wird an Bord geliefert) (Verkäufer zahlt den Haupttransport)	Verkäufer Mindest-deckung Kauf-preis + 10 % = 110 %	Verkäufer	Käufer	An-Bord-Lieferung	Bestimmungshafen

7.5 Pflichten des Verkäufers nach INCOTERMS® 2010

(Quelle: www.wikipedia.org/wiki/Incoterms)

	Verladung auf LKW	Export-Zollanmeldung	Transport zum Exporthafen	Entladen des LKW im Exporthafen	Ladegebühren im Exporthafen	Transport zum Importhafen	Entladegebühren im Importhafen	Verladen auf LKW im Importhafen	Transport zum Zielort	Einfuhr-Verzollung	Einfuhr-Versteuerung	Versicherung
EXW	✗ Nein	✗ Nein	✗ Nein	✗ Nein	✗ Nein	✗ Nein	✗ Nein	✗ Nein	✗ Nein	✗ Nein	✗ Nein	✗ Nein
FCA	✓ Ja	✓ Ja	✓ Ja	✗ Nein	✗ Nein	✗ Nein	✗ Nein	✗ Nein	✗ Nein	✗ Nein	✗ Nein	✗ Nein
FAS	✓ Ja	✓ Ja	✓ Ja	✓ Ja	✗ Nein	✗ Nein	✗ Nein	✗ Nein	✗ Nein	✗ Nein	✗ Nein	✗ Nein
FOB	✓ Ja	✓ Ja	✓ Ja	✓ Ja	✓ Ja	✗ Nein	✗ Nein	✗ Nein	✗ Nein	✗ Nein	✗ Nein	✗ Nein
CFR	✓ Ja	✓ Ja	✓ Ja	✓ Ja	✓ Ja	✓ Ja	✗ Nein	✗ Nein	✗ Nein	✗ Nein	✗ Nein	✗ Nein
CIF	✓ Ja	✓ Ja	✓ Ja	✓ Ja	✓ Ja	✓ Ja	✗ Nein	✗ Nein	✗ Nein	✗ Nein	✗ Nein	✓ Ja
DAT	✓ Ja	✓ Ja	✓ Ja	✓ Ja	✓ Ja	✓ Ja	✓ Ja	✗ Nein	✗ Nein	✗ Nein	✗ Nein	✗ Nein
DAP	✓ Ja	✓ Ja	✓ Ja	✓ Ja	✓ Ja	✓ Ja	✓ Ja	✓ Ja	✓ Ja	✗ Nein	✗ Nein	✗ Nein
CPT	✓ Ja	✓ Ja	✓ Ja	✓ Ja	✓ Ja	✓ Ja	✓ Ja	✓ Ja	✓ Ja	✗ Nein	✗ Nein	✗ Nein
CIP	✓ Ja	✓ Ja	✓ Ja	✓ Ja	✓ Ja	✓ Ja	✓ Ja	✓ Ja	✓ Ja	✗ Nein	✗ Nein	✓ Ja
DDP	✓ Ja	✓ Ja	✓ Ja	✓ Ja	✓ Ja	✓ Ja	✓ Ja	✓ Ja	✓ Ja	✓ Ja	✓ Ja	✗ Nein

7.6 Hilfreiche Links

http://www.icc-deutschland.de/icc-regeln-und-richtlinien/icc-incotermsR.html

http://www.wikipedia.de – Suchen nach INCOTERMS®

http://www.google.de – Suche nach INCOTERMS®

Es gibt noch einige interessante Informationen mehr – bei weiteren Fragen wenden Sie sich bitte an die für Sie zuständige IHK – Bereich „Außenhandel".

7.7 Verwendung in Microsoft Dynamics™ NAV 2016

7.7.1 Einrichtung der Lieferbedingungen

Sollten Sie diese gerade aufgeführten Bedingungen auch in Ihrer Firma verwenden bzw. künftig anwenden wollen, steht Ihnen in NAV ein kleines (oft übersehenes) Feld namens „Lieferbedingungscode" zur Verfügung.

Dieses Feld finden Sie in den Stammdatenkarten der Debitoren und Kreditoren unter dem Register „Lieferung" – sowie in allen ein- und verkaufsrelevanten Belegen. In den Belegen ist dieses Feld ebenfalls unter dem Register „Lieferung" zu finden.

Wie Sie anhand der vorangegangenen Unterkapitel gelesen haben, ist die Verwendung der „INCOTERMS®" eine „freiwillige" Angelegenheit. Angesichts der verschiedenen Regelungen, die mithilfe der „3-Buchstaben-Klausel" aber getroffen werden können, sollten Sie die Verwendung auch in NAV in Betracht ziehen.

Die Einrichtung der „Lieferbedingungen" finden Sie beispielsweise im Verkaufsmenü unter den Punkten „Verwaltung" – „Auftragsabwicklung" – „Lieferbedingungen".

Öffnen Sie diesen Menüpunkt durch einen „Klick".

Im „CRONUS" sind anfangs die alten INCOTERMS®-Klauseln eingetragen – inklusive zweier „eigener" (Abholung und „Lieferung").

Wenn Sie mit der aktuellsten Fassung der INCOTERMS®2010 arbeiten wollen, sollte die Liste so aussehen:

Ansicht der korrekten INCOTERMS® 2010 in NAV:

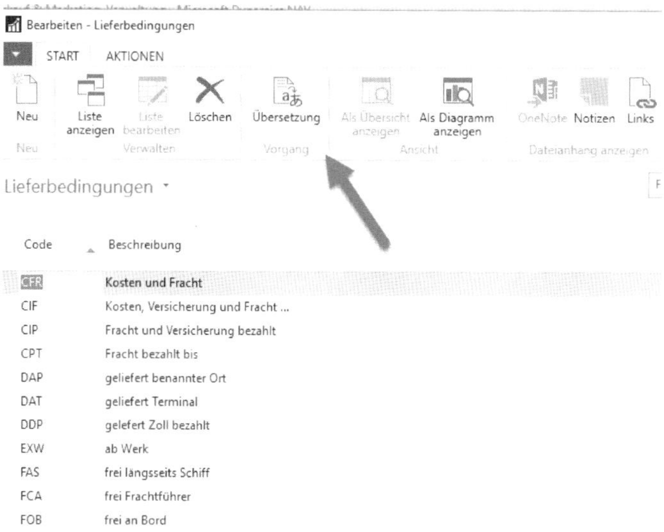

Für jeden Code sollten Sie die entsprechenden Übersetzungen mit einpflegen.

Platzieren Sie dazu Ihren Cursor auf die betreffende Zeile und klicken Sie als nächstes auf das Symbol „Übersetzung".

(zumindest die englische Übersetzung sollte überall hinterlegt sein)

Übersetzungs-"Fenster":

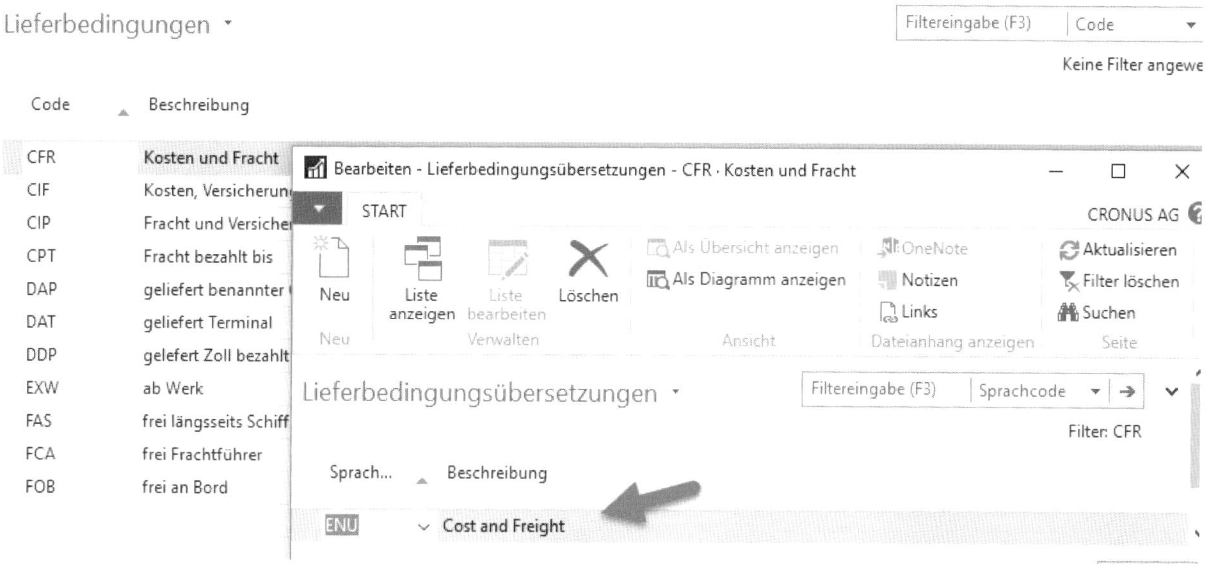

7.7.2 Hinterlegen des Lieferbedingungscodes bei einem Debitor (gilt auch für den Kreditor)

Idealerweise haben Sie die Lieferbedingungscodes sowohl bei den Kreditoren wie auch bei den Debitoren in dem jeweiligen Stammdatensatz hinterlegt. Der Vorteil: wird ein neuer Ein- oder Verkaufsbeleg erstellt, wird dieser Code automatisch mit in das entsprechende Feld übernommen.

Ein Beispiel: wechseln Sie im Verkaufsmenü auf den Punkt „Auftragsabwicklung" – klicken Sie auf „Debitoren" und suchen Sie nach dem Debitor „Max Musterle GmbH & Co. KG". Öffnen Sie die Stammdatenkarte per „Doppelklick".

Ansicht der Stammdatenkarte – Register „Lieferung“:

Wählen Sie den Code „EXW“ (z.B.) aus und schließen Sie die Karte wieder.

Erstellen Sie einen neuen Verkaufsauftrag für diesen Debitor – in den Auftragszeilen erfassen Sie bitte:

Artikel	80201	Lagerort: BLAU	Menge: 5
Artikel:	80202	Lagerort: BLAU	Menge: 3

Eventuelle Meldungen betreffs Verfügbarkeit, bestätigen Sie bitte erst einmal durch Klick auf „OK“. Klicken Sie als nächstes im Menüband auf „Bestätigung drucken“ – und lassen Sie sich den Beleg als „PDF“-Dokument anzeigen.

Sie werden feststellen, dass die Lieferbedingung korrekt mit ausgegeben wird. Der Code „EXW“ ist hier nicht zu sehen – sondern die Beschreibung. Umso wichtiger ist es daher, dass der Lieferbedingungscode „sauber“ gepflegt wird.

Leider fehlt in den Standardbelegen der wichtige Zusatz „*gemäß INCOTERMS® 2010*“.

Dieser Zusatz ist in den Standardbelegen so nicht vorgesehen – und auch das „Beschreibungsfeld“ bei den Lieferbedingungen selbst reicht dafür nicht aus. Was Sie hier allerdings behelfsmäßig machen könnten, wäre ein „Standardtextbaustein“, den Sie als letzte Zeile in dem jeweiligen Beleg mit einfügen.

Andernfalls sprechen Sie bitte den für Sie zuständigen Projektleiter Ihres NAV-Partners an, damit in den betreffenden Belegen eine Anpassung mit eingebaut wird (sofern ausschließlich die INCOTERMS® verwendet werden).

Ansicht des „CRONUS"-Beleges:

Verkauf - Auftragsbestätigung
Seite 1 von 1

Max Musterle GmbH & Co. KG
Schwabenplätzle 1

70999 Stuttgart
Deutschland

CRONUS AG
Hofstraße 12
Benrath

20097 Hamburg

Telefonnr.	999 / 9 99 99 99
Faxnr.	999 / 9 99 99 90
USt-IdNr.	DE777777777
Postgirokonto	888-9999
Bankkonto	Weltweit Bank
Kontonr.	99-99-888

Rech. an Deb.-Nr.	D00010
USt-IdNr.	DE301587985
Verkäufer	Andrea Hischer

26. Januar 2017

Warenausg.-Datum	26.01.17
Auftragsnr.	1023
Preise inkl. MwSt.	Nein

Nr.	Beschreibung	Menge	Einheit	VK-Preis	Rab. %	Rech.-Rabatt zulassen	MwSt.-Kennzeichen	Betrag
80201	GRAFIKPROGRAMM	5	Schachtel	48,50		Ja	VAT19	242,50
80202	Chip 32 MB	3	Stück	8,10		Ja	VAT19	24,30

Total EUR ohne MwSt.	**266,80**
19% MwSt.	50,69
Total EUR inkl. MwSt.	**317,49**

MwSt.-Betrag - Spezifikation

MwSt.-Kennzeichen	MwSt. %	Zeilenbetrag	Rechnungsrab.-Bemessungsgr.	Rechnungsrab.-Betrag	MwSt.-Bemessungsgrundlage	MwSt.-Betrag
VAT19	19	266,80	266,80	0,00	266,80	50,69
Gesamt		**266,80**	**266,80**	**0,00**	**266,80**	**50,69**

Zahlungsbedingungen	21 Tage netto
Lieferbedingung	ab Werk

gemäß INCOTERMS® 2010

Beispielansicht mit einem solchen Standardtextbaustein in der Belegzeile:

Verwalten | Freigeben | Buchen | Vorbereiten | Auftrag | Belege | Auftragsbestätigung

1023 · Max Musterle GmbH & Co. KG

Allgemein — 1023 | D00010 | 2

Zeilen

Zeile ▾ | Funktionen ▾ | Auftrag ▾ | Neu | Suchen | Filter | Filter löschen

Art	Nr.	MwSt.-Pro...	Beschreibung	Lagerortcode	Menge	Menge für Auftrag...	Rese... Me...	Einheitencc
Artikel	80201	VAT19	GRAFIKPROGRAMM	BLAU	5			SCHACHTEI
Artikel	80202	VAT19	Chip 32 MB	BLAU	3			STÜCK
			Lieferbedingungen gemäß INCOTERMS® 2010					

Ansicht bei Klick auf „Drucken…“ – „Vorschau“:

USt-IdNr.	DE301587985	Warenausg.-Datum	26.01.17
Verkäufer	Andrea Hischer	Auftragsnr.	1023
		Preise inkl. MwSt.	Nein

Nr.	Beschreibung	Menge	Einheit	VK-Preis	Rab. %	Rech.-Rabatt zulassen	MwSt.-Kennzeichen	Betrag
80201	GRAFIKPROGRAMM	5	Schachtel	48,50		Ja	VAT19	242,50
80202	Chip 32 MB	3	Stück	8,10		Ja	VAT19	24,30

Lieferbedingungen gemäß INCOTERMS® 2010

Total EUR ohne MwSt.	**266,80**
19% MwSt.	50,69
Total EUR inkl. MwSt.	**317,49**

MwSt.-Betrag - Spezifikation

MwSt.-Kennzeichen	MwSt. %	Zeilenbetrag	Rechnungsrab.-Bemessungsgr.	Rechnungsrab.-Betrag	MwSt.-Bemessungsgrundlage	MwSt.-Betrag
VAT19	19	266,80	266,80	0,00	266,80	50,69
Gesamt		**266,80**	**266,80**	**0,00**	**266,80**	**50,69**

Zahlungsbedingungen	21 Tage netto
Lieferbedingung	ab Werk

Wie Sie hier leider erkennen können, ist die Darstellung selbst etwas „sub-optimal“. Bitte prüfen Sie die Ausgabe der Textzeilen immer in der „Vorschau“. Schöner wäre es, wenn dieser Hinweis betreffs der INCOTERMS® - wie bereits erwähnt – neben der Beschreibung des Lieferbedingungscodes stehen würde.

Wichtig:

Da der Begriff INCOTERMS® geschützt ist (und das komplett! Also Bild- und Wortmarke) muss das hochgestellt „R“ mit ausgegeben werden. Am besten öffnen Sie dazu einmal WORD® und tragen das „R“ in Klammern () ein. Sobald Sie einmal die Leertaste betätigen, setzt das System dieses Symbol automatisch „um“ (also auch „Hochgestellt“). Falls die Hochstellung nicht geklappt hat, markieren Sie das betreffende Zeichen samt Klammern und klicken Sie im Menüband von WORD® auf das Symbol **x²**.

Alternativ können Sie über den Reiter „EINFÜGEN“ – „Symbole“ – dieses Zeichen ebenfalls finden.

8. Anlage von Standard-Textbausteinen

Da wir in dem vorherigen Kapitel auf das Thema „Standard-Textbausteine" gestoßen sind, hier eine kleine Information wie und wo Sie diese Textbausteine anlegen können.

Grundsätzlich unterscheiden wir im NAV-Bereich zwei Varianten von Textbausteinen:

- ☞ Textbausteine, die Sie bei einem Stammdatensatz wie beispielsweise einem Artikel hinterlegen können.

- ☞ Und sogenannte „Standardtexte" – die bei Belieben in einer Belegzeile mit erfasst werden können (wie gerade gesehen).
  Diese „freien" Textbausteine in einer Belegzeile über das Feld „Nr." dann ausgewählt werden, wenn die „Art" = „leer" ist.

In der nachfolgenden Beschreibung geht es um die „**Standardtexte**" – öffnen Sie das Menü „Finanzmanagement" – „Verwaltung" – unterhalb des Punktes „ALLGEMEIN" finden Sie die Standardtextcodes.

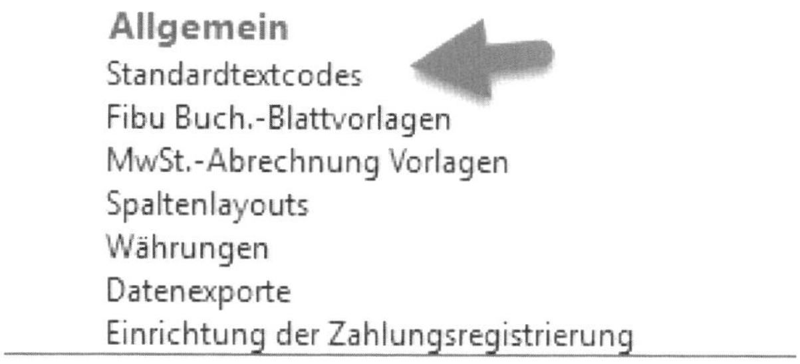

Klicken Sie bitte auf den Menüpunkt „Standardtexte" – es öffnet sich eine Übersicht.

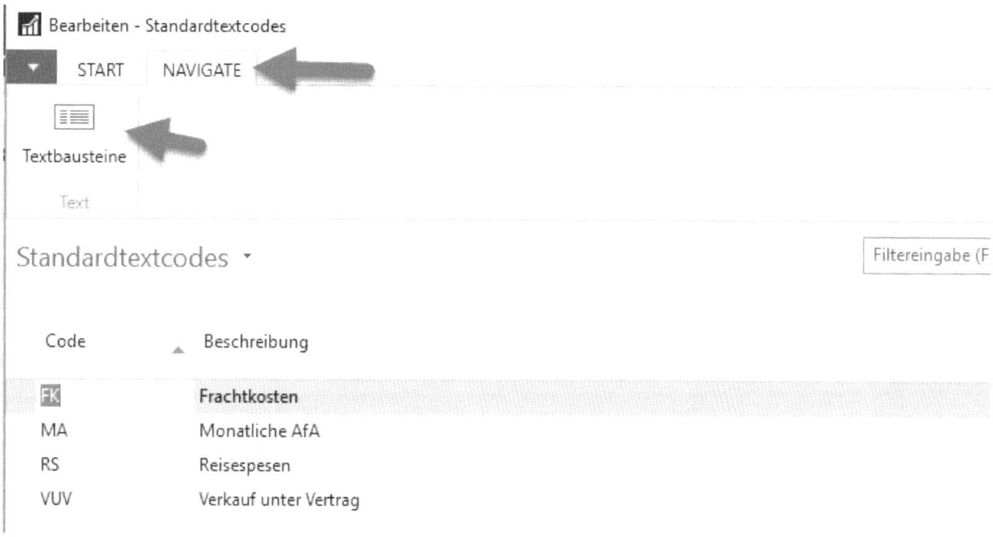

Um einen „Code“ anzulegen, klicken Sie entweder auf das Symbol „NEU“ oder drücken alternativ STRG + N.

Im Feld „Code“ haben Sie wieder 10 Zeichen Platz (alphanumerisch – also Nummern und Buchstaben).

Wenn es um die „INCOTERMS®“ ginge – würde hier der Code und eine kurze Beschreibung ausreichen.

Wenn es aber darum geht mehr Textzeilen mit ausgeben zu lassen, benötigen Sie neben dem „Code“ und der „Beschreibung“ auch einen „echten“ Textbaustein.

Ein Beispiel: *Sie beschließen, Ihre Firma in der Zeit vom 23.12.2017 bis zum 04.01.2018 für einen Betriebsurlaub zu schließen. Darüber wollen Sie Ihre Kunden und auch Lieferanten entsprechend informieren. Ihr Wunsch: auf jedem Beleg soll dieser Hinweis erscheinen.*

Legen Sie in den Standardtextcodes zunächst einen neuen *Code* und eine Beschreibung an – zum Beispiel „Urlaub“ und in der *Beschreibung* „Wir machen Betriebsferien“.

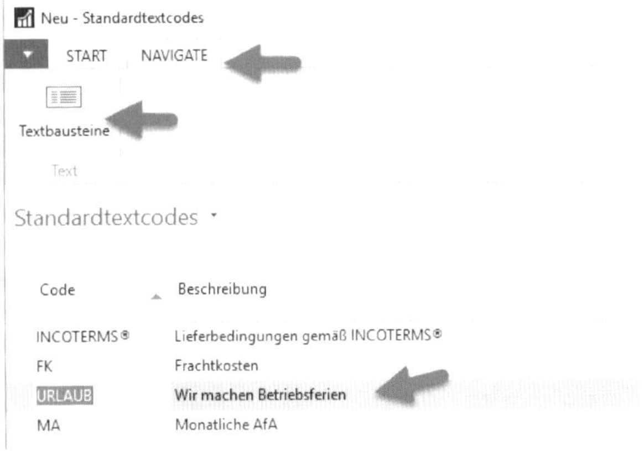

Um einen größeren Textbaustein an diesen Code anzuhängen, wechseln Sie im Menüband bitte auf den Reiter NAVIGATE und dort auf das Symbol „Textbausteine“.

Sie gelangen zunächst in eine Übersicht – speziell gefiltert auf den Code „Urlaub“:

Um einen neuen Code anzulegen klicken Sie auf „NEU“.

Ansicht eines leeren Textbausteins:

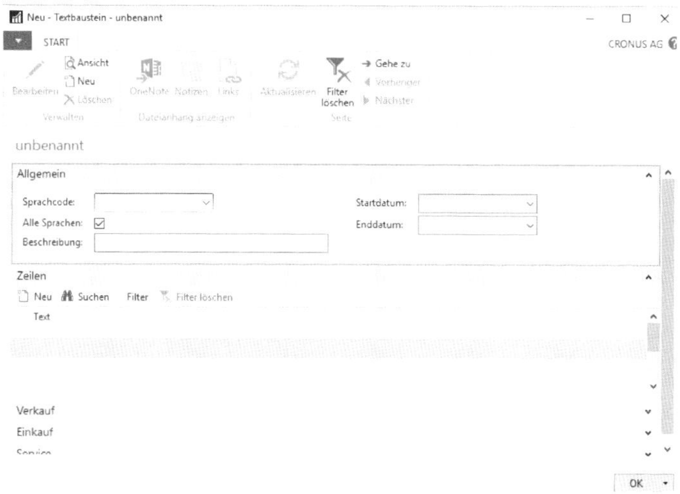

Erst jetzt sind Sie in der Erfassungsmaske für den Standardtextbaustein.

Im „Sprachcode“ könnten Sie eine Sprache auswählen, für die Sie diesen Text anlegen wollen.
Sofern Ihre deutschsprachigen Debitoren und Kreditoren im Feld „Sprachcode“ keinen Eintrag haben (Stammdatenkarte – Register „Außenhandel“) – lassen Sie das Feld hier leer.

Das Häkchen im Feld „Alle Sprachen“ können Sie lassen – das bedeutet an für sich: findet das System keine passende Kombination, verwendet „er“ in manchen Konstellationen den Code für alle „Sprachen“.

Hinterlegen Sie in der Beschreibung nochmals die Information: „Betriebsurlaub“.

Mittels „Start- und Enddatum“ können Sie einen Zeitraum definieren, in dem dieser Sprachcode gültig sein soll.

So könnte es aussehen….

In den Registern „Verkauf“, „Einkauf“ und „Service“ können Sie durch Setzen eines Häkchens steuern, in welchen Belegen dieser Textbaustein mit angedruckt werden soll – das ist also eine „Drucksteuerung“.

Sobald Sie den „Baustein“ fertig angelegt haben, schließen Sie bitte die Erfassungsmaske – in der „Standard-Textcode-Übersicht“ sehen Sie jetzt einen Eintrag:

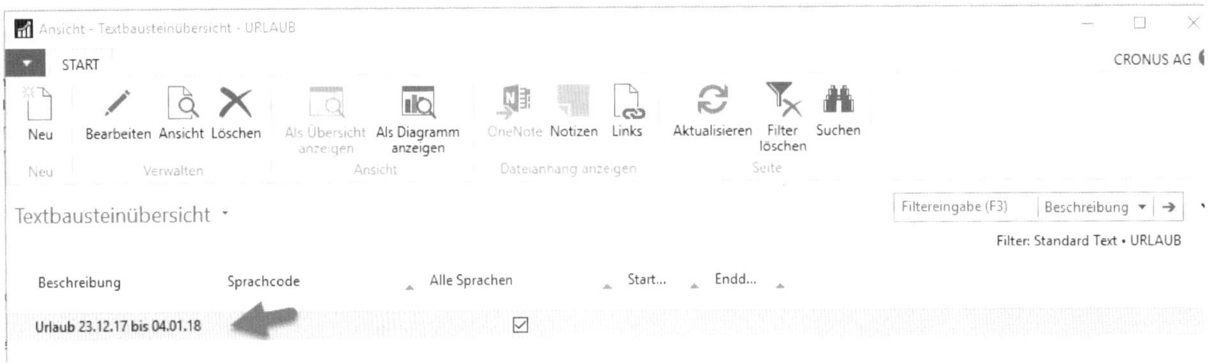

Schließen Sie auch diese Ansicht – kehren Sie zurück in das Verkaufsmenü und dort in die Auftragsabwicklung. Öffnen Sie erneut den letzten Verkaufsauftrag, den wir für „Max Musterle GmbH & Co. KG“ erstellt hatten. Sollten Sie diesen Auftrag bereits auf „Freigegeben“ gesetzt haben, setzen Sie den Status bitte noch einmal auf „offen“ zurück.

Wechseln Sie im Register Zeilen in die nächste leere Zeile. Das Feld „Art“ bleibt leer – klicken Sie im Feld „Nr“ auf den kleinen „Drop-Down-Pfeil“ (alternativ können Sie auch „F4“ drücken).

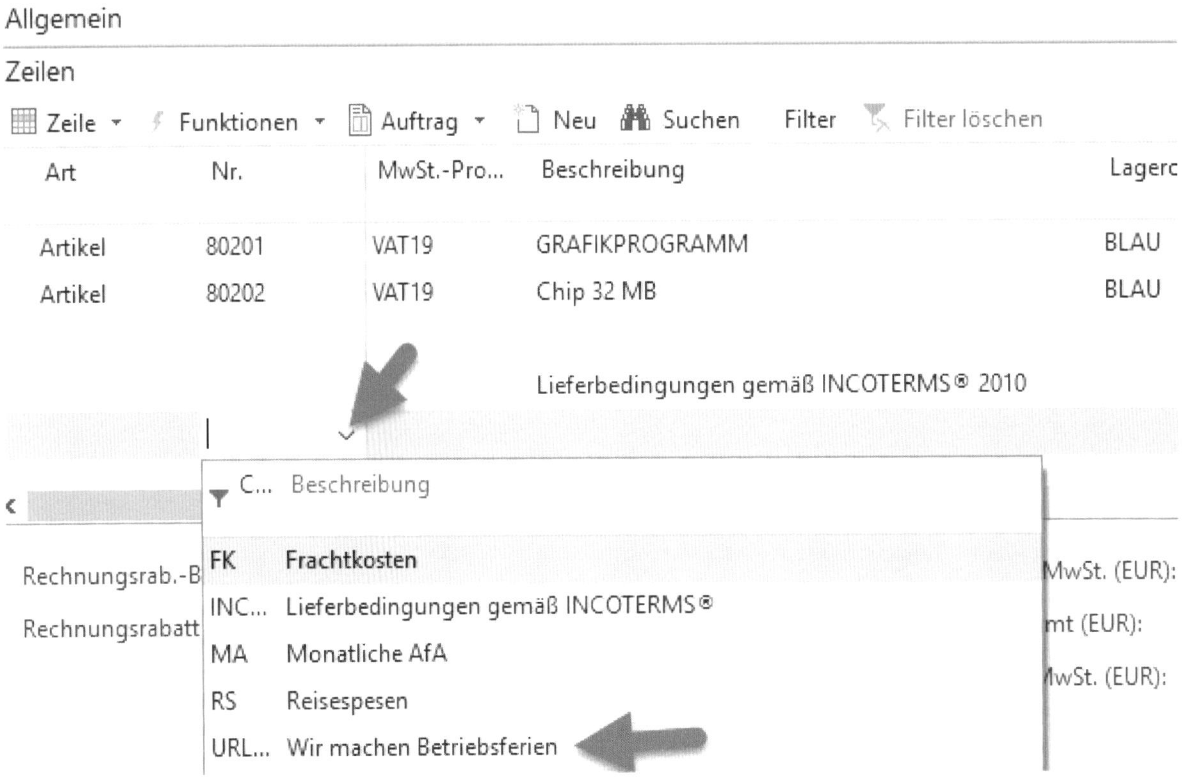

Wählen Sie den gerade erstellten Textbaustein aus.

So würde das in der Verkaufszeile aussehen:

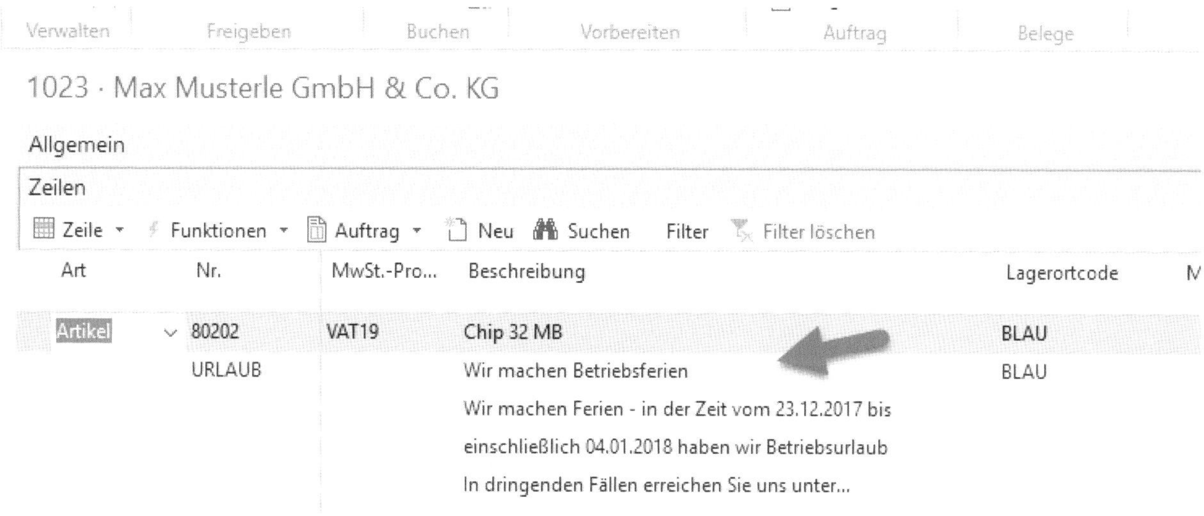

Wenn Sie sich jetzt noch einmal die „Druckvorschau“ aufrufen, wird dieser Text im Zeilenbereich mit ausgegeben.

Da der Standard von NAV keine „Kopf“- und „Fußtexte“ kennt, wäre im Standard dies eine Möglichkeit solche Informationen an die Kunden (und auch Lieferanten) weiter zu geben.

Fragen Sie bitte auch Ihren Partner, denn viele Kollegen haben in ihren Branchenlösungen diesen Bereich um beispielsweise „Kopf“- und „Fußtexte“ erweitert.

Eine andere Alternative wäre es außerdem, den Beleg in „WORD®“ zu drucken (eine weitere Option unter „Drucken der Auftragsbestätigung“. In dem Fall könnten Sie dann das so erstellte Word-Dokument noch „modifizieren“.

Des Weiteren gibt es seit der Version Microsoft Dynamics™ NAV2015 die Möglichkeit, benutzerdefinierte Layouts selbst zu erstellen – die Standardbelege also mittels eigener Belege zu ergänzen, bzw. ersetzen.

Mehr dazu finden Sie im Handbuch „Grundlagen für STARTER mit Microsoft Dynamics™ NAV2016“.

9. INTRASTAT

Bevor wir uns jetzt in das Thema „INTRASTAT“ und NAV stürzen, vorab ein paar allgemeine Informationen. Die Quellenangaben habe ich hier wieder mit angehängt.

Ein kleiner Überblick über die Mitgliedsstaaten der EU und die Länder, deren Beitritt noch nicht stattgefunden hat. (Stand: 12.02.2016):

28 Mitgliedsstaaten:

*(**Quelle**: http://europa.eu/about-eu/countries/index_de.htm)*

EU-Mitgliedsländer (Beitrittsjahr)

Die Europäische Union hat 28 Mitgliedsländer:

- Belgien (1958)
- Bulgarien (2007)
- Dänemark (1973)
- Deutschland (1958)
- Estland (2004)
- Finnland (1995)
- Frankreich (1958)
- Griechenland (1981)
- Irland (1973)
- Italien (1958)
- Kroatien (2013)
- Lettland (2004)
- Litauen (2004)
- Luxemburg (1958)
- Malta (2004)
- Niederlande (1958)
- Österreich (1995)
- Polen (2004)
- Portugal (1986)
- Rumänien (2007)
- Schweden (1995)
- Slowakei (2004)
- Slowenien (2004)
- Spanien (1986)
- Tschechische Republik (2004)
- Ungarn (2004)
- Vereinigtes Königreich (1973)
- Zypern (2004)

Auf dem Weg zur EU-Mitgliedschaft

Kandidatenländer

- Albanien
- Die ehemalige jugoslawische Republik Mazedonien
- Montenegro
- Serbien
- Türkei

Potenzielle Kandidatenländer

- Bosnien und Herzegowina
- Kosovo *
  * Diese Bezeichnung berührt nicht die Standpunkte zum Status und steht im Einklang mit der Resolution 1244/99 des VN-Sicherheitsrates und dem Gutachten des Internationalen Gerichtshofs zur Unabhängigkeitserklärung des Kosovos

Die Europäische Gemeinschaft wächst weiter (trotz diverser Probleme in den vergangenen Monaten) – und das wirkt sich auch auf den „Handel" aus (zumindest in den Statistiken und den diversen Steuer-Themen). Diese Informationen müssen zudem in NAV berücksichtigt werden.

*Neben der EU gibt es noch die „**EFTA**" (engl. für „European Free Trade Association") – ein weiterer Zusammenschluss europäischer Ländern. Diesem Verbund gehören heute nur noch wenige Länder an – dazu zählen beispielsweise Island (hatte allerdings bereits 2009 ein Beitrittsgesuch bei der EU gestellt), Liechtenstein, Schweiz und Norwegen.*

Gegründet wurde dieser Zusammenschluss am 04. Januar 1960 in Stockholm (Schweden) – als internationale Organisation.

Zu dieser Gruppe finden Sie zum Beispiel bei „Wikipedia" einige interessante Informationen!

*(**Quelle**: http://www.wikipedia.de – gesucht nach EFTA)*

Zudem gibt es noch den Begriff „**MOEL**" – auch dazu eine kurze Information von „Wikipedia":

*„**MOEL** ist die Abkürzung für mittel- und osteuropäische Länder – **MOE** – Mittel-/Osteuropa. Gleichbedeutend wird auch der Begriff mittel- und osteuropäische Staaten (**MOES**) gebraucht. Der englische Ausdruck lautet „**CEE**" (Central and Eastern Europe). Weitgehend identisch ist der EU-statistische Begriff „Central and Eastern European Countries" (**CEC**).*

*Welche Länder tatsächlich zu den Mittel- und Osteuropäischen gehören, ist unscharf abgegrenzt. Im engeren Sinn wird der Begriff für jene Länder gebraucht, die im Rahmen der EU-Erweiterung 2004 und 2007 in die Europäische Union (EU) aufgenommen wurden (EU-12). Die ebenfalls unscharf abgegrenzte Großregion „Ostmitteleuropa" ist ein Teil der **MOEL**."*

Folgende Länder zähl(t)en dazu: Ungarn, Polen, Bulgarien, Rumänien, etc.

9.1 Allgemeines zum Thema „INTRASTAT"

Ein kleiner Auszug aus der „Ausfüllanleitung":

Zweck:

„...Zweck der Intrahandelsstatistik ist die Erhebung des gegenseitigen tatsächlichen Warenverkehrs zwischen Deutschland und den anderen EU-Mitgliedsstaaten (Versendungen und Eingänge). D.h., Intrastat-Meldungen sind nur in dem EU-Mitgliedsstaat abzugeben, von dem aus die Waren körperlich versandt werden (Absende-Mitgliedsstaat) bzw. in dem sie körperlich eingehen (Eingangs-Mitgliedsstaat). ..."

Auskunftspflicht*:

„… Auskunftspflichtig im Rahmen der Intrahandelsstatistik ist grundsätzlich jeder Steuerpflichtige, der nach dem Umsatzsteuergesetz in Deutschland als Unternehmer registriert ist, d.h. eine deutsche (Umsatz-) Steuernummer zugeteilt bekommen hat, und einen Vertrag mit einem ausländischen Geschäftspartner abschließt, der das Verbringen einer Ware, für die keine Zollbehandlung für Zoll- oder Steuerzwecke erforderlich ist, zwischen Deutschland und einem anderen EU-Mitgliedsstaat zum Inhalt hat. Die Auskunftspflicht besteht unabhängig davon, ob der inländische oder ausländische Vertragspartner die Beförderung der Waren durchgeführt oder veranlasst. …“

Anders ausgedrückt:

„Im Versendungsfall ist in der Regel derjenige gegenüber der Statistik auskunftspflichtig, der eine (umsatzsteuerfreie) innergemeinschaftliche Lieferung im Sinne des Umsatzsteuergesetzes tätigt. Entsprechend ist im Eingangsfall grundsätzlich derjenige auskunftspflichtig, der einen innergemeinschaftlichen Erwerb im Sinne des Umsatzsteuergesetzes versteuert.“

*(**Quelle**: Intrahandel-Leitfaden 2016, allgemeine Hinweise- Seite 7)*

Befreiungen*:

*„Privatpersonen sind grundsätzlich von der Auskunftspflicht **befreit**.“*

***ABER**:*

Waren, die von inländischen Unternehmen an Privatpersonen in anderen EU-Mitgliedsstaaten gesandt werden, bzw. Eingänge von Waren, die von Privatpersonen in anderen EU-Mitgliedsstaaten an deutsche Unternehmen gesandt werden, sind grundsätzlich durch das inländische Unternehmen anzumelden. Umsätze mit privaten Selbstabholern sind nicht zu melden (siehe auch Nr. 9.1a).

Erwirbt eine Privatperson ein neues Fahrzeug (z.B. eine Yacht) ist sie nach dem Umsatzsteuerrecht als Steuerpflichtiger zu betrachten und wird damit zum Auskunftspflichtigen in der Intrahandelsstatistik“.

…Punkt 1.3.2 Anmeldeschwelle…

*„Von der Meldepflicht für die jeweilige Verkehrsrichtung (Versendung bzw. Eingang) sind in Deutschland umsatzsteuerpflichtige Unternehmen **befreit**, deren **Versendungen** in andere EU-Mitgliedsstaaten den Wert von **500 000 Euro** bzw. deren **Eingänge** aus anderen EU-Mitgliedsstaaten den Wert von **800 000 Euro** im Vorjahr nicht überschritten haben. Wird die vorgenannte Wertgrenze erst im laufenden Kalenderjahr überschritten, so beginnt die Meldepflicht mit dem Monat, in dem die Schwelle überschritten wurde, d.h. für diesen Monat ist die erste statistische Meldung für die jeweilige Verkehrsrichtung abzugeben. …“*

*(**Quelle**: Intrahandel-Leitfaden 2016, Punkt 1.3.2)*

Rechtsgrundlagen

Siehe ab Seite 53 in dem Leitfaden „Intrahandel 2016“.

Abgabetermin:

Der Termin für die Abgabe der Datenträge (bzw. Online) ist der 10te Werktag (= Arbeitstag) des auf die Versendung bzw. den Eingang folgenden Monats. Zu diesem Termin müssen die Dateien im statistischen Bundesamt eingegangen sein.

Archivierung:

Wegen der ggf. notwendigen Rückfragen durch das statistische Bundesamt sollten die Meldedaten bis 2 Jahre nach Ablauf des Berichtszeitraums archiviert werden.

*(**Quellen**: Leitfaden Intrahandelsstatistik 2016 – herausgegeben vom Statischen Bundesamt Wiesbaden – www.destatis.de).*

Hinweis:

Für Firmen, die NAV in mehreren EU-Ländern einsetzen: die hier beschriebenen Informationen beziehen sich ausschließlich auf Deutschland! Prüfen Sie bitte die Vorgaben und Anleitungen je EU-Land direkt bei den zuständigen Ämtern bzw. Behörden vor Ort.

Der Leitfaden ist sehr umfangreich (ca. 55 Seiten) und enthält alle wichtigen Informationen. Dieser Leitfaden kann kostenfrei heruntergeladen werden.

Eigene Notizen:

Hier noch eine Information zu den Neuerungen 2016:

Für das Berichtsjahr **2016** werden im Bereich der **Intrahandelsstatistik** (Erfassung des innergemeinschaftlichen Warenverkehrs) **nur wenige Änderungen** eintreten. Auf die wichtigsten Punkte wird nachfolgend hingewiesen:

- Erstmals seit Bestehen der Intrahandelsstatistik wird es vom 01.01.2016 an zur Feststellung der Auskunftspflicht einen je nach Verkehrsrichtung getrennten Wert für die Anmeldeschwelle geben: Für die **Warenversendung** verbleibt der Wert unverändert bei **500.000 Euro**, für den **Wareneingang** wird die Anmeldeschwelle zur Entlastung der Auskunftspflichtigen auf **800.000 Euro angehoben**.

- Die auf den Vorjahreswert aller innergemeinschaftlichen Warenbewegungen bezogene Schwelle, bis zu der kein **Statistischer Wert** angegeben werden muss (– nur bei Käufen/Verkäufen und bei Kommissions-/Konsignationsgeschäften –), wird für die Verkehrsrichtung der Wareneingänge auf **36 Mill. Euro** angehoben. Für die Warenversendungen verbleibt der Wert bei **46 Mill. Euro**.

- Die aktuelle Internet-Fassung des **Leitfadens zur Intrahandelsstatistik 2016** (vormals: **Merkblatt zur Intrahandelsstatistik**) kann kostenlos heruntergeladen werden unter

  https://www-idev.destatis.de/idev/doc/intra/doc/Intrahandel_Leitfaden.pdf

- Über das aktuelle **Warenverzeichnis für die Außenhandelsstatistik 2016** können Sie sich informieren unter

  http://www.destatis.de
  („Methoden - Klassifikation - Außenhandel")

  Hier finden Sie außerdem eine Möglichkeit, sich eine Datei mit einer Übersicht über die Änderungen im Warenverzeichnis 2015/2016 herunter zu laden.

- Ebenso können Sie sich über das aktuelle (im Vergleich mit 2015 unveränderte) **Länderverzeichnis für die Außenhandelsstatistik 2016** informieren unter

  http://www.destatis.de
  („Methoden - Klassifikation - Außenhandel")

(Quelle: www.destatis.de)

9.2 INTRASTAT und Microsoft Dynamics™ NAV – Hinweise zur Einrichtung

Damit die INTRASTAT aus NAV heraus genutzt werden kann, müssen einige Einrichtungen vorgenommen werden.

Folgende Bereiche sind für die Einrichtung notwendig:

Länder/Regionen:

Firmendaten:

Und hier unter „Aufgaben“ – „Firmendaten“

***INTRASTAT*:**

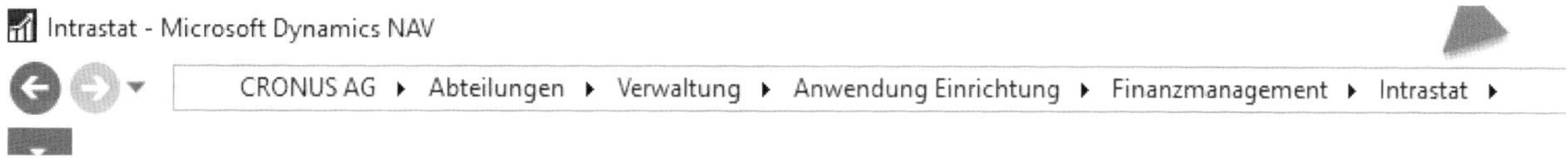

In der „Verwaltung“ – „Anwendung Einrichtung“ – „Finanzmanagement“ gibt es einen kompletten INTRASTAT-Bereich. Hier finden Sie alle notwendigen Aufrufe wie beispielsweise „Zollpositionen“ (werden auch als „Warennummer“ bezeichnet!), Verfahren usw.

In den Stammdatenkarten sowie in den Einkaufs- und Verkaufsbelegen:

Hier ist in allen Fällen das Register „Außenhandel“ zu beachten und entsprechend zu füllen.

9.2.1 Länder –notwendige Einrichtungen

Um sich einmal die Länder/Regionen in NAV anzusehen (im CRONUS ist das bereits gefüllt) – klicken Sie links in der Navigationsbereichsleiste auf den Punkt „Abteilungen“ – und dort auf „Verwaltung“ – „Anwendung Einrichtung“ – „Allgemein“ – hier finden Sie (wie bereits weiter oben erwähnt) den Menüaufruf „Länder/Regionen“.

Öffnen Sie diesen Menübereich mit einem Klick.

Ansicht der Länder/Regionen-Tabelle im CRONUS:

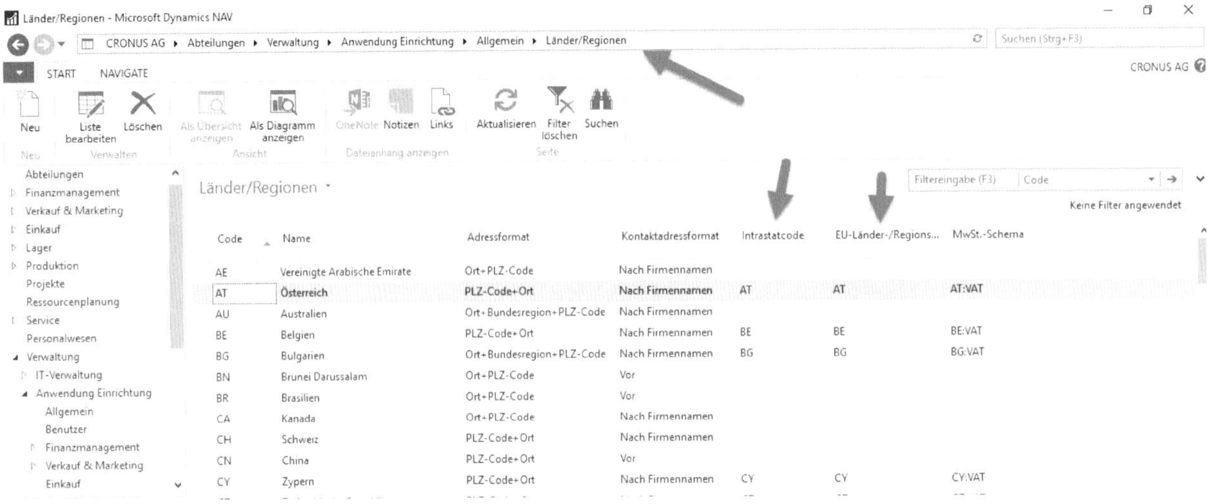

Blenden Sie sich bitte die Spalten „Intrastatcode" und „EU-Länder-/Regionscode" ein.

Über diese Einrichtungstabelle steuern Sie neben der „Intrastat" auch die Ausgabe der Adressformate je Land. Des Weiteren finden Sie hier ebenso die Einrichtung für den „EU-Ländercode" der wiederum ein „Muss" für die „*Zusammenfassende Meldung*" ist.

Was sollten Sie dazu wissen?

Ein Eintrag im Feld „EU-Länder-/Regionscode" steuert (wie gerade erwähnt) die „Zusammenfassende Meldung", die in einem direkten Zusammenhang mit der INTRASTAT steht (auch wenn viele das nicht glauben) Hier arbeiten Finanzamt und das statistische Bundesamt zusammen. Wird also eine „Zusammenfassende Meldung" („ZM" genannt) beim Finanzamt abgegeben und das statistische Bundesamt erhält nichts (sofern die Meldeschwelle überschritte wurde!) – erhält die betreffende Firma relativ schnell eine Verwarnung bzw. Aufforderung.

Im Feld *Intrastatcode* tragen Sie das Länderkennzeichen des europäischen Landes ein. Früher war es einmal so, dass jedes Länderkennzeichen mit einem Zahlencode gleichgesetzt war (Österreich hatte früher mal „043") – dies wurde im Juni 2006 aber geändert – und so sind seit diesem Zeitpunkt die Ländercodes relevant und diese müssen hier eben eingetragen werden. Bitte keine „Fantasiekürzel" verwenden! Wer sich nicht sicher sein sollte: in dem ***Leitfaden 2016*** finden Sie das entsprechende Verzeichnis auf Seite 39:

Verzeichnis der EU-Mitgliedstaaten

Belgien	BE	Kroatien	HR	Schweden	SE
Bulgarien	BG	Lettland	LV	Slowakei	SK
Dänemark	DK	Litauen	LT	Slowenien	SI
Deutschland	DE	Luxemburg	LU	Spanien	ES
Estland	EE	Malta	MT	Tschechische Republik	CZ
Finnland	FI	Niederlande	NL	Ungarn	HU
Frankreich	FR	Österreich	AT	Vereinigtes Königreich	GB
Griechenland	GR	Polen	PL	Zypern	CY
Irland	IE	Portugal	PT		
Italien	IT	Rumänien	RO		

*(**Quelle**: Intrahandel-Leitfaden 2016)*

Idealerweise sind das Feld „Code“ in der Ländertabelle ebenfalls identisch mit den üblichen Ländercodes in der Welt.

Also z.B. bitte **nicht „A“** für Österreich – sondern „**AT**“.

9.2.2 Firmendaten

Nach dem Sie die Einträge in der Tabelle „Länder/Regionen“ geprüft haben, schließen Sie diese Ansicht bitte. Wechseln Sie nun zu den Firmendaten. Dieser Aufruf ist im gleichen Menübereich wie die gerade verwendete Tabelle der Länder/Regionen – nur unter dem Punkt „Aufgaben“:

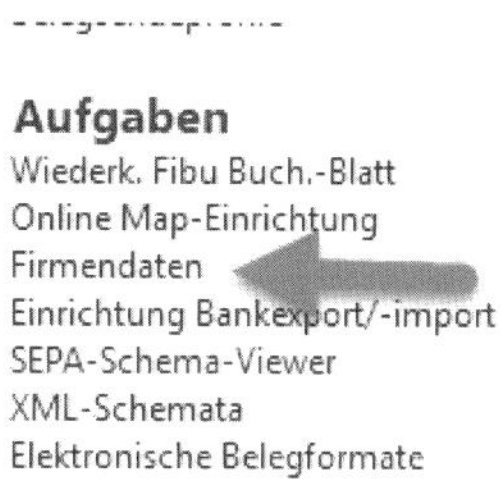

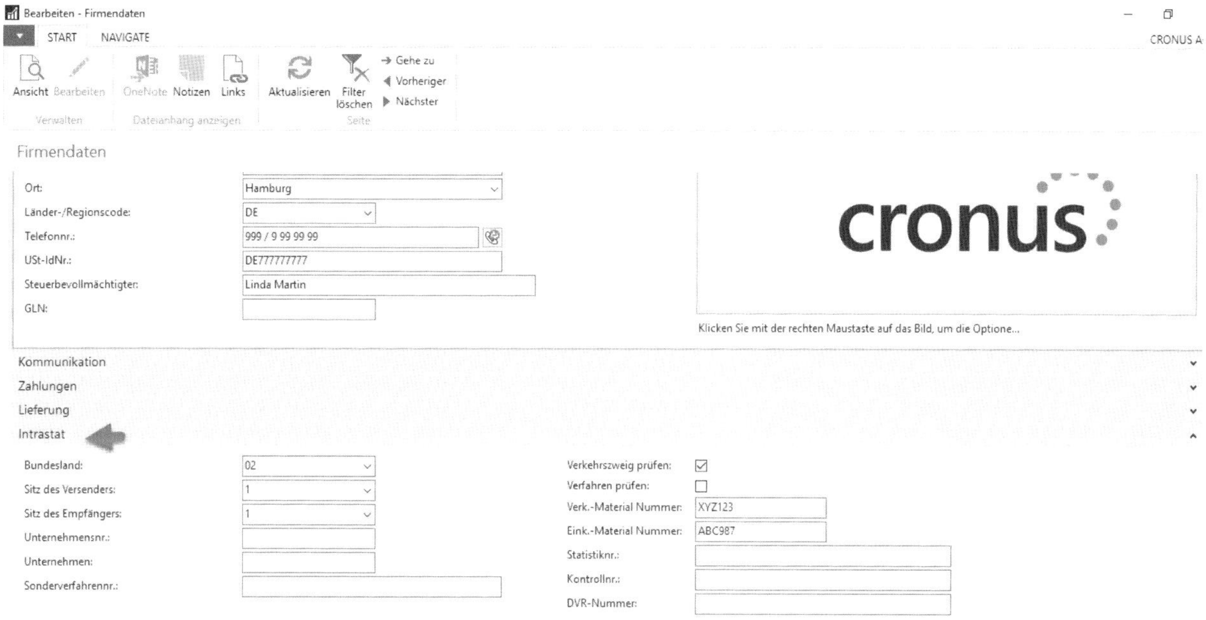

Hier gilt es einige Felder zu füllen – und die hier gezeigten Inhalte im CRONUS ist bitte ***nicht*** der Maßstab für Ihre Echt-Datenbank! Da die Standard-NAV-Lösung eine sogenannte D/A/CH-Lösung ist (Deutschland-Österreich-Schweiz) – finden Sie an dieser Stelle zudem Felder, die beispielsweise für die deutsche INTRASTAT-Meldung unerheblich sind.

Beachten Sie bitte bei den ***Firmendaten*** zudem, dass auch im Register „Steuerbehörde“ die Daten unbedingt gepflegt sein müssen!

Um Ihnen die Felder im Register „Intrastat“ ein wenig zu erläutern wieder eine kleine Tabelle.

Feldname	*Erläuterungen*
Bundesland	Hier wird das Bundesland eingetragen, in dem das für die Veranlagung zur Umsatzsteuer berechtigte Finanzamt seinen Sitz hat.
Sitz des Versenders	Der Code ist 2-stellig und ist ebenfalls in der Ausfüllanleitung zu finden (Auszug siehe weiter unten). Tragen Sie hier bitte ebenfalls den „Bundesländercode" ein. „Sitz des Versenders" bedeutet: aus welchem Lagerort/Filiale wird **hauptsächlich Ware in die EU-Mitgliedsstaaten (aus-)geliefert.**
Sitz des Empfängers	Ebenso wie in dem vorherigen Feld, hinterlegen Sie hier das entsprechende Bundesland. Relevant ist der Ort (bzw. Lagerort) in dem Ware aus den EU-Mitgliedsstaaten hauptsächlich vereinnahmt wird.
Unternehmensnr.*	Für die Abgabe der Meldung wird vom Statistischen Bundesamt eine Firmennummer vergeben – tragen Sie diese hier ein.
Unternehmen	(Feld 1 „Zusatz") = *„Anzugeben ist die vom statistischen Bundesamt zugeteilte 3-stellige Nummer zur Unterscheidung von getrennt zur Statistik meldenden Unternehmen innerhalb einer umsatzsteuerrechtlichen Organschaft bzw. von getrennt zur Statistik meldenden Bereichen innerhalb eines Unternehmens. Ist keine Nummer zugeteilt worden, bleibt dieses Feld leer. Die Zusatznummer kann bei Bedarf unter der Telefonnummer +49 – (0)611 75 – 2741 oder – 2846 beantragt werden."*
Sonderverfahrennr.	Sofern ein Sonderverfahren vorliegt, erhält die Firma eine entsprechende Nummer – diese bitte dann in diesem Feld eintragen
Verkehrszweig prüfen	Damit das System diverse Felder beispielsweise bei Erstellen der Intrastatdatei prüft, setzen Sie hier bitte jeweils ein Häkchen.
Verfahren prüfen	
Verk.-Material-Nummer	Bitte tragen Sie hier die gültige Nummer für den Versand ein (wird Ihnen vom statistischen Bundesamt zugeteilt.)
Eink.-Material Nummer	Bitte tragen Sie hier die gültige Nummer für den Eingang ein (wird Ihnen vom statistischen Bundesamt zugeteilt.)
Statistiknr.	Nicht für Deutschland relevant
Kontrollnr.	Nicht für Deutschland relevant
DVR-Nummer	Nicht für Deutschland relevant

Hinweis zur „Unternehmensnr.“*:

Mir ist keine Firmennummer (Unternehmensnummer) in der INTRASTAT bekannt – in Deutschland basiert die Zuordnung der Firmen auf der Steuernummer! Bitte fragen Sie beim statistischen Bundesamt direkt nach ob Sie eine „Firmennummer“ angeben müssten.

Bundesländercodes:

Länderverzeichnis für die Außenhandelsstatistik (Stand: November 2015)

Länder der Bundesrepublik Deutschland

01	Schleswig-Holstein	07	Rheinland-Pfalz	13	Mecklenburg-Vorpommern
02	Hamburg	08	Baden-Württemberg	14	Sachsen
03	Niedersachsen	09	Bayern	15	Sachsen-Anhalt
04	Bremen	10	Saarland	16	Thüringen
05	Nordrhein-Westfalen	11	Berlin		
06	Hessen	12	Brandenburg		

*(**Quelle**: Leitfaden-Intrahandel 2016 – Seite 39)*

Sobald Sie das Register „***Intrastat***“ gepflegt haben, öffnen Sie bitte das Register „***Steuerbehörde***“:

Hier hinterlegen Sie Ihr zuständiges Finanzamt samt der Ihnen zugeteilten Steuernummer.

Schließen Sie die „Firmendaten“ – und wechseln Sie jetzt innerhalb der Verwaltung in den Menübereich „Finanzmanagement“ – „INTRASTAT“.

9.2.3 Einrichtung der INTRASTAT-relevanten Felder

Um bestimmte Bereiche der INTRASTAT – wie beispielsweise die „Zollpositionsnummer“ – zu hinterlegen, gibt es – wie bereits erwähnt – einen komplett eigenen „Einrichtungsblock“.

Hier haben Sie alle wichtigen Menüaufrufe auf einen „Blick“ und können nacheinander die entsprechenden Tabellen pflegen.

Für das hinterlegen der notwendigen Begriffe orientieren Sie sich bitte ebenfalls unbedingt an dem Leitfaden – hier finden Sie alle notwendigen Informationen.

Da sich jedes Jahr etwas ändern könnte, sollten Sie diesen Leitfaden jedes Jahr neu von „destatis“ herunterladen – bzw. nach „Neuerungen“ suchen.

Sehen wir uns einmal die Einrichtung der „Zollpositionsnummern“ (auch „Warennummern“ genannt!) an:

Klicken Sie dazu auf den entsprechenden Menüpunkt:

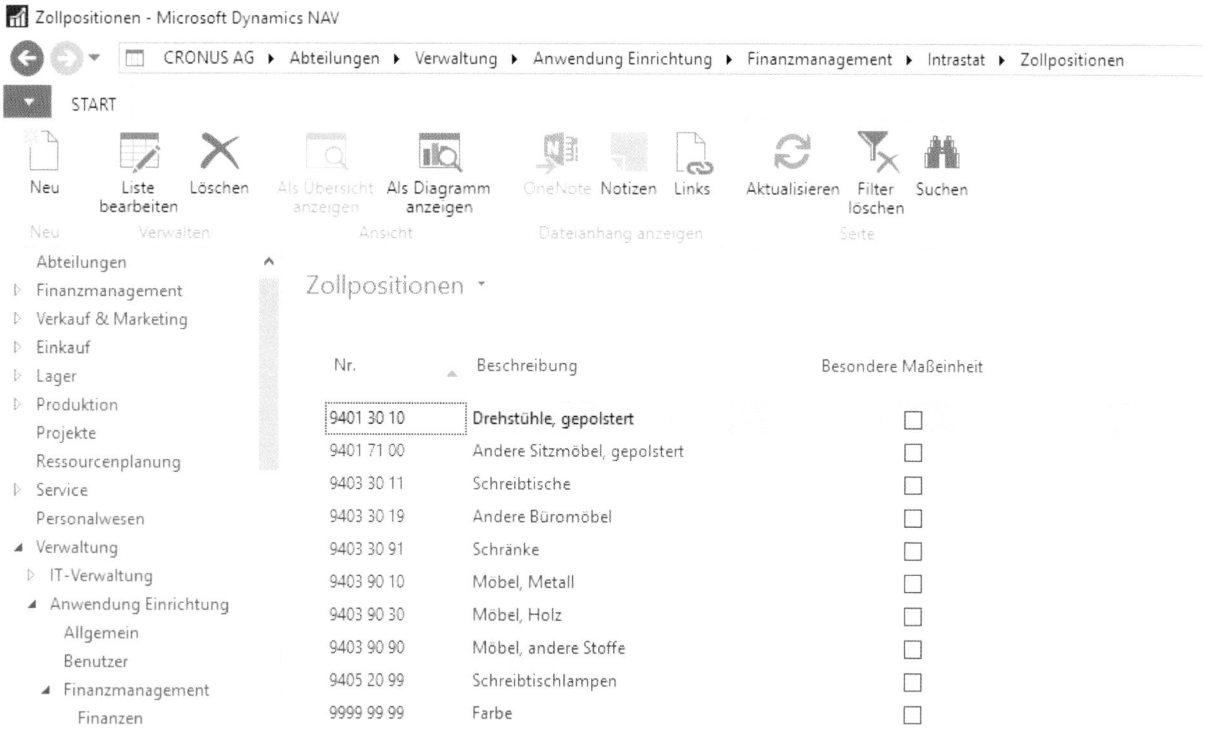

Im CRONUS sind beispielhaft ein paar Einträge vorhanden – in Ihrer Echt-Datenbank hinterlegen Sie bitte die für Ihr Unternehmen bzw. für Ihre Artikel wichtigen und richtigen Zollpositionsnummern.

Sofern es sich bei den betreffenden Produkten um Artikel mit einer „besonderen Maßeinheit" handelt, setzen Sie hier zusätzlich ein Häkchen.

Hinweis:

Es gibt hier **keinen Unterschied** zwischen Zollpositionsnummer und Warennummer! **Für NAV ist die Zollpositionsnummer = Warennummer!**

Sollten Sie hier Unterstützung benötigen, welche Zollpositionsnummern/Warennummern Sie für Ihre Artikel verwenden müssen, wenden Sie sich bitte an den für Sie zuständigen Ansprechpartner der IHK/Bereich „Außenhandel" oder an „destatis".

Schließen Sie die Maske bitte wieder.

Einrichtung „Art des Geschäfts“:

In dieser Tabelle – im CRONUS bereits vorhanden – hinterlegen Sie die entsprechenden Codierungen gemäß dem Leitfaden. Bitte auch in diesem Fall keine „Fantasiecodes“ verwenden!

Diese „Schlüssel“ finden Sie in dem Leitfaden auf Seite 43.

Einrichtung „Verfahren“:

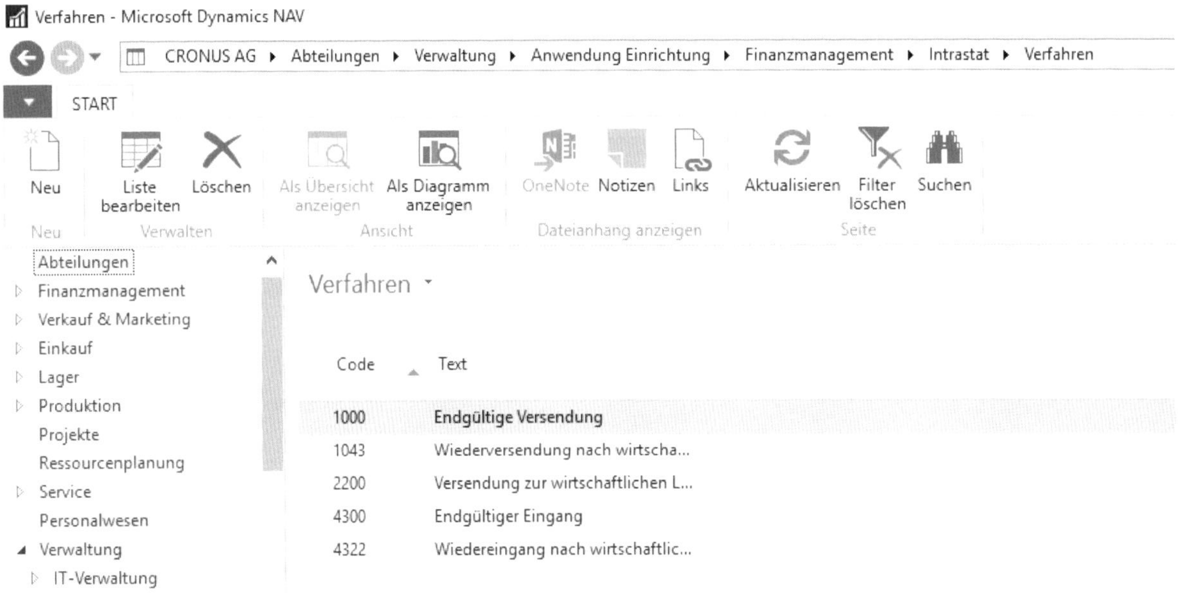

Im CRONUS sind nur ein paar Beispieleinträge hinterlegt.

Eine genauere Anleitung finden Sie hier (ab Seite 13):

https://www-idev.destatis.de/idev/doc/extrahandel/VerzdSchlnr.pdf

Einrichtung „Verkehrszweige“:

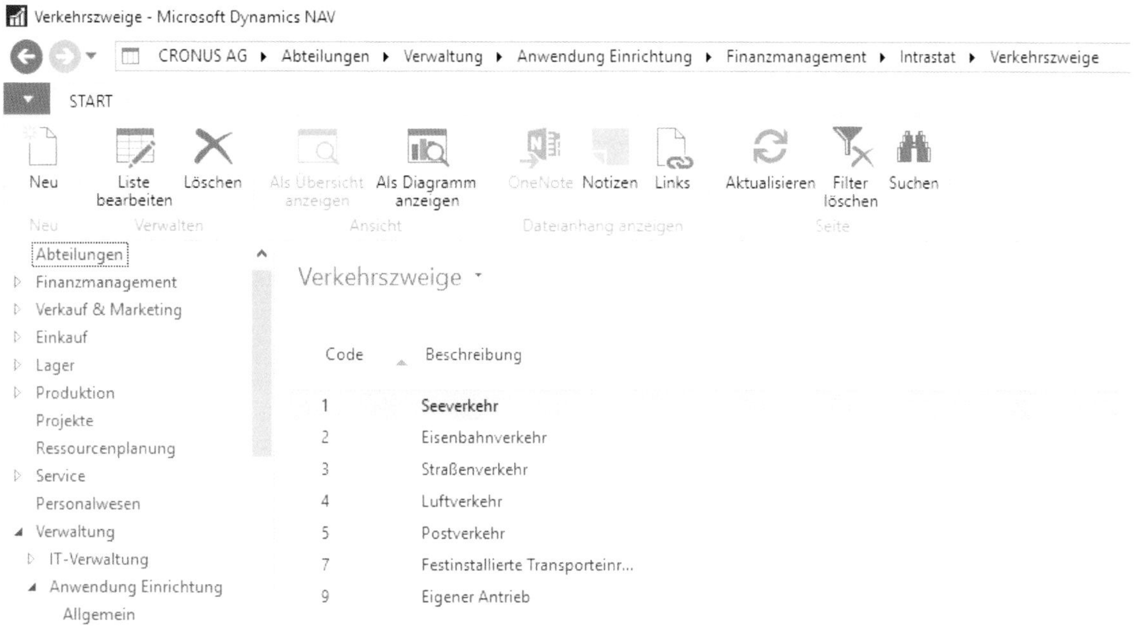

Im CRONUS sind wiederum die Intrastat-konformen Codes bereits hinterlegt. Sie finden die entsprechenden Vorgaben wieder im Leitfaden – Seite 16:

Feld 11 – Verkehrszweig

Anzugeben ist das Beförderungsmittel an der deutschen Grenze nach folgendem Schlüssel:

Seeverkehr 1
Eisenbahnverkehr 2
Straßenverkehr 3
Luftverkehr 4
Postsendungen[1] 5
Rohrleitungen 7
Binnenschifffahrt 8
Eigener Antrieb 9

[1] Anmerkung: Sollte bekannt sein, welches grenzüberschreitende Verkehrsmittel das Postunternehmen genutzt hat z.B. Luftverkehr („4“), ist dies bei der Anmeldung anzugeben. – Zu den Postunternehmen werden auch private Paket- und Kurierdienste gezählt.

Beispiel:
Eine Ware wird zur Versendung auf einen LKW verladen. Die grenzüberschreitende Beförderung findet mit der Eisenbahn statt, auf die der LKW verladen wird (sog. Huckepackverkehr). In diesem Fall muss eine „2“ als Verkehrszweig angegeben werden.

*(**Quelle**: Leitfaden-Intrahandel 2016)*

Gut zu wissen:

Postsendungen => gemäß dem Leitfaden ist bei einem EU-Vorgang – sofern Sie den „Verkehrsweg der Post“ wissen – der Verkehrszweig anzugeben, der tatsächlich genutzt wurde.

Einrichtung „Häfen“:

Häfen

Code	Beschreibung
0100	Lübeck-West
0203	Lübeck-Travemünde
0303	Heiligenhafen
0305	Neustadt (Holst.)
0307	Puttgarden
0501	Eckernförde
0509	Kiel-Wik
0511	Laboe
0513	Rendsburg
0701	Flensburg

Im CRONUS sind die wichtigsten Häfen bereits hinterlegt.

Soweit ich weiß, ist die Angabe eines „Hafens“ aber gar nicht mehr notwendig.

Falls Sie per „Seeverkehr“ Waren versenden oder erhalten, wenden Sie sich bitte an das statistische Bundesamt und fragen Sie bitte unbedingt nach, ob Sie die Häfen angeben müssen!

Einrichtung der „Bundesländer“, „Sitz des Versenders“ und „Sitz des Empfängers“:

Diese drei Bereiche sind an für sich absolut identisch. In Deutschland könnte man an für sich alle drei in einer Tabelle zusammenfassen.

Fakt ist, dass für alle drei Bereiche die gleiche Vorgabe gilt: die Ver- und Anwendung der Codes für die Bundesländer.

Theoretisch benötigen Sie für „Sitz des Versenders“ und „Sitz des Empfängers“ lediglich das jeweilige Bundesland, aus dem Sie liefern, bzw. Waren hauptsächlich empfangen.

Diese Einrichtungsbereiche beziehen sich auf Ihr Unternehmen und seinen Standort in Deutschland!

Einrichtung der INTRASTAT-Buch-Blatt-Vorlagen

Aus mehreren Gründen empfiehlt es sich, für jedes Jahr eine eigene Buch-Blattvorlage und dort für jeden Monat ein eigenes Buch-Blatt anzulegen.

Wie Sie bereits eingangs gehört haben, besteht für die Intrastatmeldung eine „Archivierungs-pflicht“ von zwei Jahren. Und wenn Sie für jeden Monat jedes Jahres ein eigenes Buch-Blatt haben, erleichtert das die Nachvollziehbarkeit ungemein.

Hier eine kleine Zusammenfassung:

- ☞ Intrastat-Meldungen müssen(!) bis zu zwei Jahren archiviert werden
- ☞ Bei Korrekturen können Sie immer wieder auf den betreffenden Monat zurückgreifen und die Posten neu berechnen lassen – und daraus dann erneut eine entsprechende Datei erstellen
- ☞ Nachvollziehbarkeit der einzelnen Monate und der dort enthaltenen Posten ist strukturiert gewährleistet

Um eine neue INTRASTAT-Buch-Blattvorlage anzulegen, klicken Sie bitte auf den Punkt „Intrastat-Buch.-Blattvorlagen“:

Menüaufruf:

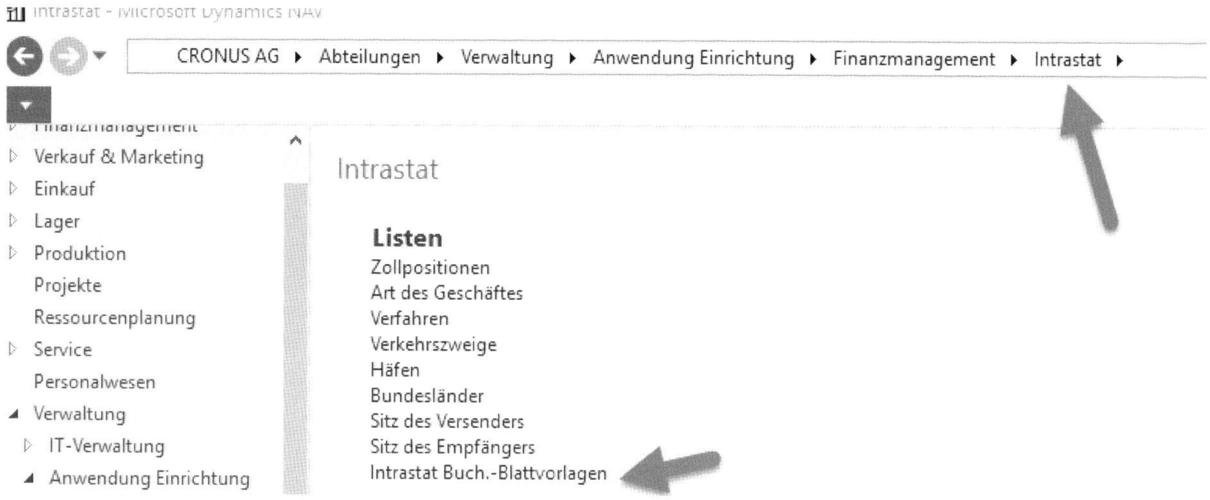

Es öffnet sich zunächst eine Übersicht – möglicherweise ist diese komplett „leer“.

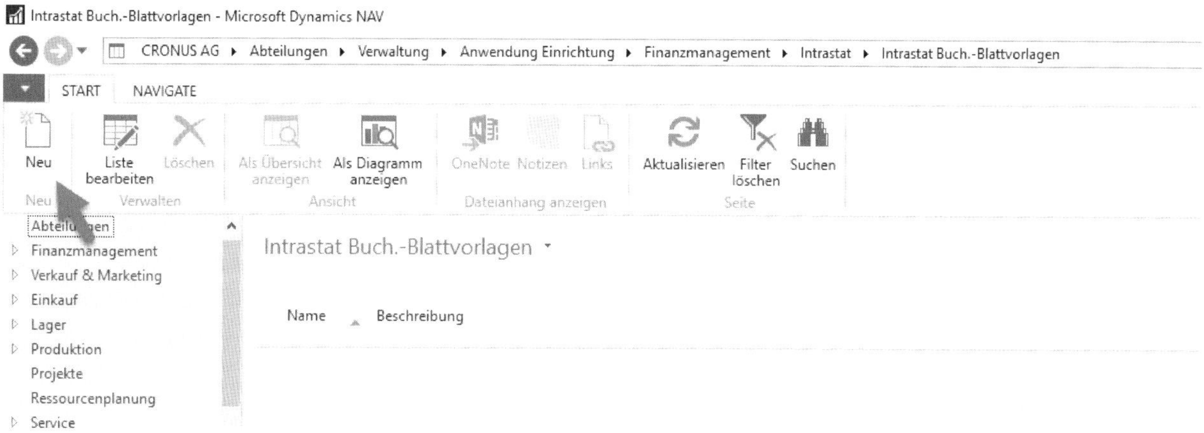

Klicken Sie auf das Symbol „NEU“ (oder drücken Sie STRG + N) – legen Sie eine neue Vorlage an. Zum Beispiel:

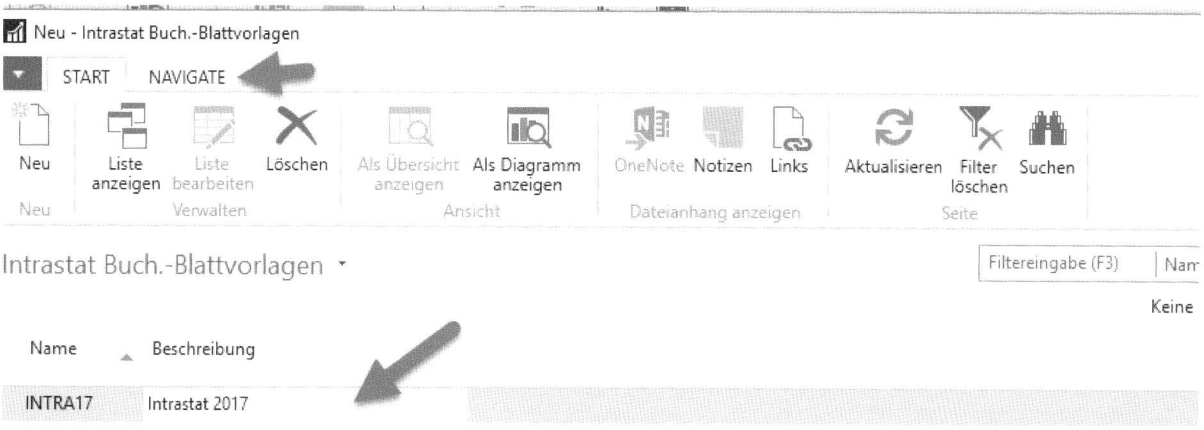

Klicken Sie auf den Reiter NAVIGATE – dort finden Sie das Symbol für die Buch-Blattnamen.

Anlage der Buch-Blattnamen pro Monat:

Klicken Sie auf das Symbol „Buch-Blattnamen“ – es öffnet sich eine weitere Übersicht.

Legen Sie pro Monat ein eigenes Buch-Blatt für die INTRASTAT.

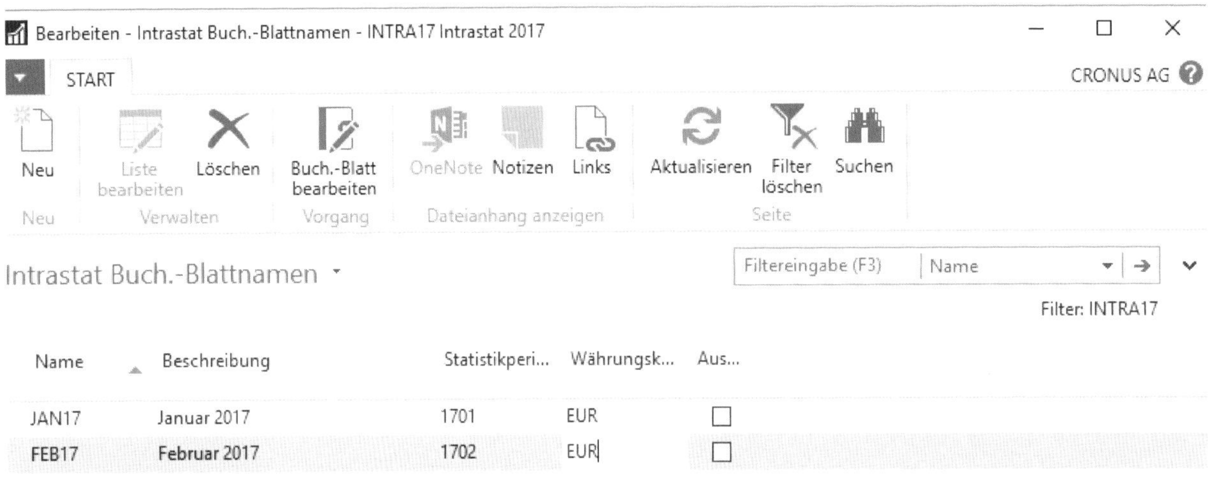

Erläuterung zu den verschiedenen Feldern:

Feldname	***Erläuterungen***
Name	Codefeld – (alphanumerisch) – verwenden Sie einen „sprechenden“ Code – siehe mein Beispiel
Beschreibung	Ausgeschriebene Bezeichnung – am besten Monat und Jahr
Statistikperiode	Geben Sie hier Jahr und Monat (JJMM) an – Jahr zweistellig ebenso den Monat.
Währungskennzeichen	Geben Sie hier das Währungskennzeichen Ihres Landes vor. In Deutschland ist das EUR

Ausgewertet	Häkchenfeld – das System setzt hier automatisch das Häkchen ein, sobald das Buch-Blatt gefüllt und im Anschluss daran die Dateien erstellt wurden. Sollte das statistische Bundesamt eine oder beide Dateien nicht akzeptieren und Sie auffordern, diese Meldung erneut abzugeben (nach einer Korrektur), können Sie das Häkchen bei dem betreffenden Monat manuell durch einen Klick wieder herausnehmen und das Buch-Blatt nochmals bearbeiten. INFO: sobald das Häkchen gesetzt ist, ist das betreffende Buch-Blatt „schreibgeschützt“.

Um sicher zu gehen, dass bei unserem Beispielablauf später die Dateien sich auch erstellen lassen, prüfen Sie bitte noch die Einrichtung der „Berichtsauswahl“.

Klicken Sie dazu im „Intrastat-Block“ unterhalb des Punktes „Aufgaben“ auf „Berichtsauswahl“.

Es öffnet sich ein kleines „Fenster“ – dort sehen Sie ein Feld „Verwendung“ – rechts in dem Feld ist ein kleiner „Drop-Down-Pfeil“ zu sehen. Darüber können Sie die Optionen aufrufen, die sich hinter der jeweiligen „Verwendung“ befindet.

Wie Sie anhand meines Bildschirmausschnittes sehen können, habe ich in „meinem“ CRONUS bereits die entsprechenden Berichts-IDs hinterlegt.

Bitte tragen Sie diese bei Ihrer Datenbank ebenfalls ein. Klicken Sie dazu auf den besagten „Drop-Down-Pfeil“ und hinterlegen Sie pro Option einen entsprechenden „Report“.

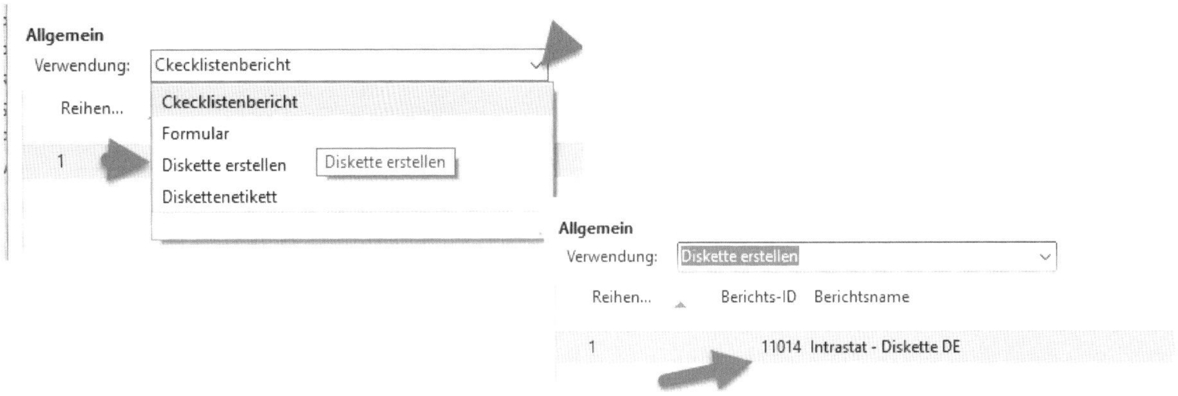

Die folgenden „IDs“ benötigen Sie für Deutschland(!):

☞ Checklistenbericht	Berichts-ID	11013
☞ Formular	Berichts-ID	11012
☞ Diskette erstellen	Berichts-ID	11014
☞ Diskettenetikett	Berichts-ID	11000

Sobald Sie die entsprechenden Berichts-IDs zugeordnet haben, sind wir mit dem Thema „Einrichtung“ fertig.

Für die nachfolgenden Abläufe werden wir das Buch-Blatt für „Januar 2017“ verwenden.

9.2.4 Reiter „Außenhandel“ bei den Stammdatenkarten (Artikel, Debitor & Kreditor)

Artikelkarte

Sehen wir uns zunächst – beispielhaft bei dem Artikel „Webcam“ (Nr. 80206) – einmal des Register „Außenhandel“ an.

Wechseln Sie dazu in das Einkaufsmenü und dort in den Punkt „Planung“. Rufen Sie die Artikelübersicht durch Klick auf „Artikel“ auf und suchen Sie nach dem oben genannten Artikel:

Im Register „Außenhandel“ hinterlegen Sie die entsprechenden Zuweisungen. Kurze Information zu den hier vorhandenen Feldern:

Feldname	***Erläuterungen***
GTIN	„Global Trade Item Number“ – ein neues Feld seit NAV2016 – mehr dazu finden Sie beispielsweise in der Unterlage „Beschaffung mit Microsoft Dynamics™ NAV2016“ – spielt für die INTRASTAT keine Rolle
Zollpos.	Hinterlegen Sie hier die korrekte Zollpositionsnummer (Warennummer) des Artikels
Ursprungsland/-region	Betrifft in diesem Fall **Feld 14 (Eingang)** – hier ist das Land einzutragen, **„in „dem die letzte wesentliche und wirtschaftlich gerechtfertigte Be- und Verarbeitung stattgefunden hat, sofern diese in einem dazu eingerichteten Unternehmen vorgenommen worden ist und zur Herstellung eines neuen Erzeugnisses geführt hat oder eine bedeutende Herstellungsstufe darstellt.“**
Nettogewicht Bruttogewicht	Hinterlegen Sie hier das Gewicht in „KG“ – das ist die Einheit, die das System tatsächlich gerade in Bezug auf die Intrastat hier „vorgibt“ (auch wenn das an dieser Stelle nicht zu sehen ist).

Geben Sie für unseren Beispielartikel folgende Informationen mit:

Im Feld Zollpos: 9405 20 99

Ursprungsland/-region: DE

Nettogewicht: 0,2 **Bruttogewicht**: 0,3

Schließen Sie die Artikelkarte und wechseln Sie jetzt zu den Kreditoren. Suchen Sie nach „WoodMart Supply Co.“

Kreditorenkarte:

Sowohl bei den Kreditoren wie Debitoren ist zunächst einmal das Feld „Länder-/Regionscode“ wichtig. Weisen Sie den Stammdaten die korrekten Ländercodes zu – denn daran orientiert sich das System später, wenn die Posten abgerufen werden.

Im Register „Außenhandel“ haben wir „nur“ noch zwei Felder: „Währungscode“ und „Sprachcode“.

Da im „Standard-NAV“ vorgegeben ist, dass die Felder wie z.B. „Art des Geschäfts“, etc. immer erst in den entsprechenden Belegen – beispielsweise Bestellungen – im Register „Außenhandel“ eingetragen bzw. ausgewählt werden müssen, führt das oftmals kleineren Herausforderungen. Denn das System würde bei Abruf der Intrastat-Posten zwar alle relevanten Posten finden und auch in das jeweilige Buch-Blatt eintragen – aber spätestens bei dem Versuch die Datei zu erstellen, kommt es dann zu „Abbruchmeldungen“ bzw. diversen Hinweismeldungen, wenn Feldinhalte fehlen.

Fragen Sie doch bitte einmal Ihren zuständigen Projektleiter/Programmierer ob er/sie diese Felder bereits in den Stammdatenkarten der Kreditoren und Debitoren einbauen kann und dafür sorgt, dass bereits bei Erstellen eines neuen Beleges und Zufügen des betreffenden Kreditors/Debitors diese Felder dann in den Beleg übernommen werden.

Die Praxis hat nämlich gezeigt, dass sich viele Feldinhalte (z. B. bei „Verfahren“) nicht ändern, sondern meistens gleich bleiben.

Ein solcher „Einbau“ ist zwar kostenpflichtig und müsste bei jedem zukünftigen NAV-Update mit berücksichtigt werden, ABER: es erleichtert Ihnen und Ihren Kollegen auf jeden Fall die Arbeit. Zumal man dann diese Felder nur einmal pflegen– und nicht bei jedem einzelnen neuen Vorgang das Ganze erneut eintragen müsste.

Das Einzigste an das die Anwender denken müssen: sollte sich eine Änderung in einem der Felder ergeben – heißt: ist statt „Straßenverkehr“ auf einmal die Ware per „Eisenbahn“ verschickt worden, müsste er/sie das in dem betreffenden Beleg vor der Buchung(!) manuell ändern.

9.3 Verwendung der INTRASTAT in NAV2016

Um ein kleines Beispiel mit der INTRASTAT zu demonstrieren, erfassen wir selbst einen Vorgang der sich dann in den INTRASTAT-Posten wieder finden lassen sollte.

Als Beispielartikel verwenden wir den Artikel 70102 (Farbe, blau) und 70103 (Farbe, rot) – bitte prüfen Sie bei beiden Artikelkarten, ob die Felder in der Artikelkarte (Register „Außenhandel“) gefüllt sind.

Zollpos.-Nummer: 9999 99 99 – ist bei beiden Karten im CRONUS bereits vorbelegt.

Im Feld „***Ursprungsland/-region***“ hinterlegen Sie bitte „DE“ – die „***Gewichtsfelder***“ sind ebenfalls bereits gefüllt.

Für unser Beispiel verwenden wir einen normalen Verkaufsauftrag für den Kunden „Candoxy Nederland BV“ (Debitorennummer 31987987).

Ihre Aufgabe:

Erfassen Sie einen Verkaufsauftrag für den oben genannten Kunden. In den Auftragszeilen erfassen Sie einmal:

- Artikel – Nr. 70102 – Menge: 10 – Lagerort BLAU - Preis 3,50 (pro Dose)
- Artikel – Nr. 70103 – Menge: 15 – Lagerort BLAU - Preis 4,50 (pro Dosen)

Ansicht des Auftrages:

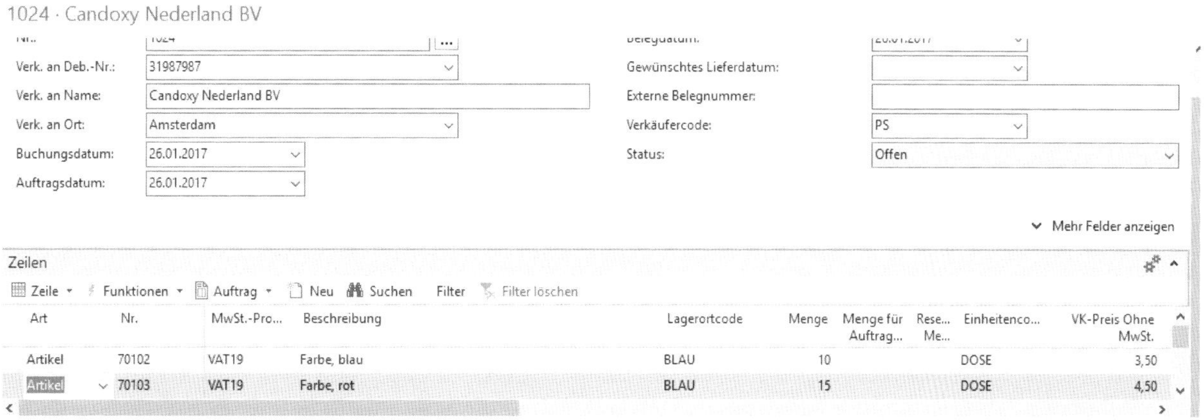

Achten Sie bitte auf die Datumsfelder – hier sollte überall „26.01.2017“ eingetragen sein.

Öffnen Sie in dem Auftrag das Register „Außenhandel“:

Füllen Sie die Felder entsprechend.

Geben Sie den Auftrag „frei“ und buchen Sie die „Lieferung“.

Hinweis:

Die Basis für die Ermittlung der INTRASTAT-Posten ist **immer der Zeitpunkt der Lieferung!**

Sobald Sie die Lieferung gebucht haben schließen Sie den Auftrag und wechseln in das Menü „Finanzmanagement“. Klicken Sie dort auf den Punkt „Aufgaben“:

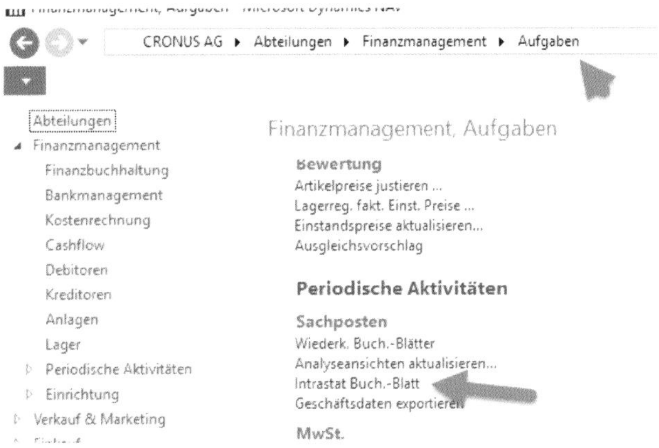

Scrollen Sie ein Stück nach unten – unterhalb „Periodische Aktivitäten“ finden Sie den Menüaufruf „Intrastat Buch-Blatt“.

Öffnen Sie das Buch-Blatt per Mausklick.

Es öffnet sich ein leeres Buch-Blatt – achten Sie bitte darauf, dass im „Buch-Blattname“ der Januar 2017 ausgewählt wurde:

(Durch Klick auf den „Drop-Down-Pfeil“ rechts im Feld können Sie sonst in die Buch-Blatt-namenübersicht gelangen und dort das korrekte Buch-Blatt wählen).

Um die INTRASTAT-Posten abzurufen, klicken Sie als nächstes auf das Symbol „Posten holen“:

Es öffnet sich ein Dialogfenster. Aufgrund der Vorgabe, die wir bei der Anlage der Buch-Blattnamen bereits hinterlegt hatten (Feld „Statistikperiode“) hat das System die Datumsfelder bereits vorbelegt:

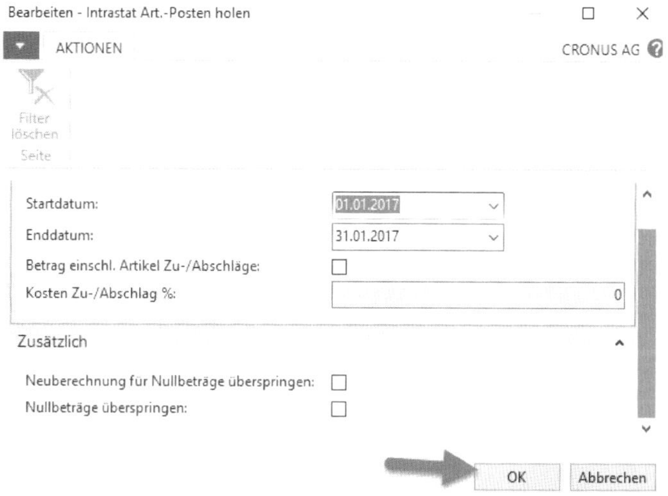

Wie Sie anhand dieses Bildschirmausschnittes sehen können, haben Sie hier zusätzliche Möglichkeiten.

Arbeiten Sie mit Zu-/Abschläge (Artikel) – können Sie durch setzen eines Häkchens in dem betreffenden Feld diese Beträge mit in die Werte hier einfliessen lassen.

Des Weiteren könnten Sie Häkchen betreffs möglicher Nullbeträge setzen.

Wir belassen alles so wie es jetzt ist und klicken auf „OK“.

Da im „CRONUS“ nicht alle Daten immer komplett gepflegt sind, könnte es zu solchen Meldungen kommen:

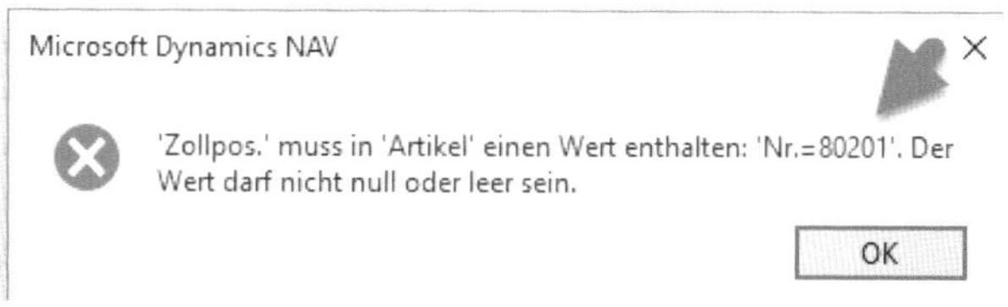

…in diesem Fall bestätigen Sie die Abbruchmeldung, „minimieren“ das Buch-Blatt und pflegen den gemeldeten Artikel zunächst nach.

Wenn alle Artikel nachgepflegt wurden, starten Sie den Abruf im INTRASTAT-Buch-Blatt erneut.

Ansicht des gefüllten INTRASTAT-Buch-Blattes:

Buch.-Blattname: JAN17

Art	Datum	Belegnr.	Artikelnr.	Name	Zollpos.	Artikelbeschreibung	Länder-/Re...	Art des Geschäftes	Verfahren	Verkehrszw...	Ursprungsl...	Bes... Maß...
Eingang	**26.01.2017**	**107035**	**70000**	**Seitenwand**	**9403 90 30**	**Möbel, Holz**	**AT**				AT	☐
Versendungen	05.01.2017	102008	70000	Seitenwand	9403 90 30	Möbel, Holz	AT					☐
Versendungen	05.01.2017	102009	70000	Seitenwand	9403 90 30	Möbel, Holz	AT					☐
Versendungen	05.01.2017	102010	70000	Seitenwand	9403 90 30	Möbel, Holz	AT					☐
Versendungen	13.01.2017	102019	1900-S	PARIS Gästestuhl, schwarz	9401 71 00	Andere Sitzmöbel, gepolstert	AT					☐
Versendungen	13.01.2017	102019	1920-S	ANTWERP Konferenztisch	9403 30 19	Andere Büromöbel	AT					☐
Versendungen	13.01.2017	102019	1996-S	ATLANTA Whiteboard, Basis	9403 30 19	Andere Büromöbel	AT					☐
Versendungen	26.01.2017	102049	80206	Webcam	9405 20 99	Schreibtischlampen	AT					☐
Versendungen	26.01.2017	102052	80201	GRAFIKPROGRAMM	9999 99 99	Farbe	AT					☐
Versendungen	26.01.2017	102052	80202	Chip 32 MB	9999 99 99	Farbe	AT					☐
Versendungen	26.01.2017	102052	80204	Ultra 160/M SCSI-Controller	9999 99 99	Farbe	AT					☐
Versendungen	26.01.2017	102053	80205	10 MBit Ethernet-Karte	9999 99 99	Farbe	AT					☐
Eingang	26.01.2017	107006	80206	Webcam	9405 20 99	Schreibtischlampen	AT				AT	☐
Versendungen	26.01.2017	102060	80206	Webcam	9405 20 99	Schreibtischlampen	AT					☐

Wie Sie sehen können, hat das System einige Posten gefunden – auch unseren „Auftrag“. Scrollen Sie ein Stück weiter nach unten – dort sehen Sie unseren „Beispielfall“. Erkennbar ist das übrigens hauptsächlich daran, dass bei „unserem“ Fall die Felder im Register „Außenhandel“ des Auftrags gepflegt waren…

Buch.-Blattname: JAN17

Art	Datum	Belegnr.	Artikelnr.	Name	Zollpos.	Artikelbeschreibung	Länder-/Re...	Art des Geschäftes	Verfahren	Verkehrszw...	Ursprungsl...	Bes... Maß.
Versendungen	23.01.2017	102032	1896-S	ATHENS Schreibtisch	9403 30 11	Schreibtische	NL					☐
Versendungen	23.01.2017	102032	1908-S	LONDON Schreibtischstuhl, blau	9401 30 10	Drehstühle, gepolstert	NL					☐
Versendungen	23.01.2017	102032	1928-S	AMSTERDAM Lampe	9405 20 99	Schreibtischlampen	NL					☐
Versendungen	23.01.2017	102032	1928-W	ST.MORITZ Regal/mit Schubladen	9403 30 19	Andere Büromöbel	NL					☐
Versendungen	23.01.2017	102032	1952-W	OSLO Regal/mit Einlegeboden	9403 30 19	Andere Büromöbel	NL					☐
Versendungen	23.01.2017	102032	1964-W	INNSBRUCK Regal/mit Glastür	9403 30 91	Schränke	NL					☐
Versendungen	23.01.2017	102032	1976-W	INNSBRUCK Regal, mit Holztür	9403 30 91	Schränke	NL					☐
Versendungen	23.01.2017	102032	70060	Beschläge	9403 90 10	Möbel, Metall	NL					☐
Versendungen	23.01.2017	102032	70102	Farbe, blau	9999 99 99	Farbe	NL					☐
Versendungen	26.01.2017	102065	70102	Farbe, blau	9999 99 99	Farbe	NL	11	1000	3		☐
Versendu...	**26.01.2017**	**102065**	**70103**	**Farbe, rot**	**9999 99 99**	**Farbe**	**NL**	**11**	**1000**	**3**		☐
Eingang	26.01.2017	107032	80100	Kopierpapier	9999 99 99	Farbe	SE				SE	☐

(„unsere“ Zeilen)

Erfahrungsgemäß werden in diesem Buch-Blatt nicht alle Spalten angezeigt. Falls Ihnen also Spalten „fehlen“, blenden Sie sich diese bitte zunächst ein.

Beispielsweise „Bundesland“ usw.

Gut zu wissen:

In diesem „Zustand“ – wie unser Beispiel – kann keine INTRASTAT-Datei erstellt werden. In der „Praxis“ heißt das: spätestens jetzt müssen alle Felder nachgepflegt werden. Wäre das nicht der Fall, würde das statistische Bundesamt die Annahme dieser Datei verweigern, bzw. zurückschicken.

Für unser Beispiel genügt es, wenn Sie die verschiedenen Felder beispielhaft füllen – im „echten Leben“ sollten das immer die korrekten Schlüssel sein!

Teilansicht des überarbeiteten Buch-Blattes:

Art	Datum	Belegnr.	Artikelnr.	Name	Bundesland	Zollpos.	Artikelbeschreibung	Länder-/Re...	Art des Geschäftes	Verfahren	Verkehrszw...	Ursprungsl...
Eingang	26.01.2017	107035	70000	Seitenwand	05	9403 90 30	Möbel, Holz	AT	11	4300	3	AT
Versendungen	05.01.2017	102008	70000	Seitenwand	05	9403 90 30	Möbel, Holz	AT	11	1000	3	
Versendungen	05.01.2017	102009	70000	Seitenwand	05	9403 90 30	Möbel, Holz	AT	11	1000	3	
Versendungen	05.01.2017	102010	70000	Seitenwand	05	9403 90 30	Möbel, Holz	AT	11	1000	3	
Versendungen	13.01.2017	102019	1900-S	PARIS Gästestuhl, schwarz	05	9401 71 00	Andere Sitzmöbel, gepolstert	AT	11	1000	3	
Versendungen	13.01.2017	102019	1920-S	ANTWERP Konferenztisch	05	9403 30 19	Andere Büromöbel	AT	11	1000	3	
Versendungen	13.01.2017	102019	1996-S	ATLANTA Whiteboard, Basis	05	9403 30 19	Andere Büromöbel	AT	11	1000	3	
Versendungen	26.01.2017	102049	80206	Webcam	05	9405 20 99	Schreibtischlampen	AT	11	1000	3	
Versendungen	26.01.2017	102052	80201	GRAFIKPROGRAMM	05	9999 99 99	Farbe	AT	11	1000	3	
Versendungen	26.01.2017	102052	80202	Chip 32 MB	05	9999 99 99	Farbe	AT	11	1000	3	

Ihre Aufgabe:

Füllen Sie die Felder „Art des Geschäfts“, „Verfahren“ und „Verkehrszweige“ – blenden Sie sich bitte die Spalte „Bundesland“ ein und hinterlegen Sie dort „05“ in allen Zeilen. Auch die *Ursprungsregion* bei allen Zeilen mit der Art „Eingang“ muss einen Wert enthalten.

Sobald Sie alle Felder gefüllt haben, können wir die Dateien für die statistische Meldung erstellen. Es gibt immer zwei Meldungen:

- **Eingang** (z.B. Einkaufsbestellungen, Verkaufsrücknahmen/-gutschriften)
- **Versendungen** (z.B. Verkaufsaufträge, Einkaufsreklamationen/-gutschriften)

Die Kennzeichnung für die INTRASTAT-Dateien wird anhand der Materialnummern durchgeführt. Erinnern Sie sich? Es gibt eine „***Eink.-Material-Nr.***“ und eine „***Verk.-Material-Nr.***“ – beide Nummern werden in den Firmendaten – Register INTRASTAT – hinterlegt.

Und: beide Nummern werden Ihnen vom statistischen Bundesamt zugewiesen, sobald die erste INTRASTAT-Meldung abgegeben wurde.

Um die Dateien nun zu erstellen, klicken Sie in Ihrem INTRASTAT-Buch-Blatt im Menüband auf das Symbol „Diskette erstellen“.

Im „Dialogfenster“ sehen Sie im Feld „Pfad“ tatsächlich noch „A:\“ – wir schmunzeln heute darüber – aber vor einigen Jahren war es tatsächlich noch so, dass hier Disketten erstellt wurden bzw. werden mussten.

Ändern Sie den Pfad bitte auf „C:\“ ab – sollten Sie auf Ihrem Rechner ein „Temp-Verzeichnis“ haben, könnten Sie den Pfad dazu hier eintragen.

Im Register „Intrastat Buch-Blattname“ hinterlegen Sie bitte einmal den Vorlagenname sowie den jetzt verwendeten Buch-Blattname:

So könnte es beispielsweise aussehen:

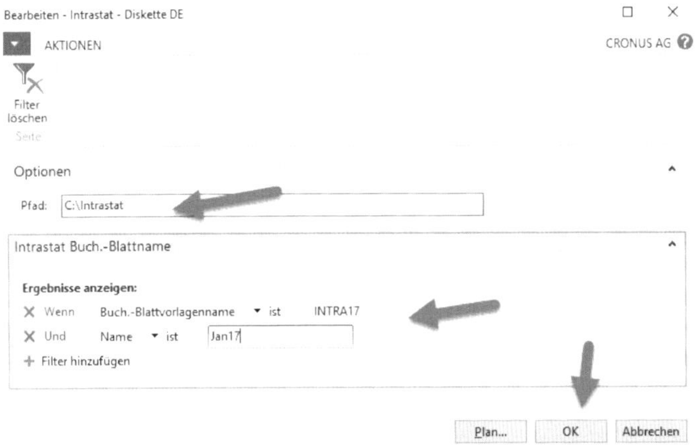

Ideal wäre es – für die Praxis später – wenn Sie sich ein Verzeichnis auf einem Netzwerk-Laufwerk anlegen, in dem zukünftig die erstellten Dateien abgelegt werden.

Klicken Sie auf „OK“ um die Erstellung der Dateien sofort zu starten. Es erscheint zunächst diese Meldung:

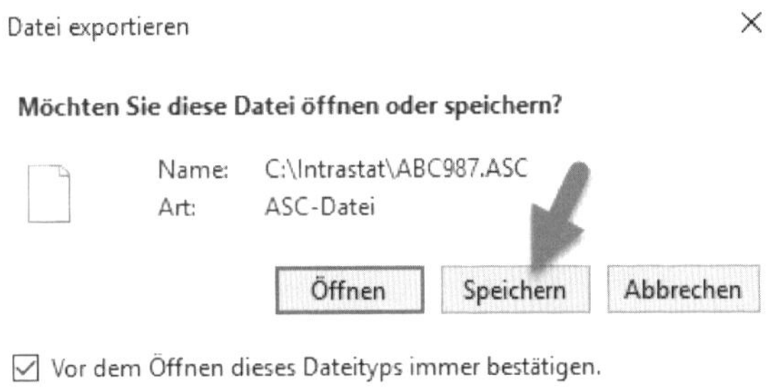

Das ist die Datei für die „Eingänge“.

Klicken Sie auf „Speichern“ – es öffnet sich kurz der „Windows Explorer“ – bereits in dem vorgegebenen Verzeichnis. Klicken Sie dort erneut auf „Speichern“.

Danach erscheint die zweite Meldung – dieses Mal für die Versendungen. Klicken Sie auch in diesem Fall auf „Speichern“.

Sobald die Datei-Erstellung geklappt hat, ist bei dem betreffenden Buch-Blattnamen das Häkchen im Feld „Ausgewertet“ gesetzt:

Damit gilt der INTRASTAT-Lauf für „Januar 2017“ als „fertig“ und erstellt.

Schließen Sie das Intrastat-Buch-Blatt und öffnen Sie den Windows-Explorer – und dort das Verzeichnis, im dem Sie die beiden Dateien gerade gespeichert haben.

Wie sieht die erstellte ASCII –Datei aus?

Einen solche Datei kann beispielsweise mit dem „Editor“ geöffnet werden:

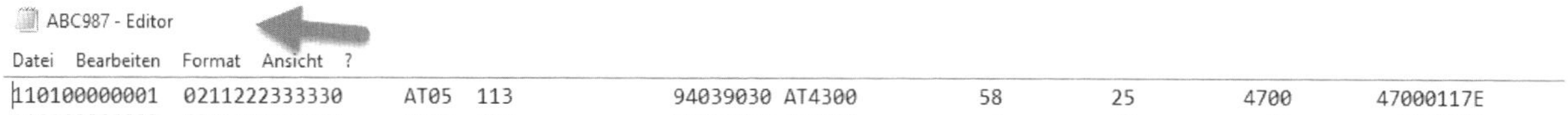


```
110100000001 0211222333330   AT05  113   94039030 AT4300       58     25    4700    47000117E
110100000002 0211222333330   AT05  113   94052099 AT4300        2     10      22      220117E
110100000003 0211222333330   BE05  113   94039030 BE4300       12      5     940     9400117E
110100000004 0211222333330   DK05  113   94013010 DK4300      278     20    2978    29780117E
110100000005 0211222333330   DK05  113   94033091 DK4300      342     20    6798    67980117E
110100000006 0211222333330   DK05  113   99999999 DK4300 77952000   6400   30080   300800117E
110100000007 0211222333330   FR05  113   94039030 FR4300       62     27    5076    50760117E
110100000008 0211222333330   NL05  113   94039030 NL4300       14      6    1128    11280117E
110100000009 0211222333330   SE05  113   99999999 SE4300  2338560    192     902     9020117E
110100000010 0211222333330   SI05  113   99999999 SI4300     1280    800    1760    17600117E
```

So sieht beispielsweise die Datei für die „Eingänge“ aus.

Was passiert nach dem die Dateien erstellt wurden?

Nach dem Sie beide Dateien erstellt haben, werde diese mithilfe des Internets an das statistische Bundesamt übermittelt. Die ASCII-Dateien werden dort in deren eigenes Prüf-programm eingelesen und geprüft.

Unter **www.destatis.de** finden Sie alle notwendigen Informationen und Links.

EU-Dreiecksgeschäft

Das Feld „EU-Dreiecksgeschäft" – zu finden unter dem Register „Außenhandel" der Verkaufsbelege – wird nur dann gesetzt, wenn die Ware Ihr Lager in Deutschland ***nicht*** berührt.

Das heißt: Ihre Kunden sitzen beispielsweise in Frankreich, Ihr Lieferant in Italien. Die Ware geht direkt von Italien nach Frankreich (= Direktlieferung!). In diesem Fall meldepflichtig: Ihr Kunde und Ihr Lieferant!

Damit dieser Vorgang, den Sie ja in Ihrer NAV-Lösung abbilden, nicht in die INTRASTAT-Posten mit erfasst wird, muss in diesem Fall das Häkchen in dem dafür vorgesehenen Feld eines Verkaufsauftrages **VOR** Buchen der Lieferung gesetzt sein.

Kann man die Bereiche „Zusammenfassende Meldung" und „INTRASTAT" tatsächlich miteinander vergleichen bzw. abgleichen?

Eine Frage, die in der Vergangenheit häufig gestellt wurde. Das kann man tatsächlich nur bedingt! Denn vergessen Sie bitte nicht: die INTRASTAT-Meldung in NAV basiert auf dem Zeitpunkt der Lieferung – die „Zusammenfassende Meldung" hingegen auf dem Zeitpunkt der Rechnungsstellung!

Das bedeutet: erfolgt eine Lieferung im Februar – die Rechnungsstellung allerdings erst drei Monate später, ist die INTRASTAT-Meldung bereits „durch" – bevor dieser Vorgang Einfluss auf die „Zusammenfassende Meldung" hat. Nichts desto trotz kontrollieren beide Behörden über einen gewissen Zeitraum die Meldungen und arbeiten hier zusammen.

Tipp aus der Praxis zu den erstellten ASCII-Dateien:

Da bei jedem neuen „Lauf" immer die gleichen Dateinamen verwendet werden, würde das System die bereits vorhandenen INTRASTAT-Dateien im Verzeichnis dauernd überschreiben.

Am besten legen Sie sich ein INTRASTAT-Verzeichnis mit entsprechenden Unterverzeichnissen an (z.B. mit dem jeweiligen Monatsnamen wie „JAN17". Denken Sie bitte an die Archivierungspflicht von 2 Jahren...

10. Ein paar zusätzliche Informationen:

Anbei noch ein paar Informationen zu bestimmten Randgebieten, die manchmal „hoch kommen" und zu denen es in Verbindung mit Microsoft Dynamics™ NAV 2015 offenbar keinerlei Unterlagen gibt.

10.1 Handelsstatistik

Manche Unternehmen müssen regelmäßig eine sogenannte „Handelsstatistik" abgeben. Wer davon betroffen ist erhält in der Regel vom statistischen Bundesamt eine Benachrichtigung.

In NAV gibt es dazu **keinerlei** vorgefertigte Berichte oder Auswertungen wie bei der INTRASTAT.

GRUND: diese Anforderung ist einfach zu selten – offenbar muss diese Art von Statistik nicht von allen Unternehmen abgegeben werden.

EMPFEHLUNG: sollten Sie hierfür eine Schnittstelle bzw. einen Bericht haben wollen, muss dieses erst programmiert werden. Sprechen Sie dazu bitte mit dem für Sie zuständigen Projektleiter. Sollte der Aufwand so hoch ausfallen, dass sich eine Programmierung für Sie nicht lohnt, ist es besser auf dem herkömmlichen Weg die Statistik auszufüllen und abzugeben.

10.2 Umsatzsteuer-Identifikationsnummer

(Quelle: www.wikipedia.de – Gesucht nach „USt-IdNr.")

„Die Umsatzsteuer-Identifikationsnummer (abgekürzt USt.-IdNr. in Deutschland oder UID) ist eine eindeutige EU-weite Kennzeichnung eines Unternehmens im umsatzsteuerlichen Sinne.

Sie dient innerhalb der Europäischen Union zur Abwicklung des innergemeinschaftlichen Waren- und Dienstleistungsverkehr für Umsatzsteuerzwecke. Sie wird daher von jedem Unternehmer benötigt, der innerhalb des Gebiets der Europäischen Union am Waren- und Dienstleistungsverkehr zwischen den Mitgliedsstaaten teilnimmt.

Beim Export in ein anderes Land der EU wird keine Umsatzsteuer berechnet (steuerfreie innergemeinschaftliche Lieferung), wenn der gewerbliche Abnehmer im Empfängerland eine Umsatzbesteuerung mit dem Steuersatz des Ziellandes vornimmt. Das Vorliegen dieser Voraussetzung wird unterstellt, wenn der Empfänger seine USt-IDNr. angibt. Durch dieses Bestimmungsprinzip wird die Besteuerung im Wege des innergemeinschaftlichen Erwerbs in das Empfängerland verlagert. ..."

Der Aufbau dieser besonderen Nummer unterliegt einer strengen Reglementierung und besteht immer aus zwei Großbuchstaben (gemäß Wikipedia: „meistens mit dem zweistelligen ISO-3166-Alpha-2-Code desjenigen EU-Landes, in dem das Unternehmen seinen Sitz hat"). Nach diesen beiden Großbuchstaben folgen bis zu 12 alphanummerische Zeichen, deren – Zitat aus „Wikipedia" – „Gültigkeit durch Prüfziffernverfahren, bzw. durch ein anderes Fehlererkennungsverfahren (z.B. die dänische, britische oder portugiesische UID) sichergestellt wird."

10.2.1 Ansicht der Auflistung betreffs USt-IdNr.:

(Quelle: www.wikipedia.de – Gesucht nach „USt-IdNr.")

ISO 3166	Land	Code	Beschreibung	Bezeichnung im Land	Abkürzung
AT	Österreich	ATU99999999	Block mit 9 Zeichen, deren erstes Zeichen nach dem Präfix immer ein 'U' ist[10].	Umsatzsteuer-Identifikationsnummer, ATU-Nummer oder UID-Nummer	UID
BE	Belgien	BE0999999999 bzw. BE9999999999	Block mit 10 Ziffern, alte neunstellige USt-IdNrn. werden durch Voranstellen der Ziffer 0 ergänzt.[11]		No.TVA / BTW-Nr.
BG	Bulgarien	BG999999999 oder BG9999999999 (DE)	Block mit 9 Ziffern oder Block mit 10 Ziffern		DDS
CY	Zypern	CY99999999L	Block mit 9 Zeichen, die letzte Stelle muss ein Buchstabe sein.[12]		
CZ	Tschechische Republik	CZ99999999 oder CZ999999999 oder CZ9999999999 (DE)	Block mit entweder 8, 9 oder 10 Ziffern	daňové identifikační číslo	DIČ
DE	Deutschland	DE999999999	Block mit 9 Ziffern, deren erste Ziffer > 0 sein muss[13]	Umsatzsteuer-Identifikationsnummer	USt-IdNr.
DK	Dänemark	DK99 99 99 99	4 Blöcke mit je 2 Ziffern		SE-Nr.
EE	Estland	EE999999999	Block mit 9 Ziffern		KMKR nr
GR	Griechenland	EL999999999	Block mit 9 Ziffern	Αριθμός Φορολογικού Μητρώου [Arithmós Phorologikoú Mētrṓou]	ΑΦΜ
ES	Spanien	ESX9999999X	Block mit 9 Zeichen. Das erste und letzte Zeichen können entweder numerisch oder alphanumerisch sein, aber sie dürfen nicht beide numerisch sein. Gebildet aus "ES" gefolgt von der *CIF* (Certificado de Identificación Fiscal).	Número IVA	
FI	Finnland	FI99999999	Block mit 8 Ziffern	Y-tunnus	ALV-NRO
FR	Frankreich	FRXX 999999999	Block mit 2 Zeichen, die entweder numerisch oder alphanumerisch sein können, gefolgt von einem Block mit 9 Ziffern	TVA intracommunautaire	ID. TVA
GB	Vereinigtes Königreich	GB999 9999 99 oder GB999 9999 99 999[14] oder GBGD999[15] oder GBHA999[16] (DE)	Ein Block mit 3 Ziffern, ein Block mit 4 Ziffern und ein Block mit 2 Ziffern; oder das obige gefolgt von einem Block mit 3 Ziffern oder einem Block mit 5 Zeichen	VAT Registration Number	VAT Reg No
HU	Ungarn	HU99999999	Block mit 8 Ziffern	Közösségi adószám	
IE	Irland	IE9S99999L	Block mit 8 Zeichen, die zweite Stelle kann und die letzte Stelle muss ein Buchstabe sein	Value added tax identification no.	VAT-No
IT	Italien	IT99999999999	Block mit 11 Ziffern	Numero Partita I.V.A. (MwSt.Nr.)	P. IVA, Part. IVA
LT	Litauen	LT999999999 oder LT999999999999 (DE)	Block mit 9 Ziffern oder Block mit 12 Ziffern	PVM mokėtojo kodas	PVM MK
LU	Luxemburg	LU99999999	Block mit 8 Ziffern	le numéro d'identification à la taxe sur la valeur ajoutée	IBLC Nr.
LV	Lettland	LV99999999999	Block mit 11 Ziffern		
MT	Malta	MT99999999	Block mit 8 Ziffern		
NL	Niederlande	NL999999999B99	Block mit 12 Zeichen. Die 10. Stelle nach dem Präfix ist immer "B".	BTW-identificatienummer	BTW-nummer
PL	Polen	PL9999999999	Block mit 10 Ziffern	Numer Identyfikacji Podatkowej (Steuer-Identifikationsnummer)	NIP
PT	Portugal	PT999999999	Block mit 9 Ziffern	Numero de identificaçao fiscal	NIPC
RO	Rumänien	RO999999999	Block mit mindestens 2 und maximal 10 Ziffern	Cod Unic Identificare	CUI
SE	Schweden	SE999999999999	Block mit 12 Ziffern	Momsregistreringsnummer	MomsNr.
SI	Slowenien	SI99999999	Block mit 8 Ziffern	Davčna številka	ID st. za DDV
SK	Slowakei	SK9999999999	Block mit 10 Ziffern	identifikačné číslo pre daň z pridanej hodnoty	IČ DPH

10.2.2 Die Ausnahme – USt.-IDNr., die mit „EU" beginnen

(Quelle: www.wikipedia.de – Gesucht nach „USt-IdNr.")

„Eine Ausnahme stellen EU-USt-IDNr. dar: Das sind Umsatzsteuer-Identifikationsnummern, die mit den Buchstaben „EU" beginnen und die an nicht im Gebiet der Europäischen Union ansässige Unternehmer vergeben werden, die im Gebiet der Europäischen Union als Steuerschuldner ausschließlich sonstige Leistungen auf elektronischem Weg (§3a Abs. 4 Nr. 113 UStG) an in der EU ansässige Nichtunternehmer erbringen. Rechtsgrundlage ist die durch §18 Abs. 4c und 4d UStG zum 01. Juli 2003 eingeführte Sonderregelung, die wiederum auf europarechtliche Vorgaben zurückgeht. EU-Umsatzsteuernummern kommen also nur zwischen außereuropäischen Unternehmen und europäischen Nichtunternehmen zum Einsatz; sie brauchen deswegen weder vom BZSt noch vom MIAS validiert zu werden, was auch gar nicht möglich ist. Die Nummern gelten nur in der EU. Nicht-EU-Staaten haben keine eigene St-ID Nr."

10.2.3 Wie können Sie in NAV die korrekte USt-ID-Nr. sicherstellen?

Sie können im Bereich der Einrichtung von „Länder/Regionen“ die Formate für die USt-IdNr. hinterlegen.

So wird bei Eingabe einer USt-IDNr. in einer Stammdatenkarte wie Kreditor oder Debitor sofort geprüft, ob die hinterlegte Nr. mit der gesetzlich vorgegebenen Formatierung stimmt. Auf diese Art und Weise kann verhindert werden, das falsche oder fehlerhafte USt-IDNr. in Umlauf geraten.

Wechseln Sie in NAV in den Bereich der „Abteilungen“ – und dort unter „Verwaltung“ – „Anwendung Einrichtung“ – „Allgemein“ – „Länder/Regionen“:

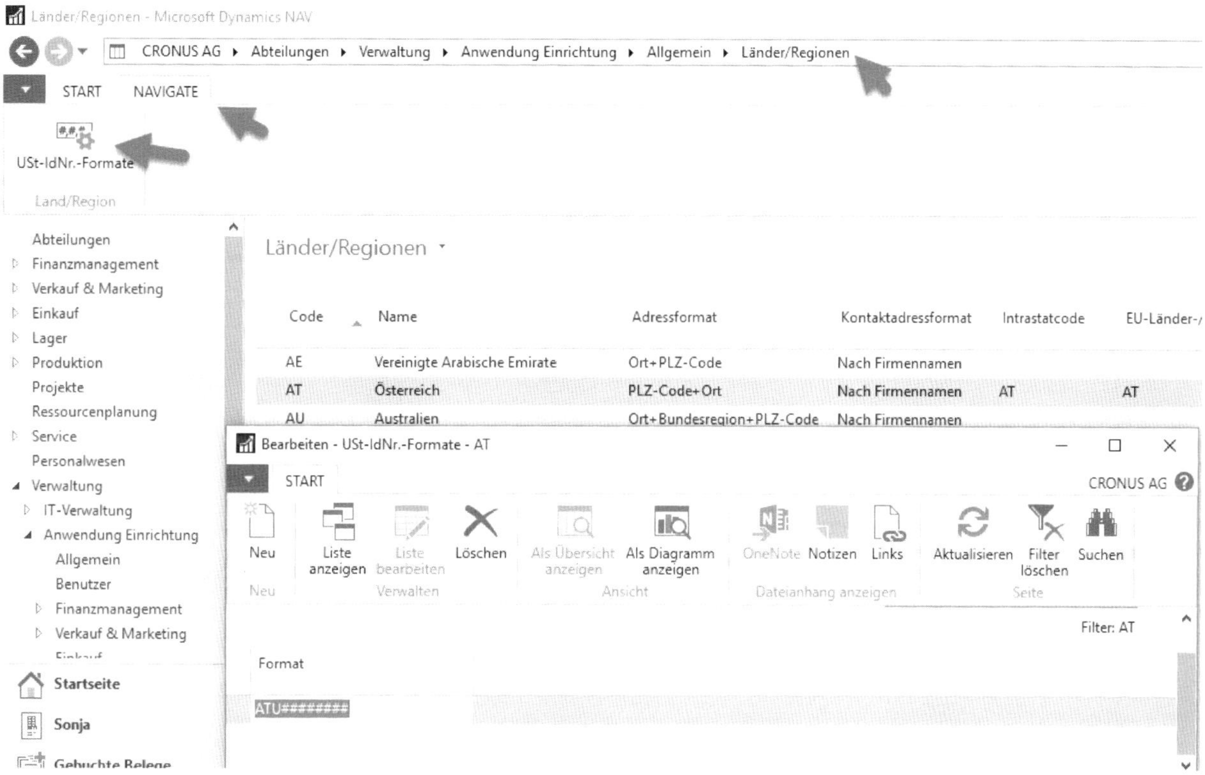

Platzieren Sie Ihren Cursor auf das betreffende Land – und wechseln Sie im Menüband auf den Reiter NAVIGATE. Durch Klick auf das Symbol „USt.-IdNr.-Formate“ erhalten Sie eine kleine Maske, in der Sie die gültige Variable pro Land vorbelegen.

Neu dazugekommen ist eine Überprüfungsvariante mittels einer Website, die prüft ob die vergebene USt.-ID-Nr. gültig ist.

Das, was Sie gerade gesehen hatten, ist quasi eine Art „Plausibilitätsprüfung“ – das heißt, in dem Fall prüft das System bei Eingabe einer USt.-ID in einer Debitoren- bzw. Kreditorenkarte „nur“ ob das Format bzw. die Länge der Umsatzsteuer-Identifikationsnummer „passt“.

Der „Webdienst“, den wir jetzt neu in NAV haben, stellt Ihnen eine weitere Prüfmöglichkeit zur Verfügung um zu checken ob diese Nummer auch „gültig“ ist. Sofern Sie diese Option nutzen, erstellt das System ein „Registrierungsprotokoll“.

Diesen Link hinterlegen Sie im Fenster „Finanzbuchhaltung Einrichtung“ unter dem Register „Berichtswesen“. Im CRONUS ist bereits ein passender Link hinterlegt.

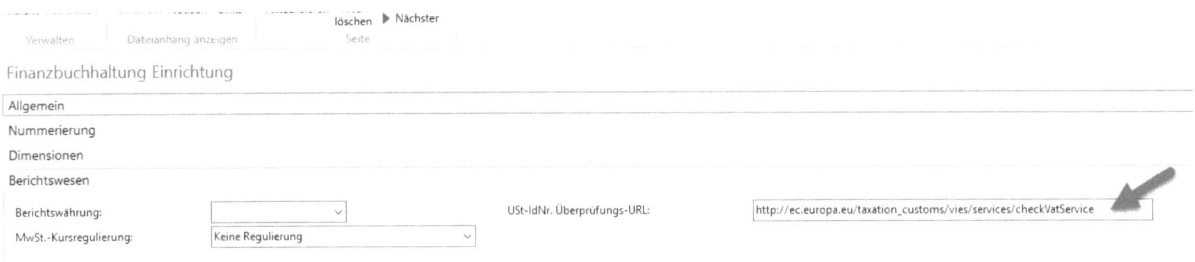

Wie funktioniert das jetzt?

Prüfen Sie zunächst in Ihrem „CRONUS“ ob dieser hier gezeigte Link dort auch eingetragen ist. Falls „nein“, hinterlegen Sie ihn bitte.

Wechseln Sie als nächstes in eine Debitorenkarte – zum Beispiel die von „Max Musterle GmbH & Co. KG“.

Ich habe für dieses Beispiel eine „Fantasienummer“ hinterlegt. Hinterlegen Sie ebenfalls eine „Beispiel“-Nummer. Klicken Sie als nächstes auf die „drei Pünktchen“ (= Assist Button).

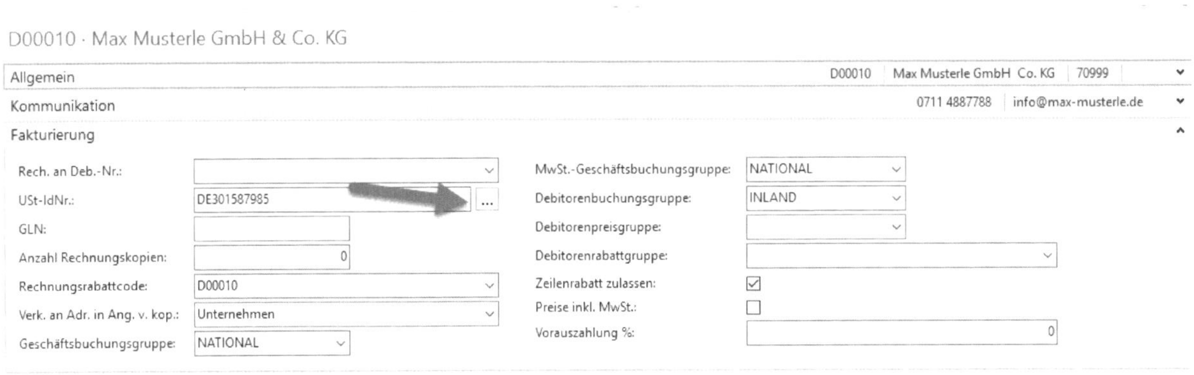

Es öffnet sich das „USt.-Registrierungsprotokoll“:

Klicken Sie auf „Steuernummer prüfen“. Wie Sie anhand des oberen Bildschirmausschnittes sehen können, hat das System sofort „erkannt“, dass diese Nummer „ungültig“ ist.

10.4 Allgemeine Informationen zum Thema „EXPORT“

Um mit dem Ausland Handel zu betreiben, sind einige Vorgaben zu berücksichtigen. Für NAV selbst spielt der Ablauf als solches insofern keine „Rolle“, da die Abwicklung über ein Verkaufsangebot bzw. –auftrag erfolgt.

Sollten Sie Informationen rund um Zoll, Außenhandel etc. benötigen, können Sie sich auch über die Website: http://www.gtai.de/GTAI/Navigation/DE/trade.html erkundigen oder wenden Sie sich bitte an den für Sie zuständigen Ansprechpartner Ihrer IHK.

Welche Punkte bei einem Verkaufsangebot wichtig sind, zeigt Ihnen die Auflistung auf der nächsten Seite.

Muss ich MwSt. in der EU ausweisen?

Bei einem Verkauf von Waren an eine **Privatperson** muss die MwSt. ausgewiesen sein, hingegen bei einem Verkauf von Waren an **Geschäftskunden** nicht.

10.4.1 Voraussetzung für die Belege – bei Handel mit dem Ausland – welche Felder sollten berücksichtigt werden?

Vertragsgestaltung

- ☞ Auslandsanfrage
- ☞ Auslandsangebot (-auftragsbestätigung)
    - o Möglichst detaillierte Artikelbezeichnung ☑
    - o Menge/Einheit ☑
    - o Preis, Preis pro Einheit, Währungscode ☑
    - o Zahlungsbedingungen ☑
    - o Lieferbedingungen (z.B. „EXW <ORT> gemäß INCOTERMS®...) ☑*
    - o Gültigkeit des Angebotes (z.B. „Gültig bis...“) ☑
    - o Lieferzeit (ACHTUNG: das wird in diesem Fall in Abhängigkeit mit der Gültigkeit gesehen!)
      (am besten als Textzusatz: „zur Zeit ca. 8 Wochen nach Klärung aller technischen und kaufmännischen Einzelheiten“) ☑*
    - o Im Fall von Lieferbedingung „ab Werk“: Abmessung und Gewicht mit ausgeben lassen
    - o Herkunftsland

- Bei „Anlagen“:
  - Montage
  - Wartung
  - Garantie
- Falls Rabatt möglich und für den Kunden zulässig – ausweisen ☑

* In diesen Fällen müsste man im Standard mit Textbausteinen arbeiten!

10.4.2 Auslandsrechnung

Hier die „handelsüblichen Bestandteile“ einer Handelsrechnung

- ☐ Vertragsparteien ☑
- ☐ Das Wort „Rechnung“ mit Nummer und Datum ☑
- ☐ Auftragsnummer und Auftragsdatum ☑ **Auftragsnummer ja - -Datum nein**
- ☐ Versanddatum und – ort ☑ **„jein“ – Versanddatum ja - -ort nein**
- ☐ Transportmittel
- ☐ Absende- und Empfangs-Ort
- ☐ Menge und Einheit ☑
- ☐ Beschreibung der Ware (Artikelbezeichnung – die Artikelnr. ist hier nicht zwingend!) ☑
- ☐ Einzel- und Gesamtpreis pro Zeile inkl. Währungscode ☑
- ☐ Art und Anzahl der Packstücke (das wäre „Versand-Modul“)
- ☐ Markierung (der Versandmittel) (das wäre „Versand-Modul“)
- ☐ Gesamtnetto- und Bruttogewicht (das wäre „Versand-Modul“)
- ☐ Liefer- und Zahlungsbedingungen ☑

10.4.3 Wie sieht das jetzt in Microsoft Dynamics™ NAV2016 aus?

Nun, die Belege im Standard sind hier nicht zwangsläufig das „non plus Ultra". Im Normalfall ist es so, dass Sie als Kunde vermutlich mit angepassten Belegen wie Auftragsbestätigungen, Lieferscheinen, etc. arbeiten werden.

Im Fall von „Exportgeschäft" empfiehlt es sich daher, die Belege die man einsetzt, genau zu prüfen – ob hier alle Bestimmungen erfüllt werden.

Sollten Sie mit „ATLAS" arbeiten bzw. Unterstützung zum Thema „Zollabwicklung" brauchen, stehen Ihnen hierfür extra Partner zur Verfügung – wie z.B. die Firma „BEO Software".

Als kleines Beispiel ein Verkaufsauftrag samt Lieferung und Rechnung

10.4.4 Ein Beispiel in und mit Microsoft Dynamics™ NAV

Es wird ein neuer Auftrag für einen südafrikanischen Kunden erfasst – „Durbandit Fruit Exporters". Da der Standard in NAV keine „Auftragsarten" kennt, könnten Sie zum Beispiel durch einen kleinen Eintrag im Feld „externe Belegnummer" sichtbar machen, dass es sich um einen Export-Auftrag handelt.

Ihre Aufgabe: erstellen Sie einen neuen Verkaufsauftrag für den Debitoren „Durbandit Fruit Exporters" (Debitorennummer: 274899991)

Erfassen Sie eine Verkaufszeile mit dem Artikel „Webcam" (Artikelnr. 80206) – Lagerort BLAU und einer Menge von „10" (Stück).

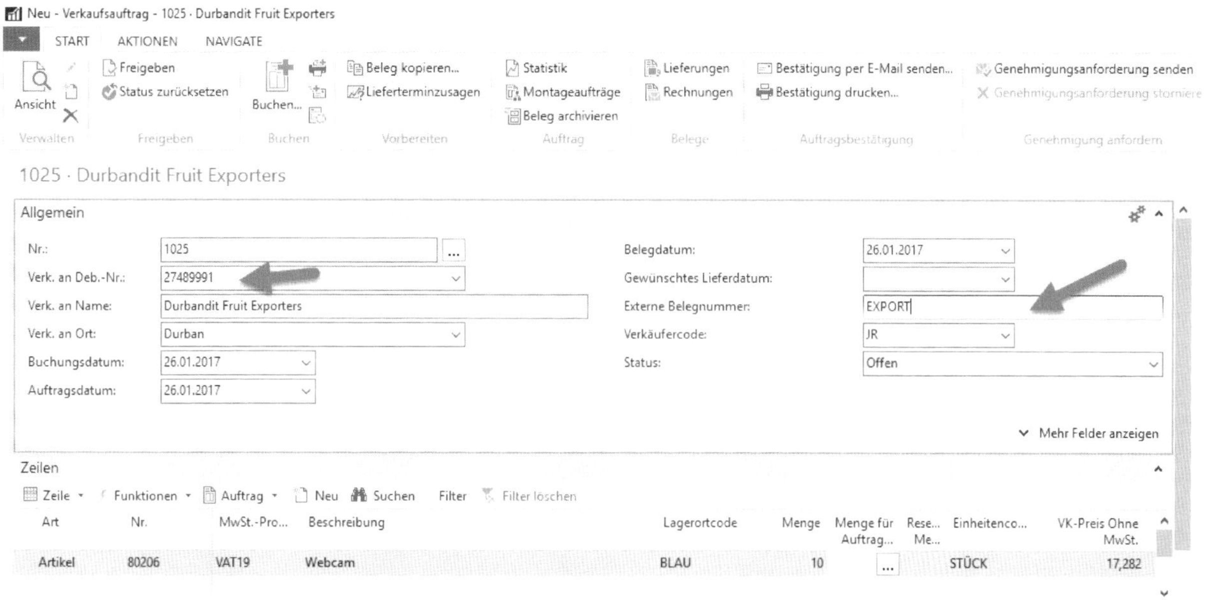

Das Register „Außenhandel" in Bezug auf die INTRASTAT ist in diesem Fall nicht relevant, da es sich um ein „Drittland" handelt.

Geben Sie den Auftrag „frei" und buchen Sie die Lieferung.

Ansicht des gebuchten Lieferscheines:

Sales - Shipment
Page 1 of 1

Mr. Eric Lang
Durbandit Fruit Exporters
100 St. George's Mall
Westmead
Durban, 3600
Südafrika

CRONUS AG
Hofstraße 12
Benrath

20097 Hamburg

Sell-to Customer No.	27489991
Document Date	26. January 2017
Shipment No.	102066
Shipment Date	26.01.17

Phone No.	999 / 9 99 99 99
Home Page	
E-Mail	
VAT Reg. No.	DE777777777
Giro No.	888-9999
Bank	Weltweit Bank
Account No.	99-99-888
Salesperson	Joachim Richter

No.	Description	Quantity	Unit of Measure
80206	Webcam	10	Piece

Wenn Sie sich im Vergleich zu dem Lieferschein einmal die Standard-Auftragsbestätigung ansehen, werden Sie feststellen, dass einige Anforderungen zu dem Thema „Angebot/Auftragsbestätigung" bereits durch den Standard erfüllt werden (siehe „Häkchen" in der Aufzählung – im Vergleich zu der Auflistung in Kapitel 10.4.1).

Ansicht der Auftragsbestätigung:

Einige Informationen, die bei einem solchen Beleg noch notwendig sind, müssten beispielsweise durch Textbausteine eingefügt werden.

Übrigens: an diesem Beispiel gut zu sehen: einige Übersetzungen fehlen…

…beispielsweise die Artikelbeschreibung oder die des Zahlungsbedingungscodes.

Order Confirmation
Page 1 of 1

Mr. Eric Lang
Durbandit Fruit Exporters
100 St. George's Mall
Westmead
Durban, 3600
Südafrika

CRONUS AG
Hofstraße 12
Benrath

20097 Hamburg

Phone No.	999 / 9 99 99 99
Fax No.	999 / 9 99 99 90
VAT Reg. No.	DE777777777
Giro No.	888-9999
Bank	Weltweit Bank
Account No.	99-99-888

Bill-to Customer No. 27489991

26. January 2017

Shipment Date	26.01.17
Order No.	1025
Prices Including VAT	No

Salesperson Joachim Richter

No.	Description	Quantity	Unit of Measure	Unit Price	Disc. %	Allow Invoice Disc.	VAT Identifier	Amount
80206	Webcam	10	Piece	17,282		Yes	VAT19	172,82
				Total ZAR				172,82

Payment Terms	Laufender Monat
Shipment Method	EX Works

In der Praxis verwenden viele NAV-Kunden ein Extra-Modul – meistens „Versand" genannt. In diesem speziellen Modul sind bereits bestimmte Belege bzw. Schnittstellen für Zollbehörden usw. vorgesehen.

Beispielsweise haben viele Partner die ATLAS-Schnittstelle geschaffen.

Zurück zu unserer Übung – nach dem Sie die Lieferung gebucht haben, fakturieren Sie bitte den Auftrag. Lassen Sie sich im Nachgang die gebuchte Rechnung in der Vorschau anzeigen und prüfen Sie, ob alle notwendigen Vorgaben so erfüllt werden, wie Sie es für das Exportgeschäft benötigen. (Beachten Sie hier bitte auch die Aufzählung bei „Auslandsrechnung"!)

Ansicht der gebuchten Verkaufsrechnung:

Sales - Invoice

Page 1 of 1

Mr. Eric Lang
Durbandit Fruit Exporters
100 St. George's Mall
Westmead
Durban, 3600
Südafrika

CRONUS AG
Hofstraße 12
Benrath

20097 Hamburg

Bill-to Customer No.	27489991
Document Date	26. January 2017
Invoice No.	103051
Order No.	1025
Posting Date	26. January 2017
Due Date	31. January 2017
Prices Including VAT	No
Payment Terms	Laufender Monat
Shipment Method	EX Works

Phone No.	999 / 9 99 99 99
Home Page	
E-Mail	
VAT Registration No.	DE777777777
Registration No.	11/222/33333
Giro No.	888-9999
Bank	Weltweit Bank
Account No.	99-99-888
Salesperson	Joachim Richter

No.	Description	Posted Shipment Date	Quantity	Unit of Measure	Unit Price	Discount %	VAT Identifier	Amount
80206	Webcam	26.01.17	10	Piece	17,282		VAT19	172,82
							Total ZAR	**172,82**

VAT Amount Specification

VAT Identifier	VAT %	Line Amount	Invoice Discount Base Amount	Invoice Discount Amount	VAT Base	VAT Amount
VAT19	0	172,82	172,82	0,00	172,82	0,00
Total		**172,82**	**172,82**	**0,00**	**172,82**	**0,00**

Wie Sie anhand des Bildschirmausschnitts sehen können, sind bereits einige Vorgaben erfüllt – aber komplett ist es leider so nicht. Fragen Sie bitte Ihren zuständigen Projektleiter bzw. –mitarbeiter des NAV-Partners.

Tipp aus der Praxis:

Wenn Sie eine Anbindung an „ATLAS“ benötigen, wenden Sie sich bitte an Ihren Microsoft Dynamics™ NAV-Partner – er wird Ihnen hier gern weiterhelfen!

10.4.4.1 Pro-Forma-Rechnung

Bei Exportgeschäften ist es häufig unbedingt notwendig, eine sogenannte „Pro-Forma-Rechnung“ an den Zoll mit zu übermitteln. Eine solche Art der Rechnung kennt NAV nicht – daher wird hier häufig mit verschiedensten Lösungsansätzen gearbeitet.

Eine „Pro-Forma-Rechnung“ ist nicht zwangsläufig eine Vorauszahlungsrechnung!

Manchmal genügt es schon, wenn Ihr NAV-Partner Ihnen die Möglichkeit über „Drucken“ eine Auftragsbestätigung als „Rechnungsvariante“ auszugeben (gekennzeichnet als „Pro-Forma-Rechnung“). Fragen Sie am besten Ihren NAV-Partner danach!

Eigene Notizen:

11. Abkürzungen & Fachbegriffe kurz erklärt

APICS	„The Association for Operations Management" – gegründet 1957 in den USA – seit 2014 mit „SCC" (Supply-Chain Council) zu „APICS SCC" fusioniert. Eine der einflussreichsten Organisationen im Bereich der Betriebsorganisation. Bietet verschiedene Zertifizierungen an.
BDE	**B**etriebs**d**aten**e**rfassung – Erfassen der aufgewendeten Zeiten für die Herstellung von Halb- und Fertigproduktion. Es gibt verschiedene Anbieter in diesem Umfeld der Zeiterfassung. Über eine Schnittstelle können die Zeiten in NAV übergeben werden.
Disposition	„Oberbegriff" – vereinfacht gesagt alles rund um das Thema „Beschaffung und Planung".
DMS	**D**okumenten**m**anagement**s**ystem – Möglichkeit, Dateien z.B. in PDF-Form an Posten zu hängen (Thema „Eingehende Belege")
Debitor	Kunde
EDI	Elektronischer Datenaustausch – ist in der Praxis heute in vielen Branchen bereits Standard. Meist ist damit der automatisierte Belegaustausch zwischen verschiedenen Systemen gemeint (z.B. Rechnungen)
ERP	**E**nterprise **R**esource **P**laning – vereinfacht gesagt: betriebswirtschaftliche Unternehmenslöung – wie Microsoft Dynamics™ NAV eine ist
FA	Abkürzung für „Fertigungsauftrag"
GTIN	**G**lobal **T**rade **I**tem **N**umber – eine eindeutige Identifikationsnummer mit der Produkte und Packstücke weltweit eindeutig identifiziert werden können
GLN	**G**lobal **L**ocation **N**umber – eindeutige Identifikation für Unternehmen
Kreditor	Lieferant
Mandant	In NAV: rechtlich eigenständige Firma, die in einer NAV-Datenbank verwaltet wird.
MDE	**M**obile **D**aten**e**rfassung – Gemeint ist damit die Anbindung mittels Scanner und Verwendung von Barcodes
MW	Mandantenwährung – wird festgelegt in der Einrichtung der Finanzbuchhaltung

Feldname	***Erläuterungen***
NAS	**N**avision **A**pplication **S**erver – eigentlich eher ein „Service" (Dienst) mithilfe dessen verschiedene automatisierte Funktionen und Stapelläufe zu einem bestimmten Zeitpunkt ausgeführt werden können.
PLZ	Postleitzahl
QS	Qualitätssicherung bzw. Qualitätssicherheit

Tipps – interessante Partner für Sie:

Wenn Sie Unterstützung und/oder Hilfe rund um Microsoft Dynamics™ NAV benötigen, stehen Ihnen zahlreiche große und kleinere Partner zur Verfügung.

Hier eine kleine Auswahl verschiedener Firmen, die besondere Lösungen anbieten bzw. in bestimmten Bereichen spezialisiert sind:

Spezialisiert auf:	Firma	Ansprechpartner/Web
Mobile Lösungen/APP-Entwicklung Webshops/Unterstützung im Web-Bereich NAV-Projektleitung und –entwicklung Cloud-Partner Workshops im Bereich NAV-Design	**bms GmbH** Wandweg 3 44149 Dortmund DEUTSCHLAND **Tel**: +49 (0)231 - 84 19 90 -10	Daniel Böcker (CEO) www.bms-gmbh.com
CTI by Simova (Telefonie-Integration) DMS by Simova (Dokumentenmanagement-system) NAV-Entwicklung Mobile Lösungen	**Simova GmbH** Wandweg 3 44149 Dortmund DEUTSCHLAND **Tel**: +49 (0)231 – 317 76 174	Christian Haase www.your-dms.de/
Unterstützung in den Bereichen /Berater: Finanzbuchhaltung Zahlungsverkehr OPPlus Kostenrechnung /KORE Anlagenbuchhaltung ***Sowie***: Seminare/Workshops in den oben genannten Bereichen Echtstart-Unterstützung	**Jans Boelmans Consulting** Vaerstenberg 36a 58313 Herdecke DEUTSCHLAND **Tel**: +49 (0)2330 - 891478	Jans J. Boelmans **E-Mail**: j.boelmans@jabo-consulting.com

Dies ist nur eine kleine Auswahl an Kontakten… gerne beraten wir Sie hier!

Das bietet SPOTS-BSS UG (haftungsbeschränkt)

Beratung & Unterstützung – zum Beispiel bei Echtstarts von NAV-Projekten

Power-Workshops – rund um Microsoft Dynamics™ NAV (basierend auf dem NAV-Standard)

- Grundlagen/Basis
- Einkauf
- Verkauf
- Lager & Logistik
- NAV-Marketing
- Service

Diese Power-Workshops sind für Kollegen von NAV-Partnern ebenso möglich wie für End-Anwender.

Zertifizierungen - für NAV-Designer und NAV-Consultants

Workshops und Seminare in den Bereichen:

- Rhetorik
- Moderation/Präsentation
- Support „Spezial“
- Trainer „Spezial“
- AZUBI „Spezial“
- „Leading like a samurai“ – spezielles Managementseminar
- Workshops für Projektleiter und Projektmitarbeiter

SPOTSFlex – flexibler NAV-Support für die Bereiche (auf Standard NAV):

- Einkauf/Verkauf
- Lager/Logistik
- NAV-Marketing
- Service

SPOTS Bibliothek:

- Deutschsprachige NAV-Unterlagen (Autorin: Sonja Klimke)
- Handbücher zu „Trainer Spezial“ und „Support Spezial“
- Buchempfehlungen

Neugierig? Wir freuen uns auf Ihre Anfrage!

SPOTS-BSS UG (haftungsbeschränkt)
Eickeler Markt 3a , 44651 Herne
Deutschland

Tel: +49 (0)2325 – 64 33 167

Mail: kontakt@spots-bss.com **Web**: www.spots-bss.com

ISBN 978-3-7375-9007-5
00001
9 783737 590075
www.epubli.de